权威·前沿·原创

皮书系列为
"十二五""十三五"国家重点图书出版规划项目

科学教育蓝皮书

BLUE BOOK OF SCIENCE EDUCATION

中国科学教育发展报告（2019）

REPORT ON DEVELOPMENT OF CHINA'S SCIENCE EDUCATION (2019)

主　编/王　挺
副主编/李秀菊

社会科学文献出版社
SOCIAL SCIENCES ACADEMIC PRESS (CHINA)

图书在版编目(CIP)数据

中国科学教育发展报告. 2019 / 王挺主编. --北京：社会科学文献出版社，2020.1
（科学教育蓝皮书）
ISBN 978-7-5201-5687-5

Ⅰ.①中… Ⅱ.①王… Ⅲ.①科学教育学-研究报告-中国-2019 Ⅳ.①G40-05

中国版本图书馆 CIP 数据核字（2019）第 216348 号

科学教育蓝皮书
中国科学教育发展报告（2019）

主　编 / 王　挺
副主编 / 李秀菊

出 版 人 / 谢寿光
责任编辑 / 张　媛

出　　版 / 社会科学文献出版社·皮书出版分社（010）59367127
　　　　　　地址：北京市北三环中路甲29号院华龙大厦　邮编：100029
　　　　　　网址：www.ssap.com.cn
发　　行 / 市场营销中心（010）59367081　59367083
印　　装 / 天津千鹤文化传播有限公司

规　　格 / 开　本：787mm×1092mm　1/16
　　　　　　印　张：20.5　字　数：307千字
版　　次 / 2020年1月第1版　2020年1月第1次印刷
书　　号 / ISBN 978-7-5201-5687-5
定　　价 / 128.00元

本书如有印装质量问题，请与读者服务中心（010-59367028）联系

版权所有 翻印必究

科学教育蓝皮书编委会

顾　　　问　徐延豪

主　　　编　王　挺

副　主　编　李秀菊

课题组核心成员　（以姓氏笔画排序）
　　　　　　　　刘　晟　李秀菊　李高峰　杨文源　郑旭东
　　　　　　　　赵　博　姚建欣　高宏斌　黄　瑄　黄燕宁
　　　　　　　　鲍贤清　蔚东英

本　书　作　者　（按章节顺序排名）
　　　　　　　　李秀菊　周丽娟　唐　叶　赵东平　李高峰
　　　　　　　　刘　晟　杨文源　黄燕宁　姚建欣　张　静
　　　　　　　　张玉峰　蔚东英　鲍贤清　顾怡雯　赵　博
　　　　　　　　郑旭东　张二奇　吴秀圆　黄　瑄　李志祥

主要编撰者简介

王　挺　现任中国科普研究所所长。本科毕业于安徽大学生物系生化微生物专业，北京大学公共管理硕士。曾任安徽省生物研究所研究实习员，安徽省科协副秘书长，中国驻日本大使馆二等秘书、一等秘书，中国科协国际联络部双边合作处调研员、处长，中国国际科技会议中心副主任，内蒙古自治区鄂尔多斯市委常委、副市长，中国科协调研宣传部副部长等职。曾参与对外科技交流合作、科学传播、科学文化建设等工作，参与中国科协重要文稿和文件研究起草。主要研究领域为科技战略与政策、科技人才、国际科技合作、科学传播等，发表学术论文和科普作品数十篇，负责中国科协重大科技活动传播工作，策划制作重大题材宣传作品多部。

李秀菊　中国科普研究所副研究员，教育学博士。曾在美国伊利诺伊理工大学数学与科学教育系做访问学者。《自然科学博物馆研究》杂志特邀主编。主要从事科学教育相关研究工作。主持中国科协调查类课题、中国科协普及部委托课题等 20 余项。公开发表中英文学术论文 40 余篇，出版《中国科学教育发展报告（2015）》《中国科学教育发展报告（2017）》《青少年创造性想象力培养理论与实践》等多部著作。获"第三届全国未成年人思想道德建设先进工作者"称号。

摘　要

习近平总书记在2018年全国教育大会发表的重要讲话，为新时代教育事业的发展指明了方向，提供了根本遵循。为深入贯彻落实习近平总书记的重要讲话精神，推动新时代科学教育事业的稳步发展，不断提升全民尤其是青少年的科学素质，中国科普研究所组织多家单位，共同编撰了《中国科学教育发展报告（2019）》。

《中国科学教育发展报告（2019）》采用质性与量化相结合的研究方法，通过文献梳理、问卷调查、实地调研等多种方式，深入分析了近年来我国科学教育的发展状况。本书在结构上分为总报告、分报告、专题篇和附录四个部分。总报告围绕我国科学教育领域的重要政策、研究人员发展现状、人才培养、校外科学教育发展情况等，分析了2017年到2019年上半年我国科学教育的发展现状，提出面向新时代的科学教育发展中面临的挑战及应对策略。分报告分别探讨小学科学教育的现状、2000～2019年中学理化生地学科教育的发展。专题篇从科技类博物馆科学教育资源的提供、学科竞赛活动的发展等方面分析了我国科学教育发展的现状，提出发展中存在的问题并展望未来发展趋势，专题报告还包括新媒体对青少年科学学习影响的调查和校外科学教育培训行业的发展。

本书系科学教育蓝皮书的第三本，在延续前两本科学教育蓝皮书编写理念的前提下，延长了对科学教育发展分析的时间跨度，延伸了对科学教育调查研究的范围广度，更为全面系统地呈现了我国科学教育发展状况。本书对我国科学教育发展及相关领域的研究，具有重要的理论意义与实践价值。

Abstract

The important speech delivered by President Xi at the 2018 National Education Conference has pointed out the direction and provided fundamental guidelines for the development of education in the new era. In order to thoroughly implement the spirit of this important speech, promote the steady development of science education in the new era, and constantly improve the scientific literacy of the citizens, especially the youth, China Research Institute for Science Popularization and other supportive departments wrote the report on development of China science education in 2019.

This report combines qualitative and quantitative research methods and deeply analyzes the development of China science education in recent years through literature review, questionnaire survey, field investigation and other ways. This report is divided into three parts: general report, sub-report and special report. The general report analyzes the development status of China science education from 2017 to 2019 by focusing on the important policies, the development status of researchers, talent training and the development of science education outside school, then proposes the challenges and countermeasures in the development of science education facing the new era. The sub-report analyzes the current situation of China science education from the aspects of science education in primary schools, the development of science education in secondary schools from 2000 to 2019, the provision of science education resources in science and technology museums, and the development of discipline competitions, and puts forward the existing problems and looks forward to the future development trend. The special report includes the investigation of the influence of new media on science learning of teenagers and the development of science education training industry outside school.

This report is the third report of the Blue book of science education. Under the premise of continuing the two blue books' writing conception, it extends the time span of the analysis and extends the scope of research on science education, and presents the development of science education in China in a more comprehensive and systematic way. This report is of great theoretical significance and practical value for the research on the development of science education in China and related fields.

目 录

Ⅰ 总报告

B.1 面向新时代的科学教育
　　………………………… 李秀菊　周丽娟　唐　叶　赵东平 / 001
　　一　2017~2019年影响科学教育发展的重要政策分析 ……… / 002
　　二　科学教育领域研究成果 ………………………………… / 007
　　三　科学教育人才培养情况 ………………………………… / 012
　　四　校外科学教育发展情况 ………………………………… / 015
　　五　面向新时代的科学教育的挑战与对策 ………………… / 019

Ⅱ 分报告

B.2 小学科学教育调查研究报告 ………………………… 李高峰 / 023
B.3 中学生物学教育发展报告 ………………… 刘　晟　杨文源 / 050
B.4 中学化学教育发展报告 ……………………………… 黄燕宁 / 077
B.5 中学物理教育发展报告 ………………… 姚建欣　张　静　张玉峰 / 110
B.6 中学地理教育发展报告 ……………………………… 蔚东英 / 149

001

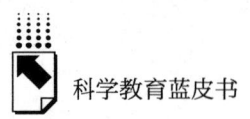

Ⅲ 专题篇

B.7 科技类博物馆提供中小学科学教育资源的现状研究
　　……………………………………………… 鲍贤清　顾怡雯 / 197

B.8 我国学科竞赛活动发展报告………………………………… 赵　博 / 214

B.9 新媒体对青少年科学学习影响的调查研究
　　……………………………… 郑旭东　张二奇　吴秀圆 / 248

B.10 校外科学教育培训行业发展报告 …………… 黄　瑄　李志祥 / 276

皮书数据库阅读使用指南

CONTENTS

I General Report

B.1 Science Education for A New Era

Li Xiuju, Zhou Lijuan, Tang Ye and Zhao Dongping / 001

    1. Science Education Policy / 002

    2. Research Achievement / 007

    3. Talent Cultivation / 012

    4. Informal Science Education / 015

    5. Challenges and Srtategies / 019

II Sub-reports

B.2 Report on The Current Situation of Science Education in Primary School *Li Gaofeng* / 023

B.3 Report on the Development of Biological Education in Middle and High School *Liu Cheng, Yang Wenyuan* / 050

B.4 Report on the Development of Chemical Education in Middle and High School *Huang Yanning* / 077

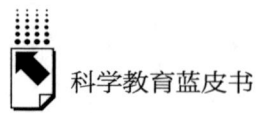

B.5 Report on the Development of Physical Education in
 Middle and High School *Yao Jianxin, Zhang Jing and Zhang Yufeng* / 110

B.6 Report on the Development of Geographical Education in
 Middle and High School *Wei Dongying* / 149

Ⅲ Special Reports

B.7 The Current Situation of Science Education Resources
 Provided by Science and Technology Museums
 Bao Xianqing, Gu Yiwen / 197

B.8 Report on the Development of Discipline Competition
 Zhao Bo / 214

B.9 Research on the Influence of New Media on Science
 Learning of Teenagers *Zheng Xudong, Zhang Erqi and Wu Xiuyuan* / 248

B.10 Report on The Development of Outside School Science
 Education and Training Industry *Huang Xuan, Li Zhixiang* / 276

总 报 告
General Report

面向新时代的科学教育

李秀菊　周丽娟　唐叶　赵东平*

摘　要： 2017年9月，党的十九大提出中国特色社会主义进入新时代。本报告围绕影响国家科学教育发展的重要政策、科学教育领域研究成果、科学教育领域的人才培养、校外科学教育发展情况等，对2017年到2019年上半年我国科学教育的发展现状进行分析，提出面向新时代的科学教育发展中面临的挑战与解决问题应该抓住的核心策略和关键问题。

关键词： 科学教育政策　人才培养　校外科学教育

---

* 李秀菊，中国科普研究所副研究员，博士，研究方向为科学教育；周丽娟，中国科普研究所在站博士后，研究方向为青少年科学素质、信息素养；唐叶，中国科普研究所在站博士后，研究方向为青少年科学素质、全球科普动态；赵东平，中国科普研究所在站博士后，研究方向为科普理论、学会科普。

一 2017~2019年影响科学教育发展的重要政策分析

(一)2018年全国教育大会召开

2018年9月10日,全国教育大会在北京召开,习近平总书记与会并发表重要讲话。他强调,在党的坚强领导下,全面贯彻党的教育方针,坚持马克思主义指导地位,坚持中国特色社会主义发展道路,坚持社会主义办学方向,立足基本国情,遵循教育规律,坚持改革创新,以凝聚人心、完善人格、开发人力、培育人才、造福人民为工作目标,培养德智体美劳全面发展的社会主义建设者和接班人,加快推进教育现代化、建设教育强国,办好人民满意的教育。

实现中华民族的伟大复兴,关键是人才,主要靠教育。2018年全国教育大会的召开,围绕着培养什么人、怎样培养人、为谁培养人这一根本问题,找到了规律性的认识。全国教育大会的召开,为我国教育的发展指明了方向。尽管在全国教育大会中并没有针对科学教育给出十分具体的指示,但是毫无疑问,科学教育也需要遵循大会的宗旨,为培养德智体全面发展的社会主义建设者和接班人做好充分的准备。

(二)普通高中课程修订工作完成

2017年,教育部完成了新一轮的课程标准修订工作,并且发布了《普通高中生物学课程标准》《普通高中化学课程标准》《普通高中物理课程标准》《普通高中地理课程标准》。

2017年,党的十九大明确提出:"要全面贯彻党的教育方针,落实立德树人的根本任务,发展素质教育,推进教育公平,培养德智体美全面发展的社会主义建设者和接班人。"教育部发布的《普通高中课程方案》中明确指出,基础教育课程承载着党的教育方针和教育思想,规定了教育目标和教育内容，是国家意志在教育领域的直接体现，在立德树人中发挥着关键作用。2000 年，教育部开始了第八次基础教育课程改革；2003 年，教育部印发了普通高中课程方案和课程标准实验稿。随着新时代社会主要矛盾的转化，面对新时代对于人才培养质量的新要求，2013 年，教育部启动了普通高中课程的修订工作。教育部发布了《普通高中课程方案（2017 年版）》。方案中，课程修订的基本原则为：坚持正确的政治方向，让学生坚定中国特色社会主义道路自信、理论自信、制度自信和文化自信；坚持反映时代需求；坚持科学论证；坚持继承发展。各个学科都依据此课程方案为蓝本，开展了课程标准的修订工作。各个学科最新版的课程标准即在此基础上完成修订并且发布。

《普通高中生物学课程标准》2017 年修订版与之前的版本相比，变化体现在以下几个方面。①最突出的变化是课程名称的变化。由原来的"生物"修订为"生物学"。生物学是自然科学中的一门基础学科，尽管二者只有一字之差，但是二者变化体现了课程理念的变革。①②课程理念的更新。之前的版本中课程理念包括：提高生物科学素养，面向全体学生，倡导探究性学习，注重与现实生活的联系。2017 版中的课程理念包括：核心素养为宗旨，内容聚焦大概念，教学过程重实践，学业评价促发展。新的版本中，重视生物学科核心素养，强调课程设计在必修和选择性必修课程中聚焦大概念。③课程目标的变化。之前的版本中课程目标主要从知识、能力和情感态度价值观三个方面讨论；2017 版中主要从生命观念、科学思维、科学探究和社会责任四个方面讨论。④课程结构的变化。与其他学科一样，普通高中生物学课程也同样设置了必修课程、选修课程和选择性必修课程。

《普通高中化学课程标准》2017 年修订版与之前的版本相比，变化体现在以下几个方面。②①对化学学科的本质特征进行了提炼，即界定了化学学科的本质特征是认识物质和创造物质。这一点是本次普通高中化学课程标准

---

① 刘恩山等：《普通高中生物学课程标准（2017 版）解读》，高等教育出版社，2018。
② 本部分内容主要参考郑长龙教授的解读文章。郑长龙：《2017 版普通高中化学课程标准的重大变化及解析》，《化学教育》2018 年第 9 期。

修订中的重大突破。②提出基于化学学科的核心素养课程理念。化学学科的核心素养是指学生通过化学学科的学习形成正确价值观念、必备品格和关键能力。这一理念的提出反映的是"社会主义核心价值观下化学学科育人的基本要求"。③构建了化学学科核心素养的内容体系及发展水平体系。宏观辨识与微观探析、变化观念与平衡思想、证据推理与模型认知、科学探究与创新意识、科学态度与社会责任，是化学学科核心素养的具体内容。④构建了三层次课程结构，也就是增加了选择性必修课程模块。与高中物理课程标准中的选择性必修课程模块类似，化学学科同样增加了选择性必修课程模块。⑤构建了基于主题的课程内容体系以及学业质量水平体系。

《普通高中物理课程标准》2017 年修订版与之前的版本相比，变化体现在以下几个方面。①学科性质发生了变化。物理学的定义由之前的"物理学是一门基础自然科学"，定义为"物理学是自然科学领域的一门基础学科"。研究者认为物理学的学科性质从"科学"转变为"学科"，可能吸纳了后现代科技哲学对科学"普适性、实证性、可测量性、可重复性"特性的解构的部分思想。① ②突出强调了物理学核心素养的培养。特别突出强调了观察与实验、建构物理模型、应用数学工具、科学推理与论证等物理科学研究方法。在物理学核心素养的四个方面中，物理观念是基础，科学思维是核心，科学探究是方式，科学态度与责任是必备品格、育人的最终目标。② ③课程理念由 STS（科学、技术、社会）扩展为 STSE（科学、技术、社会与环境），引导学生认识到科学的本质以及科学、技术、社会、环境的关系。③ ④课程结构从"必修 + 选修"导向"必修 + 选择性必修 + 选修"。2017 版中必修模块为 3 个，增加了电磁学的课程内容。选择性必修课程本质上是为在物理学方面有兴趣、有潜力的学生提供学习更高阶物理学内容的机会。选择性必修模块中，物理学的经典内容"力、热、声、光、电"等

---

① 赵长林：《普通高中物理新课标的新理念新变化》，《课程教学研究》2019 年第 5 期。
② 彭前程：《〈普通高中物理课程标准（2017 版）〉的变化》，《课程·教材·教法》2018 年第 9 期。
③ 中华人民共和国教育部：《普通高中物理课程标准（实验）》，人民教育出版社，2017。

板块皆有涉及。

《普通高中地理课程标准》2017年修订版与之前的版本相比,变化体现在以下几个方面。①课程性质的调整。修订后的课程标准,强调培养学生的地理学科核心素养,增加了"人与自然和谐共生""培养德智体美全面发展的社会主义建设者和接班人"等语句,深入贯彻落实党的十九大的要求。[①] ②修订后的课程理念中最突出的是:培养学生必备的地理学科核心素养,提升地理学科方面的品格和关键能力,具备家国情怀和世界眼光等要求。③课程结构方面,与物理和化学类似,修订后的普通高中地理课程分为必修、选择性必修和选修三类课程。其中,选择性必修课程包括自然地理基础,区域发展,资源、环境与国家安全三个模块。必修模块由《普通高中地理课程标准(实验版)》中包括的地理1、地理2和地理3修改为地理1和地理2。选修模块修订后,增加了地理野外实习、政治地理等模块,将宇宙与地球调整为天文学基础。④增加了地理学业质量标准。

(三)科学教材的新政策

2017年,中办发布《关于加强和改进新形势下大中小学教材建设的意见》。随后,7月,国务院办公厅为贯彻落实《关于加强和改进新形势下大中小学教材建设的意见》,进一步做好教材管理有关工作,国务院决定成立国家教材委员会。国家教材委员会是党中央、国务院的重要战略部署,是中华人民共和国成立以来首个统筹指导管理全国教材工作的组织机构,标志着我国教材建设工作进入了一个新的历史阶段。

根据《教育部办公厅关于成立教材局、基础教育司等机构及相关职责调整的通知》(教人厅〔2017〕2号),即日起废止使用原基础教育一司、基础教育二司发文代字"教基一""教基二",启用教材局、基础教育司发文代字"教材""教基"。教育部教材局主要承担国家教材委员会办公室工

[①] 邓若男、张家辉:《普通高中地理课程标准修订前后的对比分析》,《教学与管理》2018年第8期。

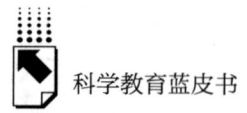

作，拟定全国教材建设规划和年度工作计划，负责组织专家研制课程设置方案和课程标准，制定完善教材建设基本制度规范，指导管理教材建设，加强教材管理信息化建设。

2018年5月，我国课程教材研究所成立，这是我国第一个国家级课程教材研究专业机构。设立课程教材研究所是贯彻落实党中央决策部署、加强和改进中小学教材建设的重大举措，国家教材委员会及其专家委员会、教育部教材局、课程教材研究所，形成了决策、实施、研究三位一体的工作格局，为高标准推进教材建设方面提供了有力保障。

2019年5月，教育部办公厅发布《关于印发2019年普通中小学教学用书目录的通知》。通知中要求：小学科学教材，一至三年级使用根据2017年印发的课程标准修订的教材，四至六年级仍使用原选用版本教材。普通高中科学有关学科的教材，使用新教材的地区要从《普通高中国家课程教学用书目录》（根据2017年版课程标准修订）中选用，使用旧教材的地区仍使用《普通高中国家课程教学用书目录》（根据2003年版课程标准编写）。

教材建设是落实党的方针政策、传承中华民族优秀文化的重要载体。国家关于教材建设的诸多举措体现了国家对教材的高度重视，也是落实国家意志、为社会主义建设培养好接班人的重要步骤。

2017年9月，《中小学综合实践活动课程指导纲要》由教育部以教材〔2017〕4号文发布。《中小学综合实践活动课程指导纲要》强调从学生的真实生活和发展需要出发，从生活情境中发现问题，转化为活动主题，是一门培养学生综合素质的课程。

（四）中小学研学旅行一系列文件发布

2016年12月，教育部等11个部委联合发布了《关于推进中小学生研学旅行的意见》，指出要将研学旅行纳入中小学教育教学计划。随后全国都掀起了中小学研学旅行的热潮。

2017年8月17日，教育部发布《中小学德育工作指南》，要求组织研学旅行,把研学旅行纳入学校教育教学计划,促进研学旅行与学校课程、德育体验、实践锻炼有机融合,利用好研学实践基地,有针对性地开展自然类、历史类、地理类、科技类、人文类、体验类等多种类型的研学旅行活动。

目前,四川、湖南、广东等多个省份已将研学旅行纳入中小学教育教学计划。其中,2017年12月四川省教育厅等11个部门、2018年9月广东省教育厅等12个部门均发布了该省《关于推进中小学生研学旅行的实施意见》,要求将学生参加研学旅行情况的评价结果纳入学生学分管理体系和学生综合素质评价体系。2019年3月19日,北京市发布2019年中招政策,综合素质评价将首次被纳入中考成绩,这一政策的发布也将对中小学的研学旅行起到一些推动作用。

在研学旅行的内容中,大部分都与科技有关,研学旅行各类政策的出台和发布,激发了校外科学教育的活力,也在一定程度上促进了校外科学教育的发展。

二 科学教育领域研究成果

(一)我国学者在国际科学教育期刊中文章发表情况

文章的水平和数量是科学研究者研究成果的重要体现。文章的水平不仅能够体现科学教育研究者在相关领域的研究能力,同时发表国际期刊还能获得国际上同领域专家的认可,现阶段很多国家已将每年在国际期刊上发表文章的数量看作国家科技竞争力的重要指标。为了了解我国学者的国际研究成果情况,本报告以《国际科学教育杂志》(*International Journal of Sicence Education*,IJSE)、《科学教育》(*Science Education*,SE)、《科学教学研究》(*Journal of Research in Science Teaching*,JRST)三本权威期刊中1998~2018年公开发表的文章为基础,梳理中国大陆、中国香港、中国台湾、中国澳门学者发表文章的情况。

1998~2018年，我国大陆学者在三大国际期刊上共发表文章30篇，其中IJSE上发表25篇，SE上发表2篇，JRST上发表3篇。中国香港学者在IJSE上发表文章共计20篇，在SE上发表文章共计5篇，在JRST上发表文章共计3篇，三大国际期刊发表文章共计28篇。中国台湾学者在IJSE上发表文章45篇，在SE上发表文章4篇，在JRST发表文章2篇，三大国际期刊发表文章共计51篇。中国澳门学者在IJSE上发表文章5篇，在SE和IJSE上未发表文章，三大国际期刊发表文章共计5篇。总的来说，1998~2018年，中国大陆、中国香港、中国台湾、中国澳门学者在三大国际期刊中的IJSE上发表文章共计95篇，中国台湾地区在此期刊上基本每年都有文章发表，而其他三个地区发表数量较少；在SE和JRST上发表文章分别共计11篇和8篇。近五年，我国学者在SE上未见文章发表。

学者在IJSE、SE和JRST三大国际期刊中发表文章的研究方向分类方法同科学教育国际会议中学者发言的分类方法，共分为12个方向：strand 1，科学学习；strand 2，教科学；strand 3，非正规环境下的科学学习；strand 4，科学教师教育；strand 5，反思性实践；strand 6，课程、评价、考核；strand 7，文化、社会、性别议题；strand 8，教育技术；strand 9，历史、哲学、社会学相关；strand 10，环境教育；strand 11，政策；strand 12，科学前沿。

中国大陆发表的文章中研究方向最多的是strand 1（科学学习）、strand 2（教科学）以及strand 6（课程、评价、考核），分别占中国大陆总研究方向的18%、24%和21%，在strand 5（反思性实践）、strand 8（教育技术）、strand 10（环境教育）和strand 12（科学前沿）方向上未见文章发表，其余科学教育方向发表文章不足10%。

中国香港地区在strand 1（科学学习）、strand 2（教科学）和strand 9（历史、哲学、社会学相关）相关方向上文章发表的数量持平，均占1998~2018年中国香港在三大国际期刊上发表文章数的18%，在strand 4（科学教师教育）和strand 8（教育技术）方向上发文次之，分别为14%和11%，在strand 10（环境教育）、strand 11（政策）和strand 12（科学前沿）方向上未见文章发表。

中国台湾地区在三大国际期刊上发表文章的方向比较集中，发表的文章中有37%是strand 1（科学学习）方向，strand 2（教科学）和strand 6（课程、评价、考核）各占12%，strand 10（环境教育）、strand 11（政策）和strand 12（科学前沿）方向上未见文章发表。

中国澳门地区1998~2018年在三大国际期刊中发表的文章偏少，仅5篇，其中1篇是strand 4（科学教师教育）方向，其余4篇是strand 6（课程、评价、考核）方向，整体研究方向上可能更倾向于strand 6（课程、评价、考核）。

1998~2018年四地区在三大国际期刊上发表的文章中更多的是研究strand 1（科学学习）、strand 2（教科学）以及strand 6（课程、评价、考核），strand 11（政策）方向上发表文章较少，strand 10（环境教育）和strand 12（科学前沿）方向无文章发表。

我国大陆学者与港澳台地区及国外学者合作发表文章的情况在一定程度上体现了国际合作的情况。统计结果表明：1998~2018年中国大陆学者与港澳台地区、国外学者合作发表文章共计29篇，其中28篇为中国学者所在的单位为第一通信单位，1篇为国外通信作者为第一单位。中国大陆地区与港澳台地区及国外合作发表文章数量最多的国家为美国，合作发表文章13篇，其次为港澳台地区、英国、新加坡，分别合作发表文章4篇、4篇、4篇，与新西兰、巴西分别合作1篇。

1998~2018年港澳台地区与国外学者合作发表文章共计27篇，其中与澳大利亚、美国、英国合作次数略高，分别合作了6篇、9篇、4篇，与其他国家合作发表文章1~2篇。

上述统计结果表明，1998~2018年，我国学者在三大国际期刊中发表文章的总数量为114篇，中国大陆、中国香港、中国台湾、中国澳门平均每个地区每年在三大国际期刊上发表文章的总数目未达到2篇，总体看来，我国学者在国际期刊上发表文章数量较少，还有很大的提升空间。

从发表文章的方向看，我国在科学教育方面的研究更关注学生是如何将理解和概念转变作为学习目的，研究教师与学生间、学生间及其与学习环境

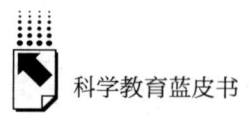

间的作用关系，以及与学习相关或影响学生学习的相关因素，同时还关注课程的开发、改善、实施推广和评价，这三个研究方向与中国大陆学者参加国际会议中发言侧重的科学教育方向一致。但从三大国际期刊上发表文章的情况看，我国对体验式教育或本土环境利用方面以及科学领域的前沿动态方面研究很少。现阶段，我国在非正规环境下的科学学习方向的研究及在三大国际期刊上发表的文章数量偏少。21世纪初，欧盟发布《终身学习备忘录》，文中指出一切以增进知识、技能与能力的为目的的正式与非正式学习活动均被视为终身学习。非正式学习和非正规学习是个人终身进行科学学习的重要途径，因此科学教育研究者适当增加我国非正规环境的科学学习的研究具有一定的现实意义。

（二）我国大陆学者在科学教育国际会议的发言和参会情况

参加科学教育领域的国际学术会议，有利于了解国际上各国科学教育的动态，可加强世界各国和各地区科学教育研究者间相互借鉴经验，科学教育国际年会为科学教师和科学教育研究人员提供了了解科学教育最新发展及寻找所需科技资源的平台。同时，科学教育年会促进了全球各国各地区之间的协作交流及各国科学教育实践与政策间的联系，为加强各地区同世界其他地区类似组织间的联系起到了纽带的作用。为了充分了解我国学者在科学教育国际会议上的参会情况，本报告对世界范围内影响较大的五大科学教育领域的学术年会的中国学者参会和发言情况进行统计分析。五大学术年会分别为：美国科学教育研究学术年会（NARST）、美国科学教师学会年会（NSTA）、澳大利亚科学教育研究学会（ASERA）、欧洲科学教育研究学会（ESERA）、东亚科学教育学会（EASE）。统计年份为2009～2018年。

统计结果表明：2009～2018年，我国大陆学者在NARST年会中发言总次数为20次；在NSTA年会中发言总次数为3次；在ASERA年会中发言总次数为1次；在ESERA年会中发言次数为5次；在EASE年会上发言次数为164次。与当年各年会总发言数相比，我国大陆学者在EASE年会上发言数量占比最高，为16.30%，而在其他四个年会中的发言占比均很低，不足1%，我国大陆学者在不同的国际会议上发言的比例悬殊，这可能是由地区差异性引起的，EASE 是主要面向东亚地区的年会，东亚地区的学者间学术交流更多些，进而导致我国更多的大陆学者关注该年会的进展并积极参与。

从纵向来看，分析 2009~2018 年我国大陆学者在每次年会中发言的数量及占发言总数的百分比，NSTA、ASERA、ESERA、EASE 历年年会发言数及发言数占总发言数的百分比无规律性变化，而在 NARST 年会中的发言数及发言数占总发言数的百分比呈上升趋势，由 2009~2014 年的 0 或 1 次发言，增加到 2015~2018 年的 3~5 次发言。

从 2009~2018 年我国大陆学者发言数量的变化可以看出：①我国大陆学者在各国际年会上发言的次数差别很大，在 NARST、NSTA、ASERA、ESERA 年会的发言总数极低，很多次年会无我国大陆学者发言，而在 EASE 年会中发言次数较多，这和举办年会的地域性有一定的关系，如 2015 年 EASE 年会在北京师范大学举办，会议发言的学者中，我国大陆学者占了近 40%，而五大科学教育会议举办地所在大洲的学者的发言数也会占到当年会议发言总数中较高比例；②我国大陆学者在 NARST 发言的数量呈逐年上升趋势，一定程度上说明近些年我国大陆学者对国际会议的关注度在增加。

从发言的方向上看，2009~2018 年，我国大陆学者在五大年会上发言最多的方向是 strand 6（课程、评价、考核），占我国大陆学者国际年会上所有发言的 32.8%，其次是 strand 1（科学学习）(29.00%)、strand 4（科学教师教育）(15.1%)，在 strand 11（政策）和 strand 12（科学前沿）方向上没有发言。五大科学教育年会中各国学者发言最多的方向是 strand 1（科学学习），占所有学者在五大国际年会上发言总数的 21.9%；其次是 strand 2（教科学）(19.7%)、strand 4（科学教师教育）(10.9%) 和 strand 6（课程、评价、考核）(14.3%)；各国学者发言最少的方向是 strand 12（科学前沿），发言的比例未达到 1%。综合以上数据能够看出，全世界学者在 strand 1（科学学习）和 strand 2（教科学）两个方向上发言较多，NSTA 和 EASE 与会学者在 strand 6（课程、评价、考核）方向上发言较多；而我国大陆学者在 strand 1（科学学习）和 strand 6（课程、评价、考核）方向上发言较多，在 strand 2（教科学）方向的发言数量远未达到世界水平，而在 strand 4（科学教师教育）方向的发言数量较高，我国在五大国际年会上发言的科学教育方向的侧重一定程度呈现了我国对科学教育不同方向研究的程度。2009~2018年，我国科学教育研究者首先关注科学学习中，学生如何为了理解和概念转变而学习，学习环境、教师及同学间相互作用关系以及与学习相关的因素或影响学习的因素；其次关注课程的开发、改善、实施、推广和评价；除此之外，我国大陆学者主要关注的科学教育方向与 NSTA 和 EASE 与会学者关注的方向相同，NSTA 与会学者主要侧重于一线教师在科学课堂上教学情况的交流，说明我国大陆的科学教育研究也更注重学生对知识的掌握情况，并且这种关注与东亚地区的主要关注点相同。

三　科学教育人才培养情况

（一）我国高校科学教育本科专业发展情况

科学教育事业的发展离不开专业人才的培养。自2001年开始，我国设置了第一个科学教育本科专业。为了获得我国科学教育人才培养的概况，《中国科学教育蓝皮书》系列报告均对科学教育专业本科生和研究生教育的发展现状进行统计分析。在《中国科学教育发展报告（2017）》中，已对2001~2016年的科学教育专业本科生和研究生发展情况进行了统计，因此本报告中只讨论2016~2018年上述两类人群的发展情况。

目前，设置科学教育本科专业的高校不多，至2018年，通过对教育部从2001年批准高等院校设立科学教育专业伊始到2018年教育部发布的本科专业名单进行查找，现共计有65所高校开设了科学教育本科专业。2016~2018年，教育部批准新增了5所高校设置科学教育专业，撤销了9所高校设置的科学教育专业。目前设置了科学教育本科专业的65所高校中，授予的学位类型主要为两类：教育学和理学学位。

对招生结果的统计表明，近三年来科学教育专业没有招生的高校有湖北文理学院、安庆师范大学、长江师范学院、天水师范学院、吉林师范大学博达学院、大庆师范学院、红河学院（原蒙自师范高等专科学校）和陇东学院（原庆阳师范高等专科学校）；数据显示，2017年的招生数量是一个低谷期，2018年呈现回弹趋势。连续三年都招生的是浙江师范大学、长春师范大学、杭州师范大学、台州学院、广西师范大学、宁波大学、太原师范学院、乐山师范学院、河北民族师范学院，从这几所大学的招生数据能够看出科学教育专业招生人数是比较稳定的，这些学校的科学教育专业近年处于稳定发展的状态。

（二）我国高校科学教育研究生专业发展情况

对科学教育研究生培养情况的统计中，选取高校在数学、物理、化学、生物、地理学科教学论及科学教育方向招收的全日制硕士和博士研究生作为研究对象。学术型硕士的培养情况统计结果表明：我国共有50所高校设置科学教育领域学术型硕士点，师范类院校在科学教育专业开设的高校中依旧占比最大，其中数学、物理、化学、生物、地理、科学均开设学术型硕士点的学校有华东师范大学和上海师范大学；开设硕士点的学科数在5个的高校有11所，除喀什大学为综合院校之外，其余10所均为师范类院校；开设硕士点的学科数为4个的高校有13所，开设硕士点的学科数为2个的高校有14所，开设硕士点的学科数为1个的高校有10所。开设数学学科教育或课程与教学论的高校占比最高，达到72%。

专业型硕士的培养情况统计结果表明：至2018年，基于教育部研究生招生网的公开数据，我国共有97所高校设置了科学教育领域专业型硕士点，师范类院校共53所。在招生中设置了6个学科的院校共有17所，除石河子大学为综合类大学之外，其他16所均为师范类院校；在招生中设置了5个学科的院校一共30所，在招生中设置了4个学科的院校一共20所，在招生中设置了2个学科的院校一共5所，在招生中设置了1个学科的院校一共11所。6个学科均开设专业型硕士点的学校有首都师范大学、河北师范大学、长春师范大学、华东师范大学、南京师范大学、浙江师范大学、杭州师范大学、福建师范大学、江西师范大学、山东师范大学、湖南师范大学、广西师范大学、重庆师范大学、西华师范大学、陕西师范大学、石河子大学、山西师范大学，其中"211工程"院校为5所。

高校中的科学教育专业博士点肩负着培养高端科学教育学术人才的使命，基于教育部研究生招生网的公开数据，设有科学教育（数理化生地教育）专业博士招生目录的院校一共有11所，分别是华东师范大学、陕西师范大学、北京师范大学、东北师范大学、西南大学、山东师范大学、上海师范大学、天津师范大学、西北师范大学、福建师范大学和华中师范大学。其中"211工程"院校一共6所，所占比例为54.5%；属于教育部直属师范院校的有6所。华东师范大学涉及数理化生地5个学科，涉及4个学科的有陕西师范大学和北京师范大学，涉及3个学科的有东北师范大学，西南大学涉及2个学科，其余的师范类院校均涉及1个学科。招收科学教育（综合型）专业博士研究生的高校一共26所，分别是北京师范大学、华东师范大学、华南师范大学、东北师范大学、福建师范大学、广西师范大学、湖南师范大学、辽宁师范大学、南京师范大学、山东师范大学、陕西师范大学、上海师范大学、天津师范大学、西北师范大学、西南大学、新疆师范大学、浙江大学、安徽师范大学、大连理工大学、广州大学、哈尔滨师范大学、华中师范大学、江西师范大学、四川师范大学、浙江师范大学和首都师范大学。

基于教育部研究生招生网的数据，科学教育有关研究生专业一级学科均为教育学，二级学科有课程与教学论、科学教育、科学传播与科学教育、科学教育学等。有5所高校的科学教育二级学科不止课程与教学论一个，分别是华东师范大学（科学教育学）、广西师范大学（科学教育、科学与教育技术）、华中师范大学（科学传播与科学教育）、西藏大学（教育心理学）、重庆师范大学（科学教育学）。延边大学未对研究方向做出说明；不区分研究方向的高校一共有4所，分别是辽宁师范大学、华中师范大学、东北师范大学和西南大学。总体说来，在研究生招生目录之中的学校，科学教育（综合型）学术型硕士全部一级学科都是教育学，二级学科有课程与教学论及其他。

对比《中国科学教育发展报告（2017）》中的数据，开设科学教育专业的研究生院校在数量上有大幅提升,科学教育研究生专业在区域分布设置上也开始趋向均衡,相信科学教育专业在未来的发展中会更加成熟,并且富有更多的生机和活力。

四 校外科学教育发展情况

校外科学教育在培养青少年科学素质方面发挥着越来越重要的作用。本报告依据《中国科普统计(2018)》和《中国科学技术协会统计年鉴(2018)》中有关青少年校外科学教育的数据完成。本报告中的校外科学教育主要包括:青少年科技活动参与情况,青少年科技竞赛举办及获奖情况和青少年参加国际及港澳台科技交流活动情况。

(一)青少年科技活动参与情况

青少年科技活动参与情况中主要包括青少年科技兴趣小组、青少年科技夏(冬)令营和青少年科普宣讲等活动的情况。

2017年,我国共举办青少年科技兴趣小组21.33万个,2016年共举办青少年科技兴趣小组22.24万个,2017年比2016年减少了4.09%。2017年我国参加青少年科技兴趣小组的人数为1882.52万人次,比2016年增长9.76%。东部地区举办青少年科技兴趣小组9.12万个,687.94万人次参加;中部地区举办青少年科技兴趣小组6.36万个,527.37万人次参加;西部地区举办青少年科技兴趣小组5.85万个,667.21万人次参加。与2016年相比,东部地区举办青少年科技兴趣小组的个数和参与人数分别减少12.78%和1.94%;中部地区分别增长4.53%和23.19%;西部地区分别增长2.54%和13.94%。

数据表明,举办青少年科技兴趣小组数量排名前5位的省份是河南、江苏、湖北、广东、四川和浙江(并列),均超过了1.17万个。其中,河南省举办了1.78万个青少年科技兴趣小组,参与的人数也位居全国第一。青少年参加科技兴趣小组的人数排名全国前5位的是河南、四川、新疆、广西、浙江。

2017年我国举办青少年科技夏（冬）令营活动1.56万次，比2016年增长了10.81%；参与的人数为303.13万人次，比2016年减少了0.17%。东部地区参加青少年科技夏（冬）令营活动的人数为184.54万人次，比2016年减少了7.71%。尽管如此，东部地区参加青少年科技夏（冬）令营活动的总人数占到全国总人数的60%以上。中部地区参加青少年科技夏（冬）令营活动的总人数为48.53万人次，比2016年增加了20.32%；西部地区参加人数为70.05万人次，比2016年增长了10.58%。中部地区参与的人数占到全国青少年科技夏（冬）令营活动总参与人数的16.01%，西部地区参与人数占到全国总人数的23.11%。

对举办青少年科技夏（冬）令营活动的部门进行统计，结果表明，教育部门是开展青少年科技夏（冬）令营活动最多的部门，然后依次是科技管理部、科协、自然资源部、文化和旅游部、共青团、中科院等单位。教育部、科技管理部和科协三大部门开展青少年科技夏（冬）令营活动的次数之和占全国总数的49.82%，将近全国举办青少年科技夏（冬）令营活动总次数的一半。

2017年，各级科协部门举办青少年科普宣讲活动10630次，比2016年减少了64.25%；受众人数为3604.42万人次，比2016年减少了455.94万人次。其中，专家报告5434次，比2016年减少了57.27%。全国学会和各省级学会共举办青少年科普宣讲活动2778次，其中专家报告1813次，受众人数为344.60人。

全国各省级科协中，举办青少年科普宣讲活动次数排名前5位的是广东（144次）、江苏（94次）、重庆（71次）、辽宁（50次）、新疆（50次）、宁夏（37次）。全国各省级科协中，青少年参与科普宣讲活动人数排名前5位的是重庆、青海、广东、江西和云南。全国各省级科学中，为青少年开展专家报告的次数排名前5位的是：广东（97次）、重庆（62次）、辽宁（50次）、江苏（43次）、宁夏（33次）。有3个省份没有开展青少年科普宣讲活动，分别是浙江、西藏和新疆。

（二）青少年科技竞赛举办及获奖情况

2017 年，各级科协部门共举办青少年科技竞赛 5200 项，比 2016 年减少了 52.39%。各级科协部门举办的青少年科技竞赛参与总人数为 5766.36 万人次，比 2016 年增加了 57.40%。获奖人数为 101.98 万人次，比 2016 年增加了 5.79%。2017 年各级科协部门举办的青少年科技竞赛项数明显比 2016 年减少，主要是由教育部规范青少年科技竞赛的要求所致。因此，从数据上看，尽管举办的青少年科技竞赛的项数少了，但是总的参与人数却有大幅增长，获奖人数也有小幅增长。

2017 年，全国学会和各省级学会共举办青少年科技竞赛 634 项，比 2016 年减少了 35.63%；2017 年全国学会和各省级学会举办的青少年科技竞赛的参加总人数为 429.51 万人次，获奖的总人数为 28.81 万人次。

2017 年，全国各省级科协中，举办青少年科技竞赛项数排名前 6 位的是新疆（11 项）、重庆（10 项）、安徽（10 项）、江苏（10 项）、吉林（10 项）和天津（10 项）。参与青少年科技竞赛人数排名前 5 位的是新疆、江苏、湖南、河南和重庆。青少年科技竞赛获奖人数排名前 5 位的是江苏、河南、天津、吉林、安徽。浙江、山东和新疆生产建设兵团没有举办青少年科技竞赛。一般来说，由于各个省级科协都需要举办青少年科技创新大赛，因此这三个省级科协的数据为 0 的最大可能是没有上报有关数据。

（三）青少年参加国际及港澳台科技交流活动情况

2017 年，全国各级科协共组织国际及港澳台青少年科技交流活动 189 次，比 2016 年减少了 23.79%。各级科协组织的国际及港澳台青少年科技交流活动中，参与的青少年总人数为 18792 人，比 2016 年增加 124.60%。

2017 年，全国学会和省级学会共组织国际及港澳台青少年科技交流活动 78 次，比 2016 年减少了 38.10%。全国学会和省级学会共组织国际及港澳台青少年科技交流活动中，参与的青少年总人数为 32932 人次，是 2016

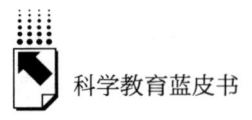

年参与总人数的 4 倍。

整体来说，我国组织青少年参加国际及港澳台科技交流活动的次数都在减少，但参与的人数在成倍增长。青少年参与国际及港澳台科技交流活动，有利于提升青少年的交流和表达能力，促进青少年互相加深理解、碰撞思想和发展友谊。

2017 年，各省级科协组织国际及港澳台青少年科技交流活动中，组织次数排名前 5 位的是上海（12 次）、湖南（7 次）、福建（5 次）、北京（4 次）和江苏（4 次）。青少年参与国际及港澳台青少年科技交流活动人数排名前 5 位的是江苏、上海、北京、湖南和新疆。

省级科协中，共有 16 个省级科协没有组织国际及港澳台青少年科技交流活动。

（四）中学生英才计划培养学生情况

依据中学生英才计划官方网站，中学生英才计划于 2013 年由中国科协和教育部共同组织实施。通过选拔品学兼优、学有余力的中学生走进大学，在自然科学基础学科领域科学家的指导下参加科学研究，让中学生在参与真正的科研课题中体验科研过程，激发科学兴趣，提高创新能力，在发现和培养一批在科学研究方面有潜质的中学生的同时，鼓励更多的中学生选择从事科学研究工作。以此促进中学教育与大学教育相衔接，建立高校与中学联合发现和培养青少年科技创新人才的有效模式，为青少年科技创新人才不断涌现和成长营造良好的社会氛围。

2017 年，全国各级科协组织的英才计划共培养中学生 34189 人，2016 年共培养中学生 25540 人。全国学会和省级学会组织的英才计划共培养中学生 715 人，2016 年全国学会和省级学会共培养 5310 名中学生。

2017 年，全国各省级科协组织的英才计划培养学生数排名前 5 位的是北京（143 人）、河南（100 人）、上海（65 人）、吉林（59 人）和福建（47 人）。

（五）青少年科技教育培训概况

2017 年，全国各级科协共编印青少年科技教育资料 778 种，共计总印数 668.95 万册。全国学会和地方学会合计编印青少年科技教育资料 202 种，总印数 231.58 万册。全国各省级科协中，编印青少年科技教育资料种数排名前 5 位的是湖北（9 种）、广西（7 种）、甘肃（4 种）、云南（3 种）和湖南（3 种）；编印数排名前 5 位的是湖南、广西、福建、江苏、陕西和河南（陕西和河南编印册数相同）。

2017 年，全国各级科协共举办青少年科技教育活动和培训 7007 次，培训总人数为 644.09 万人次。全国学会和地方学会共举办青少年科技教育活动和培训 783 次，共培训青少年 61.91 万人次。全国各省级科协举办青少年科技教育活动和培训次数排名前 5 位的是福建（342 次）、天津（141 次）、新疆（68 次）、青海（35 次）和黑龙江（24 次）。全国各省级科协举办青少年科技教育活动和培训，参与人数排名前 5 位的是青海、福建、天津、重庆和山西。

（六）青少年参观科技场馆情况

2017 年，全国科协系统管理的科技馆共有 867 个，建筑面积在 8000 平方米以上的共有 129 个，实行免费开放的科技馆有 776 个。科协系统管理的科技馆青少年总参观人数为 3523.45 万人次。中国科技馆的青少年参观人数为 199.16 万人次；各省级科技馆青少年参观人数为 859.13 万人次。各省级科技馆青少年参观人数排名前 5 位的是重庆、山西、广西、内蒙古和黑龙江。省会城市和副省级城市中，青少年参观科技馆人数排名前 5 位的是武汉、杭州、郑州、合肥和宁波。

五 面向新时代的科学教育的挑战与对策

党的十九大报告指出，中国特色社会主义进入新时代。社会的主要矛盾

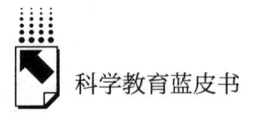

已经发生变化，国家建设需要知识型、技能型和创新型的劳动力大军。习近平总书记曾深刻指出，教育是提高人民综合素质、促进人的全面发展的重要途径，是民族振兴、社会进步的重要基石，是对中华民族伟大复兴具有决定性意义的事业。教育要培养担当民族复兴大任的时代新人，要加快发展更高质量的教育。中国要想实现高质量的发展，只有通过数以亿计的高素质的劳动力大军的努力才能完成。

近几年，人工智能等高科技更深入地走进普通人的生活，科学和技术越来越深刻地影响着我们的生活。实践证明，学习科学不是少数科学家和工程师的专利，科学对于每个人来说都非常重要。科学教育的最终目的就是培养公众的科学素养，使之成为具备科学素养的高素质的国家建设者。现在的中国社会比以往任何一个时期都迫切需要创新、需要新点子、需要好想法、需要拥有新鲜创意的人才，而这些都依赖于科学教育。

尽管我国科学教育已经取得了很多突破性的进展，比如小学一年级开始，小学科学课中就加入了工程技术等内容；高中各学科课程标准已经修订完成；青少年的科技活动、各类培训、参观科技馆人数等稳步增长。但是仍然面临一些问题和挑战，如科学在很多学生和家长的心目中属于"副科"，地位不高；小学科学教材在部分省份循环使用；在职科学教师培训和职前科学教师培养的问题仍然存在；科学教育领域的不均衡问题等。2019年上半年，中美贸易摩擦更加让我们认识到科技是强国之本，发展科学教育是国家的战略需要。

（一）进一步提升科学课的核心地位

近日，朝鲜宣布停止核武器试验，集中精力抓经济建设。朝鲜最高领导人金正恩提到科学教育工作中带来的革命性转变，提出"以科学突飞猛进，以教育保证未来"的战略口号，并就加快科技强国、人才强国明确提出任务和途径。朝鲜在宣布改革开放这一重大进程的同时将科学教育提到了重要位置，说明朝鲜看准了科学教育在国家发展中的重要作用和战略意义。从各国的发展历程以及现状都能看出，科学教育在日趋激烈的国际竞争中具有重要的战略意义，要将科学课程列为基础教育阶段的核心课程，与数学、语文占有同样的地位。国家要进一步强调和突出科学课程的重要性，改变科学课作为"副科"的现状；加大对科学课的投入，逐步减少科学教科书循环使用的地区直至没有。让科学课真正成为学生、家长和社会都重视的核心课程。

（二）加强改革创新，激发科学课程的生机活力

现代社会科学技术发展非常迅速。科学课程要适应社会发展，必须加强改革创新，不断激发科学课程的生机活力。中小学阶段加强科学课的改革创新，首先要加强校本课程的建设。校本课程是体现学校特色发展的重要载体，加强校本课程的建设对于发展学校特色、提升学校的生机和活力有重要的支撑作用。促进中小学改革创新，要给予充分的政策支持，要培养一批有远见、有战略高度的中小学校长。加强科学课的改革创新，要加强新技术的运用，比如人工智能技术、3D打印技术，以及其他一些能够激发教学活力的技术。

（三）进一步提升科学教师的专业素养

教师是教育的基石。高质量的科学教育必须要有高水平的科学教师。目前，我国中小学，特别是小学的科学教师缺口仍然非常大，填补小学科学教师的缺口，一方面希望各地教育部门增设科学教师岗位，另一方面也希望各级教育部门能加大在职科学教师的培训力度，通过面授、在线课堂、教研活动等多种方式，提升在职科学教师的专业水平；同时也要加强职前教师的培养，在科学教师培养源头加大力度。

（四）加大对校外科学教育资源的利用，推进校内外科学教育融合发展

至2017年，依据《中国科普统计（2018）》的数据，全国共有科普场馆1439个，其中科技馆488个（由于对科技馆的界定不同，所以这一数据

与科协统计年鉴不同),科技类博物馆 951 个。随着科普场馆越来越重视教育功能,科普场馆研发了大量科学教育课程、活动等供青少年学习。随着互联网的发展,很多在线的科学教育资源非常适合中小学生学习。加强对校外科学教育资源的利用,能够在一定程度上解决各学校教育资源不均衡的问题,缓解经济带来的压力。

科学是国家发展和社会进步的源动力。国家要发展、要强大,核心是自主创新。习近平总书记多次提到科技创新的重要性,指出核心技术是国之重器。技术研发的基础是科学发展,核心是人才培养。党的十九大报告中指出"我国要加快建设创新型国家,要瞄准科技前沿,强化基础研究,实现前瞻性基础研究、引领性原创成果的重大突破",同时还提出要"培养造就一大批具有国际水平的战略科技人才、科技领军人才、青年科技人才和高水平创新团队"。我国在进行科技战略布局时充分考虑了人才培养的重要位置。国家要有更好的发展,需要大批的科技精英和高水平的创新人才,同时也需要数以亿计的高素质劳动者和数以千万计的能工巧匠。而这一切,都需要科学教育在从幼儿园到小学、中学甚至大学对下一代进行科学探究的引导,让学习者学会探索自然的方法,培养其正确的科学态度,培养创新精神和实践能力。从小抓起,培养深厚的人才土壤,孕育出大批高水平的科技人才,提升国家的竞争力,这是科学教育在国家战略中的重要意义,也是面向新时代的科学教育最重要的使命!

分 报 告
Sub-reports

B.2 小学科学教育调查研究报告

李高峰*

摘　要： 本报告运用自编的《小学科学教师队伍及教学情况的调查问卷》，共调查我国东部地区和西部地区的小学科学教师约900人，其中重点研究和分析了我国西部地区小学科学教师的基本情况、小学科学教学现状、小学科学课程的实施情况等。结果表明：我国小学科学教师队伍结构不良、素质堪忧、教学质量不高。鉴于此，提出了一些建议，以期改变现状，提高小学科学教师水平，进而提高公民科学素质。

关键词： 小学　科学教师　科学教学

---

* 李高峰，陕西师范大学生命科学学院教授，博士，博士生导师，研究方向为科学教育、生物学教育。

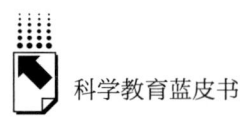

一 引言

《国家中长期教育改革和发展规划纲要（2010—2020年）》的战略目标为：到2020年，"形成惠及全民的公平教育"①；西部地区教师队伍的素质和专业化程度是公平教育的最大短板，特别需要关注西部地区教师队伍是否"业务精湛、结构合理、充满活力"②。

2012年2月10日，教育部印发的《小学教师专业标准（试行）》的目的是"促进小学教师专业发展，建设高素质小学教师队伍"，要求小学教师"掌握系统的专业知识和专业技能"③。2018年1月20日，中共中央、国务院《关于全面深化新时代教师队伍建设改革的意见》中指出"百年大计，教育为本；教育大计，教师为本"，要"全面提高中小学教师质量，建设一支高素质专业化的教师队伍"④。教育部等五部门在2018年3月22日印发的《教师教育振兴行动计划（2018—2022年）》中提出了明确的目标任务："经过5年左右的努力……为义务教育学校培养更多接受过高质量教师教育的素质全面、业务见长的本科层次教师"⑤。

"有好的教师，才有好的教育"⑥；有好的教育，公民才能有好的科学素

---

① 中共中央、国务院：《国家中长期教育改革和发展规划纲要（2010—2020年）》，人民出版社，2010，第15页。
② 中共中央、国务院：《国家中长期教育改革和发展规划纲要（2010—2020年）》，人民出版社，2010，第51页。
③ 中华人民共和国教育部：《关于印发〈幼儿园教师专业标准（试行）〉〈小学教师专业标准（试行）〉和〈中学教师专业标准（试行）〉的通知》，http：//www.moe.gov.cn/srcsite/A10/s6991/201209/t20120913_145603.html，2018年8月17日。
④ 中共中央、国务院：《关于全面深化新时代教师队伍建设改革的意见》，《人民日报》2018年2月1日，第1版。
⑤ 教育部、国家发展改革委、财政部、人力资源社会保障部、中央编办：《教育部等五部门关于印发〈教师教育振兴行动计划（2018—2022年）〉的通知》，http：//www.gov.cn/xinwen/2018-03/28/content_5278034.htm，2018年8月29日。
⑥ 中共中央、国务院：《国家中长期教育改革和发展规划纲要（2010—2020年）》，人民出版社，2010，第51页。

质。《全民科学素质行动计划纲要（2006—2010—2020 年）》早在 2006 年就指出，"我国公民科学素质水平与发达国家相比差距甚大"[1]，这与我国基础教育阶段科学教育密切相关；鉴于此，必须要"完善基础教育阶段的科学教育"[2]。要达到此目标，必须要明确科学教育现状，尤其是小学科学教育现状，重中之重是西部地区的小学科学教师队伍及其教学现状。

二 研究工具

调查工具为自编的《小学科学教师队伍及教学情况的调查问卷》，共 38 个条目，包括六个维度：①教师基本情况，包括性别、民族、年龄、教龄、专业及学历、工作单位所在地等；②教学工作量，包括所教学科、每周上课节数；③教学状况，包括教学方法、教学内容、实验室的利用、上课地点等；④对课程的认识，包括课程的设置、是否拥有课程标准、对课程理念的理解；⑤教育理念，包括科学实践、科学探究、STEM 教育、对小学科学课程的热爱等；⑥前科学概念，运用三段式多项选择题揭示教师在物质科学、生命科学、地球和宇宙科学、技术与工程领域的前科学概念。问卷经过两名小学科学高级教师的审核，认为具有很好的内容效度。

三 调查样本

通过随机取样与整群抽样（某校整体小学科学教师）相结合的方法，在我国西部十省（区、市）发放问卷 700 份，收回有效问卷 605 份，有效问卷回收率为 86.4%。调查样本的具体分布为：陕西 322 人、甘肃 29 人、宁夏 26 人、青海 16 人、新疆 76 人、内蒙古 26 人、四川 51 人、广西 9 人、

---

[1] 国务院：《全民科学素质行动计划纲要（2006—2010—2020 年）》，人民出版社，2006，第 2 页。

[2] 国务院：《全民科学素质行动计划纲要（2006—2010—2020 年）》，人民出版社，2006，第 6 页。

云南32人、重庆18人。

为了明确我国西部小学科学教师及教学与东部地区的差异,采用同样的方法,在我国东部(包括东北、华北、华中、华东)发放问卷400份,收回有效问卷306份,有效问卷回收率为76.5%。调查样本的具体分布为:北京16人、天津9人、辽宁40人、河北9人、河南69人、山西59人、山东30人、安徽26人、湖北13人、湖南31人、江西4人。

四 调查结果

(一)小学科学教师队伍结构

1. 小学科学教师的性别结构

被调查的西部小学科学教师中,男教师有194人,占总人数的32.2%;女教师有408人,占67.8%。西部地区女教师的比例高于男教师35.6个百分点;东部地区女教师的比例更高,高于男教师48.4个百分点。仅看男教师,西部地区男教师的比例比东部地区男教师高6.4个百分点(见表1)。由此可见,无论是东部还是西部,小学科学教师的性别比例都是极不平衡的;西部地区科学教师性别比例的不平衡比东部地区要小一些。究其原因,主要是西部经济欠发达,就业、创业机会少,西部地区因此留住了一些男教师,使得其比例较东部地区略高一些。

表1 西部(东部)地区小学科学教师的性别结构

单位:人,%

项目	类别	人数	百分比
性别	男	194(79)	32.2↑(25.8)
	女	408(227)	67.8↓(74.2)

注:()中系东部数据;↑表示西部比东部高;↓表示西部比东部低。

2. 小学科学教师的民族结构

在民族上,西部地区汉族教师有549人,比例高达93.4%;少数民族教师仅有39人，占6.6%；少数民族中，有回族19人、蒙古族7人、彝族4人、苗族3人、土族2人、维吾尔族1人、藏族1人、满族1人、仡佬族1人。东部地区少数民族小学科学教师仅占3.9%，西部地区高于东部地区2.7个百分点（见表2）。我国西南、西北地区少数民族人口占所在地人口的比例高达22.6%和21.0%，①但西部地区少数民族小学科学教师的比例远低于其人口比例。

表2　西部（东部）地区小学科学教师的民族结构

单位：人，%

项目	类别	人数	百分比
民族	汉族	549(293)	93.4↓(96.1)
	少数民族	39(12)	6.6↑(3.9)

注：()中系东部数据；↑表示西部比东部高；↓表示西部比东部低。

3. 小学科学教师的工作单位

在西部省会城市市区工作的小学科学教师有63人，占10.5%；在地级市市区工作的有163人，占27.2%；在县级市市区、县城工作的人数最多，有189人，比例为31.6%，接近1/3；在城市郊区工作的有34人，占5.7%；在乡镇工作的有98人，占16.4%；在农村工作的有52人，占8.7%（见表3）。通过东西部的比较可知，西部地区小学科学教师在省会城市市区、地级市市区工作的人数百分比较低，而在县级市市区（县城）、城市郊区、乡镇和农村工作的比例比较高，这一方面说明我国西部地区的城市化率比东部低，另一方面也说明我国西部地区小学科学教师在县城及以下地区工作的比例更高，相对更艰苦一些。

4. 小学科学教师的年龄结构

西部地区小学科学教师中年龄最小的只有21岁，最大的有58岁，平均

---

① 马正亮：《我国少数民族人口发展状况分析》，《贵州大学学报》（社会科学版）2013年第2期。

表3　西部（东部）地区小学科学教师的工作单位分布

单位：人，%

工作单位所在地	人数	百分比
省会城市市区	63（61）	10.5↓（20.6）
地级市市区	163（116）	27.2↓（39.2）
县级市市区、县城	189（84）	31.6↑（28.4）
城市郊区	34（7）	5.7↑（2.4）
乡镇	98（19）	16.4↑（6.4）
农村	52（9）	8.7↑（3.0）

注：（ ）中系东部数据；↑表示西部比东部高；↓表示西部比东部低。

年龄为33岁。从年龄段来看，20~29岁的人数最多，有243人，比例高达40.4%；30~39岁的人数有217人，占36.1%；40~49岁的人数有110人，占18.3%；50~60岁的人数最少，仅有31人，占5.2%。这种年龄结构类似于生态系统中的"增长型"种群，年轻教师数量大，后继有人。西部地区小学科学教师的年龄结构与东部相似，差别不大（见图1）。

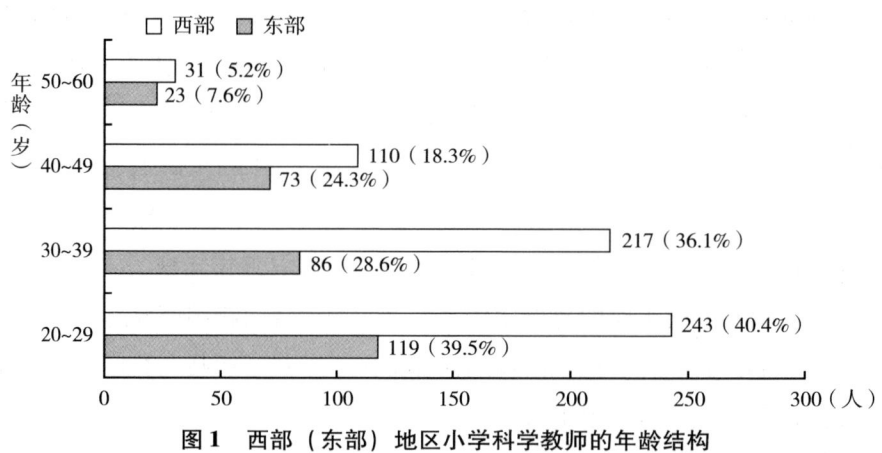

图1　西部（东部）地区小学科学教师的年龄结构

5. 小学科学教师的教龄结构

被调查的西部小学科学教师的教龄，最短的为0（东部教师最短的也为0），即刚刚参加工作几个月；最长的为38年（东部地区最长的为41年）；平均教龄为10年（东部平均教龄为12年）。其中，教龄0~5年的人数最多，有 254 人，占 42.8%；6~10 年的有 112 人，占 18.9%；11~15 年的有 64 人，占 10.8%；16~20 年的有 78 人，占 13.2%；21~25 年的有 33 人，占 5.6%；26~30 年的有 40 人，占 6.8%；31~35 年的有 10 人，占 1.7%；36~41 年的仅有 2 人，占 0.3%。相比于东部地区，西部地区小学科学教师在 0~5 年、6~10 年、11~15 年、16~20 年教龄的比例略高，而 21~25 年、26~30 年、31~35 年、36~41 年教龄的比例略低（见表 4）。整体而言，西部地区小学科学教师与东部地区小学科学教师在教龄上差别不大。

表 4 西部（东部）地区小学科学教师的教龄结构

单位：人，%

教龄	人数	百分比
36~41 年	2(2)	0.3↓(0.7)
31~35 年	10(12)	1.7↓(4.1)
26~30 年	40(29)	6.8↓(10.0)
21~25 年	33(17)	5.6↓(5.8)
16~20 年	78(34)	13.2↑(11.7)
11~15 年	64(26)	10.8↑(8.9)
6~10 年	112(48)	18.9↑(16.5)
0~5 年	254(123)	42.8↑(42.3)

注：（ ）中系东部数据；↑表示西部比东部高；↓表示西部比东部低。

6. 小学科学教师的职称结构

西部地区小学科学教师中，没有职称的有 103 人，占 18.0%；具有中小学三级教师职称的有 37 人，占 6.5%；具有中小学二级教师职称的有 240 人，占 42.0%；具有中小学一级教师职称的有 159 人，占 27.8%；具有中小学高级教师职称的有 31 人，占 5.4%；具有中小学正高级教师职称的有 1 人，占 0.2%（见表 5）。从纵向来看，西部地区近半数（42.0%）小学科学教师的职称为中小学二级教师。通过与东部地区小学科学教师职称结构的比较发现，西部地区除了中小学二级教师的比例高于东部之外，其他各个职称的教师比例均低于东部，这说明西部地区教师的职称被阻滞于高级教师和一级教师之前，"淤积"于中小学二级教师。比较发现，西部地区小学科学教

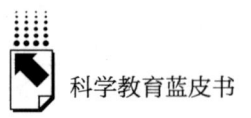

师的职称过分集中，没有形成良好的梯度；东部地区小学科学教师的职称具有比较好的梯度；也说明西部地区小学科学教师职称晋升的难度相对更大。

表5 西部（东部）地区小学科学教师的职称结构

单位：人，%

职称	人数	百分比
中小学正高级教师	1(1)	0.2↓(0.4)
中小学高级教师	31(33)	5.4↓(11.9)
中小学一级教师	159(88)	27.8↓(31.7)
中小学二级教师	240(69)	42.0↑(24.8)
中小学三级教师	37(28)	6.5↓(10.1)
无	103(59)	18.0↓(21.2)

注：( )中系东部数据；↑表示西部比东部高；↓表示西部比东部低。

7. 小学科学教师的学历结构

西部地区小学科学教师中第一学历是中师的有114人，占19.0%；多数人在工作后进修提升了学历，在这些教师的最终学历中，仍是中师的仅有9人，占1.5%。第一学历是专科的有121人，占20.1%；其中很多人也提高了学历，最终学历为专科的只有79人，占13.3%。第一学历是本科的有353人，占58.7%；虽说比例很高，但在最终学历中仍有提高，人数增至462人，比例高达77.9%。第一学历（学位）是硕士的只有11人，占1.8%；最终学历（学位）是硕士的人数增多，达40人，占6.7%。第一学历（学位）是博士的仅有2人，占0.3%；最终学历（学位）中，博士学位拥有者为3人，比例为0.5%（见表6）。

表6 西部（东部）地区小学科学教师的学历结构

单位：人，%

学历(学位)类别	第一学历(学位)		最终学历(学位)	
	人数	百分比	人数	百分比
博士	2(0)	0.3↑(0)	3(0)	0.5↑(0)
硕士	11(7)	1.8↓(2.3)	40(17)	6.7↑(5.9)

续表

学历(学位)类别	第一学历(学位)		最终学历(学位)	
	人数	百分比	人数	百分比
本科	353(165)	58.7↑(55.4)	462(212)	77.9↑(73.9)
专科	121(55)	20.1↑(18.5)	79(50)	13.3↓(17.4)
中师	114(71)	19.0↓(23.8)	9(8)	1.5↓(2.8)

注：( )中系东部数据；↑表示西部比东部高；↓表示西部比东部低。第一学历（学位）指的是学生直接修读的学历水平，最终学历（学位）中包括了工作后再修读的学历。

从与东部地区小学科学教师比较的结果来看，第一学历（学位）为博士的教师，西部有2人，东部没有博士学位教师；从最终学历（学位）可以发现，西部有教师攻读博士学位，东部没有，仍为0。第一学历（学位）为硕士的教师比例，西部比东部低0.5个百分点，但在最终学历（学位）方面，西部高出东部0.8个百分点。西部教师第一学历是本科的比例，比东部高3.3个百分点；最终学历为本科的，西部教师比例更大，西部比东部高4.0个百分点。这说明，西部地区小学科学教师在学历（学位）提升上优于东部地区。

8. 小学科学教师大学所学专业

小学科学教师在大学期间所学的专业并不都是科学相关专业，很多教师是"所教非所学"、专业不对口。调查结果表明，参与调查的小学科学教师的大学所学专业大致可以分为三个大类：①科学类。所学专业是生物专业的有87人，占14.8%；化学专业的有43人，占7.3%；地理专业的有37人，占6.3%；物理专业的有36人，占6.1%；科学教育专业的有8人，占1.4%。②全科类。小学教育属于全科教育，能够教授小学各科。这样看来，科学类和全科类都与小学科学教育密切相关，比例占到37.3%。③非科学类。所学专业是中文的有130人，比例最高，占22.1%；其次是数学专业，有93人，占15.8%；外语专业有34人，占5.8%；政治和历史专业均为19人，各占3.2%；体育专业13人，占2.2%；美术专业9人，占1.5%；音乐专业6人，占1.0%；其他专业包括文秘、教育管理、教育技术、学前教育、计算机等，共有46人，占7.8%。所有非科学类专业共有369人，占

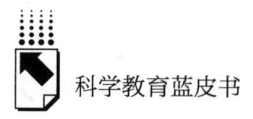

62.6%（见表7）。从中可以发现，小学科学教师在大学期间所学专业，有近2/3都是非科学相关专业，只有1/3的教师所学专业与科学相关。

表7　西部（东部）地区小学科学教师大学所学专业

单位：人，%

类别	专业名称	人数	百分比	合计
科学	生物	87(56)	14.8(19.2)	37.3↓(40.1)
	化学	43(13)	7.3(4.5)	
	地理	37(18)	6.3(6.2)	
	物理	36(17)	6.1(5.8)	
	科学教育	8(6)	1.4(2.1)	
全科	小学教育	8(7)	1.4(2.4)	
非科学	中文	130(63)	22.1(21.6)	62.6↑(59.9)
	数学	93(34)	15.8(11.6)	
	外语	34(14)	5.8(4.8)	
	政治	19(7)	3.2(2.4)	
	历史	19(4)	3.2(1.4)	
	体育	13(4)	2.2(1.4)	
	美术	9(6)	1.5(2.1)	
	音乐	6(11)	1.0(3.8)	
	其他	46(32)	7.8(11.0)	

注：（）中系东部数据；↑表示西部比东部高；↓表示西部比东部低。

与东部地区相比，西部地区教师在大学期间所学专业与小学科学相关的（科学和全科）人数百分比低于东部地区2.8个百分点；所学专业系"非科学"的人数百分比高于东部地区2.7个百分点。西部地区小学科学教师"所教非所学"的现象更加突出。

（二）小学科学教师的工作量

1. 每个教师所教年级数

被调查的西部地区教师中，只担任1个年级教学任务的有404人，占67.6%；兼任2个年级教学任务的有109人，占18.2%；同时教3个年级的有47人，占7.9%；教4个年级的有24人，占4.0%；教5个年级的有2人，占0.3%；同时教6个年级的有12人，占2.0%（见表8）。

表8　西部（东部）地区小学科学教师每人所教年级数

单位：人，%

所教年级数	人数	百分比
1个年级	404（191）	67.6↑（63.5）
2个年级	109（68）	18.2↓（22.6）
3个年级	47（30）	7.9↓（10.0）
4个年级	24（8）	4.0↑（2.7）
5个年级	2（1）	0.3=（0.3）
6个年级	12（3）	2.0↑（1.0）

注：（ ）中系东部数据；↑表示西部比东部高；↓表示西部比东部低；=表示西部与东部相等。

什么样的教师在跨5个、6个年级教学呢？西部地区这14个人中，陕西有6人，在陕西样本数（322人）中所占比例仅1.9%；第二是新疆5人，占新疆样本数（76人）的6.6%，这个比例是非常高的；第三是四川2人，占其样本数（51人）的3.9%；第四是云南1人，占其样本数（32人）的3.1%。他们都是汉族；平均年龄接近31岁，平均教龄8年多；11人的最终学历是本科，3人是硕士。

与东部地区的教师相比，西部地区小学科学教师教1个年级的比例高于东部4.1个百分点；跨年级教学中——教2个、3个年级的教师比例，都低于东部地区。整体而言，西部地区教师跨2~6个年级教学的比例有32.4%，而东部地区教师跨2~6个年级教学的比例高于西部地区，达36.6%。所跨年级越多，教学任务相对越繁重，从这一点来看，西部比东部地区要好。

2. 每个（科学）教师所教的学科

西部地区只教科学这一门学科的教师，即专任小学科学教师有102人，仅占总数的17.6%。令人遗憾的是，大多数科学教师所教的学科并不只是科学；除了科学教学，还兼任语文、数学或外语等的教师有367人，占总数

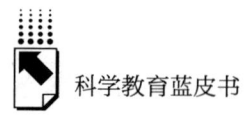

的63.1%；具体而言，教"科学+数学"的人数最多，有154人，占26.5%。与其说科学教师兼任数学教师，不如说数学教师兼任科学教师，原因是154人中有109人在大学期间所学专业不是科学相关专业（物理、化学、生物、科学）；其次是语文教师兼任科学教师的，有62人，占10.7%（见表9）。

表9　西部（东部）地区小学科学教师所教的学科及数量

所教学科	学科数（门）	人数（人）		百分比（%）	
科学	1	102(130)		17.6↓(46.6)	
科学+语文	2	62(31)		10.7(11.1)	
科学+数学	2	154(35)		26.5(12.5)	
科学+品德与生活	2	31(12)		5.3(4.3)	
科学+品德与社会	2	27(13)		4.6(4.7)	
科学+道德与法制	2	18(3)	367(118)	3.1(1.1)	63.1↑(42.3)
科学+外语	2	22(4)		3.8(1.4)	
科学+体育	2	13(6)		2.2(2.2)	
科学+音乐	2	7(5)		1.2(1.8)	
科学+美术	2	8(9)		1.4(3.2)	
科学+其他1门	2	25(0)		4.3(0)	
科学+其他2门	3	70(21)		12.0↑(7.5)	
科学+其他3门	4	23(9)		4.0↑(3.2)	
科学+其他4门	5	11(0)		1.9↑(0)	
科学+其他5门	6	4(0)		0.7↑(0)	
科学+其他6门	7	4(1)		0.7↑(0.4)	

注：（）中系东部数据；↑表示西部比东部高；↓表示西部比东部低。

同时教3门学科，即教"科学+其他2门"学科的教师有70人，占总数的12.0%；教"科学+其他3门"学科，即教4门学科的教师有23人，占4.0%；教5门学科的教师有11人，占1.9%；令人难以置信的是，教6门学科的教师和教7门学科的教师亦有其人，都有4人，均占0.7%（见表9）。同时教6门、7门学科的这8位教师，从省（区、市）来看，陕西3人、云南3人、青海2人；从大学所学专业来看，中文专业3人、数学专业

2人、外语专业2人、其他（非科学）专业1人；从工作单位所在地来看，地级市学校2人、县城（县级市）学校1人、乡镇学校4人、农村学校1人。

相比于东部地区教师，西部教师专职教科学课的教师比例过低。只教科学这一门课的教师比例，西部是17.6%，而东部高达46.6%，西部比东部低29.0个百分点。

3. 科学教师的周课时数

仅从每周所上科学课的节数来看，人数最多、比例最高的是1~5节，有246人，占总人数的42.1%；其次是每周上6~10节科学课的人数，有149人，占25.5%；再次是11~15节，有126人，占21.5%；每周上16~20节的有58人，占9.9%；每周上20节以上的有6人，占1.0%。按周课时的中位数来算，每位"科学教师"每周上8.1节科学课。仅从科学课的节数来看，工作量并不大；然而，8成以上教师并不仅教科学课。

从每周所上各门课的总课时来看，人数最多、比例最高的是11~15节，有241人，占40.9%；其次是16~20节，有155人，占26.3%；再次是6~10节，有92人，占15.6%（见表10）。按周课时的中位数来看，每位科学教师每周要上14.0节课。

表10　西部（东部）地区小学科学教师的周课时数

单位：人，%

周课时数	中位数	科学课时数据		总课时数据	
		人数	百分比	人数	百分比
1~5节	3节	246(78)	42.1↑(25.8)	38(13)	6.5↑(4.3)
6~10节	8节	149(87)	25.5↓(28.8)	92(60)	15.6↓(19.8)
11~15节	13节	126(90)	21.5↓(29.8)	241(138)	40.9↓(45.5)
16~20节	18节	58(45)	9.9↓(14.9)	155(73)	26.3↑(24.1)
20节以上	取23节	6(2)	1.0↑(0.7)	63(19)	10.7↑(6.3)

注：( ) 中系东部数据；↑表示西部比东部高；↓表示西部比东部低。

东部地区教师每周所上科学课的节数，人数最多、比例最高的是11~15节，有90人，占29.8%；按周课时的中位数来算，每位科学教师每周上

9.8节课,比西部地区高1.7节。从每周上各门课的总课时来看,人数最多、比例最高的也是11~15节,有138人,占45.5%;按周课时的中位数来看,每位科学教师每周要上13.4节课,比西部地区低0.6节。这些数据说明,西部地区的教学工作量比东部略高;西部地区科学教师所教的"科学课"的从属地位比较突出,其"副课"的属性更强一些。

(三)小学科学教师对课程的认识

1. 拥有《小学科学课程标准》的小学科学教师比例

2001年教育部颁布了《全日制义务教育科学(3~6年级)课程标准(实验稿)》;经过16年的实验,2017年颁布了《义务教育小学科学课程标准》(以下简称《小学科学课程标准》)。"课程标准是教材编写、教学、评估和考试命题的依据……提出教学和评价建议"①,《小学科学课程标准》是小学科学教师开展科学教育所必需的。被调查的西部地区小学科学教师中有实验稿《小学科学课程标准》的有225人,占37.8%(东部地区有109人,占35.9%),但其已经过时,指导意义不大;拥有2017年版《小学科学课程标准》的有177人,占29.7%(东部地区有134人,占44.1%)。新的《小学科学课程标准》是2017年3月出版发行的,至本调查实施时已经过去将近一年的时间,但拥有的教师不足1/3,状况并不乐观。虽说拥有实验稿《小学科学课程标准》的人数百分比,西部比东部高,但是拥有2017年版《小学科学课程标准》的人数百分比,西部与东部差距巨大,西部低于东部14.4个百分点。

2. 对小学科学学段划分的认识

《小学科学课程标准》"把小学六年学习时间划分为1~2年级、3~4年级、5~6年级三个学段"。②错误地认为是"一个学段:3~6年级"的有64人,占总人数的10.9%;认为是"一个学段:1~6年级"的有63人,

---

① 中华人民共和国教育部:《基础教育课程改革纲要(试行)》,《人民教育》2001年第9期。
② 中华人民共和国教育部:《义务教育小学科学课程标准》,北京师范大学出版社,2017,第5页。

占 10.7%；认为是"两个学段：3~4 年级、5~6 年级"的有 110 人，占 18.7%。具有正确认识的人数最多、比例最大，即认为"三个学段：1~2 年级、3~4 年级、5~6 年级"的人数有 242 人，占 41.2%；对此没有认识，选择"不清楚"的有 108 人，占 18.4%（见表 11）。

表 11　西部（东部）地区小学科学教师对小学科学学段划分的认识

单位：人，%

认识	人数	百分比	备注
一个学段：3~6 年级	64(21)	10.9↑(7.0)	认识错误
一个学段：1~6 年级	63(25)	10.7↑(8.3)	认识错误
两个学段：3~4 年级、5~6 年级	110(60)	18.7↓(19.9)	认识错误
三个学段：1~2 年级、3~4 年级、5~6 年级	242(161)	41.2↓(53.3)	认识正确
不清楚	108(35)	18.4↑(11.6)	没有认识

注：( ) 中系东部数据；↑表示西部比东部高；↓表示西部比东部低。

西部地区小学科学教师对"学段划分"拥有正确认识的比例有 41.2%，而东部地区的比例为 53.3%，西部比东部地区低 12.1 个百分点。对小学科学学段划分的认识错误，或者是没有认识，势必会缺乏对小学科学教学的通盘考虑，没有整体设计。

3. 对小学科学课程基本理念的识别

《小学科学课程标准》提出的课程基本理念有四条，分别是：①面向全体学生；②倡导探究式学习；③保护学生的好奇心和求知欲；④突出学生的主体地位。① 调查问卷问的是"小学科学课程的基本理念有_____"，明确注明是"多选题"，备选项包括上述四条理念，但顺序被打乱，另外插入了两条干扰选项，最后一个选项是"不清楚"。结果显示，能够正确识别小学科学课程基本理念的人数只有 10 人，仅占总人数的 1.7%；这还只是让教师"识别"，如果让其"说出"，结果会更差，更不要说其对课程基本理

---

① 中华人民共和国教育部：《义务教育小学科学课程标准》，北京师范大学出版社，2017，第 3~4 页。

念的正确理解了。错误地识别了课程理念的教师有573人，占95.8%；还有15人选择的是"不清楚"，占2.5%（见表12）。

表12 西部（东部）地区小学科学教师对小学科学课程基本理念的识别情况

单位：人，%

类别	人数	百分比
正确识别	10(13)	1.7↓(4.2)
错误识别	573(285)	95.8↑(93.1)
不清楚	15(8)	2.5↓(2.6)

注：（）中系东部数据；↑表示西部比东部高；↓表示西部比东部低。

东部地区小学科学教师能够正确识别小学科学课程理念的教师比例为4.2%，高于西部地区2.5个百分点。但相对于东部地区有44.1%的教师、西部地区有29.7%的教师拥有新课标而言，此比例太低。这说明，拥有课标的教师并没有认真研读课标，没有记住新课标倡导的课程理念。

4. 对小学科学课程领域的认识

《小学科学课程标准》明确指出，"小学科学课程是一门综合性课程"，包括"物质科学、生命科学、地球和宇宙科学、技术与工程四个领域"①。调查问卷问的是"小学科学课程内容包括（多选）＿＿＿＿"，备选项中除了上述四个领域之外，加入了三个干扰选项：物理学领域、生物学领域、地理学和天文学领域。在西部地区601名教师中，只有22人做出了正确的选择，仅占3.7%。东部地区被调查的301名教师中，有31人做出了正确的选择，占10.3%；比西部地区教师高6.6个百分点。

非常极端的错误是，西部地区有21人、3.5%的教师认为"小学科学课程内容只有一个领域"，诸如认为"小学科学就是物质科学""小学科学就是生命科学"。还有138人、23.0%的教师将备选项全选；虽说在日常生活中，"生命科学领域"就是"生物学领域"，"物质科学领域"也可以说成

---

① 中华人民共和国教育部：《义务教育小学科学课程标准》，北京师范大学出版社，2017，第2页。

"物理学领域",其"全选"似乎也对,但从中可以发现,小学科学教师对《小学科学课程标准》的研读并不认真、并不到位,不是特别明确《小学科学课程标准》对小学科学课程领域的描述。

(四)小学科学教学状况

1. 教学方法

西部小学科学教师在诸多的教学方法中,运用最多的是讲授法,有 501 人运用,占 83.2%;第二是演示法,有 448 人运用,占 74.4%;第三是实验法,有 379 人运用,占 63.0%;第四是讨论法,有 348 人运用,占 57.8%;第五是科学探究法,有 287 人运用,占 47.7%;第六是角色扮演法,有 140 人运用,占 23.3%;第七是调查法,有 135 人运用,占 22.4%(见表 13)。《小学科学课程标准》倡导探究式学习,但令人遗憾的是,"科学探究法"这种教学方法,有超过一半的教师没有运用,这与课程标准的精神是不相符的。《小学科学课程标准》在倡导探究式学习的同时,也明确指出"小学科学课程的学习方式是多种多样的"[①],但是仍有 71 人、11.8% 的教师只运用一种教学方法,其中有 33 人、5.5% 的教师只运用讲授法;运用两种方法的有 70 人,占 11.6%;两项合并,有 23.4% 即近 1/4 的教师没有运用多种多样的教学方法教授小学科学。

表 13 西部(东部)地区小学科学教学方法

单位:人,%

教学方法	人数	百分比
讲授法	501(256)	83.2↓(83.4)
演示法	448(230)	74.4↓(74.9)
实验法	379(201)	63.0↓(65.5)
讨论法	348(216)	57.8↓(70.4)

---

① 中华人民共和国教育部:《义务教育小学科学课程标准》,北京师范大学出版社,2017,第 3 页。

续表

教学方法	人数	百分比
科学探究法	287(170)	47.7↓(55.4)
角色扮演法	140(95)	23.3↓(30.9)
调查法	135(105)	22.4↓(34.2)

注：( )中系东部数据；↑表示西部比东部高；↓表示西部比东部低。

通过比较可以发现，东部地区小学科学教师运用讲授法、演示法等7种教学方法的比例全部高于西部地区，这说明东部地区每名教师运用的教学方法更多，多于西部地区教师；而西部地区每名教师所用的教学方法偏少。从百分比的差距可以发现，西部地区教师运用讲授法、演示法和实验法的比例，与东部地区相比，分别低0.2个、0.5个、2.5个百分点；但是在讨论法、科学探究法、角色扮演法和调查法上，与东部地区教师差别比较大，分别低12.6个、7.7个、7.6个、11.8个百分点。西部地区教师要注重运用讨论法、科学探究法、角色扮演法和调查法进行科学教学。

2. 教学内容

"小学科学课程的总目标是培养学生的科学素养，并为他们继续学习、成为合格公民和终身发展奠定良好的基础。"[①] 因此，小学科学的教学内容要多样、全面，科学知识、科学技能、科学方法、科学态度和科学精神等都是非常重要的。在上述诸多选项中，选择科学态度的有446人，比例最高，占总调查样本的74.2%；第二是科学知识，有413人选择，占68.7%；紧随其后的是科学方法，有411人选择，占68.4%；第四是科学精神，有370人选择，占61.6%；第五是科学技能，有353人选择，占58.7%（见表14）。

---

① 中华人民共和国教育部：《义务教育小学科学课程标准》，北京师范大学出版社，2017，第6页。

表 14 西部（东部）地区小学科学教师认为重要的教学内容

单位：人，%

教学内容	人数	百分比
科学态度	446(229)	74.2↓(75.3)
科学知识	413(198)	68.7↑(65.1)
科学方法	411(198)	68.4↑(65.1)
科学精神	370(201)	61.6↓(66.1)
科学技能	353(180)	58.7↓(59.2)

注：（）中系东部数据；↑表示西部比东部高；↓表示西部比东部低。

西部地区和东部地区教师认识相同之处在于，都认为科学态度是最重要的教学内容，科学技能的重要性居五项中的最后一个。不同点在于，西部地区教师将科学知识列为第二，而东部地区教师将科学精神列为第二。

科学知识、科学技能、科学方法、科学态度和科学精神对于学生科学素养的培养和提高都是必要的，每一个都是必不可少的。然而，被调查的西部小学科学教师中，只认为其中仅有一项是非常重要的有 73 人，占 12.1%；认为其中仅有两项是非常重要的有 108 人，占 18.0%；认为其中的三项是非常重要的有 164 人，占 27.3%；认为其中的四项是非常重要的有 63 人，占 10.5%；认为都是非常重要的只有 193 人，仅占 32.1%。东部地区教师认为五项都非常重要的有 95 人，也仅占 31.3%。在这一点上，东、西部地区教师的认识相差无几。

3. 教学场所

"教室、实验室是科学学习的重要场所"[①]，教室的重要性毋庸置疑。小学科学教师一学期在实验室上课的次数是多少，这个问题值得关注。西部地区的调查显示，一个学期（2017 年 2 月至 2017 年 7 月）在实验室上课次数为 0 的教师有 113 人，占总样本数的 19.5%；在实验室仅上过 1 次课的教师有 45 人，占 7.8%；上过 2 次课的有 96 人，占 16.6%；上过 3 次课的有 70

---

① 中华人民共和国教育部：《义务教育小学科学课程标准》，北京师范大学出版社，2017，第 62 页。

人，占12.1%；上过4次课的有49人，占8.4%；上过5次以上（含5次）的有207人，占35.7%。虽说5次及以上的人数最多，但是不足5次的还是占多数，合计有373人，占64.3%（见表15）。

表15 西部（东部）地区小学科学教师"在实验室上课的次数"

单位：人，%

次数	人数	百分比
5次及以上	207（83）	35.7↑（28.9）
4次	49（33）	8.4↓（11.5）
3次	70（40）	12.1↓（13.9）
2次	96（41）	16.6↑（14.3）
1次	45（23）	7.8↓（8.0）
0次	113（67）	19.5↓（23.3）

注：（）中系东部数据；↑表示西部比东部高；↓表示西部比东部低。

西部和东部地区比较来看，在实验室上课次数为0的，西部为19.5%，东部为23.3%，西部低于东部；在实验室上课次数在5次及以上的，西部为35.7%，东部为28.9%，西部高于东部。从这一组比较可以发现，西部地区在实验室上课的教师人数和次数都多于东部地区。

《小学科学课程标准》告诫教师"不要把学生束缚在教室、实验室这些狭小的空间里"①，建议老师们将学生带到"校园、家庭、社区、公园、田野、科技馆、博物馆、青少年科普教育实践基地"② 学习科学。虽说师生置身校园，但是西部地区教师在一学期内将学生带入校园学习科学的次数在5次以上（含5次）的有207人，仅占总调查样本的36.1%；有85名教师没有将学生带入校园学习科学，占14.8%。利用校园之外的场所学习科学的状况更差，一学期从来没有把学生带入科技馆、社区、田野、公园、少年宫

---

① 中华人民共和国教育部：《义务教育小学科学课程标准》，北京师范大学出版社，2017，第62页。
② 中华人民共和国教育部：《义务教育小学科学课程标准》，北京师范大学出版社，2017，第62页。

和博物馆学习科学的教师人数在 364～386 人不等，比例均高于 69.0%，最高达 75.0%（见表 16）。

表 16 "在校园、社区等场所上课次数"的调查结果

单位：人，%

场所	0 次	1 次	2 次	3 次	4 次	5 次及以上
校园	85/14.8↑ (41/14.0)	68/11.8↓ (42/14.4)	90/15.7↑ (43/14.7)	89/15.5↑ (31/10.6)	35/6.1↑ (17/5.8)	207/36.1↓ (118/40.4)
科技馆	364/69.2↑ (160/62.0)	85/16.2↓ (63/24.4)	43/8.2↑ (19/7.4)	21/4.0↑ (6/2.3)	6/1.1↑ (1/0.4)	7/1.3↓ (9/3.5)
社区	364/69.7↓ (183/71.5)	89/17.0↑ (40/15.6)	47/9.0↑ (16/6.3)	12/2.3↓ (11/4.3)	5/1.0↑ (2/0.8)	5/1.0↓ (4/1.6)
田野	376/72.2↓ (203/80.2)	95/18.2↑ (30/11.9)	30/5.8↑ (8/3.2)	11/2.1↑ (3/1.2)	3/0.6↓ (4/1.6)	6/1.2↓ (5/2.0)
公园	386/73.7↑ (186/71.8)	73/13.9↓ (43/16.6)	40/7.6↑ (13/5.0)	18/3.4↑ (7/2.7)	2/0.4↓ (5/1.9)	5/1.0↓ (5/1.9)
少年宫	386/73.4↓ (206/81.1)	74/14.1↑ (26/10.2)	28/5.3↑ (9/3.5)	17/3.2↑ (4/1.6)	9/1.7↑ (3/1.2)	12/2.3↓ (6/2.4)
博物馆	385/75.0↓ (196/76.6)	81/15.8↑ (37/14.5)	39/7.6↑ (9/3.5)	5/1.0↓ (6/2.3)	3/0.6↓ (3/1.2)	3/0.6↓ (5/2.0)

注：( ) 中系东部数据；↑表示西部比东部高；↓表示西部比东部低。

东部地区教师在一学期之内将学生带到校园中上科学课的次数在 5 次及以上的比例比西部地区略高，达到 40.4%，但也不足一半。东部地区教师从未将学生带到科技馆、社区、田野、公园、少年宫、博物馆上课的教师比例，从 62.0% 到 81.1% 不等，有的比西部高，有的比西部低；东、西部地区教师走出教室、利用校外教学场所的观念和行为都有待加强。

4. 小学科学课程开设年级

《小学科学课程标准》（实验稿）规定，小学科学课在 3～6 年级开设。[1]教育部于 2017 年 2 月发出通知，要求全国在秋季学期开始，从小学 1 年级

---

[1] 中华人民共和国教育部：《全日制义务教育科学（3～6 年级）课程标准（实验稿）》，北京师范大学出版社，2001，第 3 页。

起开设科学课。① 然而，在被调查的599名西部地区小学科学教师中，408人说已经按照要求在1年级开设了科学课，占总人数的68.1%；但是还有191人说小学1年级没有开设，占31.9%；小学1年级没有开设科学课的省份涉及陕西、甘肃、宁夏、新疆、内蒙古、四川、云南、重庆。相比较而言，东部地区的教师说小学1年级开设科学课的教师有186人，占总人数的62.0%，东部比西部低6.1个百分点。

（五）小学科学教师的教育理念

在诸多教育理念中，西部地区小学科学教师最坚信的一条是"使每一个学生都学好科学课"，均值为4.4分，是几个教育理念中得分最高的一个，说明小学科学教师能够"面向全体学生"，并致力于培养学生的科学素养。"激发学生的好奇心""引导学生进行科学探究"的教育理念紧随其后，均值都为4.3分；可以发现，小学科学教师具有"保护学生的好奇心""倡导探究式学习"的课程理念。另外，老师们对于"喜欢教小学科学课程""在教学中突出学生的学""学生学习科学要参与实践活动"还是比较赞同的，这几项的均值均为4.1分。需要加强的教育理念是，"科学教师要制作教具"，其均值为3.5分；尤其需要加强的是"实施STEM教育"，均值只有3.1分（见表17）；老师们不知道STEM教育的内涵，也就谈不上实施STEM教育了。

表17　西部（东部）地区小学科学教师的教育理念

单位：分

序号	教育理念的表述	五点评量得分
1	使每一个学生都学好科学课	4.4 =（4.4）
2	激发学生的好奇心	4.3 ↓（4.4）
3	引导学生进行科学探究	4.3 ↓（4.4）

---

① 《今年我国将从小学一年级起开设科学课》，新华社，http://www.sohu.com/a/167775518_160309，2018年8月28日。

续表

序号	教育理念的表述	五点评量得分
4	喜欢教小学科学课程	4.1↓(4.3)
5	在教学中突出学生的学	4.1=(4.1)
6	学生学习科学要参与实践活动	4.1↓(4.2)
7	科学教师要制作教具	3.5↓(3.7)
8	实施 STEM 教育	3.1↓(3.4)

注：（ ）中系东部数据；↑表示西部比东部高；↓表示西部比东部低；=表示西部与东部相等。

东部教师比西部教师的教育理念要全面一些。除了"使每一个学生都学好科学课"和"在教学中突出学生的学"得分相等之外，其他教育理念，西部教师的得分均低于东部。

五　启示与建议

（一）提高公民科学素质要从小学 1 年级抓起

"根据有关调查，我国……公民科学素质水平低下，已经成为制约我国经济发展和社会进步的瓶颈之一。"[1] 国家的目标是"到 2020 年，公民科学素质……达到世界主要发达国家 21 世纪初的水平"[2]。我们剩下的时间不多了，各级政府和教育行政管理部门，要严格按照党中央、国务院的要求，遵照《全民科学素质行动计划纲要（2006—2010—2020 年）》和《小学科学课程标准》的精神，尽快在小学 1 年级开设科学课，配备专业的小学科学教师。尤其是西部地区，更应利用优势，及时、保质、保量、足额开设科学课，从"娃娃抓起"，致力于我国公民科学素质水平的提高。

---

[1] 国务院：《全民科学素质行动计划纲要（2006—2010—2020 年）》，人民出版社，2006，第 2 页。

[2] 国务院：《全民科学素质行动计划纲要（2006—2010—2020 年）》，人民出版社，2006，第 4 页。

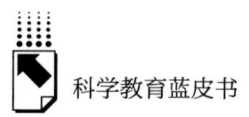

（二）免费为全体小学科学教师提供《小学科学课程标准》

"课程标准……体现国家对不同阶段的学生在知识与技能、过程与方法、情感态度与价值观等方面的基本要求。"① 小学科学教师认真研读《小学科学课程标准》，是教好小学科学课的基础和前提。虽说西部地区小学科学教师拥有课标的状况堪忧，但东部地区也并不乐观，所以全国的小学科学教师，要人人拥有课程标准。课程标准作为"国家课程的基本纲领性文件"②，不要让教师个人"掏腰包"购买，要免费发放给所有的教师。免费的形式多种多样，可以由教育部将课程标准的清晰 PDF 文件置于互联网上，供广大教师自由下载；也可由各省（区、市）拨付专项经费，专款专用，由各个学校为老师们购买课程标准。《国家中长期教育改革和发展规划纲要（2010—2020 年）》要求"加大教育投入""完善投入机制"③，这笔投入对于提高教师专业素质、提高教育教学质量是非常有价值的。

（三）科学合理地安排小学科学教师的教学工作

学校教育行政管理人员在安排小学科学教师及其教学工作时，要优先考虑以下几个方面。①教师在大学期间所学专业。优先级别从高到低分别为：科学教育>生物>物理>化学>地理>小学教育>数学>体育>中文、外语、政治、历史、美术、音乐及其他。在大学所学专业为科学教育的教师，专业最对口，最适合承担小学科学教学工作；生物科学专业大学生除了学习生物学课程，还要学习物理、化学等课程，同时小学科学课程内容中生命科学领域的比重最大，所以生物科学为第二优先选择的专业。应尽量避免中文、外语、政治、历史、美术、音乐等专业毕业的教师担任小学科学教学工作。②跨年级还是跨学科的考量。如果在安排某一教师的教学工作时，遇到

---

① 中华人民共和国教育部：《基础教育课程改革纲要（试行）》，《人民教育》2001 年第 9 期。
② 朱慕菊：《走进新课程：与课程实施者对话》，北京师范大学出版社，2002，第 48 页。
③ 中共中央、国务院：《国家中长期教育改革和发展规划纲要（2010—2020 年）》，人民出版社，2010，第 55~56 页。

跨年级和跨学科的两难选择，应优先跨年级——跨两个、三个年级，教的都是科学课；跨年级好于跨学科——教一个年级两个学科。跨学科（一个年级）教学的工作量要大于且教学效果要差于跨年级（一门学科）教学。③兼任学科。如果不得不让其他学科教师兼任小学科学教学工作，则应优先考虑数学教师、体育教师，其次是品德与生活、品德与社会教师，这些学科与科学具有比较密切的联系。另外，还要考虑兼任学科的门数，最多只能兼任两门学科，即承担三门学科的教学任务，要绝对避免一位教师承担四门及以上学科的教学任务。

（四）实施科学教师专业发展计划

"教师的专业实际上包括两个专业。一个是学科专业，一个是教育专业。"① 小学科学教师是专业人员，如同只有医生才能给患者看病一样，只有专业的小学科学教师才能执教小学科学课。作为专业人员的小学科学教师，除了具有科学知识、科学技能、科学探究能力等学科专业素质之外，还必须要有过硬的教育专业素质，必须是小学科学教学和教育方面的专家。因此，小学科学教师不仅要拥有《小学科学课程标准》，研读课程标准，还要参加教师培训，终身学习，将小学科学课程的基本理念内化到自己的知识结构中，明确小学课程的领域、学段和开设年级，指导自己的教育教学，并通过教育教学行为表现出来。

1. 中小学科学教师要深入科技场馆参观学习

科学教师中，特别是小学科学教师中"非科学"专业的比例很高，兼职教科学的人数也很多，这种状况在短期内不可能改变；科学教育还必须依赖这些"非专业"的教师，因此要对这些教师进行科普教育。教育系统和科协系统要组织中小学科学教师走进科技场馆，通过参观学习，让他们感受科学是什么、怎样进行科学教育，激发其对科学的兴趣，喜欢甚至热爱科学

---

① 袁贵仁：《加强和改革教师教育大力提高我国教师专业化水平》，《人民教育》2001年第9期。

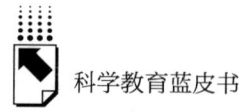

教育，进而重视科学教育，改变自己的科学教学方式。让科学教师参观科技场馆，不仅是在把科学教师培养成科技场馆的宣传员、联络员，也是在培养科技场馆的代言人；较之于学生参观科技场馆，让科学教师参观具有倍增效应。

2. 科协系统要参与组织"中小学教师国家级培训计划"

教育部、财政部于 2010 年开始实施的"中小学教师国家级培训计划"（简称"国培计划"）极大地提升了中小学教师队伍的素质，但是由于培训专家特别注重讲授，较少采用参与式的互动教学方式，导致很多教师对培训具有畏惧心理。科协系统要参与组织科学教师的"国培计划"，让科技场馆具体实施；这会使"国培计划"吹进一股清新之风——科普教育者演示、互动地授课，科技场馆丰富多样的教学资源，学习者参与、体验的经历，会让受训的中小学教师如沐春风，有不一样的感受，会使中小学科学教师更新教育观念，改变教学行为。

3. 科技场馆要与中小学校共研、共享教育资源

科普教育系统与科学教育系统并不是对立的，必须要打破两个系统相对独立、各自为政的状态，要将科技场馆与中小学校融合起来。科普教育者与科学教师要联手共同研究、共同开发、共同享用教育资源；可以将科技场馆中的模型、标本、教具和仪器用于学校的科学教育，除了物质资源，亦可共享人力资源。科学教师要深入科技场馆，合作交流，同时进行科普教育；科技场馆人员不妨走进学校，进行科学教育，了解受教育者的现状、需求。双方互相学习、取长补短、相得益彰，必将推动科学教育与科普教育携手共进，促进全民科学素质的提升。

（五）提高农村学校教师的工资待遇

教师的工资待遇低，不足以支持教师承担家庭的经济责任，导致教师特别是男教师和乡镇、农村、山区学校的教师流失现象严重，也导致高中男生在报考大学志愿时并不优先考虑师范大学的师范专业。要平衡基础教育教师的性别比、提高基础教育质量，必须要提高中小学幼儿园教师的工资待遇。

即便国家已经出台了相关的法律法规,采取了诸多措施"保证教师工资水平不低于或高于国家公务员的平均工资水平"[①],但是大多数教师仍是囊中羞涩;因此,准确地说,国家要下大力气显著提高中小学幼儿园教师的经济收入。鉴于地方财政紧张,实际工资小于"档案工资"等现状,建议将农村学校教师工资全额纳入中央财政预算,由中央财政独立负担。[②] 另外,设立农村学校教师教育津贴,按月支付给每一位农村学校教师,使其额度能够吸引城市学校教师自愿到农村学校任教。

---

① 中共中央、国务院:《国家中长期教育改革和发展规划纲要(2010—2020年)》,人民出版社,2010,第53页。
② 曲铁华、张立军:《农村义务教育教师政策:近30年的演进与思考》,《沈阳师范大学学报》(社会科学版)2012年第5期。

B.3
中学生物学教育发展报告

刘晟 杨文源*

摘 要: 第八次基础教育课程改革以来,我国构建了以"人与生物圈"为主线、"以学生为中心"的初中生物学课程,以及围绕大概念展开的、极具前瞻性的模块化高中生物学课程,初步形成了初、高中连贯一致的整体课程设计。伴随着相关政策方针的引导,我国中学生物学教科书的编写和出版呈现"一纲多本"的局面。有研究显示,我国初、高中生物学教科书的广度与深度在国际上均处于中等或中等以下水平。自2001年以来,我国中学生物学教师数量不断增加、学历背景情况不断改善,其中女教师人数已占比过半且还在持续上升。伴随课程标准和教科书的变革,中学生物学的教学与评价也从重视双基转向三维目标,并朝着以注重生物学概念、核心素养为宗旨的方向逐步发展。

关键词: 中学生物学 课程教材 教科书 教学评价

21世纪初,伴随着第八次基础教育课程改革的推进,我国初、高中生物学课程都发生了革命性的变化,取得了巨大的发展和成就。本文将基于文献资料、教育部公开的历年教育统计数据、有关中学生物学教育的研究数据等,尝试描绘出第八次基础教育课程改革(以下简称课改)以来我国中学

---

* 刘晟,北京师范大学生命科学学院副教授,博士,研究方向为科学教育、生物学教育;杨文源,首都师范大学教师教育学院副教授,博士,研究方向为科学教育、生物学教育。

生物学教育各方面的进展情况。

为清晰、准确地呈现课改以来所取得各项进展,本文将概述课改以前我国中学生物学教育的基本情况,然后再对比课改后的情况,从而凸显课改以来所发生的变化。此外,考虑到初、高中课程改革的具体时间和进程并不完全一致,也为了保持全书体例和结构的一致性,本文将分为初中生物学教育进展和高中生物学教育进展两个部分。

一 初中生物学教育进展

1. 初中生物学课程由"以学科为中心"转变为"以学生为中心"

在 2000 年启动第八次基础教育课程改革之前,我国的中学生物学课程先后经历了新中国成立初期、20 世纪 50 年代、20 世纪 60 年代前期、"文化大革命"时期、"文化大革命"后至 20 世纪末五个发展阶段。[①] 在这五个阶段中,我国初中生物学课程的开设情况如表 1 所示。

表 1 新中国成立后至 20 世纪末我国初中生物学课程开设情况

年代		初中生物学课程开设情况
新中国成立初期	1949~1951 年	开设"自然"课,初一教授植物、动物,初二教授生理卫生
20 世纪 50 年代	1952~1957 年	每年都有变动,先后教授过植物学、动物学、植物学、卫生常识、生理卫生、农业基础知识
20 世纪 60 年代前期	1958~1966 年	有变动,先后教授过植物学、动物学、生理卫生、生产知识
"文化大革命"时期	1967~1976 年	中学生物学课程受到严重损害
"文化大革命"后至 20 世纪末	1977~2000 年	1978 年,初一开设"生物学",教授植物学、动物学,初二及初三上学期开设"生理卫生",初二上学期还开设"农业基础知识",主要教授农作物栽培、禽畜饲养的基本知识
		1981 年,初一开设"植物学",初二开设"动物学",初三开设"生理卫生"
		1988 年颁布《九年制义务教育初级中学生物教学大纲(初审稿)》,规定初中应教授植物,细菌、真菌、病毒,动物,人体生理卫生,生物的遗传、进化和生态 5 个部分的内容

[①] 刘恩山、张海和:《建国以来我国中学生物学课程简要历史回顾》,《生物学通报》2007 年第 10 期。

从表 1 可以看出，在 2000 年以前，我国初中生物学课程长期以植物学、动物学和生理卫生这三门学科为基本框架，注重三门学科的完整性和系统性，课程设计的基本思路遵循"以学科为中心"的思想。① 虽然 1988 年颁布的《九年制义务教育初级中学生物教学大纲（初审稿）》中没有直接按照植物学、动物学和生理卫生这三门学科进行架构，但从大纲所规定的授课内容中依然可以看出这三门学科的痕迹。此外，在新中国成立初期，我国的生物学课程以借鉴苏联的设计为主。② 在此后的 50 年间（"文化大革命"时期除外），虽然课程设置几经变化，但每次调整和变化都是"小修小补"，课程整体设计理念、内容架构与知识体系等方面均未发生根本性的变化。然而，伴随着改革开放的不断深入，我国经济、科技和社会都经历了飞速的发展，这种"以学科为中心"的课程设计无法满足 21 世纪国家的需求与学生个人发展的需要。

在这种背景下，我国于 2000 年底启动了第八次基础教育课程改革。在此次课改中，初中生物学课程所取得的标志性成果是 2001 年正式颁布的《全日制义务教育生物课程标准（实验稿）》（以下简称 2001 版课标）。这是新中国成立后第一份自主制定的初中生物学课程标准，在课程理念、内容架构与知识体系等方面发生了根本性的变革。

首先，2001 版课标破除了此前一直沿用的"以学科为中心"的课程内容架构方式，以"人与生物圈"为主线重新建构了初中生物学课程体系，并围绕这一主线依次设置了"科学探究""生物体的结构层次""生物与环境""生物圈中的绿色植物""生物圈中的人""动物的运动与行为""生物的生殖、发育与遗传""生物的多样性""生物技术""健康地生活"十个主题单元。③ 这样的课程内容架构方式不再突出强调动物学、植物学、生理

---

① 刘恩山：《生物课程标准的研制背景与特点》，《生物学通报》2002 年第 1 期。
② 刘恩山、张海和：《建国以来我国中学生物学课程简要历史回顾》，《生物学通报》2007 年第 10 期。
③ 中华人民共和国教育部：《全日制义务教育生物课程标准（实验稿）》，北京师范大学出版社，2001。

卫生等各生物分支学科的完整性和系统性，而是从全体学生毕业后在社会与个人生活中都会遇到的生物学问题出发，选择课程内容并将其纳入"人与生物圈"的十个主题单元中，帮助学生形成对生物学较为全面的认识。这样的设计既适合我国社会发展的实际需求，也有助于将生物学新进展和社会生活中的热点生物学问题纳入课程内容中，从而提高了课程内容的时代性。

其次，2001版课标还提出"面向全体学生""提高生物科学素养""倡导探究性学习"三大课程理念。[①] 这三大理念凸显了"以学生为中心"的课程设计思路。"面向全体学生"是指要着眼于学生全面发展和终身发展的需要。义务教育的课程内容应是面向每名学生的，应符合全体学生终身发展的需求，课程目标是指每名初中生经过努力在毕业时都应达到的基础要求。"提高生物科学素养"是指参加社会生活、经济活动、生产实践和个人决策所需的生物科学概念和科学探究能力。这是着眼于学生终身学习、适应不同学生发展需求的体现。随着我国经济、科技和社会的飞速发展，学生在完成义务教育后可能会有多种不同的发展途径，但无论其最终是否会从事与生物学相关的行业，每个人在生活中都会遇到一系列与生物学相关的话题，如健康生活、保护环境等。提高学生的生物科学素养恰恰就是为了帮助学生获得相应的生物学概念理解和科学探究能力，从而面对乃至解决生活中这些与生物学相关的问题。"倡导探究性学习"力图改变学生的学习方式，将探究学习作为学生的主要学习方式之一。相比于直接将答案告诉学生，让学生通过探究获取一手的资料和感受，主动发掘问题的答案，这更有利于学生深入地理解生物学概念、掌握探究技能、满足其好奇心和求知欲。从这三大课程理念可以看出，2001版课标所规划的初中生物学课程在内容选择、课程目标和教学方式上都更偏向于从学生的视角出发，充分考虑每一名初中生在义务教育阶段的学习需求，响应其毕业后在个人生活中会遇到的问题，遵循中学生自身认识世界的基本规律。

[①] 中华人民共和国教育部：《全日制义务教育生物课程标准（实验稿）》，北京师范大学出版社，2001。

2.《义务教育生物学课程标准（2011年版）》的颁布锁定初中生物学课程的发展方向

2001~2011年，我国初中生物学课程与教学沿着2001版课标所规划的方向不断前行。在此期间，以"人与生物圈"为主线的十大主题单元的课程架构方式和三大课程理念都得到了广大一线教师和教研员的支持和认可。与此同时，2003~2010年，教育部对2001版课标先后组织了两次大规模的调研并展开修订[①]，随后于2011年正式颁布了《义务教育生物学课程标准（2011年版）》（以下简称2011版课标）。

2011版课标沿用了"人与生物圈"为主线的十个主题单元的课程内容架构方式，保留了"面向全体学生""提高生物科学素养""倡导探究性学习"三大课程理念。此外，2011版课标在课程性质、课程设计思路、课程目标等方面也都延续着2001版课标的设计。这意味着经过10年的实践尝试与检验，2001版课标所规划的初中生物学课程改革方向得到了党和国家以及广大生物教育工作者的认可。而2011版课标的正式颁布也标志着我国初中生物学课程的发展方向得以锁定。

对比2001版与2011版课标可以发现一项最为显著的变化，这就是2011版课标在内容标准部分使用了命题式陈述对生物学重要概念进行描述，并在教学建议中明确提出要关注重要概念的学习。图1展示的是2011版课标第八主题单元"生物的多样性"内容标准部分的摘录。以该单元第2部分"生命的起源和生物进化"为例，图中的表格呈现的是具体内容要求（如概述生物进化的主要历程）和相应的教学活动建议（如利用自制的"生物进化主要历程"拼图游戏板开展拼图竞赛），这基本沿用的是2001版课标的要求和呈现形式。但除此以外，2011版课标还使用命题式陈述（如"生物的遗传变异和环境因素的共同作用，导致了生物的进化"）列出了与具体内容要求相应的生物学重要概念。这些命题式陈述清晰地呈现了针对具体内容

---

① 教育部基础教育课程教材专家工作委员会：《义务教育生物学课程标准（2011年版）解读》，北京师范大学出版社，2012。

要求的（如概述生物进化的主要历程）、与初中生年龄特点和认知水平相符的教学目标，有助于教科书编写人员、教研员和教师准确把握教学内容的深浅度，从而提高全体学生的生物科学素养。

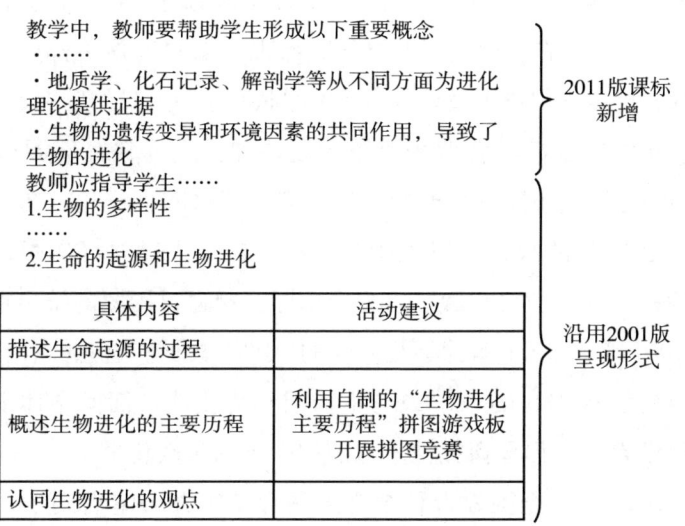

图1 《义务教育生物学课程标准（2011年版）》内容标准摘录及分析

3. 课改过程中，出现了基于课程标准、自主设计编写的多个版本初中生物学教科书

如前文所述，在2000年启动第八次基础教育课程改革之前，我国的中学生物学课程先后经历了五个阶段。在新中国成立初期，我国使用较为广泛的生物学教科书有两种：一种是翻译自苏联的中学生物学教科书（如《植物学》和《动物学》），另一种则是修改自1925~1948年的一些教材。在20世纪50年代，人民教育出版社陆续出版了由苏联教材编译本改编的教材，将我国的实际情况融入教科书中。在20世纪60年代前期，由于当时开展教育革命、增设农业基础知识课等特定的历史背景，教材也曾交由各省（区、市）自主编写，但随后在1963年教育部重新组织编写并出版了植物学、动物学和生理卫生等教材，逐步摆脱了苏联教材的局限性。然而在"文化大革命"期间，过去使用的生物学教材遭到了全面否定，我国中学生物学教科书的发

展也遭受重创。"文化大革命"后至20世纪末,初中生物学教科书得到了恢复和发展。1988年,国家教委组织编订了《九年制义务教育生物学教学大纲(初审稿)》,提出并实行"在统一基本要求和统一审定的前提下实现教材多样化"的方针。在这一方针的指导下,先后有8套初中生物学教材作为教育部全国规划教材出版并在各地区展开试用,出现了初中生物学教科书"一纲多本"的局面,极大地促进了我国教材研发团队和编写人员的发展。

伴随着第八次基础教育课程改革的启动和推进,教育部颁布的《基础教育课程改革纲要(试行)》明确指出要实现教材的多样化。初中生物学教科书"一纲多本"的政策得以巩固和继续发展,人民教育出版社、北京师范大学出版社、江苏教育出版社等多家出版社都通过国家的统一审查,先后出版了与2001版和2011版课标相匹配的生物学教材。这意味着我国拥有了多个版本自主设计编写的以"人与生物圈"为主线、面向全体学生、旨在提高生物科学素养、倡导探究性学习的初中生物学教科书。

2012~2014年,全国教育科学规划领导小组办公室启动了"中小学理科教材国际比较研究"课题研究,其中初中生物学教材国际比较研究由华东师范大学陆建身教授团队承担。陆建身等选取了人民教育出版社2001年和2002年出版的教材作为研究对象,对比分析了中国、澳大利亚、德国、俄罗斯、法国、韩国、美国、日本、新加坡、英国十个国家的初中生物学教科书的广度和深度。在该研究中:①教科书广度是指教科书内容所涉及的范围和领域的广泛程度,并使用教科书中术语的多少来衡量教科书广度;②教科书深度是指教科书文本所阐释的生物学核心概念要求学生达到的认知水平,并依据概念术语及其内涵对学生认知挑战的高低来衡量教科书深度。研究结果如图2和图3所示。本部分数据分析引自陆建身教授团队报告。①

图2呈现的是我国与其他九个国家初中生物学教科书广度的比较结果。横坐标代表广度,数值越大代表教科书中涉及的生物学术语越多。从图中可以看出:①我国初中生物学教科书的总广度小于德国、俄罗斯、英国、澳大

---

① 陆建身等:《中小学理科教材难度国际比较研究(初中生物卷)》,教育科学出版社,2016。

利亚和美国的初中生物学教科书,大于法国、新加坡、韩国和日本的初中生物学教科书,居第6位(从大到小),在国际上处于中等水平;②我国初中生物学教科书在所分析的七个内容领域中都有覆盖,其中在遗传学(5.17)、进化(5.34)和生态学(6.58)这三个内容领域中涉及的概念术语相对较少,在植物学(13.52)、生命系统组成(12.82)、生殖(12.77)和人体与动物生物学(12.58)这四个内容领域中涉及的概念术语相对较多;③我国初中生物学教科书在七个内容领域的广度分布上与其他国家教科书大致相似,陆健身等对我国与其他国家同级教科书在七个内容领域中的术语数量分布情况一致性系数的计算结果也印证了这一趋势——我国教科书与其他九个国家的教科书一致性系数均高于0.7,除美国和法国以外,我国教科书与其他七个国家教科书的一致性系数高于0.8。

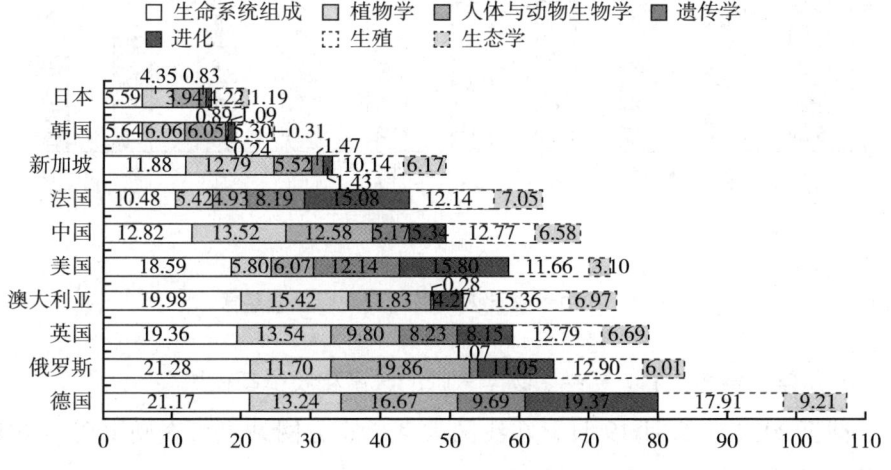

图2 初中生物学教科书广度国际比较结果

图3呈现的是我国与其他九个国家初中生物学教科书深度的比较结果。纵坐标代表深度,数值越大代表教科书文本所阐释的生物学核心概念对学生的认知挑战越大。从图中可以看出:①我国初中生物学教科书的总深度小于法国、俄罗斯、德国、美国、英国、澳大利亚和韩国的初中生物学教科书,大于新加坡和日本的初中生物学教科书,居第8位(从大到小),在国际上

处于较低水平;②我国初中生物学教科书在所分析的七个内容领域中,深度要求由高到低依次为遗传学、进化、生态学、人体与动物生物学、生殖、生命系统组成和植物学;③我国初中生物学教科书在七个内容领域的深度分布上与其他国家的教科书有相似之处——都是对遗传学内容领域的深度要求最高、对植物学内容领域的深度要求最低,也有不同——在其他内容领域的深度要求各国均略有不同。

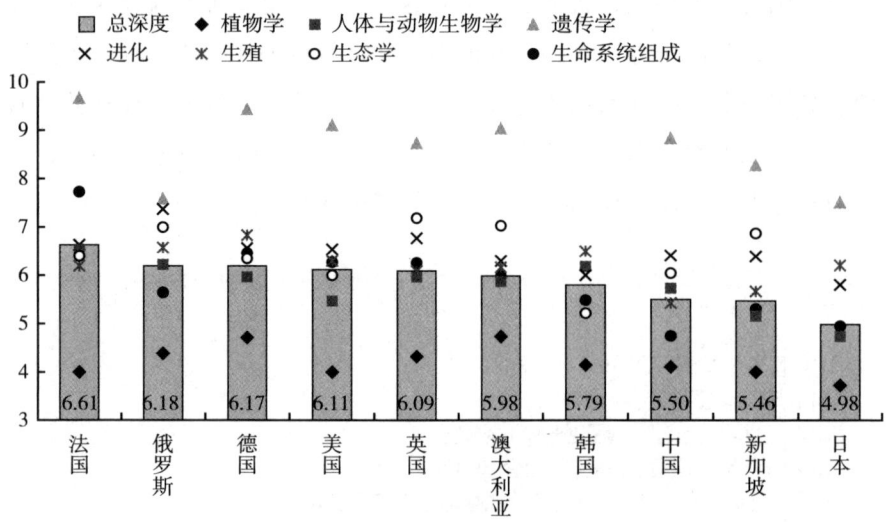

图3 初中生物学教科书深度国际比较结果

4. 从学历背景上看,初中生物学教师的数量和质量都在提高

截至2019年5月19日,在我国教育部官方网站上可查阅1997~2017年共21年的教育统计数据,其中2001~2017年这17年间的初中生物学教师数量、学历背景和性别这三项数据的统计方式较为一致,可用于进行历年的纵向比较。因此,下面将主要以这17年间的数据对我国初中生物学教师的发展情况进行分析。

图4呈现的是2001~2017年我国初中生物学教师总数及各类学历背景的人数情况。图中的折线图标识的是我国初中生物学教师总人数的历年变化情况,柱状图标识的是各学历背景教师人数的历年变化情况。从图中可以看

出：①自2001年起，我国初中生物学教师总人数整体上呈现稳步提升的趋势，但在2012年出现过一次激增并在随后的2013年又大幅回落；②从初中教师的学历背景情况来看，高中毕业及以下的教师人数已从2001年的1.74万人降至2017年的0.03万人，专科毕业的教师人数也从2001年的8.51万人逐步降至2017年的2.69万人，而本科毕业的教师人数从2001年的2.39万人逐步增至11.59万人，研究生毕业的教师人数从2001年的0.01万人逐步增至2017年的0.48万人。这些数据表明，在2001~2017年这17年间，我国初中生物学教师人数的上升是通过本科及研究生毕业教师人数的逐渐增加、专科和高中毕业及以下教师人数的逐渐减少实现的。即从学历背景来看，我国初中生物学教师队伍的数量和质量都在提高。

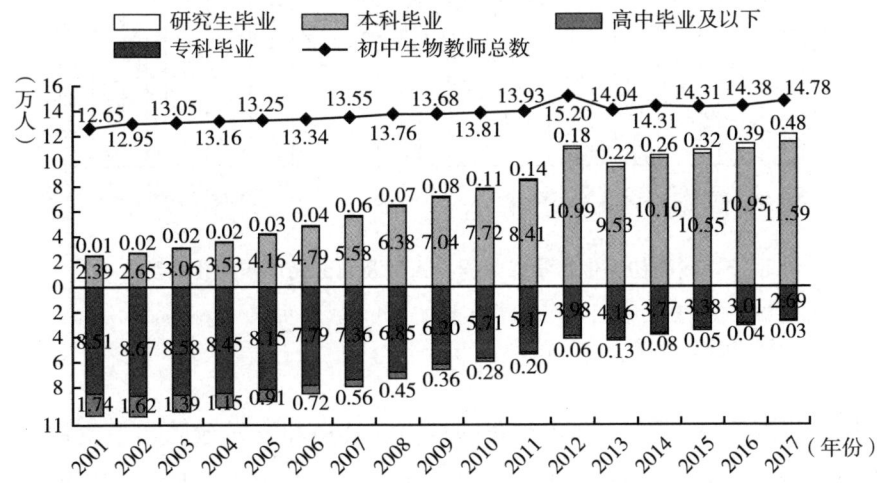

图4　我国初中生物学教师人数及学历情况历年变化趋势

资料来源：我国教育部官网公布的历年教育统计数据，http://www.moe.gov.cn/s78/A03/moe_560/jytjsj_2017/。

图5呈现的是2001~2017年我国初中生物学男教师和女教师人数及所占百分比的情况。图中的折线图标识的是我国初中生物学教师男教师或女教师人数，柱状图标识的是男教师和女教师在整体中所占的比例。从图中可以看出：①2001~2012年，男教师人数均多于女教师，但二者的人数差距在

不断缩小;②自2013年起,女教师人数超过男教师,随后二者的人数差距不断增大,到2017年近六成(57%)的初中生物学教师为女性;③这17年间女教师人数呈现显著的增加趋势,这一趋势可能意味着初中生物学教师这一职业对女性的吸引力正逐渐大于男性,也可能意味着我国社会对女性担任初中生物学教师的认可度正逐渐高于男性。

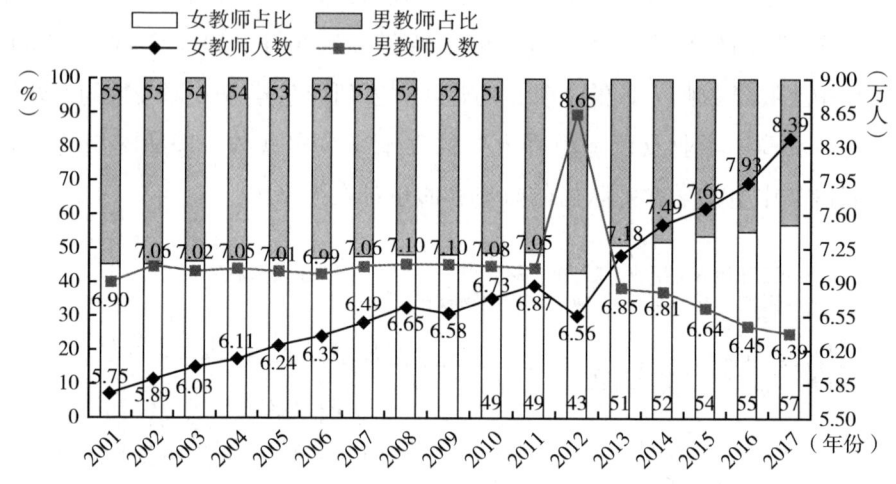

图5 我国初中生物学教师男女人数及百分比历年变化趋势

资料来源:我国教育部官网公布的历年教育统计数据,http://www.moe.gov.cn/s78/A03/moe_560/jytjsj_2017/。

图6呈现的是2004~2017年我国城市、县镇和乡村地区初中生物学教师人数及所占百分比情况(2001~2003年的统计数据中对城市、县镇和乡村的分类方式与2004~2017年的分类不同,无法放在一起比较)。图中折线图标识的分别是城市、县镇和乡村初中生物学教师人数,柱状图标识的分别是城市、县镇和乡村初中生物学教师在整体人群中所占的比例。从图中可以看出:①乡村初中生物学教师人数呈现下降趋势,且在2010~2011年出现急剧下降;②县镇初中生物学教师人数在2004~2012年逐步增加,2012~2013年略有下降,随后在2013~2017年持续增加;③城市初中生物教师人数在2004~2010年略有波动但基本保持稳定,在2010~2012年

急剧增加,在 2012~2013 年略有回落后,自 2013 年起再次开始增加;④2004~2017 年,我国乡村初中生物学教师人数和比例不断下降,与此同时,城市与县镇生物学教师人数和比例均有所增加,至 2017 年占比最多的是县镇教师(51%),其次是城市教师(33%),占比最少的是乡村教师(16%)。

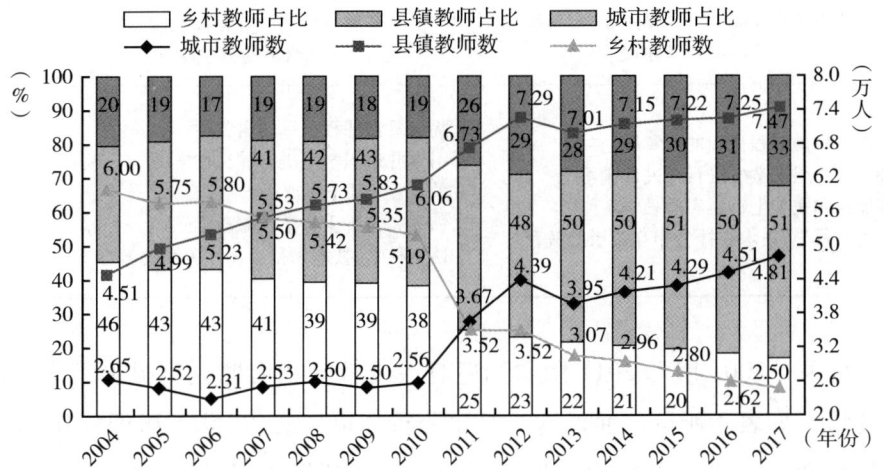

图 6　我国城市、县镇和乡村初中生物学教师人数及百分比历年变化趋势

资料来源:我国教育部官网公布的历年教育统计数据,http://www.moe.gov.cn/s78/A03/moe_560/jytjsj_2017/。

5. 从重视双基到倡导三维目标再到关注概念的初中生物学教学与评价

如前文所述,从 1949 年至 2000 年底,我国初中生物学课程、教材都受到了苏联的影响,提倡加强"双基",主要重视基础知识和基本技能的教学。伴随课改的推进,在 2001~2011 年,一线教师理解、熟悉并开始在教学备课中运用 2001 版课标所提出的"知识、能力、情感态度价值观"三维目标,从而落实对全体学生生物科学素养的提升。随后,自 2011 年起,一线教师在继续落实三维目标的同时,也开始重点落实 2011 版课标所提出的重要概念的教学。这些教学层面的变化都可以回溯至 2001 版和 2011 版课标所提的教学建议,如表 2 所示。通过表 2 的对比分析,可以看出 2011 版课标除了延续2001版课标的四条教学建议外，新增了一条"关注重要概念的学习"，这与前面所述的课程标准中运用命题式陈述描述生物学概念教学目标相互呼应。

表2　我国2001版和2011版课标中教学建议的对比

我国2001年正式颁布的《全日制义务教育生物课程标准（实验稿）》给出的教学建议	我国2011年正式颁布的《义务教育生物学课程标准（2011年版）》给出的教学建议
①提高贯彻课程目标的自觉性 ②引导并组织学生进行探究性学习 ③加强和完善生物学实验教学 ④落实科学、技术和社会相互关系的教育	①提高贯彻课程目标的自觉性 ②引导并组织学生进行探究性学习 ③关注重要概念的学习 ④加强和完善生物学实验教学 ⑤落实科学、技术和社会相互关系的教育

此外，2001版和2011版课标还对一线教师和命题人员提出了多条评价建议，如表3所示。通过这一对比分析，可以看出2011版课标比2001版课标新增了"重视检测学生知识目标的达成"和"倡导评价方式的多样化"两项评价建议，从而响应对重要概念教学效果和三维目标落实情况的评价需求。

表3　我国2001版和2011版课标中评价建议的对比

我国2001年正式颁布的《全日制义务教育生物课程标准（实验稿）》给出的评价建议	我国2011年正式颁布的《义务教育生物学课程标准（2011年版）》给出的评价建议
①对学生的探究能力进行评价 ②对学生情感态度与价值观的发展状况进行评价 ③提倡采用"档案夹"的形式记录学生的发展	①重视对学生的探究能力进行评价 ②重视对学生情感、态度和价值观的发展状况进行评价 ③重视检测学生知识目标的达成 ④倡导评价方式的多样化 ⑤倡导采用"档案夹"的形式记录学生的发展

二 高中生物学教育进展

1. 第八次课改让我国收获了极具前瞻性的高中生物学课程设计

如前文所述,在 2000 年启动第八次基础教育课程改革之前,我国的中学生物学课程先后经历了五个阶段。在这五个阶段中,我国高中生物学课程的开设情况如表 4 所示。

表 4 1949 年后至 20 世纪末我国高中生物学课程开设情况

年代		高中生物学课程开设情况
新中国成立初期	1949~1951 年	在高一开设"生物"课,以"达尔文主义基础"的教学为主。此外还补充讲授苏联农学家米丘林的学说,但不再教授一般的生物学内容
20 世纪 50 年代	1952~1957 年	曾先后在高一、高二年级教授人体解剖生理学、达尔文主义基础。在此期间,课程开设情况和教学计划每年都有变动
20 世纪 60 年代前期	1958~1966 年	恢复在高一开设"生物学"课程,教授完整的一般生物学知识
"文化大革命"时期	1967~1976 年	中学生物学课程受到严重损害
"文化大革命"后至 20 世纪末	1977~2000 年	1978 年,在高二上学期开设"生物学"课程,讲授遗传变异等基础生物学知识;在高二下学期开设"农业基础知识"课,讲授农业科学研究的一些初步知识
		1981 年,针对五年制中学和六年制中学以及文理科学生,分别在高二或高三开设"生物学"课程,不再开设"农业基础知识"课
		1996 年颁布《全日制普通高级中学生物学教学大纲(供试验用)》,将高中生物学课程分为必修课、限定选修课和任意选修课

资料来源:刘恩山、张海和:《建国以来我国中学生物学课程简要历史回顾》,《生物学通报》2007 年第 10 期。

从表 4 可以看出,在 2000 年以前,我国高中生物学课程曾高度偏重于达尔文主义基础、米丘林学说和人体解剖生理学这三方面的内容,课程设置在很大程度上借鉴了苏联的模式,缺乏对我国自身需求的思考以及整体性、系统化的生物学课程设计方案。虽然在 20 世纪 60 年代前期以及"文化大革命"后至 20 世纪末,我国高中生物学课程内容不再仅单独聚焦于进化和人体生理两方面，开始教授完整的一般生物学知识，但仍旧缺少与时代相适应的前瞻性的整体课程设计。

为适应时代发展的需要，我国于2000年底启动了第八次基础教育课程改革。在此次课改中，高中生物学课程所取得的标志性成果是2003年我国正式颁布的《普通高中生物课程标准（实验）》（以下简称2003版课标）。这是新中国成立后第一份自主研发的高中生物学课程标准，在课程理念、内容架构与知识体系等方面都发生了根本性的变革。2003版课标一共提出了四大课程理念，其中三项与初中生物的2001版课标保持一致，即"提高生物科学素养""面向全体学生""倡导探究性学习"，这保证了我国初、高中生物学课程理念的整体一致性。高中生物2003版课标比初中生物2001版课标多出的一项理念是"注重与现实生活的联系"，即注重使学生在现实生活的背景中学习生物学，倡导学生在解决实际问题的过程中深入理解生物学的核心概念，并能运用生物学的原理和方法参与公共事务的讨论或做出相关的个人决策。①

2003版课标重新构建了高中生物学课程的内容架构与知识体系，将高中生物学课程构建为必修和选修两部分，其中必修部分由"分子与细胞""遗传与进化""稳态与环境"三个模块构成，选修部分由"生物技术实践""生物科学与社会""现代生物科技专题"三个模块构成。必修部分面向全体高中生，选取学生参与当下或未来社会和个人生活所必需的生物科学核心内容，按照"分子与细胞""遗传与进化""稳态与环境"三个模块建构高中生物学知识体系。选修部分则是为了满足学生多样化发展需求而设计的，将传统生物技术以及现代生物科技的发展与应用、生物科学与社会的相互关系及影响等内容纳入选修部分，在充分体现高中生物学课程时代性的同时，也便于文理科学生根据各自未来不同的发展方向选修相应的模块。

2003版课标的这一整体设计方案，尤其是以三个模块建构起高中生物学必修课程全部内容及知识体系，有助于每名高中生在毕业时都能从分子与

---

① 中华人民共和国教育部：《普通高中生物课程标准（实验）》，人民教育出版社，2003。

细胞、遗传与进化、稳态与环境三个视角清晰、完整、全面地理解生命现象和规律,把握生物学最核心的内容。并且,这一课程设计方案是极具前瞻性的,也是具有国际前沿水平的。美国于2012年和2013年先后正式颁布了《K-12年级科学教育框架:实践、跨学科概念与核心概念》(A Framework for K-12 Science Education: Practices, Crosscutting Concepts, and Core Ideas)和《全美新一代科学教育标准》(Next Generation Science Standards, NGSS)两份倾全美之力研发出的重量级科学教育文件。在这两份文件中,生物学领域的知识体系与我国三个必修模块的架构遥相呼应(见表5)。

表5 我国2003版课标与美国K-12年级科学教育框架中生命科学领域的知识体系对比

我国2003年正式颁布的《普通高中生物课程标准(实验)》对必修模块的设计	美国2012年正式颁布的《K-12年级科学教育框架:实践、跨学科概念与核心概念》对生命科学领域知识体系的架构
模块1:分子与细胞 模块2:遗传与进化 模块3:稳态与环境	①从分子到生命体:结构与过程 ②生态系统:相互作用、能量和动力学 ③遗传:性状的遗传与变异 ④生物进化:统一与多样

注:《K-12年级科学教育框架:实践、跨学科概念与核心概念》是NGSS的基础,二者的知识体系是一脉相承的,故在此表中仅呈现《K-12年级科学教育框架:实践、跨学科概念与核心概念》中生命科学领域的知识体系。

2.《普通高中生物学课程标准(2017年版)》标志着我国初、高中生物学课程具备了连贯一致的整体设计

从2004年开始至2014年底,一线教师和教研员对2003版课标进行了广泛而积极的教学实验,我国高中生物学课程也沿着2003版课标所规划的方向不断前行。在此期间,由"分子与细胞""遗传与进化""稳态与环境"三个模块构成必修课程的知识体系,得到了一线生物学教育工作者和高校生物学教育研究者的高度认可。高中生物学课程的四大理念也在实践中得到检验与认同。2014年底,教育部全面启动了高中各学科课程标准的修订工作,并于2018年1月正式颁布《普通高中生物学课程标准(2017年

版）》（以下简称 2017 版课标），这标志 10 多年的高中课程标准实验阶段即将结束。

2017 版课标沿用了 2003 版课标研发的具有国际水准的、前瞻性的、模块化的课程设计思路，并根据《普通高中课程方案（2017 年版）》对高中课程的整体规划以及对各学科学分和学时的调整（生物学必修学分与学时比 2003 年缩减了 1/3），保留"分子与细胞""遗传与进化"两个模块作为高中生物学必修课程。将 2003 版课标中的"稳态与环境"模块拆分为"稳态与调节""生物与环境"两个模块，将 2003 版课标中的全部选修模块融合为"生物技术与工程"一个模块，并将这三个模块作为选择性必修课程。此外，2017 版课标还规划出了"现实生活应用""职业规划前瞻""学业发展基础"三个选修课程的开课方向，为各地区和学校自主开设区域性生物学课程和校本选修课等提供参考。

根据《关于全面深化课程改革落实立德树人根本任务的意见》和中国学生发展核心素养的要求，2017 版课标还对课程理念进行了修订。修订后的课程理念为"核心素养为宗旨""内容聚焦大概念""教学过程重实践""学业评价促发展"。这四大课程理念是对 2003 版课标四大理念的发展和延伸（见表 6）。"核心素养为宗旨"是指课程要着眼于学生适应未来社会发展和个人生活的需要，从生命观念、科学思维、科学探究和社会责任等方面发展学生的学科核心素养，这与"提高生物科学素养"的内涵是一脉相承的，同时也是更为综合的要求。"内容聚焦大概念"是指课程的设计与实施追求"少而精"的原则，精简内容、突出重点、切合年龄特点、明确学习要求，这实际上也是在响应"面向全体学生"的这一要求。"教学过程重实践"是指应高度关注学生学习过程中的实践经历，强调学生学习的过程是主动参与的过程，这是对"倡导探究性学习"的发展。在课程与教学中提倡通过科学探究或工程学实践让学生主动参与学习过程，统称为教学过程重实践。而"学业评价促发展"则是 2017 版课标新增的一条基本理念，旨在明确评价的作用是通过评价发现学生学习的困难，进而开展有针对性的教学促进学生的学习与发展。

表6 我国高中生物2003版与2017版课标中基本理念的对比

《普通高中生物课程标准(实验)》的基本理念	《普通高中生物学课程标准(2017年版)》的基本理念
提高生物科学素养	核心素养为宗旨
面向全体学生	内容聚焦大概念
倡导探究性学习	教学过程重实践
注重与现实生活的联系	学业评价促发展

通过对比2003版与2017版课标,还可以发现一项极为关键的修订,即2017版课标在内容标准部分使用生物学大概念、重要概念和次位概念构建课程内容,并使用命题式陈述描述出这些概念,从而清晰、准确地呈现学生在完成高中生物学课程学习时应获得的、与其认知水平相当的生物学观点。图7展示的是2017版课标必修课程第2个模块"遗传与进化"内容标准的部分摘录。以"概念4 生物的多样性和适应性是进化的结果"这一大概念为例,图中的4.1和4.2是概念4下的两条重要概念,而图中所示的4.1.1、4.1.2和4.2.1、4.2.2则分别是4.1和4.2的下位概念。所有这些概念都是以命题式陈述的方式呈现的,而不再使用2003版课标的呈现形式(如概述生物进化与生物多样性的形成)。这样的命题式陈述能够更为清晰地呈现具体课程内容应达成的教学要求,也更符合高中生年龄特点和认知水平,有助于教科书编写人员、教研员和教师准确把握教学内容的深浅度,从而提高学生的生物学学科核心素养。

我国初中生物2011版课标和高中生物2017版课标都使用了命题式陈述对生物学概念进行描述,这标志着我国初、高中生物学课程具有了连贯一致性的整体设计。以生物进化为例,对比图1和图7可以看出,初中阶段的生物学课程需帮助学生认识到"地质学、化石记录、解剖学等从不同方面为进化理论提供证据",而高中阶段的课程则需在此基础上更进一步,既要引导学生"尝试通过化石记录、比较解剖学和胚胎学等事实,说明当今生物具有共同的祖先",也要引导其"尝试通过细胞生物学和分子生物学等知识,说明当今生物在新陈代谢、DNA的结构与功能等方面具有许多共同特征"。

```
概念4生物的多样性和适应性是进化的结果 ·········· 大概念
4.1地球上的现存物种丰富多样，它们来自共同祖先 --- 重要概念
    4.1.1尝试通过化石记录、比较解剖学和胚胎学
        等事实，说明当今生物具有共同的祖先
    4.1.2尝试通过细胞生物学和分子生物学等知识，        次位概念
        说明当今生物在新陈代谢、DNA的结构与
        功能等方面具有许多共同特征
4.2适应是自然选择的结果 ······················ 重要概念
    4.2.1举例说明种群内的某些可遗传变异将赋予
        个体在特定环境中的生存和繁殖优势
    4.2.2阐明具有优势性状的个体在种群中所占比      次位概念
        例将会增加
    ……
```

图7　《普通高中生物学课程标准（2017年版）》内容标准摘录及分析

3. 课改过程中，出现了基于课程标准的、自主设计编写的多个版本高中生物学教科书

在新中国成立初期、20世纪50年代、20世纪60年代前期以及"文化大革命"时期，高中生物学教材的情况与初中生物学教材的发展情况大致相同，先后经历了翻译苏联教科书（如《达尔文主义基础》）、基于苏联教材编译本进行改编、由教育部重新编写逐步摆脱苏联教材模式、生物学教科书发展遭受重创等过程。在"文化大革命"后至20世纪末这段时间，人民教育出版社先后于1978年和1997年编写了基于高中生物学教学大纲的教材，与此同时，全国各地和个别学校也开始了高中生物学课程教材改革的探索，例如1983年北京师范大学编写了"五·四"学制教材。1998年，北京出版社发行了美国生物课程研究中心（Biological Sciences Curriculum Study, BSCS）绿皮版高中生物学课本和教学参考书的中译版，并随后在北京部分学校展开试用。

伴随着21世纪初我国第八次基础教育课程改革，教育部颁布《基础教育课程改革纲要（试行）》明确指出要实现教材的多样化。人民教育出版社、浙江科学技术出版社、中国地图出版社等多家出版社都先后出版了与2003版课标相匹配的生物学教科书，我国高中生物学教科书也形成了"一纲多本"的局面。

2012~2014年，全国教育科学规划领导小组办公室启动了"中小学理

科教材国际比较研究"课题研究,其中高中生物学教材国际比较研究由北京师范大学刘恩山教授团队承担。刘恩山等选取人民教育出版社2007年出版的高中生物学教科书作为研究对象,对比分析了中国、澳大利亚、德国、俄罗斯、法国、韩国、美国、日本、新加坡、英国十个国家的高中生物学教科书的广度和深度。在该研究中:①教科书广度是指教科书中的概念所涉及的范围和领域的广泛程度,并使用教科书中生物学概念的多少来衡量教科书广度;②教科书深度是指教科书中的核心概念对学生认知水平的要求,并依据核心概念所需认知水平对应的学段(如小学、初中、高中等)来衡量教科书深度。研究结果如图8和图9所示。①

图8呈现的是我国与其他九个国家高中生物学教科书广度的比较结果。横坐标代表广度,数值越大代表教科书中涉及的生物学概念越多。从图中可以看出:①我国高中生物学教科书的总广度小于澳大利亚、新加坡、德国、美国、日本和韩国高中生物学教科书的总广度,大于英国、俄罗斯和法国高中生物学教科书的总广度,居第7位(从大到小),在国际上处于中低水平;②我国高中生物学教科书未涉及"实验及生物技术"这一内容领域的概念,但覆盖了其余七个内容领域,广度从高到低依次是生命系统组成(71)、人体与动物生物学(62)、生态学(44)、遗传学(36)、植物学(19)、生殖(18)和进化(7);③我国高中生物学教科书在各内容领域上的广度分布与国际上其他国家具有一定的相似性,刘恩山等对我国与其他九个国家高中生物学教材概念分布一致性的统计学检验结果也印证了这一趋势——除俄罗斯和法国以外,我国高中生物学教材中概念在各内容领域的分布情况与其他七个国家的教材无显著性差异,尤其是与新加坡、日本、澳大利亚和德国的教材有较高的一致性。

刘恩山等还选取"遗传学"和"生态学"两个主题的核心概念作为代表,对我国与其他九个国家高中生物学教科书深度进行了分析,图9呈现的就是这一分析结果。左侧的纵坐标(对应图中的折线图)代表某国高中教

---

① 刘恩山等:《中小学理科教材难度国际比较研究(高中生物卷)》,教育科学出版社,2016。

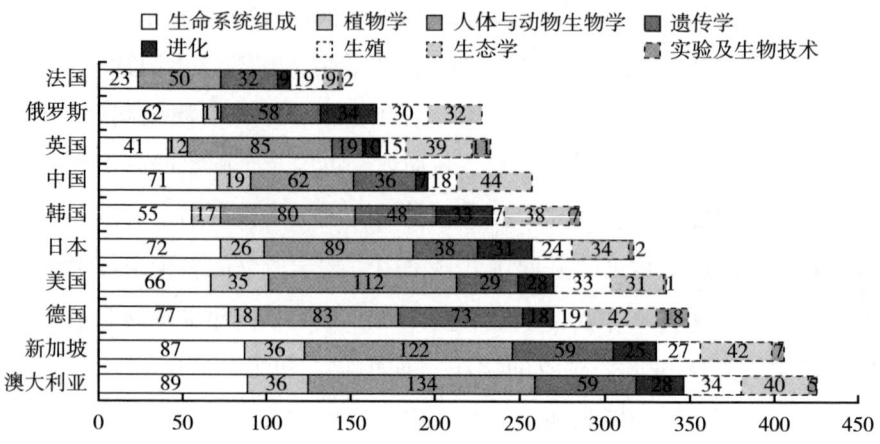

图8 高中生物学教科书广度国际比较结果

材的平均深度值,数值越大代表教科书中所有生物学核心概念所需的平均认知水平越高。右侧的纵坐标(对应图中的柱状图)代表属于某一学段(如小学)认知水平的生物学核心概念在该国高中生物学教材中所占的比例。从图中可以看出:①我国高中生物学教科书的平均深度小于德国、韩国、美国和日本高中生物学教科书的平均深度,大于法国、澳大利亚、俄罗斯、新加坡和英国高中生物学教科书的平均深度,居第5位(从大到小),在国际上处于中等水平;②我国高中生物学教科书中的核心概念有55%属于高中学段的认知水平,这表明我国高中生物学教科书中超过半数核心概念的认知水平与高中学段吻合,这一比例也是所有十个国家中最高的,此外还有17%属于大学认知水平,29%属于初中学段认知水平,而且不存在小学认知水平的核心概念;③我国高中生物学教科书中核心概念认知水平的分布情况与有些国家很相似,而与另外一些国家有较大差异,刘恩山等对我国与其他九个国家高中生物学教材中核心概念认知水平的分布一致性的统计学检验结果也印证了这一点——我国高中生物学教材中核心概念认知水平的分布情况与韩国、俄罗斯、新加坡、法国和美国的教材无显著性差异,具有较高的一致性,与德国教材具有统计学意义上的显著差异,与澳大利亚、日本和英国的教材具有统计学意义上的极其显著性差异。

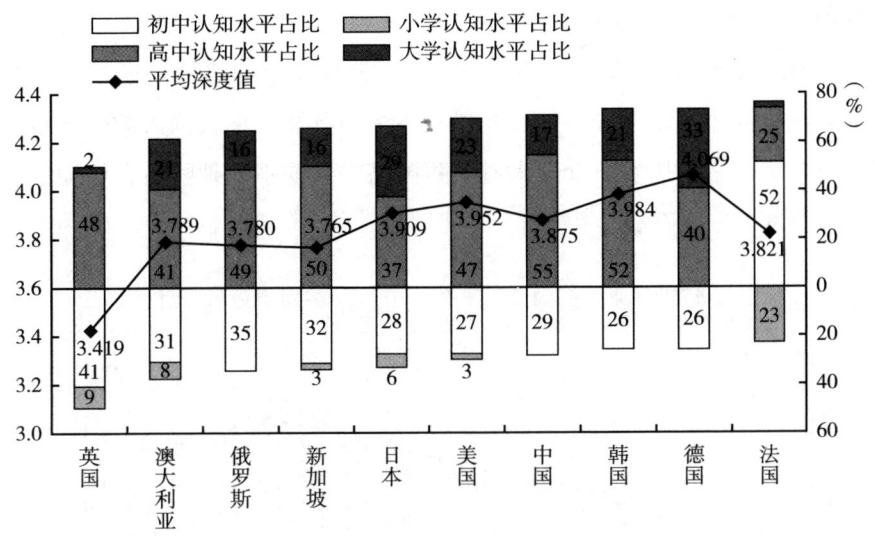

图 9　高中生物学教科书中"遗传学"与"生态学"两个主题内容深度的国际比较结果

4. 从学历背景上看，高中生物学教师的数量和质量都在提高

截至 2019 年 5 月 19 日，在我国教育部官方网站上可查阅 1997～2017 年共 21 年的教育统计数据，其中 2001～2017 年这 17 年间的高中生物学教师数量、学历背景、男女性别的统计方式较为一致，可以进行历年的纵向比较。因此，本部分将主要以这 17 年间的数据对我国高中生物学教师的发展情况进行分析。

图 10 呈现的是 2001～2017 年我国高中生物学教师总数及各类学历背景的人数情况。图中折线图标识的是我国高中生物学教师总人数的历年变化情况，柱状图标识的是各学历背景教师人数的历年变化情况。从图中可以看出：①自 2001 年起，我国高中生物学教师总人数从 3.44 万人逐年稳步提升至 2017 年的 11.51 万人；②从高中生物学教师的学历背景情况来看，高中毕业及以下的教师人数和专科毕业的教师人数分别从 2001 年的 0.02 万人和 0.87 万人降至 2017 年的不足 100 人和 0.15 万人，而本科毕业的教师人数从 2001 年的 2.53 万人逐步增至 2017 年的 9.94 万人，研究生毕业的教师人数

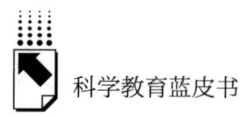

从2001年的0.02万人逐步增至2017年的1.42万人。这些数据表明，在2001~2017年这17年间，我国高中生物学教师人数的增加是通过本科及研究生毕业的教师人数逐步增加、专科和高中毕业及以下教师人数的逐步减少实现的。换言之，从学历背景来看，我国高中生物学教师队伍在增加数量的同时，质量也一直在稳步提升。

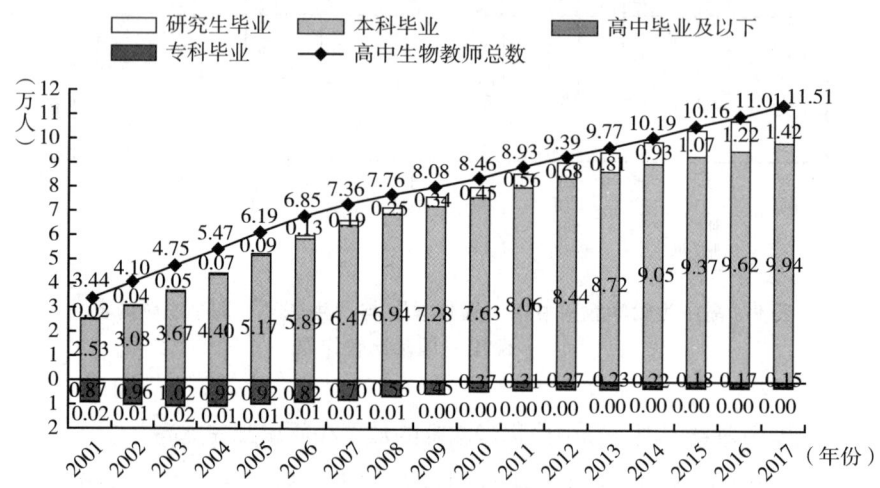

图10 我国高中生物学教师人数及学历情况历年变化趋势

资料来源：我国教育部官网公布的历年教育统计数据，http://www.moe.gov.cn/s78/A03/moe_560/jytjsj_2017/。

图11呈现的是2001~2017年我国高中生物学男教师和女教师人数及所占百分比的情况。图中折线图标识的是我国高中生物学教师男教师或女教师人数，柱状图标识的是男教师和女教师在整体中所占的比例。从图中可以看出：①2001~2009年，男教师人数均多于女教师；②自2010年起，女教师人数超过男教师，随后二者的人数差距不断增大，到2017年近六成（59%）的高中生物学教师为女性；③在2001~2006年，男女教师人数增速大致相近，二者之间的人数差也基本保持稳定，但在2006年之后，男教师人数的增速小于女教师人数的增速，二者间的人数差距也随之缩小，女教师人数在2010年超过了男教师，而且二者间的人数差距在随后几年中逐渐

增大。这一趋势与初中男女生物教师人数的历年变化情况相似,因此这也可能意味着高中生物学教师这一职业对女性的吸引力大于男性,或我国社会对女性担任高中生物学教师的认可度高于男性。

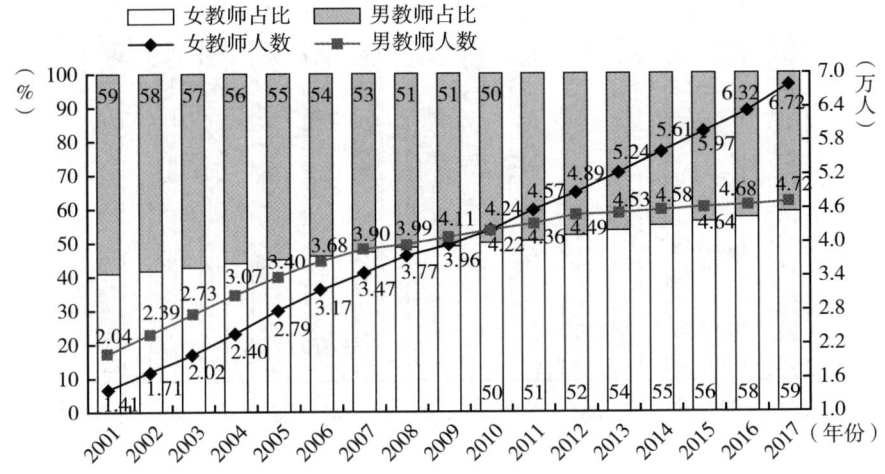

图 11　我国高中生物学教师男女人数及百分比历年变化趋势

资料来源:我国教育部官网公布的历年教育统计数据,http://www.moe.gov.cn/s78/A03/moe_560/jytjsj_2017/。

图 12 呈现的是 2004~2017 年我国城市、县镇和乡村地区高中生物学教师人数及百分比情况(2001~2003 年的教育统计数据中对城市、县镇和乡村的分类与 2004~2017 年的分类不同,无法一起比较)。图中折线图标识的分别是城市、县镇和乡村高中生物学教师人数,柱状图标识的分别是城市、县镇和乡村高中生物学教师在整体人群中所占的比例。从图中可以看出:①乡村高中生物学教师人数在 2009~2011 年略有下降,在 2004~2009 年和 2011~2017 年较为稳定;②县镇高中生物学教师人数在 2004~2010 年逐步增加,2010~2011 年有明显下降,随后在 2011~2017 年持续增加;③城市高中生物教师人数在 2004~2017 年持续增加,在 2010~2011 年急剧增加;④2004~2017 年,我国乡村高中生物学教师人数和占比均有所下降,但大体较为稳定,县镇教师人数大体呈增长趋势但占比有所下降,与此同时城市

教师人数持续增加，且占比呈上升趋势，至2017年已有半数高中生物学教师来自城市。

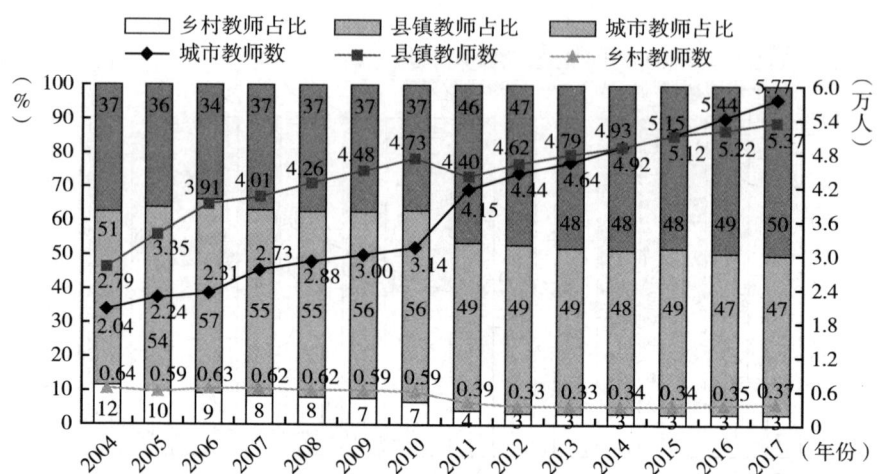

图12 我国城市、县镇和乡村高中生物学教师人数及百分比历年变化趋势

资料来源：我国教育部官网公布的历年教育统计数据，http：//www.moe.gov.cn/s78/A03/moe_560/jytjsj_2017。

5. 从重视双基到倡导三维目标再到注重生物学学科核心素养的高中生物学教学与评价

如前文所述，与初中生物学教育相似的是，从1949年至2000年底，我国高中生物学课程、教材或多或少地都受到了苏联的影响，提倡加强"双基"，主要重视基础知识和基本技能的教学。伴随课改的推进，在2003～2017年，广大一线教师边学习边在教学备课中尝试运用2003版课标所提出的"知识、能力、情感态度价值观"三维目标，从而落实对全体学生生物科学素养的提升。随后，自2018年起，伴随着2017版课标的颁布，一线教师开始重新学习并尝试在教学实践中落实生物学学科核心素养的要求。这些教学层面的变化都可以回溯至2003版和2017版课标所提的教学建议，如表7所示。

表7 我国高中生物2003版和2017版课标中教学建议的对比

我国2003年正式颁布的《普通高中生物课程标准(实验)》给出的教学建议	我国2017年正式颁布的《普通高中生物学课程标准(2017年版)》给出的教学建议
①深化对课程理念的认识 ②全面落实课程目标 ③组织好探究性学习 ④加强实验和其他实践活动的教学 ⑤落实科学、技术、社会相互关系的教育 ⑥注意学科间的联系 ⑦注重生物科学史的学习	①高度关注生物学学科核心素养的达成 ②组织以探究为特点的主动学习是落实生物学学科核心素养的关键 ③通过大概念的学习,帮助学生形成生命观念 ④加强和完善生物学实验教学 ⑤落实科学、技术和社会相互关系的教育 ⑥注意学科间的联系 ⑦注重生物科学史和科学本质的学习

国家课程标准是教材编写、教学、评估和考试命题的依据。基于这一背景,刘恩山、卢群和张颖之以2010年海南、广东、山东和宁夏四省份的高考试卷为样本,对比分析了高考生物试卷与2003版课标的一致性。该研究的结果显示,这四份试卷与课程标准之间不存在统计学意义上显著的一致性,在一些主题的内容分布上与课程标准有明显的差异;但在认知维度的分布上与课程标准基本吻合,少数题目涉及较高认知能力的要求。[①] 这需要引起生物学教育工作者和命题人员的重视。

三 问题与对策建议

在基于文献资料、教育部公开的历年教育统计数据、有关中学生物学教育的研究数据等,尝试描绘第八次基础教育课程改革以来我国初、高中学生物学教育各方面进展的过程中,发现以下问题的存在会阻碍我们及时、准确地把握我国中学生物学教育的发展状况,也不利于我们深入地反思各项改革措施的效果:①我国2000年以前的中学生物学教育类的原始文献资料(如

---

① 刘恩山、卢群、张颖之:《2010年高考生物试卷与课程标准一致性分析》,《基础教育课程》2010年第9期。

课程大纲、教学计划、教材等）较少且不易获取；②教育部官网上公布的历年教育统计数据的信息有限，缺乏对相关统计量的界定，在进行历年纵向比较时不利于对同一变量的不同分类进行处理和分析；③缺乏全面、有效了解国家历年教育政策的途径，不利于对历年教育统计数据分析结果进行综合、有效的解读；④虽然已有一部分高质量的实证研究可用于对我国中学生物学教育进展现状进行分析，但关于中学生物学教育的高质量实证研究总体数量依旧很少。

　　针对上述问题，尝试提出以下对策和建议：①整理有关我国中学生物学教育的各类原始文献资料，可尝试将其电子化，以便分享给更多的机构和团队展开学术研究；②在发布历年教育统计数据的同时，匹配一份数据统计说明，阐明数据收集过程、各项数据的界定和分类标准等；③在教育部等相关国家机构官网、各省（区、市）教育部门官网上公布更为详细的政策，以便日后分析教育统计数据时查阅，同时也可考虑定期汇总教育统计数据的分析结果，组织熟悉各类政策的相关人士对某些教育现象展开研讨；④在国家级、省部级、市级各类研究项目指南中，预留指向中学科学教育发展现状的实证研究方向，引导和支持科学教育研究人员积极立项并开展相关研究，为准确把握现状、制定政策提供坚实可靠的实证数据支持。

B.4
中学化学教育发展报告

黄燕宁[*]

摘　要： 第八次基础教育课程改革以来，我国的中学化学教育在课程体系、课程目标等方面都发生了较大的变化。本报告基于师资情况、课程标准变化、教材改革、教学方式变化，以及考试评价变化等几个方面，分初中和高中两个部分描述了2000~2018年的化学学科进展情况。在这19年中，初中化学教师人数先增后降，近年稳定在15.2万人左右，高中化学教师人数持续增长，目前接近15万人。19年中，初、高中化学课程标准都发生了两次变革，在课程体系、课程目标、实验探究、社会实践等方面提出了指导意见，极大地推动了化学学科教育的发展。相应地，多版本教材不断更新，教师的教学也更倾向于指导学生自主学习、深度学习、重视探究、强调实践。考试评价变革是课程标准落实的重要保障，也左右着化学课程的实施情况。

关键词： 化学学科　师资　课程教材　教学方式　考试评价

伴随着课程改革的进程，我国的化学教育在课程、教学、教师等方面都发生了较大的变化。为了能够充分反映这一进程，本报告基于教育部官网公开数据、公开发表的文献和报告等数据，按照初中阶段和高中阶段两个阶段，对2000~2018年我国中学化学教育的发展进行描述和分析。

---

[*] 黄燕宁，首都师范大学教师教育学院副教授，博士，研究方向为化学教育、学校改进。

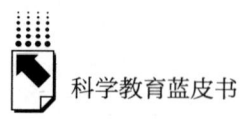

一 初中化学教育进展

（一）初中化学课程标准的演变

国家课程标准是国家课程的纲领性文件。2001年，教育部颁布了《全日制义务教育化学课程标准（实验稿）》（以下简称《实验稿》），2011年颁布了《义务教育化学课程标准（2011年版）》（以下简称"2011版"），2018年教育部又启动了义务教育化学课程标准的新一轮修订工作，形成了大致十年一修订的课程标准更新节奏。

《实验稿》是新中国成立以来第一部基础教育化学国家课程标准，是在1999年中共中央、国务院发布了《关于深化教育教学改革全面推进素质教育的决定》，2001年国务院发布了《关于基础教育改革与发展的决定》的背景下，依据2001年教育部印发的《基础教育课程改革纲要（试行）》而形成的。这一稿课程标准标志着基础教育化学课程从知识取向向全面育人取向的转型，是化学课程改革的标志性成果。《实验稿》规定义务教育阶段化学课程具有启蒙性和基础性，应帮助学生理解化学对社会发展的作用，从化学的视角认识社会生活和科学技术领域的各种现象问题，使学生能够基于化学视角更理智、科学地参与社会问题决策。

《实验稿》从帮助学生建立学科自信、给每一个学生提供平等的学习机会、重视学生的已有经验、加强体验探究过程、感受化学对人类发展的巨大贡献以及多样化的学习评价方式六个方面阐述了义务教育课程的基本理念，明晰了义务教育阶段化学课程的基本价值追求。

《实验稿》首次打破了单纯以学科知识为主的体系框架，依据课程理念，从加强科学探究、体现化学与社会和技术的关系，充分考虑学生生活经验与心理发展水平等角度出发，确定了"科学探究""身边的化学物质""物质的构成奥秘""物质的化学变化""化学与社会发展"五个课程一级主题（见图1）。化学学科的研究对象是物质和物质的变化，化学学科的特征是在分子、原子水平上研究物质。可见,在五个课程主题中,"身边的化学物质""物质的构成奥秘""物质的化学变化"属于学科主题,其中"身边的化学物质""物质的化学变化"是学习过程中的认识对象,"物质的构成奥秘"是对事物的认识角度,"身边的"规定了认识领域与学生经验相关联。"化学与社会发展"主题强调了学习的出发点和价值体现,"科学探究"主题体现了化学学科是科学课程的重要组成部分,科学活动以科学探究为基本途径,科学课程帮助学生理解科学探究的价值,掌握基本科学探究的方法,也是科学课程学习的重要方式。

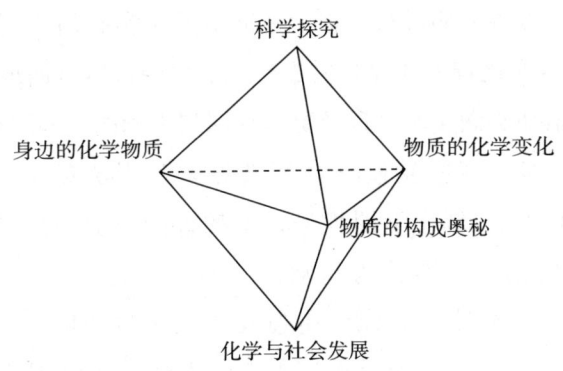

图 1　义务教育课程主题关系

《实验稿》从"知识与技能""过程和方法""情感态度与价值观"三个维度提出课程目标。其中,"知识与技能"指了解与化学相关的事实性知识、基本概念、基本实验技能;"过程和方法"指学习科学探究方法、信息获取和加工方法、解决真实问题以及与他人合作交流的方法;"情感态度与价值观"指学生学习动机、学习兴趣的激发,科学观念的建立,基于化学视角参与社会活动的基本价值取向和意识。

《实验稿》在教学建议中除了落实课程理念和课程目标、倡导探究教学、创设情境、联系社会生产实际外,还提出了运用现代信息技术促进学生学习方式的改变,以及通过设计跨学科主题学习内容以引导学生从多个角度

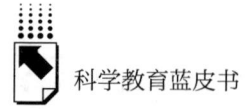

解决真实问题，培养学生的科学精神与人文精神。评价建议中则倡导以学生为主体的评价和活动表现评价对学生发展的重要作用，同时强调在纸笔测验中加强实际问题解决能力的考核。

《实验稿》的颁布与实施更新了义务教育阶段化学教师的教育理念，在很大程度上改变了化学教学方式和考试评价内容，为我国义务教育阶段化学教育与国际教育接轨奠定了基础。

2011年，在总结课程改革10年经验和面临问题的基础上，教育部进行了义务教育阶段各学科课程标准修订，颁布了《义务教育化学课程标准（2011年版）》。与《实验稿》相比，2011版整体变化不大，课程理念、课程目标、课程内容等方面都很大程度地继承了《实验稿》，并进行一些完善和补充。2011版变化较大的地方主要有三个部分：更全面地阐述课程性质，在课程内容中增加必做实验，以及更体现课程理念的实施建议。

对于课程性质，《实验稿》强调义务教育化学课程的启蒙性、基础性，2011版则首先强调化学课程是科学教育的重要组成部分，应体现基础性；其次指出化学以实验为基础，应创设实验为主的科学探究活动，提高学生的科学研究能力。课标还强调了化学与环境、资源、人类健康等社会领域的关系，培养学生科学观念、方法，增强对自然和社会的责任感，使学生在面临和处理与化学有关的社会问题时能做出理智、科学的思考和判断。

内容标准是课程标准中最为重要的部分。2011版课程内容的一级主题和二级主题与《实验稿》相同，只是在科学探究这个一级主题下增加了"完成基础的学生实验"这个二级主题，规定了学生必做实验。2001年颁布的《全日制义务教育化学课程标准（实验稿）》和2003年颁布的《普通高中化学课程标准（实验）》在课程理念、内容要求、实施建议等各个部分都明确提出实验探究是学生学习化学的重要方式，也是化学课程的重要内容，除科学探究主题外，各内容主题还提供了活动与探究建议，以指导教师丰富实验探究活动，发展学生实验探究能力。但出人意料的是，初、高中课程标准实验稿颁布以后，中学化学实验教学非但没有蓬勃发展反而出现了滑坡现象。① 造成这一结果的原因主要可以归结为以下几方面：①化学实验具有消耗性，经常需要更新仪器装置、购买药品试剂，由于课程标准中没有规定必做实验，所以在申报购买需求时缺乏依据，行政部门给学校进行统一配置时也因为没有硬性要求而忽视化学实验的需求，使教师学生因缺乏物质资源而放弃化学实验。②化学实验教学无疑会增大教师备课的工作量，课程标准中没有规定必做实验，教师可以自由决定是否需要进行实验，这也使得很多教师减少了实验教学，甚至完全不做实验。③信息技术的发展使实验视频在网上很常见，把实验只当作事实证据而不是实验能力发展途径的教师，无疑会认为看视频实验比演示实验和学生做实验更具教学优势。④社会媒体对化工企业的片面评价，使家长、学生甚至教师盲目恐惧化学实验的危害性，认为化学实验会产生有毒、有害气体或其他有害物质对人体健康有影响，学生、教师参与实验活动的动机下降，甚至抵触实验。为了扭转实验教学滑坡现象，2011版提出学生至少完成规定的8个学生必做实验活动。这些实验活动覆盖初中化学学习的主要课程内容，包含初中要求的各项基本实验技能，代表了不同的实验活动类型，可以帮助学生形成实验活动的重要的原型经验。

  2011版课标的实施建议包括教学建议、评价建议、教材编写建议、课程资源开发与利用建议四个部分。在教学建议部分，2011版提出教学目标设计要体现三维目标的整体发展，基于课程整体规划教学目标。教学建议特别提出加强实验教学和科学探究活动的设计，真正让学生体验实践科学探究过程，而不是作为探究过程的旁观者，由教师代替学生探究，或对学生放任自流。教学建议还鼓励开展微型实验、家庭小实验，提出教学中注意联系学生生活实际，创设有意义的学习情景，重视学科间联系，灵活运用多样化的教学方式等。

  评价建议首先提出了学习目标、教学要求、学业评价之间的一致性，

---

① 孙佳林、郑长龙：《中学化学实验教学发展历程回顾及启示（下）》，《化学教育》2018年第15期。

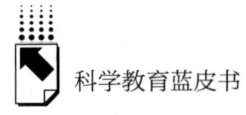

评价目标与课程目标和课程内容相吻合，根据学习目标描述学生的行为表现，并据此确定测验题目和评价任务类型。评价结果是对学生学业水平的诊断，应利用评价肯定学生的努力，激励学生学习；同时评价结果也是对教育教学中问题的诊断，是教师促进每个学生发展策略有效性的反馈。纸笔测验、活动表现评价都是化学课程实施中需要关注的评价方式。学习过程中应鼓励学生自我诊断、自主分析，培养学生自我反思与评价的能力。建立学习档案是利用评价促进学生自我反思、自我评价、持续发展的有益手段。

教材编写建议提出要依据课标选取核心知识，重视化学基本观念的形成；选材要关注学生的生活经验和社会发展现实。教材编写建议强调教材中要提供多样化的实验内容，包括增强知识的直观性，为学生的科学探究和意义建构提供证据的实验活动，还应考虑落实物质性质探究、研究反应规律、设计物质制备方案等过程方法的探究任务的重要性，同时还应通过符合学生兴趣特点和认知水平的趣味实验、生活实验和课外实验丰富学生的动手实验机会，培养学生的创新精神和实践能力。教材编写建议中还提出开发多样化习题，增加开放性题目和实践性题目的比例，以及根据学生的认识发展、采用多样化的呈现方式，发挥教材知识承载、思维引发、学法指导、规范示范等多种育人功能。

课程资源开发与利用建议部分共提出了八项建议，前三条均指向落实实验探究活动，包括加强化学实验室建设，因地制宜地合理使用实验仪器和试剂，编制学生实验和探究活动指导用书。建议中有两条指向素材资源的选取，包括发掘日常生活和生产中的学习素材及利用学校和社区环境。一条建议提出用好网络和媒体信息。另外还有两条建议提出及时总结实践经验，以及形成教师教学用书。

《义务教育化学课程标准（2011年版）》的颁布是对《全日制义务教育化学课程标准（实验稿）》的全面肯定，也是进一步的落实和完善，保证了我国化学教育持续、稳定地发展，使我国基于三维目标的全面育人的化学课程走向成熟。2019年新一轮义务教育化学课程标准的修订启动了，这一轮课程标准的修订会进一步落实全面育人的课程功能，将三维课程目标发展为基于学科素养的全面育人目标。

（二）多样态的义务教育化学教材

新中国成立之后，我国采用的是"一纲一本"的中小学教材政策。1985年《中共中央关于教育体制改革的决定》指出我国地区差异较大，应开展因地制宜的教育，因此中小学教材建设开始实行国家统一基本要求下的多样化的方针，即"一纲多本"的政策。2001年，《全日制义务教育化学课程标准（实验稿）》的颁布意味着第八次课程改革在化学学科得到落实，而基于化学课程标准开发的系列教材是课程实施的重要载体。在"一纲多本"的政策下，与这一版化学课程标准配套的教育部审定教科书共有5个版本，出版单位分别是人民教育出版社、广东教育出版社、山东教育出版社、上海教育出版社、仁爱教育出版社。

与大纲版教材相比，课标版教材都具有提供丰富的实验探究内容，设计多种学习栏目，以引导学生的学习方式，增强教材与学生的对话感；教材关注学生已有经验，引入丰富的素材展示化学与生活的实际联系；增加绘图、设计生动的版式，优化教材呈现方式等特点。

不同版本教材在编写逻辑线索、活动栏目设计，以及一些内容的处理等方面也都有较大不同，彰显出各个版本教材的独特风格。以人民教育出版社教材（简称人教版）和山东教育出版社教材（简称鲁教版）两个版本为例进行介绍。

人教版共分为12个单元。第一单元《走进化学世界》，了解物理变化和化学变化，了解科学探究的学习方式，认识化学实验室。第二、四、六、八、十、十一单元分别学习氧气、水、碳和碳的化合物、金属、酸和碱、盐等常见、重要且具有典型性的化学物质。学习顺序是从简单熟悉的物质到相对陌生复杂的物质，从简单代表物的学习到一类物质的学习。教材在物质学习的主线索中穿插概念原理的学习。在第二单元学习了空气、氧气等内容后，第三单元学习分子、原子、元素等概念认识物质的组成和构成微粒。在

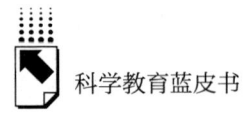

第五单元以氧气、水相关的化学反应为基础，结合对物质微观构成的认识，并补充部分化学反应，学习质量守恒定律和化学反应方程式。第七单元在碳及氧气等物质燃烧反应学习的基础上，研究燃烧的条件，认识新的燃料。第九单元学习溶液，为第十、十一单元的酸碱盐学习做准备。第十二单元用化学与生活作为全书的收尾，学习营养素、认识化学合成材料等。

鲁教版共分为11个单元。第一单元《步入化学殿堂》，认识化学变化，体验科学探究，训练基本化学实验技能。第二单元以水为载体，认识构成物质的微粒，建立分子、原子、元素等概念，建立宏观物质与微观粒子间的关系。第三单元学习溶液，认识水和溶质构成的混合物，认识溶液的浓度和溶解极限。第四单元学习氧气，并应用前面所学的概念对参与反应的物质及其变化进行解释，进而完成第五单元《定量认识化学反应》的学习，理解质量守恒定律，学习化学反应方程式及其有关计算。第六单元认识燃烧现象，同时学习碳及其化合物的有关性质。第七、八、九单元分别学习酸碱、盐、金属等内容，能够利用物质的性质完成简单的物质检验、分离等任务。第十和十一单元分别从化学与健康和化学与社会角度建立化学与社会的关联。

可以看出，人教版对物质的认识发展线索比较明显，元素化合物学习与概念原理学习相辅相成，交织进行。鲁教版以对物质的微观认识为统领，从单一物质到混合物，从没有化学变化到多种类型的化学变化，是基于核心概念展开学习的编写线索。

人教版与鲁教版在活动栏目设计上也有差别。人教版有活动与探究、讨论、资料、家庭小实验、拓展性课题、调查与研究、化学·技术·社会等栏目，各单元每个课题后都有"学完本课题你应该知道"的概括总结和"习题"作为学习诊断工具。鲁教版的活动栏目有活动天地、交流共享、在线测试、多识一点，每一节后有"长话短说"栏目做总结和"挑战自我"供学生进行学习诊断。从栏目功能看，两版教材都有开展实验活动引导学习方式的学生探究活动类栏目、给学生提供更多选择性的学习拓展类栏目、帮助学生进行总结提升的概括总结类栏目，以及学习诊断类栏目。人教版栏目种类较为丰富，名称的设计更平实，鲁教版名称则更活泼，且对学生的学习诊断反馈更为及时、频繁。

由于逻辑线索不同,教材在教学内容的处理上有明显差异。以氧气的实验室制法为例。人教版"制取氧气"是《我们周围的空气》这一单元中的一个课题,这一单元其他两个课题分别为"空气""氧气"。"制取氧气"一节中的主要内容有实验——用加热高锰酸钾的方式制氧气,探究——分解过氧化氢制氧气的反应中二氧化锰的作用,得到催化剂的概念,总结高锰酸钾、过氧化氢、氯酸钾分解制氧气反应的共同特征得到分解反应的概念。还有"化学·技术·社会"栏目介绍催化剂的作用,"资料卡片"栏目介绍工业上如何大量制取氧气。鲁教版"氧气的实验室制法"是《我们周围的空气》这一单元下第三节"氧气"中的一个节下标题,同一节中其他标题为"氧气的性质""自然界中的氧循环"。在氧气的实验室制法部分,鲁教版用"活动天地"栏目呈现"实验室制取气体物质的思路分析",包括选取反应物、确定反应原理、选择气体发生装置和收集装置等。而后又用"活动天地"指导学生学习"实验室制取氧气的方法",总结出二氧化锰催化过氧化氢分解制氧气的方法,得到催化剂概念。在"多识一点"栏目介绍形形色色的催化剂。可以看出,人教版提供了更多制取氧气的方法,鲁教版则更重视物质制备的思路方法的形成。

2011版课标颁布后,各版本教材都进行了修订,重点是加强实验探究教学,特别是学生必做实验的呈现。课程标准提出"教师应结合具体的教学内容和学校实际,积极创造条件,通过多种途径,安排和组织学生"完成学生必做化学实验活动。我们可以看到,各版本教材都用了多样化的方式指导师生开展实验活动,凸显学生必做实验。例如,人教版设计了"实验"栏目,主要承载关注实验过程、实验方法、实验现象的化学实验活动;设计"探究"栏目,主要承载以问题解决为核心的活动任务;有必做实验的教学单元,在课题后还附有"实验活动"以确保学生必做实验的落实。

随着课标实施的不断深化,一些地区总结实践经验,结合本地区生源、地域、文化等特征,编制了主要服务于本地区的化学教材。例如,2013年北京出版社出版了化学教科书,供部分北京地区的学生使用。这套教材的章

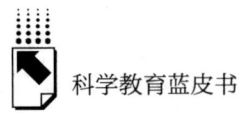

节逻辑和人教版接近,但是有一些更细致的处理。比如对于"构成物质的奥秘"主题,人教版教材主要集中在第三单元处理,分为"分子和原子""原子的结构""元素"三个教学课题,并在第四单元《自然界的水》的课题3"水的组成"后增加课题4"化学式与化合价"。而北京版教材将这部分内容处理为两个完整章节。第三章《构成物质的微粒》分为"原子""原子核外电子的排布、离子""分子";第五章包括"初步认识化学元素""物质组成的表示——化学式""化合价"。第三章和第五章之间是"最常见的液体——水",学习"水的净化""水的变化""水资源的开发、利用和保护"。从章节标题可以看出,相对于人教版,北京版对物质的构成奥秘部分的教学内容进行了拆分处理,教学节奏相对缓慢。教学实践和相关研究表明,难以区分分子和原子的关系,以及将宏观物质、事实与微观微粒种类、运动、变化建立关系是学生学习"物质的构成奥秘"部分的常见难点,而拥有分子、原子概念,理解微粒特征对学生而言并不困难。北京版考虑到学生认识发展规律,先建立构成物质的基本微粒——原子的概念,认识原子的结构及其可能的变化,而后建立分子和原子的关系。这一学习过程以学生学习之前已有的微粒认识为基础,先澄清原子的概念,而后从原子到分子,突破原子、分子区分不清的障碍点。在"水"相关的学习中运用微粒观点解释问题。接下来,再利用原子的概念建立元素概念,形成微观粒子与宏观元素之间的关联,用微观的观点看物质组成,并学习符号表征方式。以后再逐渐发展到用微粒的观点看物质的变化、看化学反应。

(三)初中化学教师的师资情况[①]

从2000年至2016年,初中化学教师在15万~15.7万人,人数总体变化不大。2005年达到最高值156793人。在2009年下降到150698人,之后稳定在15.2万人左右。全国需要学习化学的初中学生数量(由于学制有差

[①] 本部分数据全部来自中华人民共和国教育部发展规划司主编的2000~2016年《中国教育统计年鉴》,出版者为中国统计出版社。

异，按照全国所有初三、初四年级学生总和计算）在2004年达到高峰2231万人，之后逐年下降，在2016年降到1444万人。师生比在2004年为1∶142，在2009年为1∶121，在2016年为1∶95。

初中化学教师中的女教师人数占比从2001年的36%提高到2016年的48%；初中化学教师的学历不断提升，2000年，持有高中学历的化学教师占比8%，而到2016年持高中学历的初中化学教师占比只有0.1%。相应地，在2001年，持研究生学历的初中化学教师占比不到0.1%，2016年这一比例达到了3%。持有本科学历的初中化学教师比例从2000年的17%增长到2016年的81%。

2004年为了实现教育的均衡发展，提高农村义务教育水平，国务院批准了《国家西部地区"两基"攻坚计划（2004—2007年）》，中央投入100亿元资金实施"农村寄宿制学校建设工程"，边远学生稀少的农村学校撤并，形成条件相对优质的学校。出于农村学校撤并以及社会城镇化等原因，城乡化学教师的比例也发生着持续变化。2003年，城区初中化学教师约20%，农村教师占46%；2016年，农村化学教师比例下降到18%，城区教师比例提升到33%，镇区教师比例从2003年的34%增加到49%以上（见表1）。

表1　2000~2016年初中化学教师情况统计

单位：人，%

年份		2000	2001	2002	2003	2004	2005	2006	2007	2008
总数		153399	150056	153510	155477	156758	156793	155953	156159	155190
女教师	人数		53728	55547	56665	57930	58624	59387	60478	61523
	比例		36	36	36	37	37	38	39	40
研究生学历	人数		124	178	231	255	373	450	582	759
	比例		0	0	0	0	0	0	0	0
本科学历	人数	25554	29753	34591	41501	50575	60327	68524	78172	86971
	比例	17	20	23	27	32	38	44	50	56
专科学历	人数	115498	110794	110779	107106	100620	92091	84020	75239	65814
	比例	75	74	72	69	64	59	54	48	42
高中学历	人数	12347	9218	7836	6549	5239	4031	2927	2141	1631
	比例	8	6	5	4	3	3	2	1	1

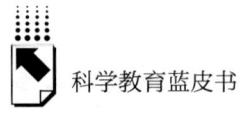

续表

年份		2000	2001	2002	2003	2004	2005	2006	2007	2008
城区	人数				31348	31499	30103	27685	30297	30874
	比例				20	20	19	18	19	20
镇区	人数				53363	51495	57261	60786	62858	63941
	比例				34	33	37	39	40	41
乡村	人数				70766	73764	69429	67482	63004	60375
	比例				46	47	44	43	40	39
年份		2009	2010	2011	2012	2013	2014	2015	2016	
总数		150698	151272	152134	152024	150654	151323	151407	152175	
女教师	人数	60772	62235	64108	65556	66832	69050	71085	73452	
	比例	40	41	42	43	44	46	47	48	
研究生学历	人数	878	1140	1509	1781	2260	2732	3282	3914	
	比例	1	1	1	1	2	2	2	3	
本科学历	人数	92148	99129	105332	109867	112994	117155	120321	123280	
	比例	61	66	69	72	75	77	79	81	
专科学历	人数	56430	50095	44569	39757	34941	31123	27574	24818	
	比例	37	33	29	26	23	21	18	16	
高中学历	人数	1233	901	715	615	450	300	242	160	
	比例	1	1	0	0	0	0	0	0	
城区	人数	29873	29968	42444	43924	45083	47510	48345	50651	
	比例	20	20	28	29	30	31	32	33	
镇区	人数	62924	65121	71609	72933	72845	73057	73834	74043	
	比例	42	43	47	48	48	48	49	49	
乡村	人数	57901	56183	38081	35167	32726	30756	29228	27481	
	比例	38	37	25	23	22	20	19	18	

（四）初中化学教学方式的变化

1. 探究教学从理论到实践都实现了长足的发展

2001年《全日制义务教育化学课程标准（实验稿）》颁布，科学探究作为一级内容主题，既是要求的学习内容，也是倡导的学习方式。教育行政部门自上而下的推动、教育研究者的宣传指导，特别是中考评价中科学探究占了相当的比重，且内容、形式不断更新，使得科学探究教学得到重视。

在中国知网上以"初中""化学"为主题词,以"科学探究"或"实验探究"为关键词检索 2000~2018 年文献,共获得期刊文献 328 篇,硕博论文 47 篇。从图 2 中的年度论文发表量可以看出,2000~2018 年,对科学探究的关注呈平稳上升趋势。我国基础教育化学课程主要分为义务教育学段和普通高中学段,很多对科学探究的研究,特别是硕博论文以高中化学课程为主,因此,此处所列发文量并不足以彰显教学工作者对科学探究关注的程度。

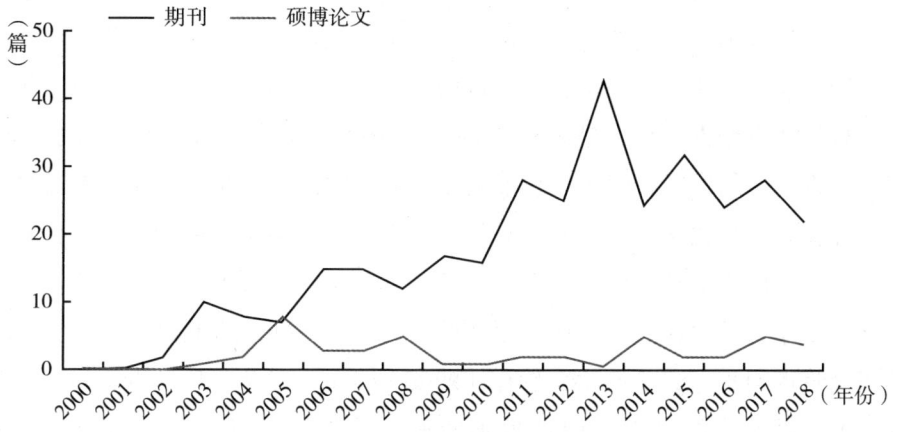

图 2 2000~2018 年初中化学探究文献发表量

《实验稿》颁布近 20 年,加之考试评价的推动作用,探究教学在初中化学课堂已经呈现常态化,各种展示课、优质课更是必有科学探究。近 20 年来,探究教学方式和策略也在不断发展与成熟。刚刚推广科学探究时,探究教学的重点往往落在探究要素的提取与呈现,说明探究活动有哪些要素,以及探究活动中哪些步骤属于哪种探究要素。之后,探究教学从强调形式转向强调思维,强调探究要素间的逻辑关系,如探究活动方案是否回应了探究问题与假设,通过探究活动方案获得的实验现象结果可以得到怎样的结论,探究结论是否回应探究问题与假设,探究全过程中目的-假设-方案-结论间逻辑是否清晰,论证是否严谨。这样的教学锻炼了学生的高级思维,也指向了探究活动的思维本质。为了使探究教学更加有效,也为了彰显化学学科特征，有的教师进一步精致化开展化学探究教学，提出了基于化学任务类型理解、设计探究活动。在初中阶段，新授课教学中学生主要经历物质性质探究、气体物质制备、化学反应规律探究和简单的物质分离任务，在复习课或习题中还会遇到物质鉴别、检验，相对复杂的分离提纯任务。每一种任务类型有独特的思路方法和方案程序，将其模型化，有利于学生迁移应用解决陌生问题。

2. 实验教学两极分化严重

实验教学是化学学习的重要内容，也是化学教学的基本方式之一，在化学教学中具有不可替代的作用。不论是教学大纲还是课程标准，我国化学课程的纲领性文件历来都强调实验的价值、鼓励学生动手实验。但是我国化学实验教学并不令人满意，呈现严重的两极分化。在师资力量强、教学条件好、教育发达的地区，学生不仅能动手完成基本的必做实验，还经常通过各种探究实验进行化学学习，甚至有机会根据个人兴趣设计创新实验，在教师指导下展开探索活动。而在大多数地区，教师工作量过大而学生实验需要大量准备工作，学生课时过少而动手实验需要较长时间，班额过大造成实验活动组织管理困难，实验活动自然存在的安全隐患，以及一旦发生实验事故教师面对难以承受的风险都使得教师回避实验教学。李焱[1]、何亚平[2]、刘欢[3]、付其孟[4]等调查中学化学教学实施现状，发现教师普遍认同化学实验教学价值，在公开课、优质课中学生分组实验活动频率很高，但是在常态课中实验教学远没有达到常态化，农村地区情况更为严重，"讲"实验，"画"实验的"空对空"模式普遍存在。目前的实验考试评价也没能有效扭转这种局面。应对纸笔形式测查，很多教师认为"课堂上听（看）实验、考试

---

[1] 李焱：《初中化学课堂实验化学常态化的调查研究——以石家庄市为例》，河北师范大学硕士学位论文，2014。
[2] 何亚平：《新课标修订后初中化学实验教学现状的比较研究》，贵州师范大学硕士学位论文，2014。
[3] 刘欢：《基于科学探究的初中化学实验教学研究》，陕西师范大学硕士学位论文，2016。
[4] 付其孟：《初中化学实验教学的现状、成因及对策研究》，华中师范大学硕士学位论文，2017。

前背实验"更为省事、安全,也能更好地得到"标准答案和现象"。① 有的地区有实验操作考查,但是考查范围小,通常只是 2~3 个规定好的实验,且都是简单的基本操作,学生只需要按照事先训练的结果"照方抓药"即可。过于简单的实验测查不能促进教师发展学生的实验能力。

3. 项目式学习逐渐走入中学课堂

项目式学习因其任务实践导向,强调学生自主创设的学习成果,在任务完成的过程中实现核心知识方法的学习与应用,真实情境带来的多元观念碰撞以及跨领域知识整合等,都使得项目式学习得到大量关注。

其实,有些教师在接触项目式学习之前,因为希望学生自主探究学以致用,就已经生发了项目式学习的雏形。比如,有的教师通过让学生自制一顿早餐学习营养素的有关内容,有的教师让学生自制小型灭火器学习二氧化碳制法和燃烧的条件。

2018 年,山西教育出版社出版了王磊主编的项目学习实验教材,通过 8 个项目活动全面承载了初中化学课程标准的学习内容和要求。8 个项目中既有产品成果类项目,如"从自然界中的盐到餐桌上的食盐""制作简易制氧机",也有生活方案改进项目,如"低碳行动""合理使用金属制品",还有科学研究体验项目,如"构建微观模型"。这套教材为教师开展项目学习提供了很好的基础素材和入门实施方案。很多教师选择其中的项目替代部分常规教学,也有一些学校用这套教材全面替代了以往的教材,给学生充分的学习空间。预计项目式学习将会是后续几年初中化学热点的教学方式。

(五)中考评价的变化

2011 版课程标准在评价建议部分提出评价方式既要重视纸笔测验,也要重视活动表现评价。纸笔测验考核的重点要以基础知识的理解和运用为主,不要放在知识点的简单记忆和重现上;不应孤立地对基础知识和基本技能进行测试,体现实践性和探究性。利用活动表现评价可以考查学生理解和

---

① 汤伟、张茹英:《2015 年安徽中考化学实验题分析与思考》,《化学教学》2016 年第 1 期。

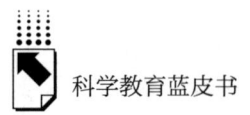

运用知识的水平、分析问题的思路、实验操作的技能、口头或文字表达能力；了解学生观察能力、想象能力、实践能力和创新能力的发展，以及考查学生主动参与学习的意识、思维的品质、情感态度的变化和合作交流的能力等。

2016年，教育部发布《关于进一步推进高中阶段学校考试招生制度改革的指导意见》，提出到2020年初步形成基于初中学业水平考试成绩、结合综合素质评价的高中阶段学校考试招生录取模式，改革录取记分的科目构成，尝试给予学生发挥学科优势、自主选择录取计分科目的机会等。

化学中考评价的改革反映了化学学科对课程标准要求和教育部意见的逐步落实。从各地中考评价的改革趋势看，化学考试一方面在纸笔测验中体现能力测查，另一方面加强活动表现评价的体现。由于化学是科学教育领域的重要组成部分，在中考评价中"化学作为发展公民科学素养的重要方面而必须纳入考试评价"和"学生只要在科学领域中选择了有关内容被评价而不一定必须考化学"的两种观点一直存在争议，因此一些地区的中考化学评价方案也在不断尝试和调整中。表2列出了北京、上海、广州、济南、兰州几座有代表性的城市2004年、2011年、2018年中考方案的变化以及对未来中考方案的预测，以显示化学学科中考改革趋势。

表2 主要地区化学中考评价方案变化

地区	类别	2004年	2011年	2018年	对后续几年的预期
北京	是否必考	必考	必考	选考（生物化学合卷）	必考但不一定记分
	活动表现评价	未纳入	未纳入	开放性科学实践活动在中考总成绩中占10分	综合素质评价纳入中考
	分值及说明	80分（语文120分，物理100分）	80分（语文120分，物理100分）	与生物合卷，卷面分值90分，加上开放性科学实践活动10分，总分值100分，化学题目卷面分值45分（语文100分，物理选考100分，含开放性科学实践活动10分）	所有科目必考，自主选择高分科目计入成绩

续表

地区	类别	2004年	2011年	2018年	对后续几年的预期
上海	是否必考	必考	必考	必考	依据初中学业水平考试，结合综合素质评价进行高中招生
	活动表现评价	未纳入	未纳入	未纳入	
	分值及说明	50分（语文120分，物理70分）	50分（语文120分，物理70分）	60分（语文150分，物理化学合卷150分，其中物理90分）	
广州	是否必考	必考	必考	必考	必考
	活动表现评价	未纳入	未纳入	未纳入	现场实验操作
	分值及说明	100分（语文150分，物理100分）	100分（语文150分，物理100分）	100分（语文120分，物理100分）	100分含不低于10%的实验操作分（语文120分，物理100分含不低于10%的实验操作分）
济南	是否必考	必考	必考	必考	
	活动表现评价	未纳入	现场实验操作	物理、化学、生物的综合实验操作	2018年方案为新改革方案
	分值及说明	50分（语文120分，物理70分）	60分（语文120分，物理90分）	等级分（语文150分，物理等级分）	
兰州	是否必考	必考	必考	必考	必考
	活动表现评价	未纳入	未纳入	未纳入	现场实验操作
	分值及说明	120分（语文120分，物理120分）	100分（语文150分，物理120分）	100分（语文150分，物理120分）	60分含不低于10%的实验操作分（语文120分，物理90分含不低于10%的实验操作分）

二　高中化学教育进展

（一）高中化学课程标准的演变

2001年教育部印发《基础教育课程改革纲要（试行）》。同年，颁布

《全日制义务教育化学课程标准（实验稿）》。在这一稿初中化学课程标准的基础上，2003年，教育部颁布了《普通高中化学课程标准（实验）》（以下简称"2003版"）。这是新中国成立以来我国第一版高中化学课程标准。

2003版课标确定了高中化学课程的基本定位。高中化学课程是科学教育的重要组成部分，对提高学生的科学素养、促进学生全面发展有着不可替代的作用。普通高中化学课程是与九年义务教育阶段化学或科学相衔接的基础教育课程。

2003版课标提出从"知识与技能""过程与方法""情感态度与价值观"三个维度构建高中化学课程目标体系；在人类文化背景下构建高中化学课程体系；从学生已有经验和将要经历的社会生活实际出发，培养学生的社会责任感、参与意识和政策能力；通过以化学实验为主的多种探究活动，强化学生科学探究意识，促进学习方式的转变，培养学生的创新精神和实践能力。

2003版课标规定高中化学课程分为必修、选修两类，设计为8个课程模块。其中必修课程包括2个模块，选修课程包括化学与生活、化学与技术、物质结构与性质、化学反应原理、有机化学基础、实验化学6个模块。学生完成每个模块记2学分。2003版规定，学生在高中阶段除了修完2个必修模块的4学分外，还需要完成一个选修模块并拿到学分，即完成6学分的学习才能达到毕业要求。课程标准建议理工类专业发展倾向的学生修习8学分，即完成2个选修模块的学习；有志于化学及相关专业的学生可修至12学分，即完成4个选修模块的学习。

从课程内容看，高中化学课程是对初中化学课程各主题的衔接和发展，在高中阶段又不断循环上升。图3显示了中学化学课程从初中到高中必修再到高中选修的课程内容间的发展关系。图中最核心的是初中化学课程的5个主题，用□标示的是高中必修课程的6个主题与初中课程主题间的对应关系。图中还显示了6个选修模块对课程内容的发展。

2003版课程标准设置选修模块是考虑到学生个性发展的多样化需要，以实现课程的选择性。从选修模块的名称和课程内容，可以判断出6个选修

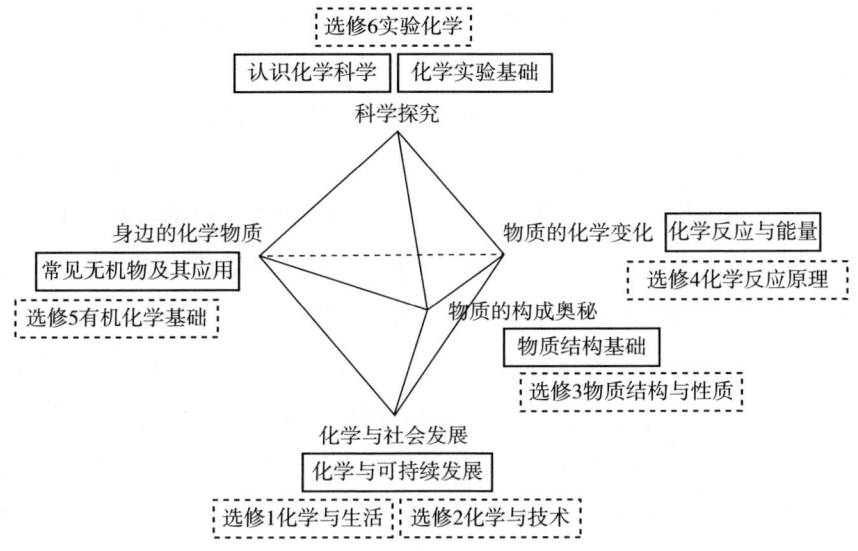

图 3　中学化学课程不同学段课程内容间的关系

模块中，选修 3 物质结构与性质、选修 4 化学反应原理、选修 5 有机化学基础更指向对化学学科本体知识的学习，在学科内容深度和对学生学科思维方法上都有要求；选修 1 和选修 2 更能反映化学与社会、技术的关系，以必修的学科本体知识、方法为基础，促进学生理解化学与社会实践的关系，发展学生运用化学知识，基于化学视角认识社会、解决社会问题的能力；选修 6 侧重基于实验情境，使学生通过实验探究活动理解实验的重要价值，体会实验与知识、技术、社会发展的关系，提升学生的实验技能，培养学生的创新精神和实践能力。

课程标准给了学生多样化的选择空间，但是在教学实践中，这种选择空间并没有得到很好的落实。首先，应对高考的价值取向使部分选修模块得不到落实。高考中的化学学科考试为了满足高校相关专业的要求，一般要求学生在选修 3、4、5 中选考，而高中阶段的合格考一般以必修模块的内容为主，即便要求了某个选修模块，如选修 1，也会以必修的学科知识方法为主，对选修模块的要求内容少、难度低。所以，很多学校只开设选修 3、4、5，而其他选修课或者不开设，或者在必修学习的过程中附带涉及一些以应对合格考。还有的地区，如北京，高考化学学科考试范围包括必修和选修4及选修5，不考选修3，所以北京的高中化学教师甚至已经有十几年没有教授过物质结构与性质模块的教学内容。其次，教师的课程实施能力也是部分选修模块无法落实的原因。6个选修模块各有侧重点，特别是化学与生活、化学与技术、实验化学等模块的一些内容，教师在自己的学习经历中没有遇到过。开设每个选修模块课程，对教师来说都是一种挑战，所以教师们倾向于在满足合格考和高考的前提下开设尽量少的课程。也就是说，教师开设什么课程，学生就只能选择这种课程，这样也使得学生丧失了选择课程的机会。最后，课程资源和办学条件影响选修课程的开设。实验化学需要学生经常走进实验室，还要给学生提供自主探索的机会；化学与生活、化学与技术模块需要学生发现身边的化学问题，能够分析解决有关问题，所以联系社区资源开展社会实践非常重要。课程资源缺失、教师自己探索准备教学资源带来的工作量也使得教师开设新选修模块课程时望而却步。

在2003版课程标准实施14年后，《普通高中化学课程标准（2017年版）》（以下简称"2017版"）颁布实施了。

与2003版相比，2017版改变了高中化学课程结构。2017版课标将高中化学课程分为必修、选择性必修、选修三类课程。其中必修课程4学分，所有学生必须学习。选择性必修课程包括"化学反应原理""物质结构与性质""有机化学基础"三个模块，每个模块2学分，高考选考化学学科的需要修习。与2003版要求不同，这三个模块，学生一旦选择就必须全部修习，即对于这三个模块，学生或者得到0学分，或者得到6学分。选修课程包括三个系列"实验化学""化学与社会""发展中的化学科学"，学生可以根据兴趣和需要自由选择部分内容学习，选修课程的学分可以0.5为单位，最多为4学分（见图4）。课程结构的修订明确了准备在大学修读与化学相关专业的学生必须学习的课程内容，也通过选修课程系列的设计，使学生对化学课程的选择更灵活。

2017版提出学科核心素养并描述素养发展水平。化学学科核心素养包括：宏观辨识与微观探析、变化观念与平衡思想、证据推理与模型认知、科

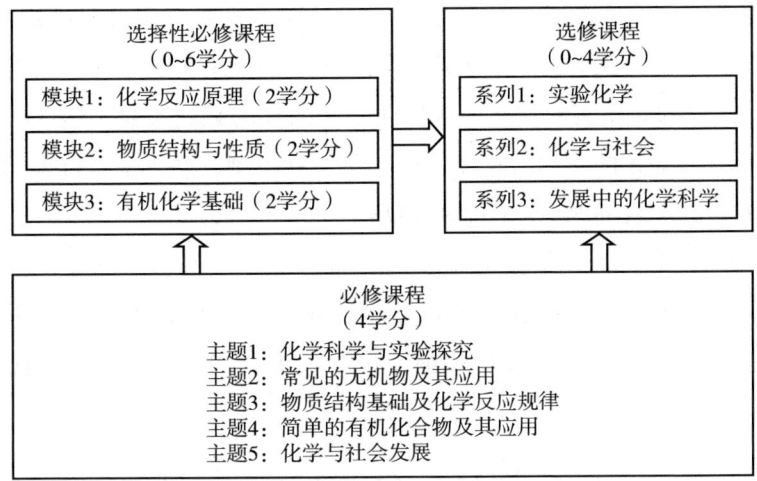

图 4　2017 版课标中的课程结构

学探究与创新意识、科学态度与社会责任。其中前三个学科核心素养主要体现化学学科的思想方法，科学探究与创新意识指向学科实践能力，科学态度与社会责任揭示了化学学科的价值追求。课程标准围绕着每一种学科素养发展的关键词描述了四个发展水平。例如，科学探究与创新意识核心素养发展的四个水平就是围绕"问题意识""方案设计""证据获得""形成结论"等几个关键词描述发展差异。核心素养的内涵与发展水平描述为教师理解教学价值，明确学生发展路径，确立核心教学目标提供了依据。

2017 版课程标准对所有课程内容规定了具体的学业要求，进一步明确了质量标准。课程标准将学业质量划分为四级水平，其中水平1和水平2基本指向必修阶段的学习，水平3和水平4指向选择性必修阶段的学习。在每一级水平的描述中均包含化学学科核心素养的五个方面。学业质量水平的描述方式将学段学习内容与学科核心素养发展连接在一起，更便于教师把握教学内容与学科核心素养发展间的关系。

与初中化学课程情况类似，2003 版课程标准中虽然在必修阶段规定了"化学实验基础"这一主题，在选修阶段设定了"实验化学"模块，把实验放在了重要地位，但是因为没有具体实验内容的规定，反而削弱了学生动手实验的机会。为了凸显化学以实验为基础的学科特色,提升学生实验技能,发展学生实验探究能力,2017版课程标准确定了18个学生必做实验,包括9个必修课程的必做实验和9个选择性必修课程的必做实验。这些必做实验包含核心概念知识的学习,覆盖各种学科活动类型,基于实验过程抽提的学科思路方法是学科问题解决的思维模型。

2017版课程标准还对部分课程内容进行了少量修订。例如,必修部分从原来需要学习8种核心元素变成学习5种元素,使知识的学习价值更明确;在选择性必修"化学反应原理"模块,更强调知识体系的建构和学科严谨推理过程。

(二)各具特色的三个版本高中化学教材

经过全国中小学教材审定委员会审批的高中课程标准实验教科书共有三个版本,它们的出版社分别是人民教育出版社、山东科技出版社、江苏教育出版社。根据2003版课标,每个出版社的高中教材都是一套8本,对应于2个必修模块和6个选修模块。三个版本教材从编写逻辑、活动设计、呈现方式等方面都各具特色。

以必修1为例,课程标准中这个模块包括3个内容主题:认识化学科学、化学实验基础、常见无机物及其应用。其中包括认识化学变化的本质,化学研究方法,物质的量,实验技能与科学探究方法,氧化还原反应,离子反应,钠、铝、铁、铜、氯、氮、硫、硅等重要元素及其化合物等学习内容。

人民教育出版社教材(以下简称人教版)必修1分为4章。第一章《从实验学化学》,包括化学实验基本方法和基于物质的量定量认识物质及变化。第二章《化学物质及其变化》,包括物质的分类、离子反应、氧化还原反应三个重要概念。第三章《金属及其化合物》,第四章《非金属及其化合物》。人教版的基本逻辑是先学习化学实验方法、定量认识工具,以及与物质反应的基本概念,然后用这些核心方法、基本概念认识重要元素化合物。

山东科技出版社教材(以下简称鲁科版)必修1也分为4章。第一章

《认识化学科学》，介绍化学科学，建构研究物质性质的方法和程序，学习物质的量。第二章《元素与物质世界》，学习物质的分类，电解质的电离和离子反应、氧化还原反应。第三章《自然界中的元素》，第四章《材料家族中的元素》，学习元素及其化合物的相关知识。鲁科版的逻辑和人教版很像，也是先建立核心思路方法、核心概念，然后学习元素化合物，只是鲁科版对物质性质的研究方法更加明确外显，更强调基于核心元素认识物质世界，显示出高中元素化合物学习与初中学习的差别，同时也更加显现化学物质与自然、化学物质与社会的关系。

江苏教育出版社教材（以下简称苏教版）必修1分为4个专题。专题一《化学家眼中的物质世界》，从认识物质的方式——分类与转化、研究物质的实验方法、对物质的微观认识基础——原子结构三个视角帮助学生认识和体会化学学科对物质世界的研究方式。其中，对物质转化的研究中包含氧化还原反应这样一种重要的转化方式。在专题一的基础上，苏教版设定了三个元素化合物专题，显示物质与人的关系，包括专题二《从海水中获得的化学物质》、专题三《从矿物到基础材料》和专题四《硫、氮和可持续发展》。

三个版本教材都用栏目方式展现学习活动设计，引领学生的学习方式。人教版有"思考与交流""学与问""实验""科学探究""实践活动""科学视野"等栏目。鲁科版有"联想质疑""观察思考""活动探究""交流研讨""迁移应用""方法导引""概括整合""追根寻源""身边的化学"等栏目。苏教版有"你知道吗""交流与讨论""观察与思考""活动与探究""信息提示""问题解决""拓展视野""化学史话""资料卡"等栏目。可以看出，三版教材都有交流讨论、科学探究类栏目促进学生自主、合作、探究的学习方式，落实实验活动；都有资料拓展类栏目，给学生提供更丰富的学习内容，拓展学习空间，满足不同学生的学习需求；还都有知识应用类栏目，对学生的学习效果进行即时的反馈评价。鲁科版和苏教版还用"方法导引""信息提示"等栏目呈现重要的方法指导内容，用"联想质疑""你知道吗"等栏目发展学生的反

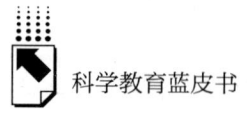

思意识和批判性思维。

对于栏目与正文的关系,三个版本有所不同。人教版以正文为教材内容的主逻辑,栏目是正文观点的证据或者内容的延伸与补充。鲁科版与苏教版栏目比重更大。鲁科版每一节都将"联想质疑"或"交流研讨"中的问题或活动作为逻辑起点,教材通过活动性栏目与学生对话,通过支持性栏目帮助学生完成学习活动,通过正文落实学生的思考、规范表述方式,再通过总结性栏目引导学生归纳反思,栏目构建起了每一节的学习活动线索。苏教版正文和栏目穿插得比较频繁,有些内容标题下先有活动性栏目,然后用正文总结活动结果,也有些先用正文描述事实确立观点,然后再引出活动性栏目寻求证据或引发思考。

强化过程与方法,发展情感态度与价值观的三维课程目标及其实践途径,且都重视了对化学领域新发展的呈现。随着2017版课标的颁布,三版教材都进入全面修订期,审视教材内容是否与相应的学业要求相吻合,并在原教材的基础上加强学科素养的培养。新教材预计在2019年出版。

(三)高中化学教师的师资情况[①]

高中化学教师从2000年至2016年人数持续增长,从2000年的78887人增长至2016年的146265人,17年间人数约增加了1倍。高中在校学生数也略有增长,在2005年达到2400万人,之后一直在这个数据上下浮动。师生比在2003年为1∶194,2007年在学生人数最高峰时,师生比为1∶197,随后学生人数逐年减少,教师人数增加,师生比开始上升,2011年为1∶186,2016年达到1∶162。

高中女化学教师人数比例从2001年的37%增长到2016年的49%,这一点与初中女教师比例变化同步,最终有接近50%的女教师,性别比例较为合理。2000年以来,高中化学教师学历提升很快。2000年专科学历教师

[①] 本部分数据全部来自中华人民共和国教育部发展规划司主编的2000~2016年《中国教育统计年鉴》,出版者为中国统计出版社。

比例有26%，2016年只有2%。2001年，研究生学历的教师不足1%，2016年已达到8%。本科学历在近20年中始终是高中化学教师中比例最高的群体，2000年为73%，2008~2016年这一比例都在90%及以上，其中2011年达到92%的最高点，之后因为研究生比例的增加，本科学历教师的比例逐年下降。

从地区分布看，2000~2016年，乡村高中萎缩，向城区和镇区发展。2003年，城区教师占38%，农村地区教师占10%；2016年，农村教师只占3%，城区教师已经超过49%（见表3）。

表3　2000~2016年高中化学教师情况统计

单位：人，%

年份		2000	2001	2002	2003	2004	2005	2006	2007	2008
总数		78887	84489	91852	101313	110258	118336	124571	127730	129124
女教师	人数		31017	34292	38888	43339	47629	51282	53646	55449
	比例		37	37	38	39	40	41	42	43
研究生学历	人数		622	809	1007	1293	1598	2032	2625	3177
	比例		1	1	1	1	1	2	2	2
本科学历	人数	57614	63198	70169	79546	89915	100047	107992	113492	116807
	比例	73	75	76	79	82	85	87	89	90
专科学历	人数	20714	20290	20543	20475	18831	16509	14392	11503	9048
	比例	26	24	22	20	17	14	12	9	7
高中学历	人数	559	371	325	279	216	181	153	110	87
	比例	1	0	0	0	0	0	0	0	0
城区	人数				38538	41546	43437	42585	48023	48593
	比例				38	38	37	34	38	38
镇区	人数				52162	56471	63843	70839	69265	70447
	比例				51	51	54	57	54	55
乡村	人数				10613	12241	11056	11147	10442	10084
	比例				10	11	9	9	8	8

年份		2009	2010	2011	2012	2013	2014	2015	2016
总数		128829	130117	131897	134811	137056	140126	142849	146265
女教师	人数	56047	57599	59379	61752	64141	66771	69475	72371
	比例	44	44	45	46	47	48	49	49
研究生学历	人数	3891	5041	6001	7036	8284	9464	10803	12351
	比例	3	4	5	5	6	7	8	8

续表

年份		2009	2010	2011	2012	2013	2014	2015	2016
本科学历	人数	118038	119356	121084	123747	125174	127405	129372	131427
	比例	92	92	92	92	91	91	91	90
专科学历	人数	6834	5661	4764	3994	3552	3228	2656	2468
	比例	5	4	4	3	3	2	2	2
高中学历	人数	62	55	40	30	42	25	18	19
	比例	0	0	0	0	0	0	0	0
城区	人数	48542	48814	61649	64137	65438	68030	69401	72641
	比例	38	38	47	48	48	49	49	50
镇区	人数	71154	72473	64715	66125	67071	67659	68975	69162
	比例	55	56	49	49	49	48	48	47
乡村	人数	9133	8830	5533	4549	4547	4437	4473	4462
	比例	7	7	4	3	3	3	3	3

（四）高中化学课程教学实施情况

1. 高中化学课程实施体系发生变化

2001年，教育部颁布《基础教育课程改革纲要（试行）》，提出实行国家、地方、学校三级课程管理，增强课程对地方、学校学生的适应性。在这样的指导思想下，很多地区和学校在开设国家课程的同时，利用行政力量大力推行地方课程和校本课程。虽然有些地方课程和校本课程挖掘了很好的教学资源，对学生的多元发展起到促进作用，但是对大多数地方和学校而言，自主开发课程是件困难的事情。有的学校甚至要求每位教师必须开一门校本课程，教师们只能根据自己的学习经历、专长兴趣或查阅到的资料设定课程，而校本课程针对的学生群体特征、课程目标、校本课程与国家课程的关系等都不太清楚，且通常缺乏可信的课程评价。而同时，国家课程中"化学与技术""实验化学"等选修模块，因为不是高考选考模块，在很多地区得不到实施。与其随意开设低水平的校本课程，不如将已经有配套教材的国家选修课程落实到位，这样的观点逐步成为一种共识。2017版课程标准也关注了上述问题，规划出三个系列选修课程，鼓励校本特色实施，允许学生在不同系列中选取有兴趣的内容学习，实现国家课程和校本课程的统一规划，满足不同学生学科发展的需求。

2. 实验教学情况两极分化严重

高中化学教学的这一个特点与初中化学教学完全相同。化学是以实验为基础的学科。课程标准对实验探究的强化以及高考题目中实验探究题占有较大分值比重，且题目的真实性、复杂性的提升，使得实验教学在化学课程中的重要地位深入人心。但是从实施层面看，不同地区、不同学校实验教学的实施方式差别极大。在教育发达地区教学先进学校，不仅必做实验得到了保障，基于真实复杂问题的模拟实验、与信息技术整合的创新实验也成为教学中学生分组实验的常见内容。在教育欠发达地区，特别是班额大、实验室数量少的学校，在纸上画实验、从没有动手做过实验的现象非常普遍。

造成这些差异的原因主要有两个方面。首先是教师对实验教学价值的认识。部分教师开展实验教学只是为了完成教学任务，或者是应对考试的纸笔测验，甚至片面地认为纸上谈兵的实验教学更贴近考试形式，更有利于高考。所以这部分教师不会主动开展真实的实验教学。只有当教师认为动手实验是学生系统认识实验，理解实验方案、程序、策略的重要途径时，才会认真组织实验活动，保证学生动手机会。如果教师利用实验活动还想培养学生系统思考、质疑反思、迁移创新能力，教师一定会不满足于课程标准和教材上要求完成的实验，还会给学生提供自主创新实验的机会。

实验教学条件是另一个影响实验教学方式的重要因素。是否有数量足够的实验室以满足各班学生轮流上实验课，是否有经费及时补充药品和实验器材，是否有实验员管理实验室做好实验准备。教育部2006年颁布了《中小学理科实验室装备规范》，提出高中阶段大致4个班一个实验室，每班按50名学生规划。但是随着高中的普及，学校向城镇集中，我国很多地区班额超过50人，班次也在增加，按照规范，学校实验室的数量连一个年级的需求都满足不了，何况高中有三个年级。开展实验教学需要大量准备和整理工作，仅药品的摆放、收回、清点，实验室各种设施维护就是巨大的工程，实验员是重要的岗位，实验员的素质决定了实验教学质量。先进的学校聘任化学专业的硕士、博士做专职实验员，但是也有学校因为师资紧张而取消实验员编制，还有的学校把不能胜任其他工作的边缘人员放在实验员岗位，使实验室资源得不到有效利用。化学实验室是一个消耗较大的学习场所，药品装置需要不断补充，购买实验消耗品的经费来源并不明确，购买化学药品手续烦琐，这也使得实验教学难以持续开展。课程标准倡导基于探究的方式学习化学，强调学习过程中的探索性，这就需要实验有一定的开放性，但是地区装备部门按照统一的实验内容给各学校配备药品器材，教师没有自主选择空间，更缺乏因为教学需要临时购买药品的途径。最让教师们揪心的是实验安全问题，化学实验存在安全问题是必然的，酒精灯的使用、酸碱的取用就必不可少。但凡产生意外伤害，都可能认定为教学事故，这是教师难以承受之重。

2017版课程标准规定了18个学生必做实验，进一步提高了实验学习要求，因此保证实验设施达标、增加实验员力量、加大实验经费投入应该是教育部门后续工作的一部分。

3. 指向核心素养发展的教学得到广泛认同

2017版课程标准提出了化学学科的五个核心素养，但核心素养的内涵理念于化学教师而言并不陌生。在2003版课标的基本理念部分就有"形成科学的世界观""培养学生的社会责任感""强化科学探究的意识""培养学生的创新精神和实践能力"等观点。必修课程的6个主题全面促进了学科素养的发展，且各有侧重。实际上，从1999年基础教育课程改革以来，无论是课标引领、教材呈现，还是高考推动，教师们对于科学探究、认识发展、真实问题解决等指向学科素养发展的教学认同度大幅提升。

从关注知识向关注知识的形成过程转变，形成证据意识和推理能力。教师在课堂教学中强化知识的生成性，设定探究任务，注意探究问题、实验目的与获得结论间的一致性，强调证据的充分全面及论证过程的严谨，在解释、论证、推断等学习活动中引导学生构建知识及其体系。实验中的异常现象不再像以前那样让教师变得尴尬，而尽量减少课堂实验活动。现在虽然教师们也会通过精心准备实验材料、设计实验教学的活动环节而保证实验活动按照预期方案顺利进行，但是一旦发生异常现象，教师们也会注意将其演变为某个学段的适宜的学习资源，甚至有些教师会故意忽视某些实验细节，待学生出现实验问题，再引导学生反思体会实验活动过程中系统、严谨的实验要求。

从学习原型向构建模型转变，发展模型认知能力。基础教育的重要作用是为学生未来的发展打下基础。学习化学知识，不仅是希望学生能够在真实情境中识别化学知识，更希望学生能够运用化学知识解决真实问题。运用化学知识的前提是知识的可迁移性。最具有迁移价值的知识不是具体的细节性知识，而是基于具体知识概括出的核心概念、思路方法。如果把具体知识作为学习原型，那么对原型进行抽象概括则可以构建可迁移的模型。越来越多的教师重视教学中各种探究活动、学习过程的经验原型价值，概括学习活动的任务主题或活动类型，抽提其中的思路方法，形成该类任务活动的一般思维模型，在新的同类任务中迁移应用。

从习题训练向问题解决转变，发展探究意识、创新精神，培养社会责任感。化学学科核心素养体现了化学课程在帮助学生形成未来发展需要的正确价值观念、必备品格和关键能力中所发挥的重要作用。真实问题情境给学生提供了全方面展示素养、诊断素养水平、发展学科素养的平台。面对真实问题，学生要将真实问题转化为学科问题，识别问题类别，尝试运用已有思路方法解决问题，或者尝试修订思路方法，解决问题并形成新的认识模型。在问题解决过程中，学生通常会展现出价值观念，如是否对真实问题感兴趣，是否肯花费时间或精力更完善地解决问题，解决问题的途径、策略是否最大限度地符合公序良俗、符合核心价值观。真实问题解决的教学给教师提供了与学生对话、促进学生素养全面发展的契机，这样的教学方式迅速被教师们接受。而在真实问题解决的基础上，更强调工程设计、系统思考、成果呈现的项目式学习也迅速发展起来，成为一种被教师和学生喜爱的教学方式，越来越多的教师加入了探索的行列。

（五）高考评价方式变革

1999 年第八次课程改革以来，我国高考也发生了系列变化。化学学科

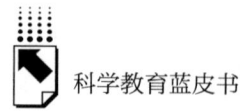

的高考评价也经历了从基于考试大纲向基于课程标准命题的转化，从化学学科单独命题向理科综合命题转化或者仅计入学科考试的等级分。命题方式也经历了从全国统一命题到推行分省自主命题，再到相对集中的全国统一命题和部分省份自主命题相结合的变化。

1999年以前，除上海外，我国一直实行全国统一高考。2000年广东、江西、吉林、山东、浙江五省试行"3+X"的考试方式。化学学科是理科综合的组成部分，同时对于化学专长的学生可以把化学作为选考科目，考试命题仍由教育部考试中心承担。2002年北京加入自主命题行列，2003年，由于高考改革的推进，教育部考试中心提供了35种考试科目试题，全国高考呈现多样态题目形式。2004年，教育部推动分省自主命题，多数省份化学试题作为理科综合试题的组成部分出现，这一模式也是后续高考化学试题的主要方式。2007年是2003版课标颁布后第一批使用课标卷的学生参加高考，直至2014年终于实现全国所有省份的高考题目为课标卷。通过2004~2009年的尝试和磨合，2009~2016年，北京、天津、浙江、福建、安徽、山东、广东、重庆、四川9个省（市）都是自主命制理综试题；上海自主命制单独成卷的化学试题；江苏自主命制化学学科学业水平考试，成绩以等级分计入高考成绩；其他省份使用教育部考试中心命制的理综试卷，根据具体情况选择使用全国Ⅰ卷、Ⅱ卷、Ⅲ卷。2017年使用全国理综Ⅰ卷的有安徽、湖北、福建、湖南、山西、河北、江西、广东、河南、山东；使用全国理综Ⅱ卷的有甘肃、青海、西藏、黑龙江、吉林、辽宁、宁夏、新疆、内蒙古、陕西、重庆；使用全国理综Ⅲ卷的有广西、云南、贵州、四川。2018年，除西藏从全国Ⅱ卷调整为全国Ⅲ卷外，其他都没有变化。

课程改革以来，化学学科不仅高考出题形式发生变化，更重要的是考试内容或者说考试的价值取向在发生变化，考试评价更强调学科核心素养的体现，主要表现在以下方面。①注重知识融合，考查知识综合运用能力。以往考试的一个问题主要指向一个核心知识的考查，现在的考试更强调综合问题的解决、核心知识的综合运用。②真实问题，考查问题解决能力。生产实践等真实问题体现在考题中，要求学生在真实情境中识别学科问题，理解技术需求，多角度调用知识进行问题解决。③考题中融入价值判断，从目前考试题目看，价值判断本身还不是考查的评分点，但是题目中呈现的实验方案或工业技术方案的选择往往包含环保、可持续发展等价值理念，体现了价值引领。④鼓励观点表达，发展自主论证能力。⑤信息素养的融入和考查，学会学习是中学教育的核心目标，考试中不仅要关注已有知识的运用，也要关注学生是否能自主获得知识并迁移运用。因此，从题目情境中获取信息，根据或利用数据图表分析、整理信息，形成合理推测也是目前考试中的一种趋势。文字信息量的增加、陌生素材的呈现、大量图表的运用，都是题目形式变化的一种趋势。

三　问题与对策建议

从1999年新课程改革到如今，义务教育和普通高中化学学科无论从课程理念、课程目标、教学方式、课程评价等方面都有了很大的进展，但是也依然有些问题值得讨论。

1. 化学课程结构问题

我国实行九年义务教育，高中教育也进入了普及阶段。目前我国的化学课程从初中三年级开设，一般在高一年级开设必修课程。由于初中有中考，必修课程结束后有合格考，所以无论是初中阶段的化学学习还是高中必修阶段的课程，学生基本都是在紧张的课时中学习，以挤出大量时间进行复习考试。这其实是一种恶性的学习方式。另外，化学学科与物理、生物等学科都有不可分割的关系，但是短周期的教学很难在化学课程中彰显学科融合。因此建议：在初中更早开设化学课程，以保证学生有时间开展深入的跨学科整合实践活动。高中阶段倡导适当延长必修学习周期，即将同样的课时分布到更长的学习时间中，在必修学习的同时，指导学生选择一个研究或创作主题，作为长周期作业或任务，融合课上课下时间，在必修阶段完成，以促进学生发现生活中的化学问题，综合运用知识方法、整合相关学科内容、基于正确价值观念尝试解决生活中的问题，体会化学学科在社会发展中的重要价

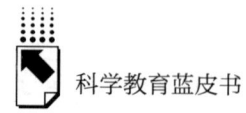

值。学生的选题可以来自2017版课程标准规定的"实验化学""化学与社会""发展中的化学科学"三个选修课程模块,这样既避免了教师不会开发或盲目开发研究主题的困境,也保证了选修课程的落实。

2. 实验教学问题

几乎没有人反对化学实验教学在化学课程中的重要作用,但在实践中的反差却非常大。在中学阶段没有动手做过实验的学生不在少数。如何保证实验教学的有效开展,可以从以下三个方面考虑。①基本实验条件。需要根据学生人数、班级数及时更新基本实验设施。对于短时间内难以改善实验室环境的,可以通过配备微型实验套盒满足学生的实验活动需求。实验仪器药品配备既要保证传统经典实验,又要给予更多的空间,让学生有自主探究的机会。信息技术与化学实验的整合是现代化学实验的特征,在中学基于信息技术的定量实验装备应成为基本配置,这也是保证学生开展实践研究的必要装备。另外,护目镜、防护手套、实验服等安全防护用品建议也应该成为实验必备用品。②实验评价方式。评价是对教学最有力的引导。目前,实验评价方式以纸笔测验为主。虽然部分地区有实验操作考查,但是考查内容以操作技能为主,短时间训练即可达标。纸笔测验因为考试方式限制往往只能考查学生对已有实验方案的理解,基于题目思路的问题解答,很难评价出学生真实的实验能力。平时不做实验,通过纸笔活动也可以提高考试成绩。所以,建议增加实验操作的考查,考查内容应包含两个方面:经典基础实验操作和陌生实验问题的解决。前者考查学生对原型实验的理解和掌握、基本实验知识和技能,后者考查实验问题和目的的理解、实验方案设计、实验证据取得、实验结论得出等。③教师实验教学能力发展支持系统。教师不愿意开展实验教学,也与实验教学难以驾驭有关。部分教师不能对实验背后的原理和影响因素进行系统全面分析,所以教学中因为实验条件、装置操作等细节注意不到,总是出现异常现象甚至安全问题。建议建立专门团队把所有中学常见实验的原理(含副反应)、影响因素、适宜的实验条件、常见实验问题梳理成手册供教师参考。对于大班额实验课难以管理的问题,建议将一个班级的一节实验课核定为2~3位教师的教学工作量,增加化学教师编制,保证大班额学生实验课有多位教师参与。参与的方式可以多种多样，比如多位教师同时在实验室指导，或者用轮换的方式，部分学生在实验室、部分学生做别的事情等。

3. 学科核心素养诊断支持系统建设

2017版课程标准在课程基本理念中提出"设置满足学生多元需求的高中化学课程""倡导基于化学核心素养的评价""积极倡导教学评一体化，使每个学生化学学科核心素养得到不同程度的发展"。认同理念容易，实践操作中则有众多问题需要解决：学生的需求是什么，怎样进行核心素养的评价，如何判断学生核心素养发展的程度，如何促进不同发展程度的学生进一步发展，其发展目标是什么。

解决上述问题的核心基础是学科核心素养不同水平的表现指标系统建设和学情诊断工具开发。这些任务仅依靠一线教师自主推进是很难完成的。希望教育主管部门通过课题立项、提供经费保障等措施鼓励研究团队系统研究化学学科核心素养的内涵构成、不同素养水平的行为表现，构建学科核心素养不同水平行为表现指标体系，并开发测评工具，帮助教师和学生完成学情诊断，以评价促进教和学的改进与发展。

2014年中共中央审议通过《关于深化考试招生制度改革的实施意见》，浙江、上海为第一轮试点，北京、天津、山东、海南于2017年启动第二轮试点，2018年更多省（区、市）步入高考改革进程，但也有些省（区、市）推迟了改革的步伐。2016年教育部印发《关于进一步推进高中阶段学校考试招生制度改革的指导意见》引发了各省（区、市）新一轮中考改革。这些改革方案将在2020年前后逐步落地。新一轮中高考改革也会给化学学科带来重大影响，值得持续关注。

B.5
中学物理教育发展报告

姚建欣　张　静　张玉峰*

摘　要： 21世纪以来，我国中学物理教育持续发展、不断变革，整体教育教学质量稳步提高。聚焦中学物理课程、教材、教学、评价、师资、研究，本报告对其间标志性事件、重要数据和关键文献进行梳理，系统回顾了2000~2019年中学物理教育发展变革的诸多方面，以总结经验、发现问题、展望趋势。

关键词： 物理教育　中学教育　课程改革　教材教学　教育研究

物理学是科技进步和社会发展的基石。我国历来重视基础物理知识的普及和拔尖物理人才的培养，自新中国成立以来，物理一直是中学阶段教育的核心课程之一。21世纪以来，在推进素质教育的大背景下，国家持续推进基础教育阶段的课程与评价改革，并通过各级各类教师培训带动课堂教学的变革。处于变革中的物理教育在课程设计、教材编写、教学实施、考试评价等诸多方面都在发展变化，相配套的基础研究、师资培养和教师培训也在逐步拓展升级。时值新千年的第二轮基础教育课程改革蓝图确定之际，本报告采用文献研究法，系统梳理2000~2019年中学物理教育的发展变革，对此

---

* 姚建欣，课程教材研究所、教育部基础教育课程教材发展中心副研究员，研究方向为科学教育和课程教材研究；张静，长江大学物理与光电工程学院物理教育研究所所长，副教授，博士，研究方向为物理课程与教学论；张玉峰，北京教育科学研究院基础教育教学研究中心物理室副主任，中学高级教师，研究方向为物理教学与评价。

间的标志性事件、代表性数据和重要文献资料进行小结，总结成绩、发现问题，以期呈现近20年来中学物理教育发展的要点与脉络，并展望今后的发展趋势。

一 初中物理教育进展

在跨世纪基础教育改革的时代背景之下，初中阶段物理教育在新千年伊始发生了深刻的变化。"素质教育"和"课程改革"是当时基础教育改革发展的关键词[①]，作为基础教育阶段核心内容之一的物理教育也积极探索"由课程改革引领、面向素质教育"的发展进路。

（一）课程方案与课程标准

传统上我国物理教育一般通过独立设科的物理课程实现。而新千年之际的改革使得初中阶段的物理教育有两条可供选择的路径：分科的物理课程与综合的科学课程。这种并行的课程规划方案是借《国务院关于基础教育改革与发展的决定》倡导[②]，并由《义务教育课程设置实验方案》具体确立的。为加强课程的综合性，《义务教育课程设置实验方案》设置综合课程，其在6~9年级设科学课，让学生体验探究过程，学习科学方法，形成科学精神，其中物理教育内容与分科课程相当。但出于教育传统、师资配备、政策惯性等原因，我国绝大多数的地方都选择了分科的物理课程，因此本章侧重展开讨论分科的物理课程。

2001年，《全日制义务教育物理课程标准（实验稿）》（以下简称《2001版初中课程标准》）的颁布是新世纪中国物理教育发展的标志性事件。

[①] 《中共中央 国务院关于深化教育教学改革全面推进素质教育的决定》，1999年6月13日印发；中华人民共和国教育部：《基础教育改革课程改革纲要（试行）》，2001年6月8日印发。

[②] 2001年印发的《国务院关于基础教育改革与发展的决定》明确要求："小学加强综合课程，初中分科课程与综合课程相结合，高中以分科课程为主。"

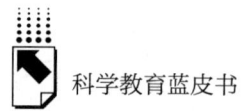

《2001版初中课程标准》着重体现了"注重学生发展，面向全体学生""从生活走向物理，从物理走向社会""注重科学探究，提倡教学方式多样化""注意学科渗透，关心科技新成就"等核心特色。① 在《2001版初中课程标准》颁布前，物理教学工作由20世纪80年代末90年代初制定的教学大纲所引领。《2001版初中课程标准》明确提出了三维课程目标，在"知识与技能"方面，《2001版初中课程标准》参考了教学大纲的要求，但在"过程与方法""情感、态度、价值观"方面，其与教学大纲相比有较大发展，特别是将科学探究纳入内容标准且提出明确要求。②

随着各学科课程标准文件发布，自2001年9月起，基础教育课程改革实验的序幕在全国27个省（区、市）的38个国家实验区正式拉开。在第二年，有更多的实验区加入了课程改革实验，实验区总数达到了530个，参加学生数870余万人，约占相关年级学生总数的1/5。随后每年课程改革实验都在扩大范围，至2005年，全国的小学和初中开始全面实行新课程。③ 在国家推行基础教育课程改革之际，上海市以及部分地区和学校也进行了课程改革的探索。

与推行课程改革同步，教育部启动了相关的调研和修订工作。2007年，29个省（区、市）的教育部门和42个国家实验区开展了义务教育课程标准（实验稿）的使用情况调查，其间还召开了若干次义务教育课程标准修订工作会议，修订工作后期还将《国家中长期教育改革和发展规划纲要（2010—2020年）》的要求纳入标准，2011年底，教育部正式印发了《义务教育物理课程标准（2011年版）》（以下简称《2011版初中课程标准》）。《2011版初中课程标准》基本延续了《2001版初中课程标准》的课程理念、课程目标，在保持了原有的整体框架和核心内容的基础上，规范了行为动词

---

① 张大昌：《〈全日制义务教育物理课程标准（实验稿）〉简介》，《物理通报》2002年第3期。
② 中华人民共和国教育部：《全日制义务教育物理课程标准（实验稿）》，北京师范大学出版社，2001，第1~6页。
③ 中国教育年鉴编辑部：《中国教育年鉴2004》，人民教育出版社，2004，第152页。

的使用，补充细化了部分条目，删减整合了知识内容。① 该版课程标准在附录中梳理了20项学生必做实验，而且这20项实验中特别关注了探究性实验，是这一轮课程标准修订的一大亮点。

2019年1月3日，课程教材研究所组织召开了义务教育课程修订启动会。新一轮的义务教育课程修订将延续普通高中课程修订所确立的核心素养体系和课程改革思路。在接下来较长的一段时间里，物理学科核心素养将连贯一致地统领中学物理课程。

（二）初中物理教科书

教科书是实现课程改革、带动教学变革的关键。1949年以来，我国实行"统编制"，大部分时期和在绝大部分地区实行"一纲一本"。20世纪80年代末，教材"审定制"初现端倪，而21世纪初新课程改革使得"一纲多本"成为现实。② 具体到物理教科书，与《2001版初中课程标准》的研制几乎同步，2001年秋人民教育出版社等组织编写出版的各册《义务教育课程标准实验教科书 物理》教材陆续面世。随着各版本教科书陆续通过全国中小学教材审定委员会的审查，物理教科书可供选择的版本日益丰富（见表1）。

表1　义务教育课程标准教科书用书目录（节选：7~9年级物理部分）

2003年		2006年		2016年	
主编	出版单位	主编	出版单位	主编	出版单位
阎金铎	北京师范大学出版社	张大昌	人民教育出版社	阎金铎	北京师范大学出版社
刘炳升刘容	江苏科学技术出版社	廖伯琴何润伟	上海科学技术出版社	郭玉英	北京师范大学出版社

① 廖伯琴：《关于义务教育物理课程标准修订的概述》，《物理教学探讨》2012年第3期。
② 王晓丽、姚建欣等：《中国教材管理文献综述》，教育部基础教育课程教材发展中心，2017。

续表

2003年		2006年		2016年	
主编	出版单位	主编	出版单位	主编	出版单位
张大昌	人民教育出版社	束炳如	上海科技出版社 广东教育出版社	刘炳升 李容	江苏科学技术出版社
廖伯琴 何润伟	上海科学技术出版社	阎金铎	北京师范大学出版社	吴祖仁	教育科学出版社
		刘炳升 刘容	江苏科学技术出版社	彭前程	人民教育出版社
		吴祖仁	教育科学出版社	廖伯琴 何润伟	上海科学技术出版社
				束炳如 何润伟	上海科技出版社 广东教育出版社

资料来源：教基司函〔2002〕100号，《关于印发2003年义务教育课程标准实验教学用书目录的通知》；教基厅〔2005〕15号，《2006年义务教育课程标准实验教学用书目录》；教基二厅函〔2016〕12号，《教育部办公厅关于2016年中小学教学用书有关事项的通知》。

这批教科书按照《基础教育改革课程改革纲要（试行）》和《2001版初中课程标准》的要求，在编写过程中秉持了以下设计理念：坚持以学生发展为本，改变学科本位观念，注重培养学生对自然、对科学的兴趣和热爱，强调实践活动和科学探究，注重发展学生的实践能力和创新意识，内容紧密联系生活与社会、突出"科学·技术·社会"的关联等。① 2011年，教科书按照《2011版初中课程标准》进行了修订，经教育部审定后列入用书目录。较课程改革之前的教科书，本次修订的初中物理教科书有四点较为明显的特征②：更加突出探究活动，将科学探究和内容学习放在同等重要的地位；注重从学习兴趣、认识规律等方面调整教科书的组织结构；关注学科

---

① 张大昌：《人教版义务教育课程标准实验教科书〈物理（九年级）〉介绍》，《中学物理教学参考》2003年第11期。
② 彭前程：《人教版义务教育教科书物理修订介绍》，《中学物理教学参考》2012年第5期；彭前程：《创新·实践·探索——人教版〈义务教育课程标准实验教科书物理〉简介》，《物理教师》2002年第4期；廖伯琴：《新课程标准下〈物理〉（8年级）教材的特色》，《物理教学探讨》2002年第1期。

交融特别是人文精神的渗透,展现"科学·技术·社会"的关联;注意物理联系生活、联系生产,纳入较多开放性的问题和实践性课题。在编写面向普通学生的教科书的同时,为更好地帮助有视力障碍等特殊情况的学生学习物理,教育部还组织编写了义务教育阶段供特殊教育学校教学使用的物理教科书。

(三)初中物理课堂教学

课堂教学是落实课程和考试改革最为直接也是最为关键的环节。我国初中物理课堂教学一直有重基础知识落实、重基本技能培养的传统。第八次基础教育课程改革以来,在落实"以学生为中心"的教育理念的引领下,初中物理课堂在继承优良传统的基础上,在实验探究教学、教学方式转变等方面获得进一步发展。为进一步落实以学生为中心的基本理念、激发学生的物理学习兴趣、促进学生发展,在扎实的课堂教学实践基础上,实践者进一步凝练实践智慧,提出、丰富并实践了以"启发式学习""以生为本""发展思维"等为主要特征的物理课堂教学,这些课堂教学的改进对提升初中物理教学质量起到了重要作用。

除了课堂教学模式的改革,物理教学资源的建设也是教学改进的重要基础。新世纪以来,以"非常规"物理实验为代表的实验教学资源的开发是中学物理教学在资源建设方面的一大亮点。[①] 很多教师创造性地以身边的废旧物品为原料开发了丰富的物理实验资源,不仅节约了教学仪器采购成本、改进了教学条件、提高了教学质量,还拉近了学生与物理实验之间的距离,培养了学生的克服条件限制探索自然奥秘的科学精神。

随着《2011版初中课程标准》的颁布和相关物理教育研究的带动,初中物理课堂教学的变革进一步深化。其中最为关键的是围绕核心概念对教学内容进行梳理和整合。知识的碎片化与机械记忆一直是初中物理教学存在的

[①] 张伟、郭玉英、刘炳升:《非常规物理实验:有待深入开发的重要物理课程资源》,《物理教师》2005年第9期。

弊端之一，围绕"少而精"的核心概念重构教学内容，特别关注那些具有整合性、跨学科、可迁移的物理内容，有助于学生形成深层理解，逐渐形成结构化的概念体系。在优化教育内容的基础上，当前的物理教学还在进一步强化自主、合作、探究等学习方式，增加学生参与科学实践的机会。通过多样化的教学方式，促进学生深度学习与对科学本质的理解。此外，教学评价也一直向精准诊断迈进。基于认知科学的发展和教育技术的进步，各类线上线下诊断工具能更好地探查学生的原有认知基础和教学促进下的认知发展。这些方面的转变与提升为2019年新一轮义务教育课程标准修订提供了信心，也为教育现代化"2035愿景"的实现奠定了基础。

（四）初中物理考试评价

考试评价被誉为基础教育改革发展的"指挥棒"。但在20世纪末，部分地区的考试评价重选拔、轻发展的倾向较为严重。为全面推进素质教育，各地区在国务院、教育部指导下以中考改革为切入点，推进考试评价制度的变革。此轮改革中，明确提出考试命题应以各学科的课程标准为依据，加强试题与社会生活实际的联系，注重考查在真实情境中综合运用所学以分析和解决问题的能力等导向性要求，并对考试形式、成绩反馈等给出了建议。[①] 具体到物理学科，《2001版初中课程标准》强调在评价时需关注学生在基本知识与技能、探究能力、情感态度等方面的发展，强调评价应让学生了解自己的进步、潜力和不足，以增强物理学习的兴趣与信心，促进学生的发展。[②]

在新课程理念的引领下，很多地方物理教学评价的主题、形式和方式都在逐渐发生变化，行为观察、情境测试、成长记录袋、小组评议等都被引入物理教学评价。但随着课程改革后的第一批学生进入毕业季，关注和压力聚集到了毕业升学考试之上。课改前，很多地方初中学业水平考试（即俗称

---

① 中华人民共和国教育部：《关于基础教育课程改革实验区初中毕业考试与普通高中招生制度改革的指导意见》，2005年1月12日印发。
② 中华人民共和国教育部：《全日制义务教育物理课程标准（实验稿）》，北京师范大学出版社，2001。

的"会考")和普通高中招生考试(即俗称的"中考")并行,前者是考查学生是否达到初中毕业要求的合格性考试,而后者是以选拔功能为主的升学考试。1999年教育部颁布的《关于初中毕业、升学考试改革的指导意见》中指出两者可以分开进行,也可以"二考合一"进行。[①] 而初中毕业、高中招生"两考合一"逐渐成为主要发展趋势,并随着教育部2016年印发的指导意见进一步确定下来。[②]

在制度基本确立之后,考试内容如何跟进课程改革做出相应调整,成为当时摆在绝大多数地区命题负责部门面前的一大挑战。调研发现,21世纪之初的初中毕业升学考试命题存在较多问题,而"考什么,教什么""怎么考,怎么教"的实际情况使得命题导向在一定程度上决定着此轮义务教育课程改革的成果。为此,教育部成立了初中毕业与高中招生考试制度改革项目组。其中理科项目组经过广泛调研,对初中毕业升学考试的命题提出了明确的指导意见,要求理科考试以闭卷为主,考试内容需紧贴课标考查基本和核心内容、科学探究避免程式化考查偏向,并对实验操作考试进行探索。[③] 随后,理化生实验技能考试在许多条件较好的地区被逐步纳入了普通高中招生考试中,给初中实验教学的开展带来了根本性的支撑。目前,义务教育阶段的考试评价已逐步纳入了国家基础教育质量监测体系,并在2017年完成了科学学习质量的监测,与此同时,初中毕业升学考试的命题评估也在教育部相关专业机构的组织下系统性地持续开展。

二 高中物理教育进展

21世纪初,课程改革的影响力和综合效益在先期推行义务教育阶段课

---

① 中华人民共和国教育部:《关于初中毕业、升学考试改革的指导意见》,1999年4月27日印发。
② 中华人民共和国教育部:《关于进一步推进高中阶段学校考试招生制度改革的指导意见》,2016年9月19日印发。
③ 教育部初中毕业与高中招生考试制度改革项目组:《中考命题指导·理科》,江苏教育出版社,2005,第2页。

程改革中得到了充分印证。随着高中阶段教育普及率的不断提高，普通高中课程改革成为全面推进基础教育改革、深化落实素质教育的又一战略阵地。① 2003年颁布的《普通高中课程方案（实验）》明确了普通高中教育的性质——在九年义务教育基础上进一步提高国民素质、面向大众的基础教育。② 以此为依据，结合物理学在科学学科体系中的地位，普通高中物理教育与义务教育物理或科学课程教学相衔接，旨在进一步提高学生科学素养，促进学生的全面发展，并为学生终身学习奠定基础。③

（一）课程方案与课程标准

《普通高中课程方案（实验）》将普通高中课程分为学习领域、科目、模块三个层次。高中物理课程属于科学学习领域，含12个必修和选修模块。其中物理1和物理2为共同必修模块，另有三个选修系列面向不同发展需求的学生，学生需至少选择其一（见图1）。《普通高中物理课程标准（实验）》（以下简称《2003版高中课程标准》）提出了高中物理课程的五条基本理念：①以提高全体学生的科学素养为核心课程目标；②课程结构设计重视基础，同时体现课程的选择性；③在课程内容上体现时代性、基础性、选择性；④课程实施注重自主学习，倡导教学方式的多样化；⑤评价方面强调更新观念、促进发展。在课程总目标基础上，还分"知识与技能""过程与方法""情感态度与价值观"，确立了三维度的具体课程目标。④

普通高中课程方案和课程标准印发后，教育部组织山东、广东、海南和宁夏四省（区）于2004年秋季率先启动普通高中新课程实验，参加实验的新高一学生数量约占全国高一年级学生总数的13%，随后其他省份逐步参加新课程实验，两年内参加实验的起始年级学生数超过一半，2007年全国

---

① 田慧生：《对新一轮普通高中课程改革的几点认识》，《全球教育展望》2003年第9期。
② 中华人民共和国教育部：《普通高中课程方案（实验）》，人民教育出版社，2003。
③ 阎金铎、郭玉英：《中学物理教学概论（第三版）》，高等教育出版社，2009，第1~3页。
④ 中华人民共和国教育部：《普通高中物理课程标准（实验）》，人民教育出版社，2003。

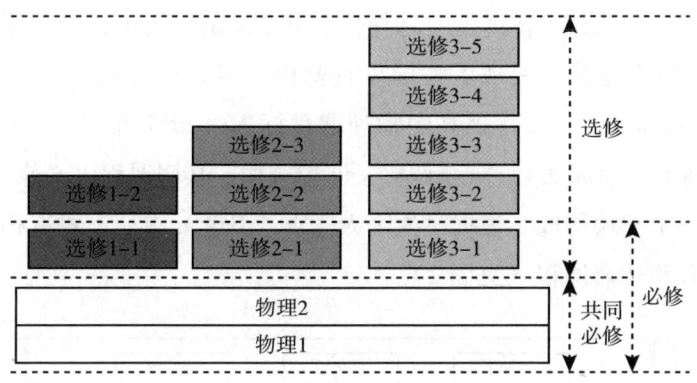

图1 普通高中物理课程结构

普通高中新入学学生全部进入新课程。① 对课程实施的调查显示,尽管对模块设计等方面存在一些争议,《2003版高中课程标准》得到了一线教师比较广泛的认同。教师们对课程设计的主要疑惑在于:①必修模块偏重力学和电学,只完成必修部分学习的学生难以建构起物理学的整体图景。②由于升学考试压力和选择规划欠缺双重因素,部分选修模块(如物理1~2和物理2系列)开课量极低,使得高中物理课程的选择性在部分地区"名存实亡"。②③从全国来看,地区之间教学内容的选择有明显差异,给高校物理教学增加了难度。总体而言,《2003版高中课程标准》在选择性等方面的探索和在实施过程中获得的反馈为后续普通高中物理课程标准的修订积累了宝贵的经验。

随着国内外教育的快速发展,特别是我国高中阶段教育入学率的不断升高,对普通高中课程提出了新要求、新挑战。2014年,教育部印发了《关于全面深化课程改革 落实立德树人根本任务的意见》,对课程改革的方向和路径做出了具体规划。以学生发展核心素养体系为统领,以普通高中课程方案和课程标准的修订为标志开启了新一轮的基础教育课程改革。课程方案方

---

① 中华人民共和国教育部:《关于开展普通高中新课程实验工作的通知》,http://old.moe.gov.cn//publicfiles/business/htmlfiles/moe/moe_2/200501/5406.html,2019年2月14日。

② 廖伯琴:《高中物理新课程的反思与课标修订建议》,《基础教育课程》2013年第Z1期。

面,在必修学分比例整体降低、选择性学分增加的情况下,物理课程保留了6学分的必修学分数,展现了我国重视基础、多元选择的科学课程设置特色。① 课程标准方面,《普通高中物理课程标准(2017年版)》(以下简称《2017版高中课程标准》)重新调整了课程结构,必修课程由必修1、必修2和必修3 三个模块构成。根据学生个人需求与升学要求还设置有相应的选择性必修课程和选修课程(见图2)。

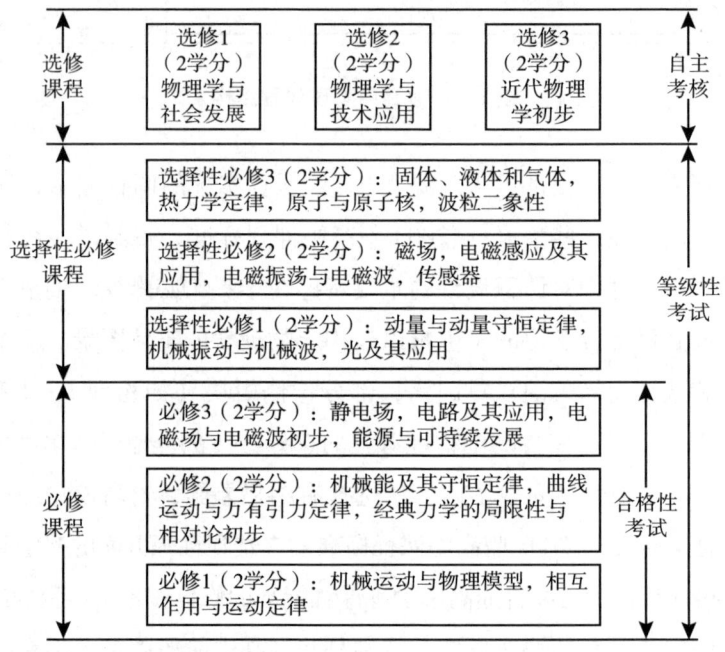

图2 普通高中物理课程结构(2017年版)

《2017版高中课程标准》凝练了物理学科核心素养,提出了物理学科核心素养的四方面内涵:物理观念、科学思维、科学探究和科学态度与责任。② 其

---

① Yao, J. -X. , & Guo, Y. -Y. , Core Competences and Scientific Literacy: The Recent Reform of the School Science Curriculum in China. *International Journal of Science Education*,2018,40(15),pp. 1913 - 1933.

② 中华人民共和国教育部:《普通高中物理课程标准(2017年版)》,人民教育出版社,2018。

将物理观念作为首位关键词,是不同于21世纪初国内外诸多理科教育标准中"探究为先"的表述方式的一大特征。而紧接着物理观念的科学思维亦是此轮课程标准修订的一大亮点,其在强调物理学特有的思维方式和方法论的同时,还关注了与生物学等其他理科课程所共通的思维要素。此外,对学业质量的分级描述是《2017版高中课程标准》的另一大创新点。

(二)高中物理教科书

在《2003版高中课程标准》颁布后,"一纲多本"的普通高中物理教科书也逐步进入了高中课堂(见表2)。按照《2003版高中课程标准》的课程设计,每套普通高中物理教科书含共同必修系列2册、选修1系列2册、选修2系列3册、选修3系列5册。新编物理教科书以三维目标为统领,关注科学方法,重视探究性学习的设计,重点培养科学探究能力,注重落实"多样化"和"选择性"的要求,在打好基础的同时兼顾差异,注意联系社会生活实际,突出科学、技术与社会(STS)之间的相互联系与影响。[1]

表2 普通高中课程标准教科书用书目录(节选:高中物理部分)

2009年		2019年	
主编	出版单位	主编	出版单位
张大昌	人民教育出版社	彭前程	人民教育出版社
廖伯琴	山东科学技术出版社	廖伯琴	山东科学技术出版社
保宗悌	广东教育出版社	熊建文	广东教育出版社
何润伟 束炳如	上海科技教育出版社	束炳如 何润伟	上海科技教育出版社

---

[1] 张大昌:《人教版普通高中课程标准实验教科书共同必修〈物理1〉〈物理2〉的编写思想》,《中学物理教学参考》2007年第1期;彭前程:《物理教材与新的科学观》,《课程·教材·教法》2005年第6期;廖伯琴:《高中物理新教材(司南版)特点》,《中学物理教学参考》2007年第5期。

续表

2009年		2019年	
主编	出版单位	主编	出版单位
陈熙谋 吴祖仁	教育科学出版社	陈熙谋 吴祖仁	教育科学出版社

资料来源：教基厅〔2008〕6号，《2009年基础教育课程标准实验教学用书目录》；教材厅函〔2019〕3号，《2019年中小学教学用书目录》。

按照课程标准的整体内容编排，必修系列让学生经历科学探究活动，学习运动、相互作用、能量等核心内容，了解物理学的学科特点和研究方法，体会物理学的应用及其对社会发展的影响，为后续学习打下基础。选修系列各有不同侧重，选修1系列侧重物理学的人文特色，选修2系列侧重体现物理与技术的融合，选修3系列侧重让学生较全面地了解物理学的知识体系、思想和方法，为大学继续从事理工科专业学习扎好根基。

随着《2017版高中课程标准》基本框架的确定，各编写出版单位根据新课程标准对高中物理教科书进行了较大幅度的修订。新教材突出教科书的育人功能，在编修原则、结构设计、内容选取、图文呈现上群策群力，努力在教科书中落实立德树人根本任务。沿承物理核心素养的主线设计，重视物理观念的提升，创新栏目设计和探究活动的设计，以加强科学思维的培养、促进学生实验探究能力的提升，并在物理学史栏目和正文批注中引导学生形成良好的科学态度与责任。此外，根据课程标准中学业质量水平的分级指标，新修订教科书在内容选择性和习题设计中均关注了难度梯度和多元选择。

（三）高中物理课堂教学

随着第八次课程改革以来课程目标的转变，物理教学目标也从以基础知识、基本技能为主要内容的"双基"向"三维目标"转变。在课程标准中所倡导的探究教学等的引领下，高中物理课堂教学越来越重视学生的科学探究过程和知识建构过程。随着《2017版高中课程标准》的颁布，物理教学的总体目标再次转变为发展学生核心素养，物理观念等成为高中物理教学设计的新关键词，而课堂教学也越发重视帮助学生建构对物理学整体图景的认识，了解物理学科本质。

21世纪以来，高中物理课堂中最为明显的变化是探究实验教学得到了日益充分的重视。一方面，高中物理教师对物理实验的重视程度明显增加。课堂教学中物理实验数量明显增加，学生动手操作的机会大大增多，一些原来的演示实验放手给学生体验甚至改为学生操作，而且许多高中物理教师逐步具有了通过实验培养学生思维能力、创新能力的意识。另一方面，物理实验资源迅速丰富和完善，除了物理教师自己动手开发的低成本实验装置和改进传统实验设备外，很多有条件的地区建起了标准化的物理教学实验室，数字化实验仪器也越来越多地被应用于高中物理课堂教学。

在概念、规律教学方面，当前的高中物理课堂越发重视物理概念的建构和物理规律的得出过程，更加关注在真实情境中应用所学核心概念和关键能力解决实际问题。教学方式从单一讲授逐渐向自主、合作、探究等多样化教学方式转变。探究式教学方式成为高中物理课堂教学的重要组成部分，并且在实践中探索出灵活多变的探究方式，进一步丰富了探究教学的内涵。学生合作学习的机会明显增加，并且探索出多种合作方式，例如线上线下相结合、课内课外一体化、全班与小组相结合等各种合作学习方式。

当前，高中物理教学正在探索从"三维目标"向"物理核心素养"的转变。以学科核心素养为导向，课堂教学变革的引领者们正在从学生终身发展和未来社会需求的高度重新审视"怎么教、如何学"这一基本问题。而高中物理课堂教学中促进学生发展的有效途径与策略，在接下来很长一段时间内都是高中物理教学探讨的核心问题。

（四）高中物理考试评价

在发展素质教育的大背景下，新世纪的物理课程改革始终坚持以评价促发展的评价理念，倡导建立方式多样化和主体多元化的体系。从课程标准的评价导向来看，《2003版高中课程标准》提出物理课程的评价应从知识与技能、过程与方法、情感态度与价值观三方面进行，并提出知识与技能评价的

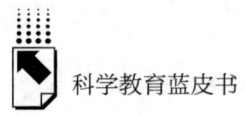

测验和考试命题应该注重理解和应用；过程与方法、情感态度与价值观的评价要注重客观记录学生在活动中的表现、能力上的进步、态度与价值观的发展等。

继承和发展了原普通高中毕业会考的"普通高中学业水平考试"一度被寄予厚望，其"一考多用"的构想被视作撬动课程和考试改革的利器。① 但就物理学科的普通高中学业水平考试而言，因其存在与物理课程内容标准一致性低、招生选拔参照功能难以实现等问题，未能实现制度设计之初的预期。② 针对存在的问题，《2017版高中课程标准》进一步指出评价内容的设计应以物理基本概念和规律为依托，指向物理学科核心素养，并指明评价任务设计的三个步骤：制定评价目标、设计评价内容、设计评价指标，特别是其对学业质量的较为详细的分级描述，为普通高中学业水平考试的改进提供了标准参照。

21世纪以来，社会关注度最高的"普通高等学校招生考试"（以下简称高考）也在发生变化。1999年《关于进一步深化普通高等学校招生考试制度改革的意见》推动了21世纪之初的招生考试制度变革。"3＋X"方案逐步成为各省份招考科目设置的基本模式，其中的"3＋理科综合/文科综合"因与既有培养模式和招生方案的延续性强，被绝大多数省份采纳为主流高考方案。在很长一段时间里，物理学一直是理科综合中最为重要的考试内容之一。随着2014年《关于深化考试招生制度改革的实施意见》的印发，上海、浙江等地对以"选考"为代表的高考制度改革进行了先行试点。而由于在高校招考科目选择赋权、等级赋分依据选取、科目间难度分数等值等方面存在问题，多地出现了大规模弃考物理的现象，反过来导致选修物理课程的高中生比例大幅下降，引发了社会舆论的广泛关注。③ 目前，更为合理且

---

① 中华人民共和国教育部：《关于普通高中学业水平考试的实施意见》，http：//old. moe. gov. cn//publicfiles/business/htmlfiles/moe/s4559/201412/181664. html，2019年4月18日。
② 王焕霞：《高中物理内容标准和学业水平考试的一致性研究》，西南大学博士学位论文，2012。
③ 桂从路：《审视物理"遇冷"的教育命题》，《人民日报》2017年9月13日，第003版。

易于非专业人士接受的方案仍在探讨和尝试当中。此外，新课程方案和课程标准颁布时进一步强调了课程标准作为考试命题的基本依据，高考大纲的存废及其与课程标准的整合也倍受各界关注。

三 物理教师队伍与教师教育

高水平的教师队伍是落实课程教学改革愿景、办好人民满意教育的前提。因此，社会各界十分重视教师队伍建设，持续增加投入补强教师教育工作。培养一名合格的中学物理教师需要复合型的专业训练，其包括且不限于较为系统的物理学科知识与实验技能、教育学与心理学基本理论和必备的教育技能与教学策略等。而若想成为一名优秀的中学物理教师，还需要在教学实践和在职培训中不断提升，从而逐渐实现专业成熟。

（一）物理教师队伍概况

《中国教育统计年鉴》是由教育部发展规划司组织、教育部信息中心具体整理汇编的关于我国教育事业发展情况的权威资料。历年出版的《中国教育统计年鉴》分义务教育和高中分别统计了教师队伍情况，故本节亦延续其基本数据分初中和高中分析中学物理教师队伍的总体数量和人员构成比例。[①]

1. 在职教师队伍稳定

近20年来，初中物理教师队伍表现出稳定且有增长的态势，其中2005年教师人数达到最高峰25万人以上（见图3）。随后初中物理教师总人数有所回落，近年来稳定在23万人左右。其中女教师数整体上维持了增长态势，2016年女教师数已占初中物理教师总人数的35.6%。

---

① 研究数据源于历年《中国教育统计年鉴》的基础数据，其中1999年数据选自1999年纪宝成主编《中国教育统计年鉴》；2000~2003年数据选自2000~2003年牟阳春主编《中国教育统计年鉴》；2004~2009年数据选自2004~2009年韩进主编《中国教育统计年鉴》；2010~2013年数据选自2010~2013年谢焕忠主编《中国教育统计年鉴》；2016年数据选自2016年刘昌亚主编《中国教育统计年鉴》。

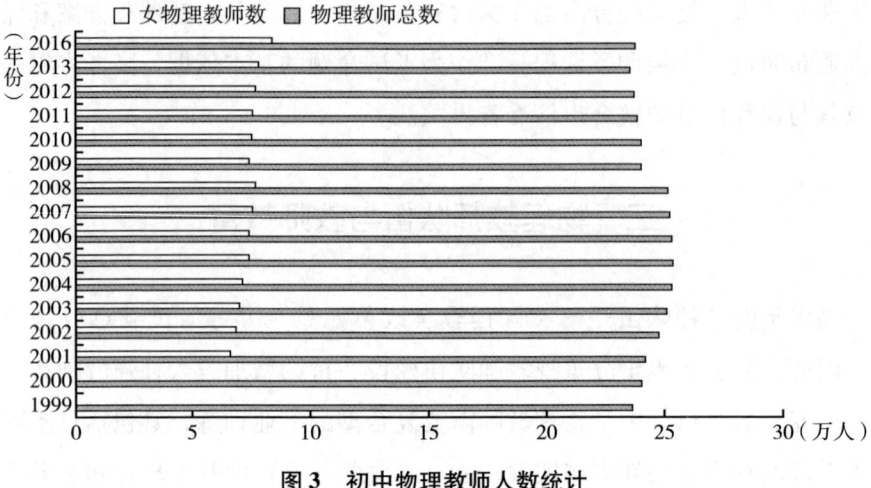

图3 初中物理教师人数统计

注：在统计年鉴的原始数据中，关于1999~2000年两年物理教师数量只有总数，未统计女物理教师数。

自1999年起的近20年里，高中物理教师总数除个别年份外也保持了明显的增长趋势（见图4），2016年达到15万人以上，并仍保持增长势头。特别是其中女教师数量逐年持续增长，2016年已占总教师数的约1/3。

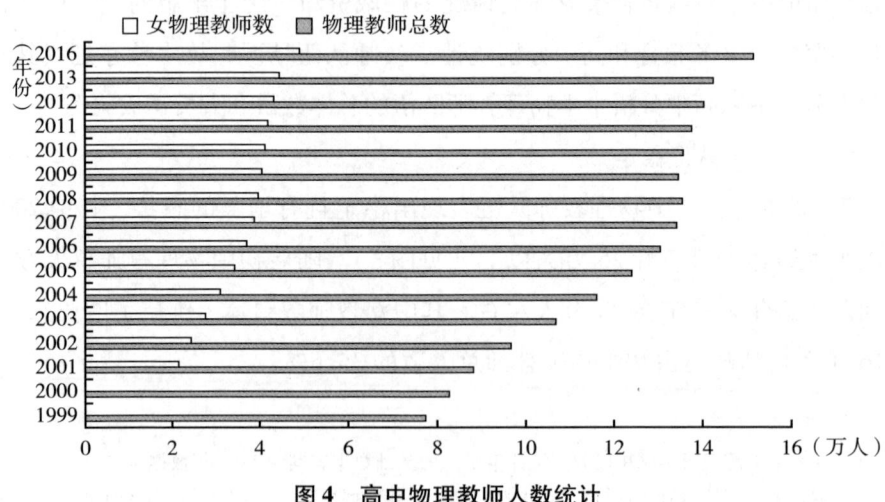

图4 高中物理教师人数统计

注：在统计年鉴的原始数据中，关于1999~2000年两年物理教师数量只有总数，未统计女物理教师数。

2. 在职教师学历不断提升

教师学历的提升是教师队伍建设的另一重要指标。一般意义上，对于物理这种专业性和拓展性要求均较高的课程而言，较高的师资学历水平意味着教师更好的物理学和教育学基础，在钻研业务上更有余力且能开展较高水平的教学研究，这都有助于提高物理教育教学质量。

在初中物理教师队伍中，具有本科学历的物理教师占据最大比重。近年来随着教师队伍的新老更替，高中及以下学历的物理教师已逐步退出讲台（见表3）。与之相反，越来越多具有研究生学历的教师开始执教初中物理课程，占教师总数的比例从1999年的0.24%提高到2016年的2.39%。

表3 初中物理教师学历情况统计

单位：人

年份	研究生学历	本科学历	高中学历	高中以下学历
1999		30833		4412
2000		34724		3325
2001	140	41283	17726	292
2002	225	48686	15512	183
2003	339	59833	12785	169
2004	382	74190	10242	119
2005	479	89779	7731	87
2006	614	104314	5614	64
2007	765	120061	4079	48
2008	921	135579	3074	43
2009	1109	141594	2232	20
2010	1390	152553	1744	16
2011	1872	161130	1344	11
2012	2236	167938	1089	8
2013	2698	173434	798	13
2016	4665	190405	279	1

注：表中1999~2000年初中物理教师学历情况与其他几年划分并不相同，表中所示本科学历实际代表本科及以上学历，高中学历代表高中及以下学历。

高中物理教师学历已呈现从学历达标向学历提升转变。具有本科学历的物理教师已在群体中占绝对多数（见表4），近年来其占总体的比例已超过

90%，具有研究生学历的高中物理教师比例也从1999年的0.86%提高到2016年的7.09%。但需注意的是，截至2016年，学历水平仍未达到教育部所规划的"到2010年高中教师研究生学历层次需达到10%"的要求①。近年来，随着政策支持、鼓励的在职教育硕士等项目的持续开展，教师学历水平有望在近期达标。

表4 高中物理教师学历人数统计

单位：人

年份	研究生学历	本科学历	高中学历	高中以下学历
1999		54099		249
2000		59410		223
2001	566	64579	412	9
2002	776	72189	359	8
2003	916	82222	328	6
2004	1216	93161	266	/
2005	1406	103915	219	1
2006	1680	112536	185	3
2007	2185	118846	121	4
2008	2703	122505	102	3
2009	3492	123429	70	3
2010	4453	124773	66	5
2011	5287	127021	38	8
2012	6213	129546	34	3
2013	7318	131234	50	2
2016	10535	137961	15	2

注：表中1999~2000年高中物理教师学历情况与其他几年划分并不相同，表中所示本科学历实际代表本科及以上学历，高中学历代表高中及以下学历。

① 钟秉林、张健、张斌贤、刘欣尚：《创新教师培养模式 构建多元化教师教育体系》，《中国大学教学》2005年第11期。

（二）师范生培养

物理师范生是中学物理教师的预备队，师范生培养是中学物理教师队伍建设的基础性工程。传统上，高等师范院校是师范生培养的主体，是培养职前教师的主力。党和国家对师范生的培养给予了极大的关注与重视，一直对师范类专业和师范生培养给予支持。2007年5月，国务院做出了在教育部直属师范大学实行师范生免费教育的决定，这是新千年以来师范教育发展的里程碑。2011年10月，教育部出台《教师教育课程标准（试行）》，2017年又颁布《普通高等学校师范类专业认证实施办法（暂行）》，以规范师范生培养要求并加强教师准入管理。在继续支持师范院校开展师范教育的同时，2018年印发的《教师教育振兴行动计划（2018—2022年）》还鼓励高水平综合性大学参与教师教育，并强调了在线开放课程对教师教育的支撑作用。

1. 物理专业教育与教师职业教育并举的本科课程体系

课程体系设置从整体上规划了学生培养的重点内容和实施途径，对物理学（师范）专业教育的课程设置的分析，能总览物理师范教育的概况。为解决传统物理学（师范）专业课程重学科、轻师范的倾向，近年来高等师范院校纷纷致力于优化和改革物理学（师范）专业的课程体系，适当增加教师教育课程比例。以东、中、西部三所部属师范院校的专业课程计划或培养方案为例（见表5），三所学校教师教育类课程已占总学分的14%~20%。

表5　三所学校物理学（师范）专业教师教育类课程设置情况对比

单位：学分，%

课程类别		东北师范大学		华中师范大学		西南大学	
		学分	百分比	学分	百分比	学分	百分比
理论	必修	12	8.0	10	6.7	18	10.6
	选修	4	2.7	3	2.0	0	0.0
实践		8	5.4	14	9.3	15	8.8
总计		21	14.1	30	20.0	33	19.4

具体课程设置上，以三所学校中的华中师范大学为例，该校课程体系强调了理论与实践相结合，其教师教育理论课占10.7%，教师教育实践课占9.3%，主要包括心理学、教育学基础、物理学科教学论、物理课程与教材研究、物理教学技能训练等必修课以及教育研究方法、教育案例赏析等选修课。教师教育类课程在大二开始开设，几乎贯穿了整个物理师范生的本科学习（见表6）。与之类似，东北师范大学坚持学科专业教育与教师职业教育高度融合，其课程体系由通识教育课程、专业教育课程、教师职业教育课程三大模块构成。为适应当代基础教育的需要，还建设有技术类（信息技术、通用技术）课程及与"综合实践活动"相关的课程。①

表6　华中师范大学物理学（师范）专业课程设置

单位：学分

类别	课类\学期	一	二	三	四	五	六	七	八	总计
学分	通识必修课	9.0	5.0	5.0	4.0	3.0	6.0	0.0	0.0	32.0
	通识核心课	0.0	0.0	0.0	2.0	0.0	2.0	2.0	2.0	8.0
	普通通识选修课	0.0	0.0	0.0	0.0	0.0	0.0	0.0	0.0	0.0
	专业主干课程	8.0	19.0	12.5	7.5	9.5	8.5	0.0	0.0	65.0
	教师教育必修课	0.0	0.0	3.0	5.0	3.0	1.0	0.0	0.0	12.0
	教师教育选修课	0.0	0.0	0.0	0.0	1.0	1.0	1.0	1.0	4.0
	学科专业选修课	0.0	1.0	2.0	2.0	1.0	1.0	0.0	2.0	9.0
	小计									130.0

资料来源：华中师范大学物理科学与技术学院：《物理师范人才培养方案》，http://www.phy.nenu.edu.cn/rcpy/bksp/kcjh.htm，2019年4月6日。

2. "本硕一体"的人才培养模式

为了适应社会对更高素质、更专业化教师的需要，解决教师教育体系封闭等问题，以教育部直属高校为代表的高等师范院校对师范生培养不断进行

---

① 东北师范大学物理学院：《物理学（师范）专业课程计划》，http://www.phy.nenu.edu.cn/rcpy/bksp/kcjh.htm，2019年4月6日。

改革，相继启动了以"4+X"为代表的教师教育新模式，以实现教师培养的高层次、高质量、多元化的目标。以北京师范大学为例，通过多元学制选择和灵活分流培养，形成包括"4+0"（理学学士）、"4+2"（教育学硕士/教育硕士）、"4+3"（理学/教育学硕士）等多种模式在内的教师培养体系，且灵活的"加法方案"促进了教师人才培养层次上移和学科人才与教育人才培养的多元化（见图5）。① 此外，华东师范大学提出了"4+1+2"培养模式，即本科4年后先进入中学进行1年的教育实践，之后再返校进行2年的硕士培养。② 与之类似，还有华中师范大学的"未来教育家培养计划"、东北师范大学的"教育家培养工程"等。

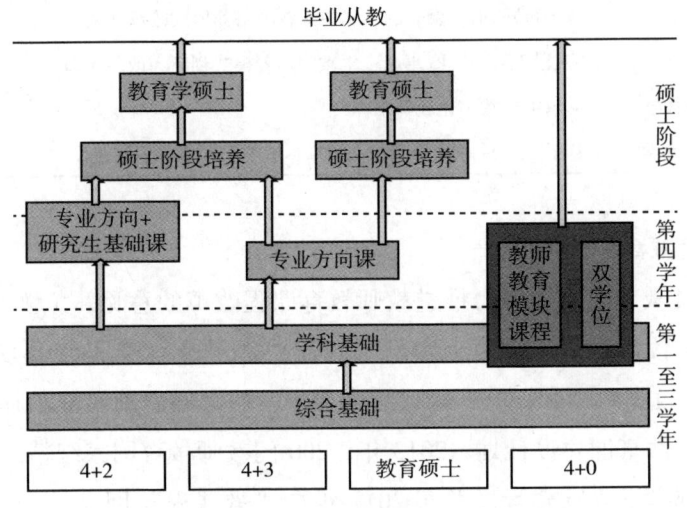

图5 北京师范大学多样化的教师培养体系

2014年12月教育部发布了《教育部关于实施卓越教师计划的意见》，教育部直属的6所师范院校在继承原有培养模式基础上，推出了各具特色

---

① 钟秉林、张健、张斌贤、刘欣尚：《创新教师培养模式 构建多元化教师教育体系》，《中国大学教学》2005年第11期。
② 沈祖芸：《华东师大：立足基础教育实施教师教育创新计划》，《中国教育报》2006年11月10日，第1版。

的卓越中学教师培养模式和具体配套措施（见表7）。2018年初《中共中央 国务院关于全面深化新时代教师队伍建设的意见》提出大力振兴教师教育，同年9月，教育部发文实施卓越教师培养计划2.0。"2.0计划"要求教育部、省级教育行政部门和高校分工协作，继续分类推进培养模式改革。

表7 教育部直属师范院校卓越中学教师培养改革项目

高校	项目
北京师范大学	本硕一体化的卓越中学教师培养模式的理论探索与实践研究
华东师范大学	德业双修的卓越中学教师开放式养成计划
东北师范大学	基于协同、追求融合的卓越中学教师培养模式改革探索
西南大学	"三段五级"UGIS卓越中学教师培养模式创新与改革实践
华中师范大学	卓越中学数字化教师培养
陕西师范大学	基于"三位一体"协同育人的卓越中学教师培养体系建设

3. 教师教育在线课程

按照《教育部关于大力推进教师教育课程改革的意见》（教师〔2011〕6号）和《教育部办公厅关于印发〈精品资源共享课建设工作实施办法〉的通知》（教高厅〔2012〕2号）有关要求，教育部启动实施教师教育国家级精品资源共享课建设计划。2013年，200门教师教育国家级精品资源共享课由教育部批准立项建设，并于2017年在"爱课程"网向社会免费开放。其中涉及物理学（师范）专业的课程有北京师范大学郭玉英团队的《中学物理学科教学设计》、西南大学廖伯琴团队的《中学物理课程标准与教材研究》、陕西师范大学王较过团队的《中学物理教学设计》、沈阳师范大学杨薇团队的《中学物理教学设计》。[①] 这4门课程秉持着较为先进的课程理念，

[①] 中华人民共和国教育部：《教育部办公厅关于公布教师教育国家级精品资源共享课立项建设课程名单的通知》，http://old.moe.gov.cn//publicfiles/business/htmlfiles/moe/s7011/201305/151809.html，2019年4月16日。

强调了理论与实践的统一性，系统地介绍了物理课程标准、教材和教学设计，并提供丰富的在线课程资源。① 上述课程均在2017年获批为第二批"国家级精品资源共享课"。

以北京师范大学郭玉英团队的《中学物理学科教学设计》为例，该门课程从促进学生发展的视角精选课程内容，关注学生概念理解、探究能力和概念体系的发展。课程内容中融入了物理（科学）教育的最新研究成果。如促进学生概念发展的教学设计专题中介绍了当前国际科学教育普遍关注的大概念、核心概念和概念进阶，并针对这些内容设计相关案例。针对师范生缺乏教学经验、曾受应试教育影响等特点，精选和设计体现现代物理教育理念和研究成果的典型教学案例，采用理论和案例紧密结合的教学形式，通过案例来呈现和示范真实课堂的教学设计，从而切实提高师范生的教学设计能力。教学设计案例精选自历届物理教学专业委员会的名师赛、创新大赛中的真实案例，展现了中国优秀一线物理教师的集体智慧。

（三）教研和在职教师培训

历史上许多地区中学物理教师学历不高、业务能力不强，这一度成为制约中学物理教育发展的突出因素。而教研和在职教师培训在一定程度上化解了该问题，成为提高中学物理教师队伍整体素质、提升物理教育教学水平的重要举措。

1. 教研引领教师专业成长

教研，是一个具有中国特色的教育词语。在中学，各校普遍成立物理教研组，开展日常教学研讨工作，由资深教师"传、帮、带"，带动学校物理教学水平的提升。在区域层面上，作为中国特色的促进基础教育教学发展的专门人员——教研员，在基础教育事业中发挥了举足轻重的

---

① 张学军、党文晶：《教师教育国家级精品资源共享课建设：现状、问题、建议》，《电化教育研究》2017年第9期。

作用。① 他们承担着指导和服务一线教学的重任，组织各类教研活动，为课程设计与教学实施两个层面搭建了沟通的桥梁，促进了课程改革理念的落实和教师专业素养的提升。传统上，优秀物理教研员的核心特征之一是扎实的基础物理基本功。由于受时代所限，过去许多中学物理教师的基础物理学科知识体系还不够系统和完善，帮教师们补强物理基本功，是一些曾作为高校物理教师的老一辈教研员的重要任务。近年来，随着中学物理教师学历水平的不断提高，特别是在北京、上海等地，越来越多的具有博士学位的年轻人成为中学物理教师队伍中的一员，促使发达地区的物理教研员们越发关注教研活动组织形式的创新，注重挖掘中学物理课堂教学的基本特征和关键要素②，提升教研活动的针对性和有效性③。

2. 培训助推教师专业发展

除了日常的教研组织，各级教育行政部门和业务单位还定期组织各类培训工作。影响较大的主要有 2010 年启动的"中小学教师国家级培训计划"（国培计划）、一些省份自行组织的"省培计划"以及顶岗支教、流动学院等。各类培训内容丰富多样，除了课堂教学培训外，还有教学科研培训、心理学培训、教学领导力培训等。

在规格最高、规模最大、示范作用最强的国培计划中，中学物理一直是其中的重点学科。其中的示范性项目和中西部项目均设置了对中学物理教师的培训，具体包括中小学骨干教师培训、中小学教师远程培训、中小学紧缺薄弱学科教师培训、培训团队研修、免费师范生培训、骨干教师能力提升高端研修、优秀青年教师成长助力研修、名师高端研修、名师领航研修等示范性项目，农村中小学教师置换脱产研修、农村中小学教师短期集中培训、农

---

① 卢立涛、梁威、沈茜：《我国中小学教研员的基本态势分析》，《教师教育研究》2013 年第 6 期。
② 陶昌宏：《新课程背景下教研创新的实践探讨》，《物理教学》2013 年第 6 期。
③ 张晓红：《基于教研员引领的反复研讨式区域教研模式研究》，《中学物理》2012 年第 13 期。

村中小学教师远程培训、送教下乡、教师工作坊研修、乡村教师访名校培训等中西部项目,形成了"三段式"——"集中培训+影子培训+返岗实践"的培训模式。培训以学科为基础,以问题为中心,以案例为载体,采用混合学习方式,使得线上学习、线下研讨和在职学习充分结合,取得了良好的培训效果。

在省（区、市）这一级培训方面,各省（区、市）都在借鉴国培模式的基础上探索适合地方特色的培训方案。以湖北省2019年方案为例,针对中学物理教师开设了初中物理教师实验教学技能提升培训、中小学STEAM教育跨学科融合专项培训、初中物理骨干教师能力提升培训、初中教研员科研能力提升培训等项目,培训内容涉及物理课程标准、实验教学价值特征、教学模式与案例分析、教学实践操作、STEAM教育理念与策略、教师专业标准、教科研指导等,培训主要采用"集中培训+教学观摩"的方式。此外,一些教育经费较为充足的地区还积极对接优质高校和专业机构的培训资源,与北京大学、北京师范大学、中国教科院和教育部课程教材中心等合作共建各类课程教学改革实验区,使得优质教育资源下沉,让广大教师直接得到顶尖课程教学专家的培训指导。

3. 赛事激励教学成果涌现

各类教学大赛和奖励表彰也极大地促进了物理教学改革。始于1994年3月14日国务院第151号令的国家级教学成果奖是教育事业的最高奖之一。2014年1月,教育部根据《教学成果奖励条例实施办法》组织了首届国家级基础教育教学成果奖申报工作。在2014年首届国家级基础教育教学成果奖中,成果名含"物理"的奖项有6项（见表8）[1],其中"中学物理教学的革新,数字化实验系统（DIS）的研发与应用"获得一等奖[2]。在第二届

---

[1] 中华人民共和国教育部:《关于批准2014年国家级教学成果奖获奖项目的决定》,http://old.moe.gov.cn/publicfiles/business/htmlfiles/moe/s7000/201409/174749.html,2019年4月6日。

[2] 冯容士、陆伯鸿、李鼎、陈开云、李朝辉:《改革物理实验教学——上海DIS研发之路》,《现代教学》2011年第5期。

国家级基础教育教学成果奖中①，成果名含"物理"的奖项有12项，占总获奖数的比例比第一届提升了1个百分点，达到2.65%。

表8 获国家级教学成果奖的物理教学成果

教学成果	成果完成者	完成者所在单位	获奖情况
中学物理教学的革新，数字化实验系统（DIS）的研发与应用	上海市教育委员会教学研究室、上海市风华中学	上海市教育委员会教学研究室等	2014年一等奖
实验改变课堂——物理教学改革的实践探索	陶昌宏、秦晓文	北京教育科学研究院	2014年二等奖
基于自创性实验的物理教学研究	王爱生、王亚宏、刘文白、佟岩、张剑秋、齐海珍	吉林省前郭县蒙古族中学等	2014年二等奖
初中物理教学中引入项目学习的实践探索	杨勇诚、盛建国、朱祥、顾晓芳、陆海培、黄冠	江苏省苏州市吴江区盛泽第二中学等	2014年二等奖
高中物理文理贯通教学的研究和实践	姜水根、杨榕楠、杨继林、陈青华	浙江省宁波市效实中学等	2014年二等奖
高中物理自制教具及其策略研究	朱成巧、王健浩、王建胡、孔兴隆、王良志、张银荣	浙江省温州市龙湾区永强中学等	2014年二等奖
"雏形教学法"在初中物理教学中的实践研究	王显峰、朱宝环、黄兴武、于丛、玉付军	吉林大学附属中学等	2018年二等奖
高中物理学科德育元素开掘与教育实践	沈志辉、陈珍国、邓志文、陈浔颖、丁丽娟、单慧璐	上海市松江一中等	2018年二等奖
初中情智物理教学实践研究	滕玉英、徐卫华、姜栋强、黄华、陆海均、蔡文海	江苏省海门市东洲中学等	2018年二等奖
多元化物理实验教学资源整合的研究与应用	张飞、曹会、吕彤、徐正黄、徐晓东、李清	江苏省木渎高级中学等	2018年二等奖
教学转型之路——"学为中心"高中物理教学设计的研究与实践	郑志湖、梁旭、郑陆敏、张新华、蔡千斌、李允和	浙江省天台中学等	2018年二等奖

---

① 《教育部关于批准2018年国家级教学成果奖获奖项目的决定》，http://www.moe.gov.cn/srcsite/A10/s7058/201901/t20190102_365703.html，2018。

续表

教学成果	成果完成者	完成者所在单位	获奖情况
以中学物理创新实验和创客活动为载体,培育学生创新素养的实践研究	钱永昌、陈宗荣、黄艳红、吴淑敏、庄运武、刘明	厦门外国语学校等	2018年二等奖
促进自主探究——高中物理专题研究性学习实施策略研究	罗翀、林成、胡皓云、姜明姬、马国华、徐长兴	福建省三明第一中学等	2018年二等奖
初中物理低成本系列创新实验设计与运用研究	郭卫东	泉州市泉港区教师进修学校等	2018年二等奖
中学物理演示实验改进创新及教学应用	谢桂英、余耿华、张军朋、马北河、姚跃涌、张丽君	广州市第五中学等	2018年二等奖
中学物理分层联动教研模式的构建与实践	张晓红、熊建文、姚建欣、张静、朱燕明、全汉炎	广州市荔湾区教育发展研究院等	2018年二等奖
"拓展式"课例研究范式与物理教师实践共同体建构	张建奋、陈金华、袁杰、徐新波、范正余、王新建	广东省广州市白云区教育发展中心等	2018年二等奖
西部地区基于学习进阶的生活化物理实验教学研究	徐宁、张华、阮享彬、周智良、仲扣庄　张凯	重庆市江津区教育委员会等	2018年二等奖

对两届成果奖进行分析发现,获奖者中,一线中学物理教师占66.7%,教研员或研究机构占33.3%。对研究内容进行分析发现,其中以"教学方法"为主题的研究占66.7%,涉及中学物理实验教学和课程资源的研究达到8项,除此之外,还涉及信息技术、教学资源、教师发展等主题。除国家级教学成果奖外,中国教育学会物理教学专业委员会和中国物理学会物理教学委员会主办的物理教学大赛在全国范围内也有较大影响力。当前,最受关注的全国性中学物理教学赛事有全国中学物理青年教师教学大赛、全国中学物理名师课堂教学大赛和全国中学物理教学改革创新大赛（见表9）。

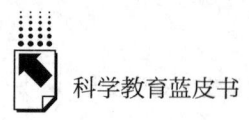

表9 全国性中学物理教学大赛

比赛名称	主办单位	举办时间	参赛人员	比赛规则
全国中学物理青年教师教学大赛	中国物理学会物理教学委员会	1994年开始（两年一届）	每省市推选初、高中各一名优秀青年教师（35周岁以下）	限定比赛备选课题，选手执教一节（40分钟）现场物理课
全国中学物理名师课堂教学大赛	中国教育学会物理教学专业委员会	2008年开始（两年一届）	每省市推选初、高中各一名优秀教师	限定比赛备选课题，选手执教一节（40分钟）现场物理课
全国中学物理教学改革创新大赛	中国教育学会物理教学专业委员会	2001年开始（两年一届）	每省市推选初、高中各两名优秀教师	课堂教学设计方案+反映比赛限定内容的教学录像片段（30分钟以内）+现场评课

各项赛事的宗旨都是改进中学物理教学。大赛推广了新的课程教学改革理念，开拓了参赛和观赛教师的视野。历届比赛中涌现许多优秀青年教师，其中很多教师现在已经成为地区物理教学的骨干和学科带头人。通过大赛，广泛动员了教师们积极参与物理教学改革，促使教师把新教学理念落实在课堂教学当中，提高了中学物理教师实施素质教育的能力和水平。

四 物理教育研究

改革开放以来，特别是上一轮基础教育课程改革开展以来，中学物理教育的研究成果在数量上有了迅速的增长，而且研究视角、思路方法、研究内容等均有所突破，学术水平也在不断提高。本部分检索整理了近年来物理教育的相关研究，概述其中的重点研究方向，并着重关注本领域有代表性的观点、内容和方法，展示当前研究热点，展望未来研究趋势。

（一）研究主题概览

领域概览基于系统文献综述（systematic literature review）。[①] 在检索前，首先设定文献纳入标准。基于中国知网和北京师范大学的数据库，检索范围限定于在库的硕博论文、发表在 CSSCI 来源期刊中教育学和心理学期刊（如《课程·教材·教法》《教育学报》《心理发展与教育》）和中文核心期刊中与中学物理教育相关的期刊（如《物理教师》《物理教学》）的论文。第二步，选取检索关键词并设定检索逻辑。以"物理"或"科学"为关键词，同时反向剔除含有这两个词的非中学物理教育相关的关键词（如大学物理、高校物理、小学科学、化学、生物、科学传播等）。经前两步共提取文献15256篇，其中期刊论文8893篇，硕博论文6363篇。第三步，参考已有研究对各研究方向的划分进行聚焦检索和分析（见表10）。

表10　中学物理教育研究文献检索概况

单位：篇

研究方向	检索主题词	期刊文献数	硕博论文数
教学	教学策略/教学模式/教学方法	1145	1078
探究	探究	698	659
课程	课程	655	679
学生能力	学生能力/学科能力	414	474
教材	教材/教科书	492	313
教师教育	教师成长/教师发展/教师教育	291	358
评价	评价/测评	193	187
其他		5005	2615
总计		8893	6363

[①] Bennett, J., Lubben, F., Hogarth, S., & Campbell, B., Systematic Reviews of Research in Science Education: Rigour or Rigidity. *International Journal of Science Education*, 2005, 27 (4), pp. 387–406; Evans, J., & Benefield, P., Systematic Reviews of Educational Research: Does the Medical Model Fit. *British Educational Research Journal*, 2001, 27 (5), pp. 527–541.

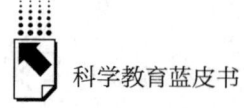

从检索结果可以看到，教学策略、模式与方法等是文献数量最多的物理教育研究主题，这与我国学科教学论重教学、重实践的研究传统是一致的。检索数据还展现了我国基础教育课程改革对物理教育研究的重要影响——研究物理课程、科学探究的论文数量迅速上升，使课程、探究成了当代物理教育研究的重要主题。此外，学生能力研究、教材研究、教师教育和评价也是近20年来的研究重点。还可以看到，物理教育研究的内涵是非常丰富的，许多文献数量相对较少的研究主题（如物理学习动机、科学态度、物理学史教育等）也在为物理教育的发展提供理论与实践支持。

（二）重点主题概述

物理课程、教材、教学、评价等是当代中学物理教育的核心要素，其相关研究也是物理教育研究的重点主题。此外，文献检索结果显示科学探究和学科能力等亦是物理教育的重点主题。本部分概述上述研究主题中最重要的研究方向，并依照文献被引次数举例展示该领域的代表性论文。

1. 课程研究

随着课程改革的不断推进，近20年来"课程"这一研究主题受到了格外重视。其研究方向主要包括课程比较研究、课程实施调查研究、课程开发研究等。课程比较研究既包括横向的中外不同地区物理课程或科学课程比较，也有纵向的学段间课程内容的比较。横向研究方面，早期的研究以域外课程标准或教育标准的介绍为主，随后越来越多的研究沿袭比较教育的研究范式，进行多个国家或地区物理和科学课程文件的比较分析。① 纵向研究方面则通过对初中、高中和大学物理课程标准或教材中教学内容的分析，关注不同学段间知识内容的衔接问题。② 课程实施调查研究随着新课程的逐步实

---

① 郭玉英：《中学理科课程标准与国际比较研究（物理卷）》，北京师范大学出版社，2014；郭玉英、曲亮生：《世界范围内综合科学课程的发展》，《课程·教材·教法》2001年第1期。

② 李丽萍：《新课标下初中科学课程物理内容与高中物理课程内容的分析比较研究》，华中师范大学硕士学位论文，2008。

施而兴起，除了教育部部署的大范围普查之外，也有许多研究者进行了局部的调研。① 问卷调查法、访谈法在此类研究中发挥了重要作用，调查结果为课程设计提出了改进建议。② 前述的课程国际比较与课程实施调查多由高校研究者开展，而中学教师则是课程开发研究的主力。他们利用在职攻读学位或课余时间学习相关理论，同时总结自身教学实践经验，开发了诸如"物理与生活""趣味物理探究"等丰富的校本课程。③ 还有研究者结合自身兴趣或因地制宜地结合教学环境开展物理课程资源的开发研究，其中"非常规物理实验"④ 和许多有地区特色的物理课程资源开发⑤均产生了较大影响。

2. 教材研究

对中学物理教材的研究主要涉及教材使用、比较、开发和评价。教材使用方面，期刊中刊登了很多教师在使用教材过程中的分析与思考，如对教材中一些关键点的讨论、教材中实验的改进等。⑥ 随着"一纲多本"带来的教材多样化进程，教材比较成为课题研究、硕博论文和核心期刊中的一大热点。⑦ 其主要模式可分为不同时期教材比较⑧、同时期不同版本教材的比较⑨、某一专

---

① 刘炳昇、吴伟：《高中物理课程标准"模块结构"实施情况的调查及思考》，《物理教学》2009年第12期。
② 高山：《普通高中物理模块课程教学实施调查及比较研究》，西南大学博士学位论文，2009；王莹：《初中物理新课程实施现状的调查与研究》，华东师范大学硕士学位论文，2006。
③ 朱艳旭：《初中物理校本课程开发研究》，东北师范大学硕士学位论文，2006。
④ 张伟、郭玉英、刘炳昇：《非常规物理实验：有待深入开发的重要物理课程资源》，《物理教师》2005年第9期。
⑤ 董双龙：《中学物理教学中开发与利用蒙古族特色课程资源的实践研究》，内蒙古师范大学硕士学位论文，2007。
⑥ 张玉峰：《这样推导合理吗？——对物理教材中电源输出功率推导过程的一点讨论》，《物理教学探讨》2003年第3期。
⑦ 李春密：《中小学理科教材难度国际比较研究（初中物理卷）》，教育科学出版社，2016；廖伯琴：《中小学理科教材难度国际比较研究（高中物理卷）》，教育科学出版社，2017。
⑧ 韩娜：《高中物理新旧教科书的比较研究》，东北师范大学硕士学位论文，2013。
⑨ 李金锋：《中美初中物理教材内容分析及定量难度比较》，北京师范大学博士学位论文，2014。

题的多维比较[1]和某具体内容的比较[2]等。基于教育理论或认知理论探讨物理教材的编写设计[3]、内容呈现[4]和评价体系[5]也是该研究主题中被广泛关注的重点。

3. 教学研究

教学是新课程改革以来物理教育研究领域文献数量最多的主题。该主题主要关注教学的模式、策略与方法。在继承阎金铎先生等老一辈物理教育学者的"启发式"等经典模式的基础上，研究者们相继介绍了一些西方国家的物理教学模式，并发展了适宜我国课堂实际的教学设计模型，如各类探究教学模式、融合信息技术的教学模式、基于学习进阶的教学设计模型[6]、基于建模的教学设计模型[7]等。关于教学策略的研究，主要包括面对不同教学对象的教学策略研究、各类课型的教学策略研究、针对某类或具体教学内容的教学策略研究等，例如对面向失明失聪等特殊教育学校学生的物理教学策略的介绍[8]、以科学史和科学哲学为切入点的教学策略研究[9]等。

4. 评价研究

评价研究也是受政策导向影响较强的研究领域，每当课程改革和考试改革之际，评价研究的数量均会有一定程度的增长。该主题主要关注评价指标体系的建构、评价效度的分析[10]和各类评价方式的探索。评价体系的建构研

---

[1] 于冰：《中学物理教科书的意识形态研究》，东北师范大学博士学位论文，2015。
[2] 彭征、范佳午、谭晓：《关于高中物理教科书中物理学史内容的比较》，《物理教师》2010年第3期。
[3] 杨广军：《高中物理教材设计论》，南京师范大学博士学位论文，2004。
[4] 张颖：《新课程高中物理教科书呈现方式的研究》，《课程·教材·教法》2011年第5期。
[5] 李佳：《高中物理教科书评价指标体系构建研究》，西南大学博士学位论文，2011。
[6] 郭玉英、姚建欣：《基于核心素养学习进阶的科学教学设计》，《课程·教材·教法》2016年第11期。
[7] 张静：《基于学生心智模型进阶发展的建模教学研究》，北京师范大学博士学位论文，2014。
[8] 陈娴、梁玲：《美国高中物理课程中对特殊学生的教学策略》，《外国中小学教育》2007年第10期。
[9] 何晶晶、吴维宁：《HPS理念下物理学史的内容构建及教学策略初探》，《物理教师》2010年第11期。
[10] 罗莹：《大学入学物理考试内容效度研究》，广西教育出版社，2016。

究在学习借鉴国外评价工作经验的基础上,以课程标准倡导的评价理念为导向,同时参考考试大纲的要求,探索了切合我国中学物理教育的学生学业和课堂教学评价体系。① 除了关注整体性的评价体系的建构,研究者们还建构了某些具体教学行为和学习目标的评价指标与评价量表,如对探究教学②、实验操作③等的评价等。在评价方式的探索方面,研究对表现性评价、形成性评价、发展性评价等均有涉及。物理学特别重视实验探究,所以其中表现性评价得到物理教育研究者的持续关注。表现性评价注重在探究过程中通过现场观察、工作单等形式评价学生,大量的研究表明其评价效度较传统评价方式更高。④ 在更具体的评价手段方面,高校研究者和一线教师共同研发改进了诸如成长记录袋、概念图、数字化评价软件等多元化的评价工具,丰富了物理教学评价的模式与技术,使教师与学生更"知己知彼"。

5. 能力研究

学生能力研究是心理学和教育学联系最为紧密的主题。从心理学的视角看,学生的物理能力是指学生顺利进行物理学的认识活动和问题解决活动所必需的、稳定的心理调节机制。⑤ 用当代教育学的话语体系来讲,学生物理能力的内涵是学生的物理观念、科学思维、探究能力和创新精神的统一体。该主题的研究主要关注能力模型的建构、能力评价和能力培养。能力模型建构方面,沿承我国老一代物理教育心理学研究者所建构的物理能力框架⑥,并吸收借鉴国外学者的研究成果,学者们初步确立了物理能力的整体架构⑦,同

---

① 孙新、彭征:《中学物理学生学业评价标准的研制》,《课程·教材·教法》2010年第9期。
② 张杰艺:《高中物理课堂探究教学有效性评价量表的开发研究》,北京师范大学硕士学位论文,2011。
③ 林勇、李正福、李春密:《高中生物理实验能力评价体系的建构》,《中国现代教育装备》2010年第16期。
④ 罗国忠:《科学探究的表现性评价及其有效性研究述评》,《全球教育展望》2008年第12期。
⑤ 郭玉英、张玉峰、姚建欣:《物理学科能力及其表现研究》,《教育学报》2016年第4期。
⑥ 段金梅、武建时:《物理教学心理学》,北京师范大学出版社,1988。
⑦ 郭玉英、姚建欣、张玉峰:《基于学生核心素养的物理学科能力研究》,北京师范大学出版社,2017。

时对许多具体能力进行了细致探索（如科学思维[1]、实验操作[2]、科学推理等）。在能力模型建构过程中，评价测量研究既是重要的研究手段，又是重要的应用情境，即一方面基于测试、调查的实证研究洞察了学生的能力状况，检验并完善了预设的能力模型；另一方面能力模型为更精准、客观的评价提供了理论依据。应用于评价的同时，能力模型还被许多研究者和一线教师应用于改进学生能力的培养，例如提升学生思维能力[3]、问题解决能力[4]等。

6. 科学探究

随着课程标准对探究的强调，科学探究这一研究主题的论文从课程改革前的个位数迅速跃升到每年数十篇、上百篇，至今仍是物理教育最热门的研究主题之一。在前期分析介绍国外研究的基础上[5]，物理教育研究者探索开展探究教学的模式[6]和总结组织探究学习的经验[7]，在探究教学的设计、探究能力的评价等方面积累了兼具国际视野和中国特色的成果。许多物理教师在教学实践中总结归纳了诸多开展探究教学的方案，例如合作－探究模式、双主－导动模式、自主探究的策略等。一些物理教学论方向的硕士也提出了关于探究教学的理论设想，并开展了实证研究，例如学案导学探究教学模式等。高校研究者在理论层面建构了学生科学探究能力的结构模型[8]，还对探究过程中的能力要素（如提出问题、分析论证等[9]）的发展水平和评价方法

---

[1] 胡卫平、林崇德：《青少年的科学思维能力研究》，《教育研究》2003 年第 12 期。
[2] 李春密：《物理实验操作能力的结构模型初探》，《学科教育》2002 年第 6 期。
[3] 胡卫平：《科学概念教学中思维能力的培养》，《中国教育学刊》2004 年第 9 期。
[4] 刘利：《运用原始物理问题培养中学生物理能力的实践研究》，首都师范大学硕士学位论文，2006。
[5] 郭玉英：《学生的科学探究能力：国外的研究及启示》，《课程·教材·教法》2005 年第 10 期。
[6] 郭玉英：《探究－建构式教学初探——科学教学中探究与知识建构的统一途径的探索》，《课程·教材·教法》2004 年第 1 期。
[7] 罗星凯：《实施科学探究性学习必须正视的问题》，《全球教育展望》2004 年第 3 期。
[8] 李春密、梁洁、蔡美洁：《中学生科学探究能力结构模型初探》，《课程·教材·教法》2004 年第 6 期。
[9] 包栗：《影响初中生提出物理问题因素的研究》，北京师范大学硕士学位论文，2006。

进行了细致探索。还有高校研究者对探究教学的现状进行了调研，初步了解了教师和学生对探究教学的认识和态度、探究教学的实施现状、教学效果及影响因素。[①] 这些探究教学的理论、经验与案例使得探究教学在我国迅速推广，并逐步深度融入了一线教学。

除了前述的课程、教学等主题之外，对物理教师教育、物理学习的非智力因素等的研究也是物理教育研究的重点主题。教师教育方面，物理教师和师范生的知识结构[②]、专业发展[③]、课程理解、教学观念、教学行为等均有研究涉及。非智力因素方面，学生的物理学习动机、学习态度、价值观念等也受到了研究关注。

（三）研究趋势展望

世纪之交的课程改革引发了高校学者和广大教师对物理教育研究多层次和多角度的关注，既有对国际物理教育发展的介绍、比较和借鉴，亦有本土特色物理教育理论和资源的创生。这些研究成果拓展了物理教育研究的视野，深化了对物理教育的认识，为我国中学物理教育的发展提供了理论依据与实践参考。近年来，物理教育研究涌现出一些新的研究热点和趋势。

关于物理核心素养、学习进阶、学习动机等的研究数量明显增多，成为当前的研究热点。实证研究数量持续增加，是当前研究发展的重要趋势，特别是在硕博学位论文中，实证研究所占比例已经超过一半。此外，与以往的研究主题侧重于物理教育的某一环节不同，新近的研究热点多处于课程、教学和评价的交汇点，对物理教育的发展有联动提升的作用。以近年来发展迅

---

① 王晶莹：《中美理科教师对科学探究及其教学的认识》，华东师范大学博士学位论文，2009。
② 李春密、徐月：《新课程下中学物理教师的知识结构》，《教师教育研究》2005年第3期。
③ 封小超、王力邦：《关注新时期中学物理教师的专业成长》，《物理教学探讨》2007年第3期。

速的学习进阶研究为例，该主题关联课程设计[①]、教学实践[②]与学业评价[③]，搭建了认知理论与教学经验的"交换区"。从无到有再到近5年来涌现了160多篇期刊论文和70多篇硕博论文，其成为物理教育的一个新的研究主题。另外，物理教育的长远发展也成了近几年的研究热点，其源起于招考改革所引发的社会关注。学者们分析了近几年高考和中考考试方案的调整对课程选择、教材选用和学生未来专业选择与就业倾向的影响，对未来一段时间里公众科学素质的提升和物理学科人才的培养表现出普遍忧虑。由此，与之相关的物理学习动机、学习态度、未来专业选择等的研究亟待系统的跟进。

五 小结与展望

从前面的发展回顾可以清晰地看到，我国中学物理教育在21世纪的前20年里发生了全局性的变革。这一变革以世纪之交的课程改革为引领，以师资水平的提升为基础，通过物理教育研究的带动，实现了教材、教学、评价等各方面的系统进展。

课程方面，初中和高中各已完成的两轮课程标准修订实现了从"双基"到"三维目标"再到"核心素养"的课程目标发展，特别是对于物理学科核心素养的凝练，为中学物理教育搭建了上位指导框架。再辅以对学业质量从初中到高中的连贯分级，有望真正统筹初、高中物理课程的学习内容和学习要求，确立起连贯一致的中学物理课程体系。教材方面，教科书紧紧围绕课程标准要求反复修订，并且配套的教师用书和教辅不断推陈出新，为课堂教学提供了依据和抓手。经历了近20年的各级培训，教师对课程和教材的理解在不断加深。在物理教育研究的支撑下，课堂教学设计已能更好地针对

---

① 郭玉英、姚建欣、张静：《整合与发展——科学课程中概念体系的建构及其学习进阶》，《课程·教材·教法》2013年第2期。

② 郭玉英、姚建欣：《基于核心素养学习进阶的科学教学设计》，《课程·教材·教法》2016年第11期。

③ 姚建欣、郭玉英：《为学生认知发展建模：学习进阶十年研究回顾及展望》，《教育学报》2014年第5期。

学情、落实目标、面向发展,并在大部分地区初步完成了从"教教材"向"用教材教"的转变,而且以项目式学习为代表的很多教学模式、学习活动的设计已经走在了现有课程教材的前面。课堂教学评价的改革已经初见成效,普通高中和普通高等学校招生考试也在各级教育行政部门的推动下持续改革。

在看到成绩的同时,也必须审慎应对物理教育的诸多潜在挑战。第一方面的挑战来自地区差异。我国地域广博,社会经济情况的差异导致地区间和地区内教育发展不平衡。在北京、上海等城市的中学物理师资已经实现硕士研究生为起点、博士研究生甚至博士后纷至沓来的时候,西部很多县级市甚至地级市的教育局局长还在为招揽"双一流"院校的本科生而东奔西走。在一线城市物理课堂中教学模式不断革新、先进设备持续配备的同时,缺乏教学指导和教学资源的乡村教师还需要向刘慈欣小说中那样想方设法、费尽心力地让学生记住物理学基础概念和基本规律。[①] 解决此问题,首先要贯彻落实国家教育均衡发展相关政策,还应鼓励物理教育研究者、课程教材专家、优秀教研员积极支持教育欠发达地区物理教师的专业发展,使各类讲座、培训和进修向他们倾斜,持续支持他们在职攻读学位。

第二方面的挑战是以物理学为代表的理科教育的弱化。许多西方国家正在苦恼的教育发展的"富贵病",即社会经济发展水平的提高往往伴随着理工科学习意愿下降和理工科学生数量减少(因为一般认为理科课程学习难度和强度较大而就业收益一般,而经济学、法学等的收益回报更为可期)。一些发达国家暂时还能靠引进其他国家的理工科人才来弥补缺口,但考虑到可能带来的国家安全、移民管理等多方面问题,美、英、澳等西方国家倾向于政策支持 STEM 教育。在我国,"未富先病"引发了许多专家学者的担忧[②],其导火索是一些省(区、市)试点的高考方案引发物理学科的"选考危机"(选考物理学生数量逐年断崖式下降)。而课程方案不断加大的选择

---

① 刘慈欣:《乡村教师——刘慈欣科幻自选集》,长江文艺出版社,2012。
② 朱邦芬:《为什么浙江省高考学生选考物理人数大幅下降值得担忧》,《物理》2017 年第 11 期。

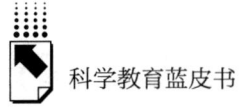

性又将"选考"的问题传导给了"选学",即由于选择不考物理等科目,在完成少量必修学时后就选择不再学习物理等课程。长此以往则可能带来理工科人才培养数量和培养水平的大幅下降,甚至全民科学素质的整体滑坡。为应对这一问题,在新高中课程方案分配必修学分时给予了倾斜,部分地区的高考方案也进行了调整。但教育行政的"努力"能在多大程度上逆转社会经济发展带来的趋势,需要教育社会学和物理教育研究者共同持续跟踪研讨。

中学物理课程的学习不是孤立的,而是横向上与数学、化学等相关学科紧密联系,纵向上贯穿小学至大学16年甚至更久的学习。因此,课程标准的跨学科内容的整合性和跨学段内容的连贯性还需进一步系统提升。此外,课程教学与升学考试的统筹也是需要从体制机制设计上解决的难题,再者,教材和教学对课程目标的达成在一定程度上也是永远在路上……先行研究是解决上述理论和实践问题的关键。虽然较20世纪而言物理教育研究已经取得了跨越式的发展,但第八轮课改带来的繁荣期过后,教育行政和科技主管部门对物理教育的关注程度下降,研究人员断层、招生指标不足、研究经费匮乏等问题在很多高等院校不断出现,这无疑是物理教育发展的又一隐忧。在期待支持的同时,继续加强国际学术协作和与一线教师的合作,是使我国物理教育研究不断发展的突破口,而对物理课程、教材、教学和评价的联动研究,则是我国物理教育研究不断深化的关键点。

B.6
中学地理教育发展报告

蔚东英*

摘　要： 地理学是研究地理环境以及人类活动与地理环境相互关系的科学。地理课程具有自然学科和社会学科的属性。2000年以来，随着我国第八次基础教育课程改革的实施，中学地理教育也发生了一系列变化。本报告以文献研究为基础，结合教育部公开资料和相关数据，围绕学科特点，详细剖析了自2000年到2018年，地理学科在课程标准、教材、教学方式、教具、考试及教师6个方面的发展变化。本报告期望通过对近20年地理学科进展的分析，进一步掌握学科特点，充分了解国家对地理学科的要求，把握当前现状及问题，促进对未来地理教育的发展。

关键词： 地理学科　师资　教材　教具　教学方式　考试评价

一　地理课程标准的变化

中学地理课程标准是国家对基础教育中地理课程的基本规范，是编写地理教材、进行地理教学及评价、地理考试命题的依据。地理课程标准体现了国家对7~12年级的学生在地理知识与技能、过程与方法、情感态度与价值

---

* 蔚东英，北京师范大学地理与可持续发展教育中心副主任，地理科学学部副教授，博士，博士生导师，研究方向为科学教育、环境与遗产解说、公园和保护区管理。

观等方面做出的不同水平的要求；对地理课程的性质、目标、内容框架做出规定，并提出了相应的地理教学和评价建议。

20世纪90年代末，我国启动了新一轮的课程改革，地理教学的指导性文件由地理教学大纲变为地理课程标准。自此，我国的地理课程的课程观、课程理念、课程目标、课程内容、评价方式等发生了变化（见图1）。

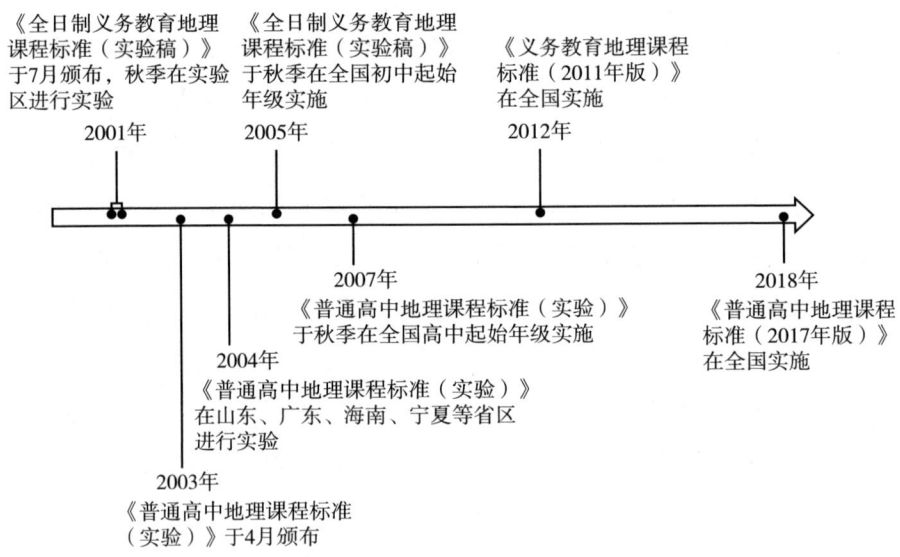

图1　2001~2018年课程标准实施时间

（一）课程设计理念的变化

教学大纲中的课程设计更多地从教学经验出发，相比之下，课程标准对课程的设计则有了教育教学及学科理论的支撑，并经过了较为理性的研究及调查。

20世纪90年代以来，我国开始地理课程研究。在地理课程的国际比较、地理学科最新进展研究、地理课程理论研究方面具有了一定的研究基础，为此次课程改革奠定了基础。此外，地理课程的编制工作，还对学生、教师、学校管理人员和学生家长等进行了大量实际调查研究，广泛听取意见，为地理课程的修订完善提供实践依据。

（二）课程观的变化

课程观是指人们对课程的理念、性质、目标、内容、实施及评价等的基本看法和认识。课程观对课程设计、编制及实施均有重要的指导意义，课程观不同，编制出的课程以及课程的实施是存在差异的。纵观国内外课程研究，课程观可主要分为三种类别：以学科为中心的课程观、以学生为中心的课程观、以社会为中心的课程观。① 学科中心课程观更加强调知识的系统性。地理教学大纲以学科中心课程观为指导，重视地理基础知识的落实。

地理课程标准体现了三种课程观的融合，坚持"以学生发展为中心、以社会需要为方向、以学科发展为基础"。其中"以学生发展为中心"是核心，坚持以"促进学生全面发展"为理念，地理课程不仅要传授地理知识，更加注重地理能力的培养和正确的情感态度价值观的养成，培养创新型、个性化、全面发展的人才。"以社会需要为方向"，也就是教育需要培养服务于社会进步、国家发展的人才。

其中《普通高中地理课程标准（2017年版）》进一步凝练了地理学科核心素养，即人地协调观、区域认知、综合思维和地理实践力。基于核心素养，明确了学生学习地理课程后应达成的必备品格和关键能力，这是对知识与技能、过程与方法、情感态度价值观三维目标进行整合。提出构建以地理学科核心素养为主导的地理课程，满足不同学生自身发展的需要；精选利于学生核心素养形成的课程内容，力求科学性、实践性、时代性的统一，满足学生现在和未来学习、工作、生活的需要。②

（三）课程目标的变化

在之前的地理教学大纲中，地理教育目标由地理知识、地理技能及能

---

① 钟启泉：《课程论》，教育科学出版社，2007，第68页。
② 中华人民共和国教育部：《普通高中地理课程标准（2017年版）》，人民教育出版社，2018，第1~4页。

力、德育三方面构成。但由于有关"地理技能及能力"和"德育"的评价不足，支撑该目标实现的方法体系较弱。因此，实际的地理教学中弱化了这两项目标的落实，仅将重点放在知识的传授。① 此外，因地理课程体系过分强调知识的确定性，实际教学中对于知识的教学相对机械和僵化。

课程标准不再把知识和技能视为固定的供人掌握和存储的东西，它强调知识和技能的本质在于学生在学习相应知识和技能中，进行批判性、创造性思维，并由此建构出新的意义。基于这种新的知识观，新课程的目标超越了知识技能取向，使学习过程成为知识、技能、价值观共同发展的过程。

地理课程标准从知识与技能、过程与方法、情感态度与价值观三个方面来阐述地理课程的目标。首先与教学大纲不同，课标明确了学生学习"过程与方法"的要求，并提出满足学生不同学习需要角度构建地理课程内容、问题探究及信息技术应用的学习方式、学习过程与学习结果评价相结合等，从而为地理课程目标的实现、学生地理素养全面培养提供具体的、多层次的、可操作的支撑。

而《普通高中地理课程标准（2017年版）》进一步明确提出了高中地理课程的总目标是"通过地理学科核心素养的培养，从地理教育的角度落实立德树人根本任务"。② 具体目标的陈述也围绕着四项地理核心素养展开，并表现出与高中课标（实验）的差异。如从人地协调观的角度正确认识人地关系，让学生树立"尊重自然、和谐发展"的态度；从综合的视角分析地理事物及地理现象，具有辩证思维；从空间－区域的视角，运用区域认知的方法认识不同尺度的区域；此外，与以往不同，更加强调了在真实情境下，进行地理考察、实验、调查等实践活动，从而解决实际问题。

---

① 王民：《课程标准与教学大纲对比分析　高中地理》，东北师范大学出版社，2005，第7~8页。
② 中华人民共和国教育部：《普通高中地理课程标准（2017年版）》，人民教育出版社，2018，第4页。

（四）课程内容的变化

1. 基础知识的变化

教学大纲和课程标准都重视基础知识的学习，但二者选择的"基础知识"主要在与实际生活的联系程度上有所差异。

教学大纲的基础知识强调地理科学的学科基础知识，力求知识的系统性、全面性。所谓系统性是以学科为本组织知识框架，按照地理学科逻辑对知识进行划分，以知识点的形式呈现出来，并体现出良好的逻辑关系。教学大纲的要求主要是"掌握比较系统的地理基础知识和基本技能"，从地理科学知识的角度，让学生不仅知道"是什么"，还要解释"为什么"。虽然教学大纲也提出知识的"应用"要求，但其更多的是应用地理科学知识解决地理科学问题。地理问题主要限制于教材、限制于课堂内，与学生的实际生活和社会实践存在较大的差距。

课程标准认为，地理课程不是脱离实际生活的，而是与现实世界有着紧密的联系。因此，地理课程要与社会生活相关联，通过回归生活，让学生在地理学习中，能够反思、体验、享受生活；在生活中，能够运用地理的视角看待问题，用地理知识、技能等解决问题，培养实践能力、环境意识和社会责任感。

课程标准中的"基础知识"，主要是从公民需要的角度来说的地理基础知识，力求"有用"、利于全面培养地理素养。课程标准坚持以学生发展为本，选择的课程知识是培养合格公民需要的知识、对学生生活有用的知识、对学生终身发展有用的知识、对社会发展有用的知识。内容标准的要点将知识、技能及其获得的过程和方法紧密结合起来。除了要求学生理解基础知识外，课程标准还特别强调知识的迁移运用，将所学运用到实际生活中，解决生产生活中的实际问题。[①] 课程标准的内容，还与

---

① 王民：《课程标准与教学大纲对比分析　高中地理》，东北师范大学出版社，2005，第8~9页。

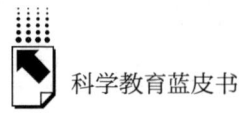

课程标准中的活动建议相配合,使其落实有更实际的操作性支撑。比如《普通高中地理课程标准(2017年版)》则以地理学科大概念为核心,更加明确提出地理教学注重真实情境的创设,解决实际问题,促进地理学科素养的落实。①

此外,随着信息技术和地理科学的发展,一些前沿的研究内容如地理信息技术的应用,逐步深入中学地理课程内容中。

2. 课程内容结构、类别及功能定位的变化

义务教育阶段的课程内容主题基本都是涉及地球与地图、世界地理、中国地理、乡土地理,但是从教学大纲到课程标准,其规定的课程内容难度有所降低。例如地形是内外力共同作用的结果等内容不再列入初中地理,而是作为高中地理课程的学习内容。

在高中地理课程中,2000年《全日制普通高级中学地理教学大纲(试用修订版)》规定,高中地理必修课内容为地理环境的基础知识和人地关系,选修课程内容为人文地理基础知识及中国国土整治和区域发展。

《普通高中地理课程标准(实验)》要求课程由共同必修课程与选修课程组成。必修课程涵盖了自然地理、人文地理和区域地理,选修课程涉及宇宙与地球、海洋地理、自然灾害与防治、旅游地理、城乡规划、环境保护、地理信息技术应用。

《普通高中地理课程标准(2017年版)》将课程类别调整为:必修课程,包括必修1"自然地理"和必修2"人文地理";选择性必修课程,包括选择性必修1"自然地理基础"、选择性必修2"区域发展"、选择性必修3"资源、环境与国家安全";选修课程,与实验版课标相比增加了"政治地理"和"地理野外实习",并将"宇宙与地球"改为"天文学基础"。各类课程与高考综合改革相衔接:必修课程,全修全考,促进学生全面发展;选择性必修课程,选修选考,是根据学生个性发展和升学考试

---

① 中华人民共和国教育部:《普通高中地理课程标准(2017年版)》,人民教育出版社,2018,第4页。

需要设置；选修课程是学生自主选择修习，学而不考，或学而备考，由学校统筹开设。①

（五）课程实施要求的变化

教学大纲提出的课程实施要求多为刚性要求，语言表述也多是"应当……""必须……"等命令式的。而课程标准提出的课程实施要求通常是在坚持一定原则的基础上，提出弹性要求，即是可选择的、建议性的、鼓励性的，语言表述常常是"尝试……""建议……"。较之大纲，课程标准还增加了"课程资源的利用与开发建议"，选择的范围更广，以保证课程的有效实施。

《普通高中地理课程标准（2017年版）》进一步强化了课程有效实施的制度建设，对课程实施的各个环节，对国家、省（区、市）、学校分别提出要求。增设了"条件保障"部分，对师资队伍建设、教学设施和经费保障等方面提出具体要求。并增设了"管理与监督"部分，强化各级教育行政部门和学校课程实施的责任。

在课程评价方面，教学大纲对学生的评价方式相对单一，注重学习结果的评价。而课程标准则要求在重视学习结果评价的同时，强调与过程评价结合，定性评价与定量评价相结合，教师要对学生进行必要的、及时的、适当的鼓励性评价和指导性评价；弱化评价的甄别和选拔功能。在评价内容方面，课程标准除了基础知识和基本能力的评价之外，强调评价学生的情感、态度、价值观的表现及变化，评价学生的批判性思考能力、实践能力等。

《普通高中地理课程标准（2017年版）》提出了学业质量标准，这是地理教学中阶段性评价、学业水平考试和升学考试命题的重要依据。地理学业质量标准分为4个水平，明确各个学科核心素养应该达到的标准及关键表现，引导教学更加注重学科核心素养的落实，以及立德树人根本目标的实现。具体评价方式方面，提出要关注表现形式评价和对学生的开展思维结构

---

① 中华人民共和国教育部：《普通高中地理课程标准（2017年版）》，人民教育出版社，2018，第3页。

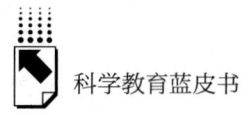

评价,并给出各项评价的具体操作方法、步骤以及具体示例,使课程评价更具操作性。此外,还对学业水平考试命题提出具体建议,要求准确把握地理学科核心素养与学业质量标准,构建测评框架,并提供具有实质内容的结果反馈,即对学生的表现及不足,予以解释和反馈[①]。

二 地理教科书的演变

地理教科书是组成地理教材的核心和基础。它既是学生学习的对象,又是教师教学的依据,在教学过程中起着重要的作用。

(一)版本增加

第八次课程改革以来,地理教科书无论是在内容方面还是在形式方面,都加快了与国际接轨的步伐。这一时期教科书体系与内容的调整取得了显著进展,地理教科书的印刷规格、开本等呈现百花齐放之态(见表1)。

表1 全国各省份使用地理课标教材的批次及年份

单位:个

新课改批次	起用课标教材年份	实行省份	新实行省份数量	合计
第一批	2004 秋	广东、山东、海南、宁夏	4	4
第二批	2005 秋	江苏	1	5
第三批	2006 秋	浙江、安徽、辽宁、福建、天津	5	10
第四批	2007 秋	湖南、吉林、陕西、黑龙江、北京	5	15
第五批	2008 秋	山西、江西、河南、新疆及新疆建设兵团	4	19
第六批	2009 秋	河北、湖北、云南、内蒙古	4	23
第七批	2010 秋	贵州、四川、重庆、甘肃、西藏	5	28
第八批	2011 秋	青海	1	29
第九批	2012 秋	广西	1	30

注:上海2001年开始课改试点,现已进入二期课改。截至目前,全国除港澳台地区,均已实行新课改。

[①] 中华人民共和国教育部:《普通高中地理课程标准(2017年版)》,人民教育出版社,2018,第39~50页。

以 2001 年颁布的《全日制义务教育地理课程标准（实验稿）》为依据展开的义务教育阶段地理教科书的立项和审查工作，一直持续到 2006 年，前后一共审查和通过了七套实验教科书，分别由人民教育出版社主持编写、出版（人教版）；湖南师范大学主持编写、湖南教育出版社出版（湘教版）；北京师范大学主持编写、中国地图出版社出版（中图版）；广东省教委主持编写、广东人民出版社出版（粤教版）；山东省教委主持编写、商务印书馆出版（鲁教版）；仁爱教育研究所主持编写、大象出版社出版（仁爱版）；山西省教委主持编写、山西教育出版社出版（晋教版）。

2004 年秋季，根据《普通高中地理课程标准（实验）》编写的四套高中地理教科书经教育部审定后正式进入实验区沿用至今，这四套教科书分别由人民教育出版社主持编写、出版（人教版）；湖南师范大学主持编写、湖南教育出版社出版（湘教版）；北京师范大学主持编写、中国地图出版社出版（中图版）；南京师范大学主持编写、山东教育出版社出版（鲁教版）。这些教科书每套均由三本必修与七本选修组成（见表2）。①

表2　全国各省份使用地理课本版本情况

序号	省份	高中地理教材版本	序号	省份	高中地理教材版本
1	广东	人教版、湘教版、中图版	12	吉林	人教版
2	山东	人教版、鲁教版、湘教版、中图版	13	陕西	人教版、湘教版、中图版
3	海南	人教版、中图版	14	黑龙江	湘教版
4	宁夏	湘教版	15	北京	人教版、中图版
5	江苏	人教版、鲁教版、湘教版	16	山西	人教版
6	浙江	湘教版	17	江西	中图版
7	安徽	人教版	18	新疆	人教版(08 中图版、湘教版)
8	辽宁	人教版	19	河南	人教版
9	福建	人教版	20	河北	人教版、湘教版
10	天津	人教版	21	湖北	人教版
11	湖南	湘教版	22	云南	鲁教版

---

① 朱雪梅、张蓓:《地理基础教育改革开放 40 年回顾与展望（连载四）中学地理教科书改革 40 年——从"一纲单本"到"一标多本"》，《中学地理教学参考》2018 年第 15 期。

续表

序号	省份	高中地理教材版本	序号	省份	高中地理教材版本
23	内蒙古	人教版	28	西藏	人教版
24	贵州	人教版、湘教版、中图版	29	青海	人教版
25	四川	人教版	30	广西	人教版
26	重庆	人教版、湘教版	31	上海	中图版
27	甘肃	人教版			

资料来源：各省份使用地理课本版本情况，https://wenku.baidu.com/view/ca42c705f12d2af90242e6cd.html。

（二）教材体例多元

首先，不同版本地理教材，每节都设计编排有不同的栏目类型，丰富了教材编写形式。如人教版教材每节设计编排的栏目主要有阅读、案例、读图思考、活动等。湘教版教材每节设计编排的教材栏目不多，仅设置阅读、活动两大类，版面简洁。中图版教材每节设计编排的教材栏目是新课程地理教材中最丰富的，数量多、类型全，主要栏目有探索、学习指南、知识链接、名词链接、阅读、思考、活动、讨论、实验、读表、读图练习、案例研究、复习题等。鲁教版教材每节设计编排的教材栏目比较简明，每节安排的主要栏目有情境问题、知识窗、活动等。

其次，不同版本地理教材每节同一类型、相同功能的栏目具体名称各不一样，而且不同版本地理教材每节具体栏目数量不一，可分为阅读类、思考类、操作表达类栏目等。主要是通过选取阅读材料，对正文知识予以举例、解释、扩展和深化，努力体现课程标准对教科书"教学内容的安排应具有层次和一定的弹性"，以"满足学生不同的地理学习需要"的要求。其在人教版中的名称为阅读、案例，在湘教版中仍为阅读，在中图版中为阅读、学习指南、知识链接、名词链接，在鲁教版中为知识窗。思考类栏目着重培养学生地理思维能力，引导学生对课文中的文字内容和图像、表格内容做进一步的探究，为学生的思考指示方向，其在人教版中的名称为读图思考，在湘教版中为活动思考，在中图版中为思考和复习题，在鲁教版中为活动。操作表达类栏目主要在于为学生自主学习提供条件，其在人教版中的名称为活动，在湘教版中为活动探究、活动实践，在中图版中为探索、实验、读图、读表、活动、讨论、案例研究，在鲁教版中为活动、情境问题。

（三）教育技术与教材互补

根据教学目标和教学对象的特点，通过教学设计，合理选择和运用现代教学媒体，并与传统教学手段有机组合，共同参与教学全过程，以多种媒体信息作用于学生，形成合理的教学过程结构，达到最优的教学效果。

高中4个版本的地理教材都配套开发了教师教学用书、地理图册、地理教学挂图、地理课外读物、多媒体资源库等教学资源。[①] 多媒体资源库以光盘的形式附在教学参考书后面，为教师提供教学上的实用帮助，主要内容包括课件PPT、教材图片等。从2014年起，有些教材还配套研制了数字教材与微课视频等。

三 地理课堂教学的情况

（一）义务教育学段

1.《全日制义务教育地理课程标准(实验稿)》使用期间

在《全日制义务教育地理课程标准（实验稿）》的"实施建议"中，课标强调地理教学要突出地理学科特点，运用多种教学方式、方法和教学手段，重视创新精神和实践能力的培养。在教学方式的选取上，要突出地理学的"地域性"和"综合性"特征。地理教学要突出地理事物的空间差异和空间联系，强调地理因素之间的相互作用，特别是自然因素和人文因素对地理现象和地理过程的综合影响，引导学生从不同角度看待地理现象和问题，

[①] 朱雪梅、张蓓：《地理基础教育改革开放40年回顾与展望（连载四）中学地理教科书改革40年——从"一纲单本"到"一标多本"》，《中学地理教学参考》2018年第15期。

逐步形成对地理事物的"地域性"和"综合性"特征的认识。

按照课标要求，这个阶段我国基础教育地理课程教学方式主要是根据教学内容的特点、学生年龄特征和学校条件，选择不同的地理教学方式方法。例如，在学习"中国的河流"一课时，就可以以"问题组"的方式设计教学。从学情来看，初中地理已经全部学完，从前学过的基础知识会有不同程度的遗忘，像河流的基本概况（如发源地、注入地、支流、城市）等基本的认知，需要重新落实。学生虽然都学过，但对于知识的把握不够系统，所以为学生提供思维导图，帮助他们较高效地记忆。为了帮助学生建立知识体系，计划在训练展示课为学生建立知识体系，明确地形、气候、土壤、植被等对河流水文特征的影响，进而分析对社会经济发展的影响，通过复习，帮助学生提升对知识的理解深度，深刻体会自然界各地理要素并不是孤立存在的，准确并熟练地把握各地理要素之间的关系。问题可以是：①通过读河流流量年变化曲线图，并据图分析汛期和枯水期的特点。观察并思考：东北地区松花江一年出现几次汛期，请解释为什么？——要求学生能够说出春汛夏汛产生的原因。②分析比较我国外流河、内流河水文特征的差异及其形成原因。设计思维导图让学生填空分析水文特征的成因。③分析比较我国外流河、内流河水文特征的差异及其形成原因。设计表格：内外流河的水文特征对比表格、北方地区和南方地区的水文特征对比表格。

这一时期我国基础教育地理课程教学开始重视地理教学信息资源和多媒体的利用，特别是地图这一工具。不管是使用地图搜集信息，还是绘制简单的地图，都能提升学生的能力。很多有条件的学校，开始探索地理教室的建设，地理教室作为一个地理数字教学资源的集合体，能够提供多种地理信息资源给老师和学生运用，包括大比例尺的地图、3D地图、数字星球等。

同时，这一时期我国基础教育地理课程教学也开始重视培养创新精神和实践能力。在地理教学中培养学生的创新精神，为学生创造宽松的学习环境，爱护和培养学生的学习兴趣，增强地理教学的开放性，鼓励学生对所学地理内容提出自己的看法，保证教学的弹性，为学生自主学习提供条件。开始重视开展地理实践活动，特别是野外考察，能够使学生亲身体验地理知识产生的过程，增强学生地理实践的能力。比如涉及旅游区的规划设计，课标要求：初步学会对旅游景区的景点、交通和服务设施进行规划设计。在北京的老师可以利用北京的资源进行野外考察：①通过组织学生考察南锣鼓巷，绘制街区示意图，感受人流、店铺、道路和重点景点价值等状况，初步发现该景区存在的一些问题；②依据以上认识，列举出南锣鼓巷景区中的问题，并进行归类，概括出影响旅游区发展的主要问题；③针对以上主要问题，小组合作，分组讨论，提出改进措施；④在以上分析过程和知识获得基础上，教师引导学生概括、提炼景区规划应注意的主要原则，并能够迁移应用。

2. 《义务教育地理课程标准(2011版)》使用期间

根据课程标准要求，这一阶段，我国基础教育地理课程教学方式在继承前十年的部分教学方式之外，有了新的变化。依然强调要根据教学目标、教学内容特点、学生年龄特征、学校条件以及教师自身特质选择合适的地理教学方式，注意运用多样化的教学方法，帮助学生学会学习。更加坚持启发式教学原则，更加提倡探究式学习，培养学生的探究意识，引导和鼓励学生独立思考、自主学习，体验解决地理问题的过程，逐步掌握分析和解决地理问题的方法。重视地理信息载体的运用。地理图像、地理视频以及计算机网络都承载了大量的地理信息，教师要充分利用这些地理信息载体，丰富课程内容，优化教学活动。教师更加看重帮助学生掌握阅读、观察地理图像的基本方法，逐步发展学生从地理图像中获取地理信息的能力以及利用图像说明地理问题的能力。部分学校开始利用地理信息资源和信息技术手段，优化和丰富地理教学活动，促进学生学习方式的转变。例如，有条件的学校，利用计算机网络资源进行有关地域文化、区域旅游业发展等方面内容的教学，指导学生确定学习的主题，在网络上搜集相关的数据、文字、地图、图片、音乐、视频等资料，并进行取舍、整理、归纳，按照学生自己喜爱的方式制作以多媒体为载体的作品，并在班级内展示、交流。

这一时期，我国基础教育地理课程教学依然关注培养创新意识和实践能

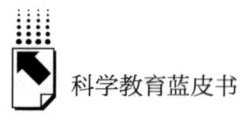

力，鼓励学生大胆质疑并提出自己的观点、看法，为学生自主学习营造宽松的学习环境。更多地区积极地开展地理实践活动，增强学生的地理实践能力。例如，在讲黄河的时候，可以提出一些和常理认知有冲突的创新认识，问题一：黄河一直都这么浑浊吗？问题二：黄河是怎么变浑浊的？问题三：变浑浊之后的黄河对沿岸有哪些影响？问题四：黄河现在是在变清还是变浑？有什么坏处？让学生们辩证地思考问题，以培养创新意识。

（二）普通高中学段

1. 《普通高中地理课程标准(实验)》使用期间

这一时期，我国基础教育地理课程教学方式由注入主义转变为尊重学习者的自我活动。注意对培养主体性、创造性以及合作精神等教学方法的研究，如探究式教学、研究性教学、案例教学、个性化教学、可持续发展教育等。2003年4月颁布的《普通高中地理课程标准（实验）》明确指出：选择多种多样的地理教学方式、方法，即根据教学内容的特点、学生年龄特征和学校条件，选择地理课程的教学方式、方法，有针对性地使用探究式、讨论式、体验式、讲授式、研究式、小组学习、合作学习、实践活动、案例法、多媒体教学法等多样化的教学方式、方法，帮助学生掌握基本地理事实、概念和技能，增强地理学习能力，形成正确的态度、情感和价值观。

（1）重视使用探究式教学方法

探究式教学方法是一种独具特色的教学方法，它以培养学生探究性思维为目标，教师在学生学习概念或原理时，只给他们一些事实事例和问题，让学生自己阅读材料，独立探索，自行去发现问题、分析问题和解决问题，从而获得知识，并培养发明创造能力的一种方法。在教学过程中，教师应在概念领域内，充分利用新奇、怀疑、困难、矛盾等引起学生的思维冲突，促进学生自己动脑去发现探索，对所发现问题和探索的结论由学生自己去做。此种教学方法使教师的角色发生根本转变，教师的作用只是提供一个可供学生探究的情景，而不是事先准备齐全的知识。

在探究式教学中，教师的教学方式与学生的学习方式是相互对应、相辅相成的，教师的教学服务于学生的学习，学是教的出发点，要求学生改变学习方式，必然要求教师改变教学方式。而改变教师的教学方式和学生的学习方式，正是倡导探究式学习的双重目的。因此，在探究式教学法中，教师的教与学生的学都产生了转变，教师的教变成了对学生的引导，而学生的学则是探究式教学所强调的重点。

（2）重视使用案例教学法

这个时期我国基础教育地理课程教学也开始重视案例教学法。案例教学在普通教育学中的运用，虽远不如在法学、医学、管理学等领域普遍和成熟，但在教师职业教育的尝试日益增多，在普通教育学科教学的探索正方兴未艾。比如在讲主要的交通运输方式和布局一课时，除了讲传统的五大交通方式之外，结合案例是更多老师的选择，尤其是乡土资源，当地的铁路、港口等。给出具体案例：我国时速达400公里的京沪高铁于2010年11月15日铺轨完成，于2011年6月通车，2011年2月20日，新一代高速动车组和时速400公里的高速综合检测列车在京沪高铁上海段上"试跑"，结合课本南昆铁路的案例分析，为什么选在京沪高铁上"试跑"？让学生在解决具体问题中，学会从自然、社会、技术的不同角度分析这一类问题。自然：位于平原地区，地形平坦，有利于高铁建设。社会经济：位于东部沿海地区，经济发达，有利于经济发展；连接了中国两特大城市，有利于两地经济文化交流；位于人口稠密区，劳动力充足；原有交通运输方式不能满足客运需求。技术因素：沿线科技发达，技术条件优越。

（3）重视使用小组合作法

这一时期，我国基础教育地理教学也重视小组合作学习。现代科学技术的每一步发展，已离不开科技人员之间的通力合作。人文社会科学每一个新思想的迸发也是人类思想高度交流的结果。因此，乐于合作、善于合作已经成为知识经济时代人们社会生活的重要基石。终身学习、合作学习已成为当今人的发展的重要理念。基础教育新改革所倡导的学习方式的转变，合作学习便是其一。

2.《普通高中地理课程标准（2017年版）》使用期间

随着时代的发展，素质教育改革逐渐深入，2003版高中课程标准已经不能满足现代教学的需要。自新课标颁布以来，我国基础教育地理课程的教学方式也发生了巨大的变化。培养目标从三维目标转换为核心素养，与之匹配的教学方式也发生了相应的变化。学生地理核心素养的培养，是通过地理教师与学生互动的地理教学过程实现的。这个时期可以说是我国高中地理教学方式转型与探索的时期。

（1）使用情境教学

帮助学生习得地理核心素养主要有三个方法：将地理知识生活化、将地理知识结构化以及将地理知识和学习过程相联系。其中将地理知识生活化要求我们"将知识回归到真实的生活情境""将知识回归到具体的问题情境""概念框架情境中""力避知识干涸化"。地理情境有利于让学生身临其境地在解决地理问题的过程中习得能力，往远了说，比如雄安新区的设立，实事求是地给出雄安新区的自然地理资料和人文地理资料，再给出浦东、深圳的资料，给出京津冀的发展近况，包括一体化遇到的问题，包括非首都核心功能的转移，没有固定答案，让学生思考为什么选择雄安地区作为新区，给出保定的地理位置及区位条件，思考为什么不选择保定作为新区，思考北京应该把哪些单位迁到雄安。往近了说，把自己学校的地图画出来，每一栋教学楼、宿舍楼，包括食堂、厕所、超市、运动场，然后开始规划，高一的学生在哪栋楼学习、哪栋楼住宿，高二的、高三的类似，办公室设置在哪里，行政区设置在哪里。这样的地理情境是真实的、复杂的，却是真正有意义的，不是一些高高在上的空知识，通过这样的地理情境，学生能慢慢学会在生活中学习地理、运用地理，形成终身有用的地理素养。

情境是一个具体的学习环境，它包括一些基本的要素，地理情境和情境在内涵上保持一致性。目前国内大部分学者和一线的地理教研人员，对地理情境设计的理解还是模糊的、有误的。相当一部分地理教研人员认为地理情境设计就是每一章每一节的一个问题导入，更有甚者认为地理情境就是一个模拟的假设的问题设定。比如说某省高考题的题设：给出一幅地图，告知其周边的基础设施或者工业用地或者农业用地，再在南面画一条河流，西边画一座山，问化肥厂的位置应该选在哪里。这是地理情境吗？其实不是。又比如某教科书的导论：给出中国九大都市区的位置和GDP，要求学生分析其中三个都市区的区位优势和劣势。这是地理情境吗？其实也不是。地理情境设计的原则是有时间、有空间、有情节、有问题。

（2）注重地理实践

这一时期我国基础教育地理课程教学方式更加重视实践，以落实地理实践力等核心素养的培养。老师们所采用的地理实践活动主要包括户外考察、社会调查、模拟实验三个方面，目标是拓展地理学习途径，增强地理学习的现实感、立体感和主体感。

（3）深化信息技术的应用

借助教育技术的飞速发展，这一时期我国基础教育地理课程教学方式深化了对信息技术的应用。地理教学在将信息技术作为展示手段的常规使用基础上，将改革的重点转到如何利用信息技术，形成以学习者为中心的学习方式，为学生提供自主学习、探究学习和合作学习的开放空间，最终促进地理学习的拓展和深入。具体方式有基于网络的项目学习、基于全媒体资源的探究学习、基于大数据的模拟学习、基于即时反馈的互动学习、基于真实地理情境的体验学习、基于虚拟现实技术（VR）及增强现实技术（AR）的学习等。

四 地理课程教具的演变及分析

《义务教育地理课程标准》和《全日制普通高中地理课程标准（2017年版）》是我国中学地理教学的根本依据。《义务教育地理课程标准》明确将图表绘制、学具制作作为地理实践的内容。在课程目标"知识与技能"的要求中，提到"掌握阅读和使用地球仪、地图的基本技能；掌握简单的地理观测、地理实验等技能"。课程标准的活动建议中也明确提出了制作简易地球仪模型，利用泡沫塑料、沙土等制作地形模型、拼图等制作要求。

《全日制普通高中地理课程标准（2017年版）》提出要培养学生地理实践力，并在实施建议中强调通过户外考察活动和实验活动等方式加强地理实践。这使中学地理教学对教具有着较大的需求。

为落实地理课程标准中要求的课程目标，在部分地理内容借助地理教具合理的前提下，地理教具能够提高地理教学的有效性及教学效率，降低学生的认知难度。基于此，以中国知网为数据来源，对我国进入21世纪以来中学地理教具的发展和使用进行梳理。

（一）教具数量的变化

基于中国专利数据库（知网版）的923件专利发表年份进行统计，结果发现2000年以来，我国公开的地理教具专利数量总体呈现增加趋势，并且2000～2009年，每年公开的专利数量都不超过30件，而2010年至今，每年公开的专利数量都在40件以上，增加趋势也更明显（见图2）。可见我国越来越关注并积极地进行地理教具的开发。

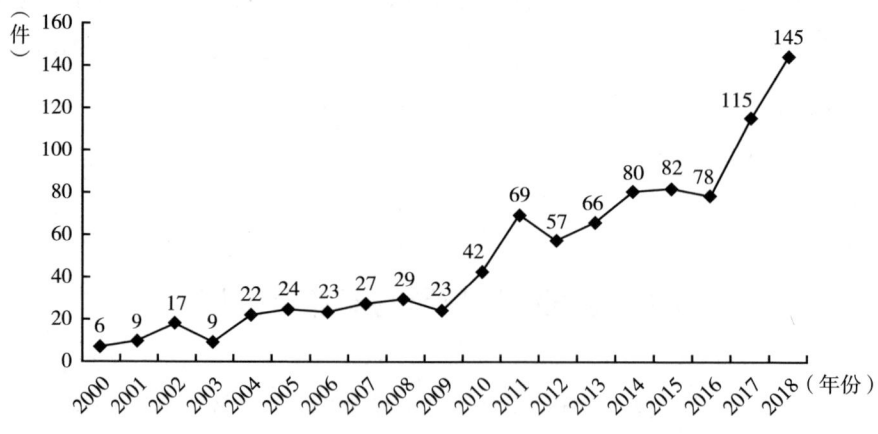

图2　2000年来中国中学地理教具专利公开数量变化

（二）教具主题的特点

为了明确2000年以来公开的地理教具专利的主要主题，利用NLPIR语义智能分析平台对所有获得的专利的名称进行分词,并使用 Excel 对分词结果进行统计。

专利名称中的名词是对教具主题最直观的体现。因此排除"教具""地理"等普遍共有名词后,对分词结果中的名词进行统计,并将所有出现频率大于等于 3 次的名词汇总如表 3 所示。

表3 2000年来中国公开的中学地理教具专利名称中的名词统计

单位:次

名词	词频	名词	词频	名词	词频	名词	词频	名词	词频
地球仪	304	中国	11	功能	7	黄河	5	气象	4	时间	3
地球	106	时区	11	运动	7	原理	5	组合	4	过程	3
地图	89	成因	10	文具	7	长江	5	宇宙	4	文科	3
模型	88	拼图	16	音乐	6	构造	5	地震	4	工具	3
太阳	47	磁	10	角度	6	轨迹	5	天文	4	星	3
智能	34	物理	10	网络	6	磁性	5	光照	4	板块	3
月相	32	钟表	10	卫星	6	天球仪	5	AR	4	电子	3
系统	21	信息	10	地形图	6	沙盘	5	月食	3	讲台	3
地貌	19	图板	9	实验	6	影	5	温室	3	太阳能	3
等高线	19	海	9	长短	6	淮河	5	图片	3	金属	3
昼夜	19	地质	9	磁悬浮	6	趣味	5	星座	3	特征	3
世界	19	水	9	行星	6	三星	5	矿物	3	投影	3
天体	16	气候	8	地形	6	月亮	4	标本	3		
动态	14	太阳系	8	岩石	5	距离	4	现象	3		
月球	12	四季	8	时空	5	螺旋	4	人机	3		
仪器	12	设备	8	珠江	5	恒星	4	日晷	3		
玩具	11	挂图	7	语音	5	平台	4	流水	3		

虽然名词是对教具主题最直观的体现,却不能完全反映每个教具的主题,因为有的专利名称中还包含其他词语使其主题更明确。动词也是地理教具专利名称中常见的词语,例如"自转""公转"。因此,也对专利名称中的动词进行统计,并且在统计的过程中排除"应用"等普遍共有动词。所有出现频率大于等于 3 次的动词汇总如表 4 所示。

表4 2000年来中国公开的中学地理教具专利名称中的动词统计

单位：次

动词	词频	动词	词频	动词	词频	动词	词频	动词	词频	动词	词频
演示	259	变化	16	折叠	6	观察	5	支撑	4	分布	3
运动	40	运行	15	发光	6	扩展	5	发声	4	实践	3
公转	38	具有	14	形成	6	充气	4	教育	4	检测	3
自转	35	显示	13	悬挂	6	改进	4	测绘	3	填充	3
展示	35	旋转	12	循环	6	互动	4	回归	3	转动	3
模拟	20	辅助	9	直射	5	遥控	4	观测	3	升降	3
测量	17	投影	8	活动	5	绘制	4	固定	3	触摸	3
实验	17	探究	7	组合	5	同步	4	发展	3	移动	3

结合表3、表4可以发现，2000年以来，我国公开的地理教具专利的主题以自然地理为主。而且"地球""太阳""月相""地貌""等高线""天体""月球""地质""气候""四季"等自然地理类名词，以及"运动""自转""公转"等与自然地理现象相关的动词在专利名称中经常出现，而与人文地理相关的名词和动词几乎没有，说明自然地理类教具是我国地理教具开发的主要关注点。此外，在自然地理类教具中，与地球和其他天体运动及其产生现象相关的教具又占了很大比例，表3中相关的名词就出现了至少283次。

（三）教具类型及专利

中学地理教具可以分为地理模型、地理图像及其展示设备、地理观测仪器、地理实验仪器、地理标本、地理综合教学平台，还有地理文具或玩具。对检索到的923件中学地理教具专利进行分类统计，得到如图3所示结果。

从图3可以发现，2000年以来，我国开发的地理教具种类丰富。每种类型的教具都有所开发。不过对于不同类型地理教具的开发数量差别较大。对根据专利名称明确判断其类型的教具进行统计，地理模型类大约占67%，地理图像及其展示装置大约占14%，地理实验仪器类大约占5%，地理观测设备和文具或玩具类则更少，分别大约占3%和2%，整合了多种地理教具的综合平台只有1%，而地理标本最少，只有3件。

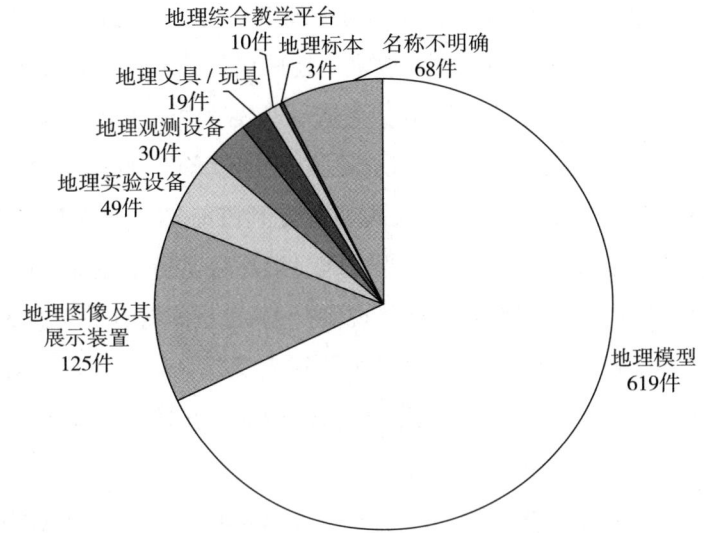

图3　2000年来中国公开的中学地理教具专利的类型

1. 教具类型多样

（1）地理模型

地理模型是各种地理事物的真实缩影，其优点是可以在一定程度上突破时空限制，把遥远的地理事物搬到课堂，使无法在真实世界中看到全貌的地理事物能够尽收眼底，从而容易使教学更加直观、形象，在激发学生学习兴趣的同时，也帮助学生理解宏观地理事物和现象。

作为所占比重最大的地理模型，也具有多种多样的主题。对专利名称中有明确表示主题的地理模型进行统计，得到如表5所示结果。

表5　2000年来中国公开的中学地理模型专利的主题

单位：次

主题	词频	主题	词频	主题	词频	主题	词频	主题	词频	主题	词频
地球仪	293	河流	20	等高线	11	地形	9	日月食	6	水循环	4
地球运动	45	地貌	19	行星	11	晨昏	8	三球仪	5	板块	3
公转	34	天体	16	太阳系	10	气候	7	三星	5	气压带	2
自转	32	日地月	15	时区	9	四季	6	双球	4	其他	45

169

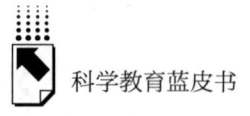

由表 5 可知，2000 年以来，我国对地理模型的开发具有以下特点。

首先，重视对地球仪的开发和改进。地球仪是人们仿照地球形状，按照一定比例缩小，制作的地球的模型。它是地理教学中学生认识地球形状、地球表面海陆分布、地球自转、纬度及方位等地理知识的重要工具。因此，2000 年以来，公开的教学用地球仪的相关专利就有至少 293 件。教具开发者通过改良结构或外观、增加功能等方式对地球仪进行了更深入的开发或改进，使其更方便教学。而近年来增强现实（AR）技术等计算机技术的发展，为开发有更具良好交互性的地球仪提供了很大支持。目前，AR 技术已经被应用到地球仪的开发上，并出现了手机扫描后就会在屏幕上显示不同主题的地图，以及可以进行交互的 AR 地球仪。

其次，重视地球及其他天体运动模型。地球运动及其带来的现象、其他行星的运动及相关现象是中学地理的重要学习内容，但是也由于空间性较强，是中学生在地理学习中最大的难点之一。因此，地球及其他天体运动的地理模型的开发，成为 2000 年以来我国地理教具开发中的重要关注点。对地理模型的专利名称进行统计，发现明确包含与地球或其他天体运动相关的词语就有至少 197 件。其中常见的相关模型有行星运动轨迹模型、地球运动演示模型、晨昏线演示模型等。

再次，重视地形地貌模型。在现实生活中，地形、地貌由于范围大，难以被方便地全面观察。借助制作地形、地貌模型，可以快速了解不同地形、不同地貌的特征。此外，由于空间性和抽象性较强，等高线的绘制与识读是中学教学的一个难点。开发帮助学生理解等高线如何绘制和反映地形、地貌特征的展示模型，同样受到关注。

最后，主题多样化。中学地理内容丰富，为了满足地理教师的教学需求，我国开发的地理模型除了地球仪、地球及其他天体运动模型、地形地貌模型外，还包括地质模型，如板块活动展示装置、演示地球沙化的教具；水循环过程模型，如模拟自然界水循环的教具、长江水循环模型；洋流模型，如世界风向与洋流模式教学展板；气候模型，如世界气候类型演示教具；还有潮汐、温室效应等主题模型。但是，这些模型的开发数量不多，缺少可选择性。

(2) 地理图像及其展示设备

地理图像包括各种地图挂图、拼图、展示地理景观的图像卡片等，在地理教学中有着十分广泛的应用。地图挂图能在教学中帮助教师展示地理事物的位置、分布特征等，帮助学生认识世界和各个地区，是重要的教具。拼图在教师教学行政区域的划分、大洲划分、板块划分时，能够帮助学生识记不同区域轮廓和相邻关系的教具，因为其趣味性而被经常使用。另外，展示地理景观的图像卡片能够帮助学生认识不同地理事物的特征。例如有教师讲"植被与自然环境"时，就自制了印有不同地区典型植被的卡片分发给学生，让学生将其按照生存所在的区域进行分类，从而帮助学生认识植被与自然环境的关系。对于一些地图或其他地理图像，还需要辅助的展示设备，例如专门展示这些图像的灯箱。

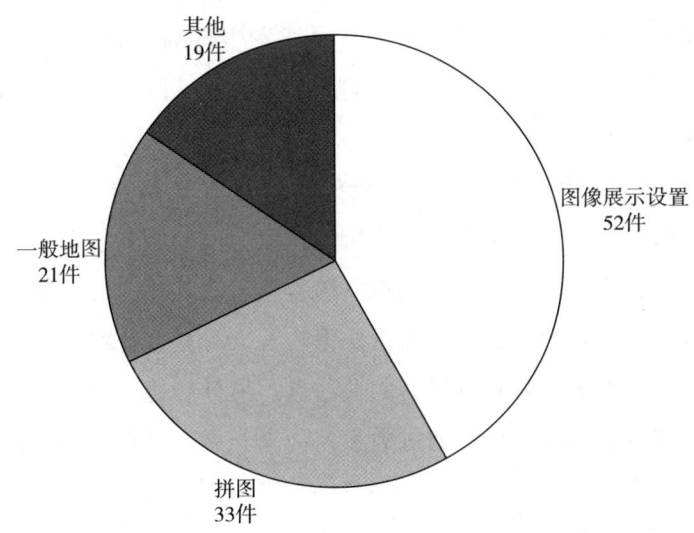

图4 2000年来中国的中学地理图像及其展示设备的分类统计

2000年以来，我国公开的此类教具的专利共125件。对此类教具再进行更具体的分类统计，如图4所示。可以发现，用于展示地理图像的装置占了很大的一部分，约为42%。这些装置主要通过融合不同配件，从而具有更实用的功能，例如为更方便地悬挂中大型的地理教材图纸的升降式地理挂图器、能够一次性挂上多张图纸的旋转式地理教学挂图装置，还有集合了LED灯、平板地图、触摸显示屏的地图展板等。

拼图教具的开发主要围绕知识内容，如世界地图、中国地图、大洋洲地理知识拼图；还有围绕拼图拼凑方式、图像展现方式等功能性特征进行开发，例如磁力拼图、结合AR技术的全息立体拼图。

对于一般地图，开发者则主要在表现形式上进行创新，如添加发光装置、发声装置等开发出的定点发光世界地图、发光发声的地图教具等。目的是使地图能够更直观地、更丰富地展现地理知识。此外，交互技术也被使用到地图教具中，出现了触摸式多功能教学地图。

（3）地理实验设备

地理实践是支持学生地理学科核心素养发展的重要手段。其中实验是重要的地理实践方式。对于发生、发展缓慢或发生范围十分广阔的地理现象，地理实验可以将漫长的、大范围的地理过程在短时间和小空间内模拟出来，使学生有一个直观的了解。

2000年以来，我国开发了一定数量的地理实验仪器，并且类型多样，包括太阳高度角变化与日影和地表热量变化模拟实验装置、温室效应实验装置、地转偏向力实验装置、洋流模拟实验装置、海陆热力性质探究实验装置等，但是月相变化模拟实验装置所占比重较大，月相变化对学生空间思维要求高，难掌握，而成为教具开发者的关注点。另外，也出现了基于AR技术的教学用模拟实验设备，可以通过数字软件来开展地理现象的实验探究。具体统计如图5所示。

（4）地理观测设备

观测是地理学习和实践必不可少的活动。中学地理观测活动主要有方位观察，太阳高度角测量，月相等天文现象观测，对气温、风等气象要素的观测，植被观察等。其中许多观测活动需要有相应设备的支持。

2000年以来，开发的中学地理观测设备不多，相关专利仅有30件（见

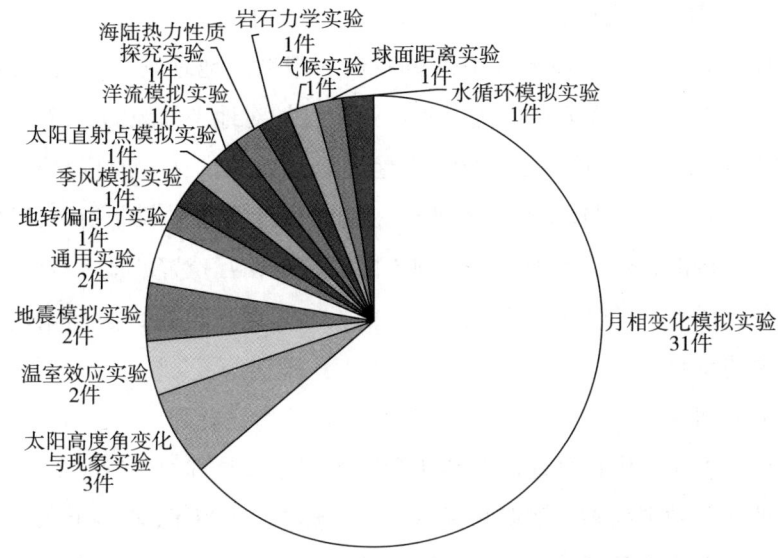

图 5　2000 年来中国的中学地理实验仪器的分类统计

图6），集中于太阳高度观测及其他天文现象观测、气象观测、方位观测和矿物探测方面。

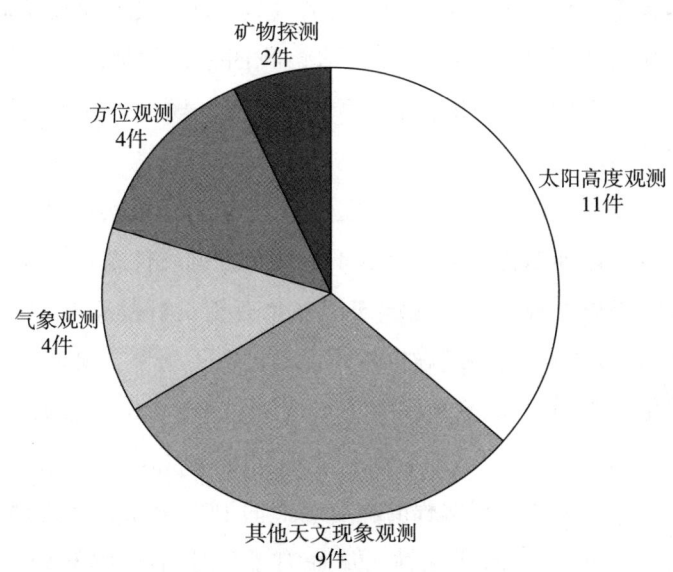

图 6　2000 年来中国的中学地理观测设备的分类统计

(5) 地理文具或玩具

地理文具能够为地理教学提供更专业的帮助。地理玩具则可以寓教于乐，帮助学生在使用玩具的有趣过程中逐渐增加对地理知识的了解。

2000年以来，我国开发的与中学地理教学相关的文具或玩具较少，仅有18件。其中，地理教学用尺有8件，例如设计有水平仪、指南针和经纬坐标系，以帮助找到正水平面、辨别方向和判定相互位置的地理教学用多用尺。另外，还有帮助学生认识地图、理解天气变化、四季变化、潮汐变化等地理现象的玩具。

(6) 地理标本

地理标本是指供地理课观摩和研究所用的经过整理而保持原形的实物样品。地理标本种类很多，如矿物标本、岩石标本、土壤标本、植物标本、动物标本及工农业产品的标本等。运用地理标本进行直观教学，可以帮助学生获得形象的、立体的地理观念，有助于地理概念的形成。但是2000年以来，我国公开的地理标本的相关专利很少，仅有3件对岩石标本盒的改进设计。

(7) 地理综合教学平台

地理综合教学平台集合了不同类型的教具，从而能够呈现不同的知识和进行更综合性的地理教学。2000年以来，我国公开的地理综合教学平台专利也不多，仅有10件。例如综合了桌体、地图、模型，以方便教学的自然地理教学用讲桌。

随着增强现实（AR）、虚拟现实（VR）和混合现实（MR）等现代信息技术的发展，地理综合教学平台也不只是单纯的硬件组合，开始集合相关技术，从而能够更直观地呈现地理知识并具有更良好的交互性。例如，VR设备小型化为开发相应的地理虚拟教学设备创造了条件，出现了依托桌面级便携式一体化虚拟现实设备，深度集成VR、AR、MR等多种技术的地理VR教学系统，它能够将地球和地图、陆地和海洋、天气与气候、人口与宗教、国家和地区等中学地理课程的教学难点直观、全景、高清地呈现出来，并且也能够具有更良好的交互性，从而有益于学生理解知识和增加学习兴趣。

2. 专利类型中发明专利比例低

我国专利分为发明专利、实用新型专利和外观设计专利。发明是指对产品、方法或者其改进所提出的新的技术方案。实用新型是指对产品的形状、构造或者其结合所提出的适于实用的新的技术方案。实用新型的技术方案更注重实用性，其技术水平较发明而言，要低一些。外观设计则是指对产品的形状、图案或其结合以及色彩与形状、图案的结合所做出的富有美感并适于工业应用的新设计。

对2000年以来公开的中学地理教具专利类型进行统计（见图7），可以发现，对教具进行实用性改造的实用新型专利占比最大，为71%。对技术水平和创新性要求更高的发明专利则要少很多，只有23%。另外，还有一部分是从外观上给予教具新的设计。

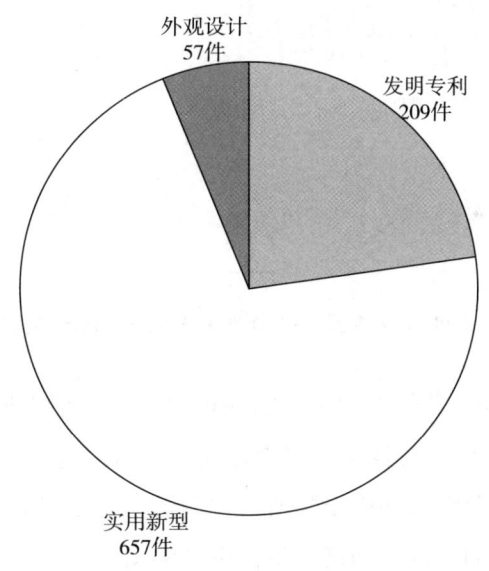

图7 2000年来中国的中学地理教具的专利类型构成

3. 专利申请人以个人为主

专利申请人是向专利局提出就某一发明或设计取得专利请求的当事人。当发明人或设计人，依照企业要求完成本职工作后或者利用企业的资源完成发明专利、实用新型、外观设计时，申请人为所在企业。当发明人或设计人，依照自身资源完成的专利发明、实用新型、外观设计时，申请人属于个人。对923件专利的申请人的统计如图8所示，可以发现2000年以来对中学地理教具的开发和改进以个人独立进行为主。从事教学设备开发和生产的公司、高等院校对中学地理教具开发和改进也给予了较大支持。中学虽然是地理教具的重要使用者，但以中学为申请人的专利却不多。

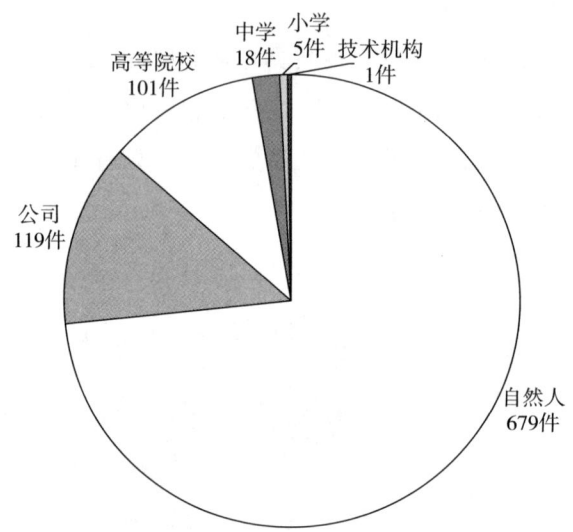

图8　2000年来中国的中学地理教具的专利申请人构成

对2000年以来，获得发明专利的地理教具的申请人做进一步统计（见图9）。从中可以看出在对技术水平要求更高的发明上，从事教学设备开发和生产的公司、高等院校和中小学所占比例增大，说明对中学地理教具更深层次和更具创新性的开发得到这些单位更多的支持。

4. 关于中国地理教具的展望

（1）丰富不同主题和不同类型教具的数量

中学地理学习内容的主题多样，但针对不同主题内容的地理教具比例和数量相差较大。地球运动及其地理意义的知识是中学地理教学的难点，地理教育开发者给予了更大的侧重，其他主题关注度不够，这也为相应教具的开

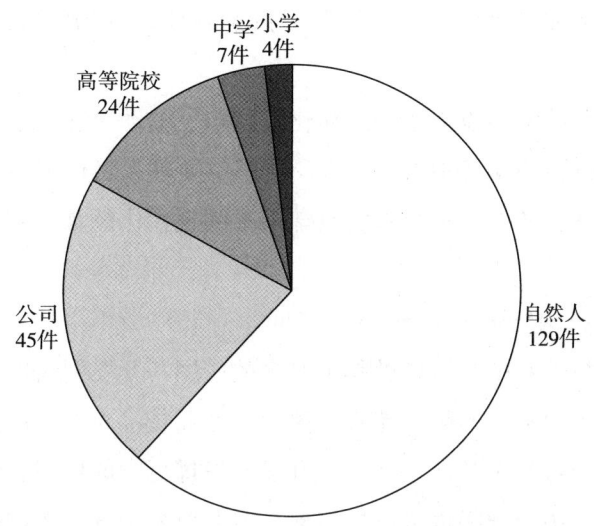

图9　2000年来中国的中学地理教具的发明专利申请人构成

发预留较大空间。鉴于此,为了使我国中学地理教具对不同主题知识的覆盖更全面,为中学地理教学提供更多的教具选择,将来还需开发受关注较少的内容的地理教具。对已有相应教具的内容也可以通过创新表现方式来发明更多样化的教具。

《普通高中地理课程标准(2017年版)》提出培养学生的地理实践力,加强地理实践教学,其中就包括带领学生开展户外考察活动和设计模拟实验活动。地理实践教学将来在中学会更多地开展,同时也需要更多的相应设备的支持。但2000年以来,我国开发的适用于中学地理教学的实验设备和观测设备较少。因此,还需要对相关教具进行更大力的开发。

(2)紧跟现代技术发展,增强辅助教学功能

高中地理新课标指出信息技术的发展与应用是地理教学改革的助推器,并提出借助大数据、人工智能、"互联网+"等信息技术的学习是未来的学习方式之一。具体方式就包括基于VR、AR的学习。AR地球仪、基于AR技术的教学用模拟实验设备、地理VR虚拟教学系统的出现就是一种开端。未来通过应用现代技术,可以开发出更多具有创新性,而又直观和方便操作

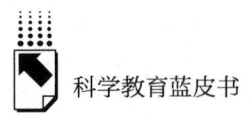

的地理教具，例如可以将学生"带到"世界其他地区的沉浸式地理环境展示设备。

但是对现代技术的应用不能片面化而忽略了辅助地理教学的本质。未来应用现代技术进行中学地理教具开发，仍然需要开发者仔细结合学生的学习心理和行为特征，开发出符合真实教学需求的现代化教具，使得技术真正服务于地理教学。

（3）专业机构给予更多支持

随着信息技术在中学地理教具中更多的应用，开发创新性更强、技术性更高的教具更难由独立的个人完成。因此，专业技术人才的教具开发和生产公司、高等院校将在中学地理教具的开发上发挥更大的作用。作为地理教具的主要使用者，中学教师也可以更多地与专业机构的开发者进行合作，创造出更加满足教学需要的地理教具。

五 地理课程考试评价

地理学科作为中学教育的一门重要课程。对学生经过一段时间的地理学习成果的检验，主要通过地理考试。目前，地理考试主要通过纸笔测验的形式进行。在《普通高中地理课程标准（2017年版）》提出培养学生地理核心素养目标的背景下，如何开展地理核心素养评价，成为当前人们关注和亟须解决的问题。

（一）地理学业水平考试和地理中考

学业水平考试的主要特征是标准性，以课标为依据检测学生达到国家学习要求的程度。它是基于标准的考试，具有与课程内容一致、分数可解释和难度相对稳定三个优点。它是实施教育评价的理想平台。通过学业水平考试对初中生和高中生的学业水平和学习能力进行衡量，对教育质量进行监测已经成为国际性趋势。地理学业水平考试是用以衡量中学生是否达到国家规定学习要求以及检测学生学习能力的终结性测试，是依据国家地理课程标准衡量学生学业水平和学校教学质量的一项评价制度。2000年以来，初中和高中地理学业水平考试一直在省级层面展开，并且为合格性水平考试，作为毕业证发放条件之一。

2000年以来，各省、自治区、直辖市陆续出台了符合本地实际的普通高中学业水平考试办法，学业水平考试逐步取代了高中毕业会考。2008年，教育部印发《关于普通高中新课程省份深化高校招生考试改革的指导意见》，第一次提出将普通高中学业水平考试以及综合素质评价逐步纳入高校招生选拔评价体系。2010年《国家中长期教育改革和发展规划纲要（2010—2020年）》提出，"普通高等学校本科招生以统一入学考试为基本方式，结合学业水平考试和综合素质评价，择优录取"。2013年《中共中央关于全面深化改革若干重大问题的决定》提出，"逐步推行普通高校基于统一高考和高中学业水平考试成绩的综合评价多元录取机制"。2014年《国务院关于深化考试招生制度改革的实施意见》对完善学业水平考试和规范高中学生综合素质评价提出了具体要求，并将其纳入高校选拔招生体系。实行学业水平考试和学生综合素质评价，成为党和国家的一项重要教育决策。新的学业水平考试将由省级教育行政部门根据国家普通高中课程标准和国家教育考试规定组织实施，所有学生必须参加。地理学业水平考试一般在高中第二学年的第一学期结束前举行。随着以地理核心素养目标的地理标准的颁布，高中地理学业水平考试是对学生经过地理学习后学业评价以核心素养为目标的评价，学生应达到地理核心素养的学业质量水平2。

初中地理学业考试是对初中生学习地理完后是否达到国家要求的检测，由各省份自主命题和组织，一般在初二下学期结束时进行。考试内容为区域地理内容，主要包括世界地理、中国地理和乡土地理。考试内容相对简单，主要为区域地理特征考查，对于地理成因、地理原理和地理规律内容的考查较少。

地理作为中考的非必考科目，有些年份、有些省份将地理作为中招考试科目，地理考试成绩作为高中入学的重要依据。正因为地理在初中阶段的现状，致使初中生的区域地理知识和基本技能十分薄弱，也给高中地理教学带来了极大不便。为此，初中地理开设三年或地理作为中考科目，是十分必要的。这可在一定程度上提高学生的地理素养，也可以减轻高中地理教育教学的压力。

（二）地理高考

地理高考作为一种高利害的选拔性考试，一直备受关注。地理作为高考科目，经历曲折，1992年国家教委推出高考方案，1993年北京等6省市率先取消地理高考。1994年全国范围内地理正式从高考科目中取消。1993～1994年，中科院多位地学界院士联名致函党中央、国务院和各省（区、市）教委主任等负责人，呼吁地理高考。在此背景下，1995年上海率先地理高考，1999年，广东省高考恢复地理单科考试。进入21世纪以来，地理高考也发生了一些系列变化（见表6）。

表6　2000～2018年地理高考变化情况

时间	命题	形式	备注
2000～2006年	国家考试中心/多省考试院	文科综合/单科	2000年，江苏、浙江、山西、吉林四省推行"3+文综/理综"改革（当年文科综合为260分，此后都调整为300分），此后大部分省份都采取了该高考模式。广东、广西、河南、辽宁、江苏、上海等省份某些年份的地理试题单独成卷。2004年开始，除教育部考试中心和上海以外，多个省份开始拥有高考文综自主命题权
2007～2014年	国家考试中心/多省考试院	文科综合/单科	全国大部分省份采用"3+文综/理综"，2007年开始，使用新课标卷［依据《普通高中地理课程标准（实验）》］的省份逐渐增多，广东、江苏、海南、上海等省份某些年份的地理试题单独成卷
2015～2018年	国家考试中心/多省考试院	文科综合/单科/新高考模式	全国大部分省份采用"3+文综/理综"，所有省份均使用新课标卷，江苏、海南、上海的地理试题单独成卷。2015年10月和2016年5月，浙江和上海开启新高考模式，地理仍为高考科目

1. 地理考纲演变

"考试说明"和"考试大纲"等是地理教学及地理高考命题的重要依

据。地理考纲变化大致分为两阶段：2000～2003年，"考试说明"阶段；2004～2018年，"考试大纲"与"考试说明"并行。

地理高考命题以"考试说明"为直接依据。地理考试说明的颁布是地理高考史上里程碑意义的大事，地理"考试说明"规定了高考选拔性考试的性质与平时教学目的的区别，"考试说明"中10项能力对高考试题和平时地理教学产生重要影响。2000年，江苏省、浙江省、山西省、吉林省开始使用文综卷。此后，文综卷逐渐增多。此时，高考文综卷命制的依据为"考试说明"。

2004年，教育部考试中心编写的"考试说明"更名为"考试大纲"，其原因是自2004年起多省份具有自主命题权，原"考试说明"已不能适应新情况，于是采用更上位的"考试大纲"。许多省份考试中心在"考试大纲"基础上细化了"考试说明"。至此，"考试大纲"和"考试说明"二者均为地理高考试题命制的依据。

2. 地理高考考查能力的演变

地理高考是对学生地理能力的考查，为高校选拔合格的人才。进入21世纪以来，地理能力考查的演变经历如下阶段。

（1）2001～2004年"三项能力"阶段

2001年文综版的"考试说明"将文综考查能力分为记忆、理解和应用。记忆包括"观察、描述基本的社会科学现象，了解社会科学现象的规律及意义"；理解则包括"社会科学的主要概念与结论；数据、图表、公式、简图的意义及其关系"；应用是"提取有效信息进行科学、合理的判断、推断、归纳、预测；分析、说明成因；解决问题"。在这些能力的统领要求下，地理高考试题也发生了相应的变化。

（2）2005～2018年"四项能力"阶段

2005年，文综版地理"考试大纲"将能力要求定为获取和解读地理信息、调动和运用地理知识和地理技能、描述和阐释地理事物、论证和探讨地理问题四项能力，并将四项地理能力划分为3个层级，实际上，也是对"三项能力"的细化与升级。

3. 地理高考试题的演变

从题型上看，地理高考试题类型分为选择题和非选择题（综合题），综合题分为必做题和选做题。进入 21 世纪以来，选择题和综合题必做题是地理高考试题的基本题型，自始至终没有发生变化。其中，江苏地理高考卷选择题始终为单项选择题和双项选择题，2002 年全国卷、2006 年和 2007 年广东卷选择题也分为单项选择题和双项选择题。选择题数量的设置并不固定，以 11 道单项选择题为主。综合题必做部分多以 2 题为主，其中 1 题与政治科目或历史科目共同组题。选做题设置大致分为两阶段：2001~2006 年和 2007~2018 年。第一阶段没有选做题。第二阶段设置有选做题，其中 2016~2018 年，删去了"自然灾害与防治"选考内容。

高考地理试题的命制由各省份命制和全国统一命题两种形式。其中 2007~2015 年自主命题省份较多，2016~2018 年逐渐演变为由全国统一命题。

地理高考试题的套数整体上呈现先增后减的态势，2001~2006 年较少，其中 2002 年最少（2 套试题）。2007~2015 年试题数量最多，其中，2009 年、2010 年多达 14 套试题。2016~2018 年数量较少。

地理高考试题主要呈现两种形式，一种以地理单独组卷，另一种是以文综的形式呈现，地理单独命题的省份有广东省、江苏省、上海市。其中江苏省自始至终地理单独组卷，广东省除地理单独组卷外，在综合能力测试中也有部分地理试题。

地理试题的命制依据地理教学大纲或地理课程标准。地理课程标准的修订使地理试题的命制随之改变。2000~2018 年修订了两次地理课程标准。其中一次为 2003 年《普通高中地理课程标准（实验）》，另一次为 2018 年《普通高中地理课程标准（2017 年版）》。由此可将地理试题类型分为大纲卷和新课标卷，2006 年之前以大纲卷为主，2007~2011 年为新课标与非新课标两种形式共存，2012~2018 年全部依据新课标命制地理高考试题。

4. 关于地理高考趋势

当前地理高考模式和能力要求相对固定。但随着新一轮课改和高考改革，地理高考势必发生一些变化。

"考试大纲"和"考试说明"是地理高考的指导性文件。而地理课程改革才是推动地理高考的根本动力。地理课程标准是高考考试范围与命题的重要依据。随着地理课程内容要求和地理课程目标的变化，势必要求地理高考发生变化。新地理课标要求培养地理核心素养，如何评价地理核心素养的达成度，尤其是如何在地理高考试题中体现地理实践力素养，需要所有人共同努力。

由于地理课程标准内容的调整，如地球科学知识、国家安全等方面的内容如何巧妙地设置在地理高考试题当中，这是一个值得深入探讨的议题。

随着新高考的推行，地理单独组卷，文科综合即将退出历史舞台，如何建立基于地理核心素养考查学生的关键能力和必备品格，是需要当前思考的重要议题。

王民教授等选取2014～2016年北京卷，全国Ⅰ卷、Ⅱ卷和Ⅲ卷以及大纲卷高考地理题目，基于地理核心素养水平划分，发现现在的地理高考试题95%集中于1水平和2水平，5%的试题为学业质量水平3的试题，没有学业质量水平4的试题。而地理高考要求学业质量水平4的试题，这也对地理高考试题的命制和研究提出了新的要求。目前，地理高考试题尚未达到学业质量水平4，为此，如何命制学业质量水平4的试题也是亟须解决的问题。

目前，地理高考仍采用闭卷考试的办法。随着互联网、云计算、大数据技术的出现和广泛应用，借助信息技术评价学生地理核心素养发展状况应成为地理考试评价的发展趋势。

（三）地理奥林匹克竞赛

1. 地理奥赛的发展

地理奥赛是中学地理教育的重要比赛，国际地理奥赛由国际地理联合会地理教育委员会与国际地理教育奥林匹克委员会合作举办，其目的是激发年轻人主动研究地理与环境的兴趣；通过关注青年人的地理知识、地理技能和地理兴趣，积极思考地理学科的重要性；提供正式接触环境及与来自世界各地的年轻人建立友好关系，促进国家间的彼此了解。自1996年在荷兰海牙举办第一届地理奥赛以来,截至目前已经走过了23年,共举办15届国际地理奥赛。其中,第13届国际地理奥赛在中国北京举办。第16届、第17届国际地理奥赛分别在中国香港和土耳其伊斯坦布尔举办。国际地理奥赛一般进行6天。参赛选手为16~19岁的中学生。地理奥赛试题考查内容为气候&气候变化,灾害&灾害管理,资源&资源管理,环境地理&可持续发展,地貌、景观&土地利用,农业地理&食品问题,人口&人口变化,经济地理&全球化,发展地理&空间不平等,城市地理、城市更新&城市规划,旅游&旅游管理和文化地理&区域认同12个主题。每个主题前半部分为理论知识,后半部分侧重于应用。自然地理和人文地理各占50%左右。考查技能为地图技能(读图、析图、释图、制)、探究技能和图表技能(读、分析、解释图像、照片、统计资料和图表)。国际地理奥赛试题由多媒体测试题、综合题和野外考察题三类,其分值所占比例依次为20%、40%和40%。多媒体测试题和综合题由国际地理奥赛委员会共同命制。野外考察题由国际地理奥赛举办国组委会负责,并与国际地理奥赛委员会指派的分委员会合作完成。

中国地理奥赛自2006年在广东番禺举办首届中学生地理奥赛以来共走过了13年,已经举办了10届地理奥赛。中国地理奥赛与国际地理奥赛在举办目的、试题类型、命题内容、考查技能、组织形式、获奖类别等方面均是一样的。不同的是,中国地理奥赛举办时间仅有两天。

2. 地理奥赛试题类型

(1) 多媒体测试题

多媒体测试题由40道四选一的单选题组成。呈现形式为"问题+图像"。"凡题必图"是地理奥赛多媒体测试题的最大特色。其中图像类型多样,既有静态图,也有动态图,动静结合。试题展示采用计算机以PPT形式进行播放,如此呈现的图像全部为彩色图像,与其他地理考试相比,能为学生提供更为真实的情境、更多的地理信息,更利于对学生地理素养的评价。问题设置与地理和社会相关,内容涉及自然地理、人文地理或二者结合,围绕地理学家关注的"它是什么""在哪里""为什么在那里""是什么样子"等现实情境设置空间问题。考查学生根据图文资料，结合相关地理知识和地理技能，获取和加工地理信息，解决问题的能力。

（2）综合题

综合题包括资源册和任务册。资源册由地图、景观图、图表、遥感影像等情境材料组成，情境材料绝大多数由图像构成，主要目的是尽量避免因语言问题而造成不公平。任务册即问题册。问题设置围绕12个主题和3项技能。每套综合题选择6个主题，每个主题一般由6个问题组成。综合题既考查参赛者的地理知识和地理技能，也考查提取信息、分析信息，理论联系实际，解决现实问题的能力。与国际地理奥赛相比，中国地理奥赛试题有着更多的文本信息。

（3）野外考察题

野外考察题是国际地理奥赛的精髓。野外考察题由野外1和野外2构成。野外1中参赛者通过观察和调查等途径，获取信息、记录信息、整理信息和分析信息，了解考察区域环境特征，为野外2提供基础资料，问题设置相对简单，主要考查参赛者观察和调查能力、地理信息能力。野外2是野外1的延续，参赛者根据获取的地理信息结合已有的地理知识和地理技能，解释区域地理事象和解决区域地理问题，主要考查分析、评价、规划等能力。解决问题能力包括空间规划和绘制地图。概括来讲，野外考察题就是考查学生观察、调查、读图、绘图、分析、评价、规划和决策能力以及克服困难的勇气。野外考察题结构设置体现了学科育人价值，同时考查理念与《普通高中地理课程标准（2017年版）》中的地理实践力素养要求相一致，并为地理实践力素养的落实和评价提供了借鉴。

3. 地理奥赛试题的特点

（1）试题新颖、开放

试题新颖体现在三个方面。首先，引入野外考察题，体现了地理学实践性特点，这是一般的地理测试题不常见的。通过野外考察，一方面可以检验课堂所学的知识与理论；另一方面可以在现实情境中体验和感悟人地关系，理解人地和谐的重要性。其次，地理奥赛试题由地理教育专家精心设计，视角独特，给人以耳目一新的感觉。最后，多媒体测试题图像类型多样，静态和动态图像相结合，图像全部为彩色图像，能够给学生提供更为真实的情境。

试题开放。开放性的试题出现于综合题和野外考察题当中，由学生自主判断和论证，对学生的综合素质提出了更高的要求，如绘制区域土地利用规划图，并给出合理的解释。

（2）关注热点、紧跟学科发展

地理学旨在"探索自然规律，昭示人文精华"，不仅解释过去，更要服务现在和预测未来。地理学家始终关注人地关系中的热点问题，如全球变暖、气候变化、资源枯竭、能源短缺等，也关注身边的问题，如交通拥堵、人口老龄化等。这些问题在地理奥赛试题中以不同的形式呈现。

随着地理学的发展，研究内容越来越细化，越来越重视学科交叉，出现一些新的研究领域和研究方法。作为国际地理教育的最高赛事，对学生地理素养有着更高的要求。因此在地理奥赛试题中也会围绕研究新领域、新方法和新内容设置问题情境。

（3）注重创设问题情境

情境是地理核心素养和地理能力培养和评价依托的载体。地理奥赛通过提供地图、图表、景观图、视频、音频等图文资料或接触真实地理环境创设真实的问题情境，调动学生利用地理知识和地理技能解决现实中的各种问题的能力。

（4）重视地理实践和绘图技能

野外考察题一直以来都是地理奥赛的试题类型。学生通过观察、调查等地理实践活动，获取区域环境信息，调动已有知识和技能，考查学生解决现实问题的行动能力和克服困难的勇气。这与地理实践力素养培养目标是相一致的。

地图技能和图表技能是国际地理奥赛考查的两项技能。与国内中高考及其他地理试题不同的是，国际地理奥赛十分注重对地图和图表绘制的考查，如绘制三角洲形成示意图、地形剖面图和土地利用规划图等。

4. 地理奥赛的启示

地理奥赛是中学阶段地理素养最高水平的竞赛。地理奥赛试题中设置的情境为现实中的各种问题，是复杂、开放、不良结构的情境，这与《普通高中地理课程标准（2017年版）》情境要求水平是一致的。而目前地理高考试题水平尚未到达高考要求学业质量水平4。因此，地理奥赛题可为学业质量水平4试题的命制提供参考。

地理实践力素养基于地理的实践性特点。地理奥赛的野外考察题是国际地理奥赛的精髓，经过23年的发展已经十分成熟，为地理实践力素养的评价提供了参考。野外考察题的试题结构体现学科育人价值，可为地理实践力素养的落实和评价参考。

图像是地理奥赛试题的突出特色。图像类型多样，动态图和静态图相结合，且提供的图像全部为彩色图像，与地理高考黑白图相比，能够提供更多的地理信息，也可为学生提供更为真实的问题情境，值得地理考试评价。

六　地理教师师资结构的变化及原因分析

教师师资结构是指各级各类学校教师队伍的构成状况，其基本要素主要包括教师的性别、年龄、学历、职称、专业等，这些要素直接反映了教师的质量、能力和学术水平等基本状况。其中，性别结构是指教师队伍中男性教师和女性教师的数量构成情况。一般来说，中学教师中男性教师和女性教师比例均衡更利于学生的身心健康发展。学历结构是指教师队伍中具有各种不同学历、学位的教师数量的构成情况。一般来说，教师队伍中拥有高学位的比重越大，教师队伍的业务基础越好。职称结构是指具有初、中、高各级职称的教师数量的构成状况，教师是履行学校教育教学职责和承担教书育人、培养人才、传递文化等重任的专业技术人员，专业技术职称等级是教师教学水平和科研能力的重要体现，是衡量教师群体素质状况的尺度之一。中学阶段教师的职称包括：正高级、

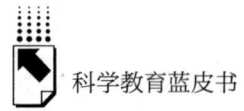

中学高级、中学一级、中学二级、中学三级。年龄结构指教师队伍中教师的年龄构成状况,在一定程度上反映了教师队伍的教学、科研活力和创造力的兴衰趋势。

教师队伍结构、数量和质量作为决定学校发展的第一资源,直接影响到学校办学目标和发展战略的实现,对学校、地区乃至国家的教育事业发展具有重要影响。目前,我国已出台了多部文件,重视教师队伍的结构调整。如2010年颁布的《国家中长期教育改革和发展规划纲要(2010—2020年)》提出要大力发展职业教育和加强教师队伍建设;2012年颁布的《国务院关于加强教师队伍建设的意见》提出要提高教师的专业化水平,扩大教育硕士、教育博士招生规模,培养高层次的中小学和职业学校教师等。

(一)中学地理教师的性别结构

1. 中学地理教师中男女性别比例不均衡

通过整理2000~2017年的《中国教育统计年鉴》数据,详细统计并计算了2000~2017年我国中学地理男性和女性教师的数量及女性教师所占的百分比。

数据显示,除2000年外,2001年中学地理教师中男性教师与女性教师的比例为60.23∶39.77,女性教师人数远远小于男性教师,男女性别比例失衡;到2016年,中学地理教师中男性教师与女性教师的比例为50.14∶49.86,女性教师人数与男性教师人数基本达到平衡;2017年中学地理教师中男性教师与女性教师的比例达到48.77∶51.23,女性教师人数已经超过男性教师人数,又形成了与之前相反的新的不平衡趋势。

2. 中学地理教师女性化趋势更快

从男性和女性教师人数的增长速率来看,中学地理男性教师年均增长约1290人,中学女性教师年均增长约3517人,女性教师的增长速率高于男性教师,且女性教师人数有持续增加的趋势(见表7)。

表7 (2000~2017年) 中学地理教师性别结构

单位：人，%

年份	合计	男性	女性	女性教师所占比例
2000	148523	—	—	—
2001	156449	94223	62226	39.77
2002	165189	98853	66336	40.16
2003	171848	102291	69557	40.48
2004	178559	105498	73061	40.92
2005	186554	109403	77151	41.36
2006	193073	112366	80707	41.80
2007	198436	111468	86968	43.83
2008	202487	115539	86948	42.94
2009	205282	116789	88493	43.11
2010	208727	117364	91363	43.77
2011	212935	118170	94765	44.50
2012	216849	118212	98637	45.49
2013	218756	117263	101493	46.40
2014	224115	117617	106498	47.52
2015	227385	116848	110537	48.61
2016	230980	115811	115169	49.86
2017	238157	116146	122011	51.23

中学地理教师中女性教师的比例越来越高，整体上中学地理教师性别结构基本均衡，但男性教师增长缓慢，女性教师增长迅速且比重越来越大。因此，针对我国中学地理教师性别比失衡问题，在中学地理教师队伍建设过程中需关注教师性别比均衡状况。

（二）中学地理教师的年龄结构

根据2000~2017年的《中国教育统计年鉴》，计算了中学地理教师的各年龄结构及其所占比例，并对其进行了分析。

1. 中学教师年龄结构总体较合理

整体上，中学地理教师的年龄结构较为合理。30岁以下的中学地理教师在教师年龄结构所占的比重呈逐年下降趋势；31~50岁的教师始终占绝大多数并呈逐年增加的趋势；51~55岁的教师所占比例呈现先下降后上升趋势，是目前中学教师中的重要组成部分；56岁以上的教师人数占比始终稳定。

中学地理教师现有的年龄结构构成，一定程度上会给30岁以下年轻的应聘地理教师的大学毕业生或研究生的就业带来压力，同时易造成教师年龄结构大龄化，不利于教师年龄结构的可持续。

2. 中学教师趋于老龄化

通过对2000~2017年中学教师的年龄结构进行阶段化比较，可以发现2000~2005年，中学教师整体结构非常年轻，35岁以下的教师占全国中学教师总人数的60%以上，40岁以下的教师占比接近80%。

从2005年开始，中学教师的整体年龄格局开始改变，2005~2017年，41~55岁的教师所占比重逐年增加，由19.89%增长到44.66%。目前，40岁以上的教师和40岁以下的教师几乎各占一半，其中教学主力主要为30~55岁的教师。整体教师结构由青年教师占主力发展为中年教师占主力，并且年龄较大教师所占比重大幅增加。

3. 中学地理教师年龄结构与总体情况趋同

由于2000~2017年的《中国教育统计年鉴》数据没有提供中学地理教师的年龄结构，基于查阅文献、实践调查等方式，发现中学地理教师的年龄结构与中学教师总体年龄结构趋势发展基本相同，中学地理教师大部分为中青年教师（见表8）。

表8 （2000~2017年）中学教师年龄结构

单位：%

年份	≤25岁	26~30岁	31~35岁	36~40岁	41~45岁	46~50岁	51~55岁	56~60岁	≥61岁
2000	20.45	24.02	20.85	12.30	8.06	5.85	5.61	2.71	0.15
2001	19.45	24.43	21.35	13.84	7.25	5.79	5.16	2.54	0.20
2002	18.40	24.47	21.35	15.28	7.07	6.03	4.70	2.49	0.21
2003	17.48	24.32	21.51	16.00	7.48	6.22	4.30	2.50	0.19
2004	21.44	31.96	28.06	7.50	4.21	2.92	2.17	1.54	0.19

续表

年份	≤25岁	26~30岁	31~35岁	36~40岁	41~45岁	46~50岁	51~55岁	56~60岁	≥61岁
2005	14.61	24.05	21.36	17.47	9.85	5.96	4.09	2.46	0.15
2006	13.19	23.57	21.52	18.03	11.19	5.72	4.27	2.38	0.14
2007	11.45	23.11	21.86	18.34	12.73	5.62	4.59	2.19	0.11
2008	9.61	22.86	22.00	18.79	13.70	6.07	4.87	2.02	0.09
2009	8.34	21.85	22.20	18.81	14.66	7.15	4.96	1.95	0.08
2010	7.52	20.73	22.28	18.99	15.42	8.27	4.72	1.99	0.07
2011	6.81	19.23	21.94	19.24	16.21	9.76	4.56	2.17	0.07
2012	6.25	17.83	21.67	19.59	16.61	11.23	4.43	2.33	0.06
2014	3.72	14.05	19.92	20.37	17.38	14.20	7.30	2.99	0.07
2015	3.47	13.62	18.81	20.17	17.57	14.86	8.57	2.86	0.07
2016	3.40	13.15	17.45	19.86	17.91	15.24	10.14	2.77	0.08
2017	2.70	13.57	16.04	19.84	17.97	15.61	11.09	3.10	0.09

数据统计分析结果显示，在目前的中学地理教师年龄结构中，以中青年教师为主体，年轻教师数量严重不足。教师年龄结构是教师队伍现有和潜在实力的重要体现，从满足当前教学需求和未来发展的眼光看，现有师资的年龄结构中应以中青年教师为主较为理想。因此应加强高等师范院校的地理师范生教育培养，增强师范生对中学教育发展和建设的热情。

同时重视师范生教育实践类课程的实施，提高地理师范生的教学能力。地理教育实习不仅可以全面锻炼师范生的教学能力，积累一定的地理教学经验，还能更好地与当前中学地理教学实际接轨，初步形成从事中学地理教育的工作能力。因此，高等师范院校应加强对地理教育实践课程的设置，重视引导地理师范生的教育实践能力，增强年轻地理教师的教学水平和就业竞争力。

（三）中学地理教师的学历结构

通过整理 2000~2017 年的《中国教育统计年鉴》数据，详细统计并计算了中学地理教师的学历结构及其所占比例，由于 2000 年的学历情况仅有大学本科毕业及以上的人数数据，所以在统计分析中学地理教师学历为

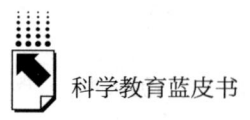

"研究生毕业"和"大学本科毕业"的情况时从2001年的数据开始进行比较，同时在绘制统计图过程中，该年份的研究生毕业生和大学本科毕业生的数据并未列入统计图中。

1. 中学地理教师高学历比重上升

从整体变化趋势来看，我国中学地理教师中学历为"专科毕业"和"高中毕业及以下"的教师人数逐年减少，其中"高中毕业及以下"的教师所占比重已经降至约0.1%，而学历为大学本科和硕士的中学地理教师人数正在逐年增加，中学地理教师的整体学历水平稳步上升，但学历为硕士的中学地理教师数量依然较少，2017年全国仅有约5.29%的中学地理教师为硕士学历。

从学历变化情况来看，由于2000年后，全国范围内贯彻落实《中共中央 国务院关于深化教育改革全面推进素质教育的决定》精神，大力提高教师整体素质，加强专科以上学历教师培养工作，所以2000年专科所占比例达到72.45%，本科所占比重达到24.85%，此时高中阶段以下的教师所占比重已下降至2.7%，低学历教师的快速减少，使整体教师队伍的学历结构得到很大改善。从2006年开始，在中学地理教师中，本科学历所占比重有较大提升，专科学历和高中及以下阶段学历的教师比重开始逐年下降，本科学历人数和硕士学历人数开始稳步增加。

2. 中学地理教师学历变化速度差异较大

2000~2017年，中学地理教师中本科学历的人数增长速度较快，且增长速度呈现"先快后慢"的趋势。硕士学历一直呈现增长趋势，且增长速度呈现出"先慢后快"的趋势，目前平均每年约上升0.6个百分点，且有继续增速的趋势。

对于专科学历和高中及以下学历来说，从2000年开始，专科学历下降趋势明显，其中2000~2001年下降幅度较大，且从2016年和2017年的数据来看，其下降速度又明显加快。对于高中及以下学历来说，从2003年开始，其所占比重一直下降，近年来的数据显示，随着国家和学校对教师学历要求越来越高，专科学历和高中及以下学历有继续下降的趋势（见表9）。

表9 2000～2017年中学地理教师学历结构

单位：人，%

年份	合计	研究生毕业		大学本科毕业		专科毕业		高中毕业及以下	
		人数	比重	人数	比重	人数	比重	人数	比重
2000	148523	36911(24.85)				107603	72.45	4009	2.70
2001	156449	276	0.18	43412	27.75	93608	59.83	19153	12.24
2002	165189	360	0.22	50525	30.59	96833	58.62	17471	10.58
2003	171848	480	0.28	59653	34.71	96693	56.27	15022	8.74
2004	181559	595	0.38	69966	38.54	98497	54.25	12501	6.89
2005	186554	881	0.47	82547	44.25	93082	49.90	10044	5.38
2006	193073	1071	0.55	94725	49.06	89260	46.23	8017	4.15
2007	198436	1485	0.75	107259	54.05	83239	41.95	6453	3.25
2008	202487	1932	0.95	118568	58.56	76797	37.93	5190	2.56
2009	205282	2547	1.24	129396	63.03	69334	33.78	4005	1.95
2010	208727	3269	1.57	139048	66.62	63271	30.31	3139	1.50
2011	212935	4211	1.98	149026	69.99	57325	26.92	2373	1.11
2012	216849	5108	2.36	158141	72.93	51758	23.87	1842	0.85
2013	218756	6261	2.86	164796	75.33	46227	21.13	1472	0.67
2014	224115	7337	3.27	174136	77.70	41678	18.60	964	0.43
2015	227385	8680	3.82	180661	79.45	37381	16.44	663	0.29
2016	230980	10130	4.39	186864	80.90	33510	14.51	476	0.21
2017	228157	12063	5.29	195873	85.85	19913	8.73	308	0.13

注：2000年数据为硕士和本科生学历的中学地理教师总人数。

基于上述数据分析可知，目前我国中学地理教师队伍中仍缺乏高学历的地理教师，虽然本科学历的地理教师数量逐年增多，且所占比重越来越大，但仍然缺乏硕士及以上学历的拔尖人才，而且仍有8.86%的中学地理教师学历在专科及以下水平。因此需要继续加强高等师范院校的发展，丰富师范院校地理专业的教育内容，创造浓厚的学科学术氛围，加强锻炼师范生的科研能力，同时开设多样化的课程，拓宽师范生的知识面，并注重对师范生创新能力的培养，不断丰富地理师范生的知识储备，培养更多高学历、高水平、高素质的中学地理教师。

（四）中学地理教师的职称结构

通过整理2000~2017年的《中国教育统计年鉴》数据，详细统计并计算了中学地理教师的职称结构及其所占比重情况，由于2013年的职称结构情况数据中仅有初中地理教师的统计数据，所以该年份数据并未列入统计图表中。

1. 中学教师的职称结构稳定上升

1991年，我国正式开始实施职称评定制度，2000~2017年的中学教师专业职称结构数据显示，我国中学教师的职称结构呈稳定上升趋势，高职称教师的比重呈逐年上升趋势。2000年，中学二级教师所占比重最大，达到43.9%，较低级别的中学三级所占比重为12.52%，而最高级别的中学高级教师所占比重仅为3.27%。至2007年，中学一级教师所占比重最大，首次超过中学二级，为38.09%，这一时期中学高级教师比重上升至12.47%。2015~2017年中学一级职称所占比例继续上升，中学高级、中学二级和中学三级职称的比例开始呈现下降趋势。

2. 中学教师的高职称比例上升较快

2000年，全国中学教师的中学高级、中学一级、中学二级、中学三级职称所占比例分别为3.27∶27.32∶43.9∶12.52，中学二级教师是教师队伍中的主力，至2007年，中学一级和中学高级职称的教师共占比重达到50.56%，首次超过中学二级和中学三级职称的教师比重，说明较高职称的教师已占多数，此后，较高职称的教师比例持续上升，且平均每年上升2个百分点左右，但上升速度在2017年略有下降。

3. 中学地理教师职称结构与总体情况趋同

2000~2017年《中国教育统计年鉴》的数据中，由于并未收录中学地理教师的职称结构情况，所以并没有准确的数据进行分析统计。但通过查阅文献、实践调查等其他方式发现，中学地理教师的职称结构与中学教师总体职称结构趋势发展基本相同，高职称的中学地理教师占比较大，但增速有所减缓（见表10）。

表 10　2000～2017 年中学教师专业技术职称结构

单位：%

年份	中学三级	中学二级	中学一级	中学高级
2000	12.52	43.90	27.32	3.27
2001	10.22	41.66	30.12	6.28
2002	9.57	40.96	31.60	7.10
2003	8.64	40.27	32.98	7.96
2004	7.73	39.47	34.33	8.91
2005	6.55	38.63	35.84	10.03
2006	4.34	30.00	29.51	11.34
2007	4.67	37.30	38.09	12.47
2008	3.76	36.50	39.00	13.70
2009	3.03	35.70	39.64	14.89
2010	2.54	34.71	40.11	16.07
2011	2.12	33.53	40.49	17.34
2012	1.69	32.68	40.72	18.35
2014	1.22	30.57	41.06	20.06
2015	1.20	33.52	33.95	23.15
2016	0.95	29.13	40.79	21.41
2017	1.08	32.22	45.63	10.55

通过数据结果分析发现，面对中学教师职称结构存在的问题，我国应加快推进教师职称制度改革。分类推进教师职称制度改革，完善符合各类教师职业特点的职称评价标准，建立统一的中小学教师职称系列结构。科学合理地调整教师职称结构，注重从整体素质和效能上把握各层次职位的设置，培养更多高职称中学地理教师，提高地理教育的质量。

（五）中学地理教师的专业结构

目前，全国各省份的中学地理教师队伍都面临着专业师资不足的问题。在中学地理教学过程中出现较为严重的跨学科代课的问题，由于跨专业地理任课教师缺乏系统的地理基础理论，知识结构缺乏完整性，所以会影响地理教学质量的提高，这种师资状况结构也会影响任课教师的专业发展及学生地

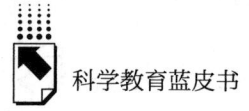

理综合素养的形成，而且对于地理教育的长远发展不利。

自20世纪80年代以来，我国各省份的中学地理教师队伍结构状况一直不理想，近30年来也未得到有效改善。如广西容县2008年农村初中地理教师队伍专业的地理教师仅6%；甘肃陇南市礼县地理专兼职教师72人，地理专职教师42人，占地理教师的58.33%，兼职教师30人，占地理教师的41.67%。在地理专、兼职的所有教师中，接受过地理专业教育的仅有10人，仅占地理教师的13.89%。全国其他地区的中学地理教师情况也并不容乐观，存在大量的非专业地理背景的教师从事地理教学工作，由于非地理专业，教师自身的业务水平不高，部分教师也无心从教、无心参加培训，更无法达到教学研究和教学改革的要求，严重影响到中学地理教师队伍的建设和学科的发展。

相关教育部门应加强完善中学教师队伍的补充机制，让学校能够分配到所需要的一线地理教师数量。同时制定并完善师范类专业认证标准，开展专业认证和评估，规范师范类专业办学，并建立教师培养质量评估制度。

此外，还应开展有针对性和实效性的教师培训，提高中学地理教师的专业水平。如建立新进人员、骨干人员（教师）、专家（名师）培训体系，建立校级、省级、国家级教学名师培养体系，加强各级骨干教师、名师、名校长队伍建设，深入实施中小学"百千万人才培养工程"，开展名师名校长工作室建设，依托大学学科专家的培训指导，成立名师工作室，为教师快速、专业成长搭建平台。

专　题　篇

Special Reports

B.7
科技类博物馆提供中小学科学教育资源的现状研究

鲍贤清　顾怡雯*

摘　要： 随着国家相继印发了一系列促进校外场馆充分利用的文件，其为中小学科学教育的拓展提供了政策依据，社会上掀起了充分利用校外场所开展科学教育，特别是博物馆科学教育的热潮，科技类博物馆教育活动的开发数量和质量都有了比较明显的增加和提高。但是在实际操作中，仍然存在着一系列问题，针对这些实际问题，本报告通过对近年文献整理、馆校结合项目的案例分析以及对20家博物馆的走访调研呈现：①博物馆为学校提供科学教育资源的现状；②博物馆对自身与

---

* 鲍贤清，上海师范大学教育学院副教授，博士，研究方向为教学技术、学习科学、博物馆教育；顾怡雯，上海师范大学教育学院在读硕士研究生，研究方向为博物馆教育。

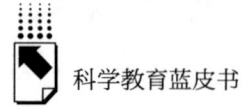

中小学互动关系的思考；③影响博物馆设计、开发和实施馆校结合科学教育的决策因素；④博物馆开展馆校结合科学教育的多种样态。希望为构建正式与非正式科学教育生态提供参考。

关键词： 馆校结合　科技类博物馆　科学教育

一　研究背景

近年来，随着对学生科学教育的日趋重视，在加强校内资源的基础上，社会的视角也逐渐转向校外资源。2006年6月，中共中央文明办、教育部、中国科协联合印发《关于开展"科技馆活动进校园"工作的通知》，是将相关科学教育的校外资源与学校结合的一个重要标志。党中央、国务院出台的《国家中长期教育改革和发展规划纲要（2010—2020年）》《全民科学素质行动计划纲要（2006—2010—2020年）》等文件提出，鼓励和支持科技馆等科普场馆，积极拓展为未成年人服务的功能，促进校外活动与学校教育的有效衔接。2016年，教育部等11个部门联合印发了《关于推进中小学生研学旅行的意见》，指出要将研学旅行纳入中小学教育教学计划。2017年，教育部印发的《中小学综合实践活动课程纲要》中指出，学校要为综合实践活动积极争取校外活动场所的支持，建立课程资源的协调与共享机制。同年，中国科协办公厅、中央文明办秘书局、教育部办公厅《关于印发〈科技馆活动进校园工作"十三五"工作方案〉的通知》中明确指出，各地科协、文明办、教育行政部门要结合实际认真贯彻落实，充分发挥科普场馆作为校外活动场所对加强未成年人思想道德建设和提升青少年科学素质的重要作用。以上文件的陆续颁布，反映出国家层面对利用校外资源、构建教育完整生态的重视。

相应地，各地各级教育部门也积极响应国家的相关文件精神和指导方向，先后出台了相关的政策。"北京市中小学生社会大课堂"近十年来不断发展，市政府、市教委等部门先后印发《北京市中小学社会大课堂建设方案》《关于实施中小学生综合素质提升工程的意见》等一系列文件，立足北京教育资源优势，精心打造并整合中小学生课外活动计划等教育实践活动，为学生走进社会开展课外学习提供了条件，将社会大课堂与国家、地方、校本三级课程有机结合并列入学校的教育教学计划。上海市人民政府《关于深入推进本市义务教育城乡一体化改革促进优质均衡发展的实施意见》中提到，要推进校外育人共同体建设，深化馆校合作、社馆合作，开发适合学生的品牌项目和实践课程。广东省相关教育部门2018年印发《广东省"馆校结合"科普育人工程工作方案》，指出要充分发挥科普综合场馆和科普资源优势，逐步提升大中小学生的科学素养和科技素质。浙江省教育厅、浙江省旅游局等10个部门关于推进中小学生研学旅行的实施意见也在响应国家发布的相关研学文件的基础上，依据省内情况提出具体的实施意见。从以上地方部门出台的政策中，不难看出，大部分地方教育行政部门对此表现出积极态度以及给予重视，并依照各省份学情量身定制适宜的实施办法，给下层具体实施团队提供了更具体的指导建议。

在国家和地方教育部门的大力推动下，科技类博物馆领域也表现出与学校教育衔接的强烈意愿，将目光聚焦到开发相关教育活动中。纵观举办了四届的"科普场馆科学教育项目展评"活动，绝大部分参评项目都与中小学课程标准进行了对接，并针对学校教育，结合馆内资源优势进行科学教育活动的策划和开发。其中，名列前茅的获奖项目更是在这一方面表现出色，与课标衔接得当，对校内教育起到了很好的补充深化作用，为学生的科学教育提供了更好的学习资源和机会平台。

在理论层面，通过对馆校相关文献的梳理，关注点主要集中在以下几大方面。

第一，馆校教育活动的顺利开展需要在机制管理层面得到教育行政部门的大力支持。[①] 在科技馆领域的具体实施中，其自身的力量单薄，并且与学

---

① 徐瑞芳：《科技馆非正式教育环境下"主题式"团队定制活动的探索与实践——基于上海科技馆"馆校合作"项目的思考》，《自然科学博物馆研究》2017年第S1期。

校归属于不同的体系，交流沟通中存在障碍和困难。

第二，复合型师资人才匮乏。馆校结合中由于需要融合各方资源和不同门类的知识处理，所以从事此类工作的专业人才队伍建设亟待加强。宋娴等在《我国博物馆与学校合作的历史进程》中提到，馆校结合存在的一大问题是博物馆和学校专业能力的缺乏以及第三方专业支持的缺失。①

第三，相关教育活动与课标的衔接不够。朱幼文曾在文章中提到，我国制定的一系列科技类课标，无一例外地强调了全面提高学生的科学素养，又由于学校教学目标、教学内容集中体现于课标之中，所以对接课标成了契合各方需求的着力点。②

第四，馆校结合中有旅行社介入。这一问题在"研学"类活动中显得尤为突出。这种形式使得学校和馆方缺少沟通，可能造成此类的活动效果不佳。③

基于以上各馆教育工作者和学者们反映出的实践问题，本研究希望通过实际调研，走访各类科技场馆，对以上问题进行求证并深入调查。旨在挖掘问题背后的成因，剖析馆校结合中出现的障碍和问题，为后续全国范围内馆校结合的长效发展提供建议。

二 研究内容、方法和对象

（一）研究内容

根据上述背景和对正式与非正式科学学习生态的理解，我们对博物馆的访谈主要集中在以下几个方面：①博物馆为学校提供科学教育资源的现状；

---

① 宋娴、孙阳：《我国博物馆与学校合作的历史进程》，《上海教育科研》2014年第4期。
② 朱幼文：《"馆校结合"中的两个"三位一体"——科技博物馆"馆校结合"基本策略与项目设计思路分析》，《中国博物馆》2018年第4期。
③ 徐瑞芳：《科技馆非正式教育环境下"主题式"团队定制活动的探索与实践——基于上海科技馆"馆校合作"项目的思考》，《自然科学博物馆研究》2017年第S1期。

②博物馆对自身与中小学互动关系的思考；③影响博物馆设计、开发和实施馆校结合科学教育的决策因素；④博物馆开展馆校结合科学教育的样态。

（二）研究方法

研究者实地走访取样的博物馆，与博物馆的教育主管和教育人员进行半结构化访谈。由于各场馆的部门分工不尽相同，教育活动的设计、实施、评估涉及多个部门，馆内教育活动和馆校活动也会涉及不同部门，所以在调研时，我们尽可能请馆方协调，访谈尽可能多的相关部门的负责人和教育工作者。通常访谈持续2~3小时。本研究还对第四届科普场馆科学教育项目展评中相关博物馆的教育活动进行案例分析，分析其中的教学设计。

（三）调研样本的选取

本研究选取了如下20家博物馆作为调研对象。
- 国家级：中国科学技术馆、北京天文馆、中国地质博物馆、上海中国航海博物馆。
- 省级：北京自然博物馆、上海科技馆、上海自然博物馆、广东科学中心、重庆科技馆、福建科技馆、辽宁省科技馆、黑龙江省科技馆、江苏省科技馆。
- 市级：厦门科技馆、呼和浩特市老牛儿童探索博物馆、合肥市科技馆、郑州科技馆。
- 县级：太仓市科技活动中心。
- 高校及行业馆：钱学森图书馆、索尼探梦科技馆。

上述场馆中，有9家是全国中小学研学实践教育基地。

三 调查结果

（一）博物馆为学校提供科学教育的现状

1. 博物馆为学校提供科学教育活动的类型

除了常规的讲座、科普剧、流动展品等几种形式，本次调研中，各馆提及最多的是基于展品与课标对接的活动/课程、资源包和（类）研学活动。

以辽宁省科学技术馆为例，馆方按照"对接课标，区别课堂"的理念，依托展厅和科学工作室，开发与《义务教育小学科学课程标准》紧密对接的适合学校团体的课程。馆内建有木工机械、化学材料、生物生技、食品科学、机器人、数学、物理、电工、机床、工艺、手工艺、陶艺、布艺等工作室，每个工作室都有相配套的课程。该馆将在2018～2020年研发150个资源包。以《科技教育活动资源包实践指南2019年春季版》为例，其中包含面向小学3～6年级50节课，覆盖物质科学、生命科学、地球与宇宙、技术与工程四大领域的18个主题概念。这些课班额控制在24人，时长45分钟，直接对应到具体的年级、教材上的册和单元。类似的还有福建省科技馆《馆校结合教育活动资源指南》、厦门科技馆基于展品的深度学习课程等。

研学旅行或者类研学教育活动是当下博物馆的一个重点工作。调研的大部分馆为研学提供的是拼盘式的教育活动，将馆内已有的参观讲解、科学影片、科学课堂等进行组合，形成研学活动方案。小部分馆专门设计了研学路线和开放式的研学学习单，供研学团队使用。比如，上海自然博物馆针对小学、初中、高中专门设计了研学主题、研学学习单。上海自然博物馆为不同群体设定了不同的时长，小学30分钟，初中45分钟，高中60分钟。内容上也针对群体划分为若干主题。小学低年级9个主题21个课程；小学高年级9个主题20个课程；初中8个主题26个课程；高中6个主题11个课程。厦门科技馆设计了一系列基于问题的研学课程。钱学森图书馆设计了研学手册，在其中加入更多开放性的问题。广东科学中心尝试把机器人作为研学主题，将展区资源和机器人课程进行搭配，时间上安排两天一夜。开展后获得比较好的反馈，之后开展了四天三夜的一站式服务。

总体来看，能为学校提供精细化的教育流程和教学辅助材料设计的馆还在少数。目前在走访的20家博物馆中，能同时为教师参观前、参观时或参观后提供教学支持资源的占15%。

2. 博物馆开发教育活动的学段覆盖

本次调查的博物馆中，小学学段教育活动占比超过90%的有3家，超过80%的有4家，60%以上的8家。除呼和浩特市老牛儿童探索博物馆外，其他面向全年龄段的博物馆在各学段教育活动的开发比例上的平均值分别是：学龄前10.6%，小学67.8%，初中15.3%，高中2.8%，大学生及成人3.5%。其中，小学阶段的教育活动以面向3~5年级为主，初中以6~7年级为主。

造成小学学段教育活动占比高的原因主要有：小学生是目前大多数科技类博物馆的主要观众群体。博物馆从需求出发，按照客流分布开发教育活动，自然形成了小学学段教育活动占大多数的情况。比如，中国航海博物馆在开设夏令营的尝试中，小学开设4场，场场爆满，供不应求。初中开设3场，基本满足需求。高中只开设1场，报名则寥寥无几。

当问及后续的教育活动开发计划时，多家博物馆都根据学龄前亲子家庭的参观比例，着手研发学龄前阶段的亲子教育活动。部分博物馆希望能从对接中小学教育的角度适当加大初高中教育活动的比例，吸引初中生和高中生走进博物馆。

3. 教育活动的开发依据

在调研的场馆中，开发面向中小学教育活动的依据主要来自以下几个方面。

（1）馆藏特色立足展品展项资源

博物馆的独特性和专业性。博物馆在思考教育活动开发中，注重对自身馆藏资源的挖掘和对基于展品教育内涵的理解，试图与社会机构、课堂教学形成区分。

比如，以天文馆为例。馆方在策划设计活动中，主要考虑大众进天文馆的目的是可以在馆内借助设备观察肉眼不可见的天体。在天文馆内做教育最大的优势就是一种沉浸式的学习体验。进入天文馆就处在一个物理仿真的环境，天文馆的馆建大小就蕴含有一定的设计原理，这种真实的沉浸感是在其他教育场所里无法实现的。

（2）课标和教材

《义务教育小学科学教育标准》和《义务教育中学科学教育标准》是访

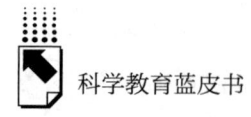

谈中被提及频率最高的遵循依据。部分场馆提及《中小学综合实践活动课程指导纲要》，小部分场馆提及科学大概念和核心素养。博物馆通常会对照课程标准，从本地区中小学使用的教材中寻找和馆内资源对应的内容来设计开发教育活动。有博物馆做到科技辅导员人手一本课程标准，而有的馆则会直接寻找高校专家、科学课标制定专家的帮助。

虽然馆方都把课表和教材作为开发依据，但从我们对博物馆提供的教育活动样例及科普场馆科学教育项目展评案例的分析看，博物馆教育工作者还存在对课标解读不到位的情况。教案中虽然都进行了课标和教材知识点的对应，但在具体实施时，并没有很好的落实。

（3）当下影响博物馆和基础教育的理念和方法

馆方谈及较多的是"探究式学习""情境式学习""基于问题的学习""体验式学习""跨学科学习（STEM）""多感官体验"等理念和方法。这些也是近几年博物馆教育期刊、科普场馆科学教育项目展评等活动中出现的高频关键词。说明博物馆教育工作者对本领域的学术期刊和标志性活动都有比较高的认同感和参与度。

与上述落实课标中的问题类似，博物馆教育工作者在设计教案时会把这些理念作为一个"帽子"，但在具体设计教育活动流程中却不见其踪。这反映出从业者对这些理念还停留在了解的层面，对其背后的实质、方法间的差异和适用性还没有深入的理解。

（4）学校的个性化需求

场馆另一大开发依据是学校提出的需求。一些有意识利用博物馆资源的中小学会向场馆提出需求。同样，具有市场化意识的博物馆会敏锐捕捉到学校的需求，评估学校希望把博物馆的展品用作课堂的辅助，还是将博物馆活动运用到课外的选修课。对于能到馆参观的学校，针对学校的课程扩充体验内容。对于不便到馆但有强烈需求的学校，场馆则努力把体验的过程转换成可以流动的展品，或者在课堂中完成的实验，或者制作成视频代替，把实验探究部分作为扩充。

有意识主动接洽和使用博物馆资源的往往是优秀的学校。它们有很多个性化需求还难以满足。博物馆不仅要研究课标和教材，还需要了解学校校本课程的需求和核心素养与博物馆资源之间的对接。

4. 开发教育内容的方式

在所调研的场馆中，教育活动的开发情况基本可以分为三类。

（1）自主研发

自主设计、开发教育活动占调研场馆中的绝大多数。国家级和省级博物馆的研发团队，少则有十几个，多则有上百个教育活动。

（2）与外部合作/采购

县市级博物馆主要受限于人手和开发能力等，有部分采用与外部机构合作和直接采购课程或课程服务的方式，实现从无到有。在实施过程中，馆方会逐渐进行调整，进行馆本化，使其更适合馆内资源和学生的实际情况。在访谈对象中，有一家博物馆是由地方教育局招标采购课程，由博物馆具体实施教学。

（3）与学校/教师共同开发

这种方式在所走访的场馆中占很小比例。以厦门科技馆为例，当地有小学要开展项目式的学习活动，找到馆方寻求专业支持。馆方会选取合适的主题进行开发，然后在学校实施，实施1~2个学期得到比较好的预期效果后进一步深化，形成一个成熟的项目。最后形成学习手册、教师教案、宣传单页等一套材料。上海自然博物馆和科技馆则通过"博老师"项目，邀请教研员、高校专家、馆内教育人员为中小学教师开展讲座、熟悉馆藏资源，从而让教师设计能利用到馆内展品资源的课程。馆方会为教师提供设计模板，辅导教学设计，并请专家进行点评评选。后期针对评选出的方案请教师入馆实施。

大部分博物馆没有采用联合开发的原因来自两个方面：一是没有和学校教师、教研员的接洽机制；二是遇到对博物馆教育有较好理解且具有专业知识的教师也不容易。个别博物馆反映，所处地区的小学科学不受重视，在与学校接洽中发现，部分科学教师由音乐、美术老师兼职。这也给博物馆与教师的合作带来了专业沟通的问题。

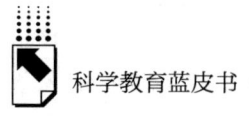

（二）博物馆为学校提供教育资源及服务中遇到的问题

1. 教育人员数量和学科背景

教育人员是各个博物馆教育活动设计、开发、实施的核心。其人员数量和专业化程度会直接影响博物馆教育活动的开展。

在走访的博物馆中，教育人员编制少、工作量大是普遍反映的问题。在面向中小学的活动中，有些馆是以一车（团队）一个讲解员来配比的。有些馆以1∶20的方式配比馆方教师以确保讲解质量。这些馆所在地区，中小学班额小的为40～45人，大的为70人。通常学校都是以年级为单位来博物馆，来一个两三百人的团队，需要配备20个左右讲解员，会影响馆方对其他团队的接待。

人员的学科背景多样也是走访中发现的一个现象。在走访的馆中，教育部门人员中有教育学科背景的人数占比并不高，通常一个部门有1～2位毕业于教育学或相关科学学科。还有两个馆的教育部门人员都不是教育学或科学相关专业背景。

从教育部门主管和馆领导的反馈看，学科背景对教育活动的实施影响不大，上课效果并不直接和专业背景相关。但教育部门的专业背景会对教育活动的设计开发产生一定影响。特别是县市级的馆，教育人员在原创开发围绕展品的活动时，对如何找好的选题切入点，如何与当下基础教育和科学教育的标准与理念接轨，以及课程设计方法、授课技巧等方面问题有比较迫切的需求。

2. 缺少教育主管部门的支持

大部分博物馆在访谈中都希望与当地教育主管部门共同推进馆校教育。但也有部分博物馆反映，教育局对馆校活动没有支持作用。有科技馆曾联合多家单位建立联盟，但教育局只是要求对每次教育活动进行活动内容报备，在年底进行验收。没有从教育局的角度对博物馆的教育工作进行指导或提供资源。

3. 博物馆与学校的沟通被第三方切断

调研中，馆方普遍反映出与中小学沟通割裂的问题。表面看，馆内各种中小学团体熙熙攘攘，但大量的游学、研学团队是学校通过旅行社、游学机构与博物馆接洽的，或者全部委托给这些机构。在整个过程中，学校的需求、对博物馆资源的利用、学生的反馈、后续的需求难以反馈到馆方。这就造成博物馆与学校的直接沟通被切断了。虽然研学、学校春秋游为博物馆带来了大量客流，但博物馆难以从学校方面获得有效的反馈。

第三方介入的另一个弊端是质量难以把控。博物馆对这种操作模式下的博物馆学习质量表示担心。博物馆讲解员反映经常会听到研学游学机构的讲解人员用词不规范，甚至讲解中有科学性错误。

4. 研学活动中的"研"尚难体现

已开展研学的博物馆比较一致地认为，研学需要改善原来的春秋游参观模式。中小学生研学旅行中的研学和旅行两个关键词分别代表了研究性学习和旅行体验相结合的校外教育活动属性。对于博物馆而言，旅行体验比较容易达成。目前机构所主导的研学大多做到了旅游的层面，还是以参观为主，"研"的成分不足。

这个现象也部分源于博物馆对研学活动的理解。访谈中，一部分馆认为，馆内活动更注重学习深度，如培养探究能力和动手能力。研学更注重广度和覆盖面，但是深度不如馆内活动。研学主题会涉及多种内容，在不同地方开展的活动内容深度不如馆内教育活动。馆内活动以公益性为主，大部分不收费。但是研学会有盈利目的，收取多种费用，提供的内容和价格相关。一部分馆认为，研学要体现学习的深度，在原有教育活动上更要进行深挖，提炼主题。学习方式上研学也应与馆内的听讲解有所不同，需要学生更多的主动参与。

（三）馆校相互认知和合作层次

1. 博物馆对学校的认知

在所有与博物馆有联系的外部实体机构中，所有博物馆均表示中小学与自身关系最近，绝大多数教育主管及馆长都把自身和学校描述成双向的关系。博物馆向学校输出教育活动、课程等资源。学校向博物馆输入人流和对教育活动的反馈。关于馆校关系，访谈中呈现两种比较有代表性的观点：一是"生产者－消费者"的隐喻：博物馆是公共文化产品的生产者，学校是产品的消费者。二是"合作伙伴"观：博物馆把与学校看作合作的双方，双方利用各自优势来达成提高学生科学素养的目的。

2.博物馆与学校的合作层次

从访谈博物馆所描述的与学校关系看，大致可分为三个层次。

第一，学校单纯到馆参观。学校以团体参观的形式到馆，参观前会和馆方做简单的预约，接洽门票、交通餐饮等内容，对教育活动不会提出个性化要求。参观过程中，师生按照馆方提供的讲解或方案进行，没有拓展，参观后无具体反馈。

第二，学校提出与学校教学结合的需求。在参观前学校与馆方沟通，提出比较明确的教育需求，通常是希望与学校课程或特色结合，在博物馆所提供的教育活动菜单中进行选择或在活动方式上进行组合，例如讲解参观结合科学表演或科学教室的课程。

第三，相对稳定的合作。在这个层次上例如中国科学技术馆的选修课，但深层合作只占一小部分。从整体上看，大部分馆皆表示博物馆与学校的合作目前还是以博物馆向学校输出展品和教育活动资源为主，在教育活动的开发和实施方面的沟通交流不够，学校能给予博物馆更多的仅是参观后的反馈。例如，中国航海博物馆与附近学校开展共建，为学校建立文博角，向学校输出STEM课程，由馆方教育人员上门授课。

基于以上现状，大部分博物馆皆表现出与中小学的合作能更深入的愿望，他们希望校方在到馆参观前能与馆方提前沟通，制定参观计划，甚至能结合课标共同开发学习单，使学生能带着目的来到博物馆。在参观时校方老师和馆方老师都能为教育活动的开展贡献自己的力量，而不是全然把学生交给馆方老师。参观后，校方能够给予后续的反馈或对教育活动的改进建议，方便博物馆对教育活动或课程进行迭代，能更好地服务于学校。

3. 博物馆与教育主管部门的互动

这里的教育主管部门主要指的是当地的教委、教育局、博物馆。访谈中，教育主管及馆长认为自身与教育主管部门的位置关系都弱于中小学。具体合作形式有以下几种。

教育主管部门作为中小学和博物馆的中介和桥梁，将博物馆的教育活动资源推给学校，学校也可通过教育主管部门联系博物馆，甚至签约，例如北京天文馆、中国地质博物馆、中国科学技术馆等。

教育主管部门输入资金和课题到博物馆，博物馆可借助这些资源进行教育活动或课程的开发，开发的活动又对教育主管部门进行反哺（又服务于教育主管部门和学校），例如索尼探梦科技馆、广东科学中心。

教育主管部门与博物馆没有长期合作，关系为弱连接，主要表现为项目式合作（科技节、科技竞赛等），例如江苏科技馆。

走访的部分博物馆明确提出希望能够加强与教育主管部门的合作，得到其资源、资金或宣传力度的支持，进而加强与学校的合作。如福建科技馆指出希望馆方的教育活动能得到教育主管部门的支持，能够发文吸引更多学校参与。再如，江苏科技馆也提出因教育主管部门具有政策性和导向性，希望与其建立长期合作关系，吸引更多学校。

（四）馆校合作样态分析

从发起方式分类，馆校合作一般可以分为学校主导、博物馆主导和上级部门主导三种形态。在本次调研走访的场馆中，我们发现由谁发起固然重要，但之后如何演绎成稳定的形态更值得研究。这里，我们走访的博物馆中呈现三种样态。

1. 与特定学校建立稳固的长期合作关系

与学校建立长期的合作关系对我们走访的大部分博物馆而言是有一定难度的。难度在于博物馆的接待能力和是否有长期可以吸引学校的课程资源。春秋游式的参观可以只依靠展品资源，但长期的合作就需要有持续吸引力的课程。

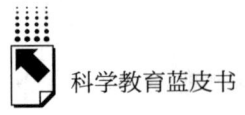

为解决周三至周五馆内人流少、教育资源未得到充分利用的问题，太仓市科技活动中心与周边小学尝试开展深度合作。从2019年春季学期起，太仓市科技活动中心试点"探索与惊奇"馆校合作科普项目。

太仓市科技活动中心每周三、周四、周五分别接待太仓市科教新城实验小学一个年级的三个班级学生在馆学习。按照馆内的组织方式，学生分为20人一个教学班，每个教学班由一名馆方科技辅导员授课，一名校方教师跟班听课。每次活动围绕一个主题，内容通常包含展区展品、科普影片、科学教室课程三个部分。课程形式以科学小实验为主，辅助以必要的实验套材。目前太仓市科技活动中心正计划开展长期的评估研究，了解这种馆校合作方式对学生学习科学、学校科学教育的影响。

2. 与周围场馆联合

中国航海博物馆地处上海市的临港新城地区，距离市中心80公里。往返的时间成本导致很多中小学不会优先考虑来航海馆做研学活动。但临港新城集聚了有关海洋科技方面的主题资源。比如上海海洋大学、上海海事大学、上海临港海绵城市展示中心、上海彩虹鱼海洋科技股份有限公司、洋山深水港等高校和企业资源。所以中国航海博物馆另辟蹊径，通过地区主管部门沟通周边场馆、高校实训实验室资源。这样的组合使得外省市来的研学团队，可以规划两三天甚至更长时间的组合。在实际操作中，不少研学团队是来自上海东方绿舟活动营地的客源分流。

3. 馆区合作

郑州科技馆自2018年起与郑州市中原区教育体育局签订合作协议，开展"馆区合作"项目，合力推进馆校结合。通过教体局协调，可以做到每天都有学校来馆开展活动，每学期开始前就制定好课表。各学校按照课表提前联系科技馆告知人数，并选课程。

在这个方式下，馆方提供课程和展品，校方提供人员、场地和课后反馈等。在课程的实施过程和改进过程中，校方老师会听课并给予专业性建议。教研员为教育活动提供专业性建议。

四 对策和建议

（一）教育部门应关注非正式学习环境对科学教育的影响

走访的博物馆在谈及如何与学校建立联系进行对接时，最希望得到的是来自教育主管部门政策上的支持。没有教育部门牵头，博物馆需要与一家家学校接洽，难以形成规模效应，而热心响应博物馆的始终是极少数的"博物馆粉丝学校"。接受访谈的多家博物馆都提到，其不少教育活动开发灵感来自和中小学的交流。比如，中学的物理教师在带学生参观时发现展品涉及的科学内容与初高中课程是对应的，希望能把这些内容搬到学校，作为教具的辅助和扩充。博物馆教育工作者走进学校和教师深入交流，听课看教材，产生了更符合学校科学教育的博物馆教育内容。

但这些个案无法自下而上形成规模效应，需要通过教育主管部门进一步推动。虽然课标和政策文件中已经把利用博物馆资源写入其中，但在实施层面学校依然缺少与博物馆合作的抓手。

（二）多渠道培训师资

在馆校合作方面，县级和市级馆普遍表示缺少授课师资，特别是有教育学背景的师资。所走访的博物馆一方面声称希望为中小学提供定制化的教育服务；但另一方面小馆受限于教育人员短缺，大馆疲于应付大客流。

在本次调研中，各馆提供了两种类型的解决方案。一是从外部引入师资，在博物馆人员有限的情况下，部分教育活动与外部教育机构合作，与课程一同引入师资。二是对中小学教师进行培训，分担博物馆的压力。访谈中，有多家博物馆提及希望学校老师改进带学生入馆学习的方式，不能把学生直接扔给馆方，希望学校教师能提前来参观增加了解，与学校课程联系起来，使学生有目的地参观。中小学教师尚缺乏有效利用博物馆开展科学教育的知识和方法，校内和校外在教学法知识上有可以互补的方面。因此，有些有馆校合作机制基础的馆就从教师培训入手开展工作。比如，上海科技馆在上海市教委的支持下，启动"利用场馆资源提升科技教师和学生能力的'馆校合作'项目"，其中"博老师研习会"子项的目的是培训一批善于利用科普场馆资源开展基础型、拓展型、研究型教学的学校教师。2018年，"博老师"课程纳入上海市级师资培训课程，参与培训的中小学教师将会获取相应的培训学分。

单纯依靠博物馆的教育工作者，难以同时满足中小学的普及和个性化需求，为中小学教师普及利用博物馆资源的相关知识和技能是让博物馆持续发挥其社会教育资源功效的有效途径。

（三）中高学段的馆校教育活动有待开发

所调研博物馆教育活动的覆盖面中，小学是教育活动面向学段中占比最大的。多家场馆表示，学龄前的教育活动将会列入下一阶段部分场馆的开发重点。

面向初高中的教育活动是目前占比最少的，尤其是针对高中生的教育项目更为短缺。虽然不少博物馆中的展品非常适合对接初中和高中的教学内容，但这部分人群占其中的比例是最少的。

目前，在高中阶段开展研究性学习、项目化学习的背景下，如何吸引初高中生甚至大学生"重新走进"场馆是需要各博物馆思考的。研学为中高学段利用博物馆资源提供了平台，如何把研究性学习与博物馆资源结合是一个值得探索的问题，这需要博物馆结合课程标准，深度挖掘馆校结合开展研学的内涵。

本次调研中发现，学校在开展研学活动时对特定展品、专家有定制化的需求。在对一所来馆进行研学学校的调研中发现，当学校提出非常具体的研学设想时，馆方难以满足其具体的需求。这类能提出具体教育需求的学校，往往已不满足于常规的展区讲解，希望馆方能配套以专家资源和个性化教育活动定制。

（四）建立馆校教育活动的品牌

如同科技馆在展品展项上容易产生趋同的现象，科技类博物馆的教育活动也容易产生主题相似的情况。如何凸显本馆的特色、保护教育活动设计开发的知识产权也是走访过程中各场馆正在思考的。个别规模较大的馆还设有品牌活动组。全国科普场馆科学教育项目展评等活动为各场馆提供了业内交流的平台。通过评比，各馆也逐渐在形成自己的特色活动，进而强化自身的教育特色。

目前走访的博物馆大多通过出版物、定期活动的方式逐渐建立品牌。而要在馆校互动中，特别是在当地中小学中形成品牌效应，还需要更精细的策划、运营和时间的积累。

（五）对馆校教育效果进行评估，开展更多的馆校合作样态研究

馆内层面，所走访的馆基本以满意度问卷和调查问卷作为教育效果的评价方法。教育工作者反映，博物馆教育的评价维度多，实施有难度，不知道应该遵循怎样的客观方法来实施。目前的评价主体是中小学教师和学生，对授课内容和馆方的授课老师进行评估。还缺少从发展角度的自我评估。个别馆开始进行观众行为研究，综合行为分析、访谈等多个维度评估教育活动的效果。

馆校层面，博物馆教育活动的设计、实施对课堂科学教育的影响还缺乏评价。馆校教育的开展对课堂教学、学生科学学科核心素养的作用还缺乏实质性的例证。这些更加需要第三方开展相关研究。

受限于走访的地区和样本，本研究能反映出的馆校合作样态非常有限。这方面需要开展更多地区的调研，挖掘馆校合作的实践性知识，为教育决策提供依据。

B.8 我国学科竞赛活动发展报告

赵 博[*]

摘 要： 学科竞赛活动是一类非正规科学教育活动。五项学科奥赛活动自20世纪80年代以来陆续在我国持续开展，已经形成其影响力。国内外围绕学科竞赛活动开展的研究则相对分散，不够系统，且极少关心未获奖参赛学生是否有所收获。本研究以参加我国学科竞赛活动的学生为研究对象，通过文献法和调查法初步回答以下研究问题：①如何描述我国当前学科竞赛活动的开展现状？②学科奥赛活动对于学生在情感态度价值观方面的提升效果如何？③学科竞赛活动的相关因素与其在情感态度价值观方面的提升效果之间是否存在关联？并得出以下主要结论：①我国学科奥赛活动较好完成了科普和选拔的双重任务，学生参赛体验较为个性化。②学科奥赛活动在学生情感态度价值观方面有较好的提升效果，各学科奥赛活动也是如此。③发现了部分与竞赛活动提升效果呈现正相关性的因素，如学生的内部动机等。最后，从学科竞赛活动持续发展的角度，基于研究发现提出了具体建议。

关键词： 学科竞赛　情感态度价值观　非正规科学教育

---

[*] 赵博，杭州师范大学经亨颐教师教育学院讲师，博士，研究方向为科学大奖赛与学科竞赛、生物学教育。

一 研究背景

学科竞赛活动是一类非正规科学教育活动。在竞赛活动中,常常通过纸笔测试、实际操作等方式来考查学生在某个学科的知识和技能水平,根据其表现进行层次的划分并给予相应的评定奖励。[①] 学科竞赛活动所考察的内容仍以科学课堂教学内容为基础,但往往在深度和广度上有更高要求,因此可以看作正规科学教育的扩展和延伸。众多学科都有各类规模、对象和形式各异的竞赛活动,而其中指标性的活动则是五项学科竞赛。全国五项学科竞赛活动包括数学、物理、化学、生物和信息学竞赛[②],在我国开展历史最久、影响力最大,不仅得到教育部、中国科协等单位的支持管理,也直接与相应学科的国际竞赛活动接轨。

学科竞赛活动在国外兴起较早。在其早期形态中,学科竞赛活动包含了对学科知识的考察以及实际针对学科实际问题展开探究的考察,与之对应,指导教师一方面要帮助学生学习学科知识,另一方面也要指导其开展探究。随后学科奥赛发展变化为现阶段以知识和技能考察为主的形态。国外从多个视角围绕学科竞赛活动展开过研究。从竞赛活动教育效果的视角切入,有的竞赛承办方会从难度和信效度等方面对当年竞赛试题进行检验,并根据参赛学生作答分布情况对赛前教学提出建议。[③] 也有的研究者关注获奖学生在大学阶段的继续发展,发现竞赛获奖学生在就读医学本科的早期阶段仍保有相对于同学的学业表现优势,而这种优势在后期则变得越发不明显。[④] 还有研

[①] Staziński W., Biological Competitions and Biological Olympiads as a Means of Developing Students' Interest in Biology. *International Journal of Science Education*, 1988, 10 (2), pp. 171 – 177.

[②] 《关于奥赛》,学科奥林匹克竞赛网站,http://cso.xiaoxiaotong.org/suguest.aspx?ColumnID=10180000。

[③] Crealock – Ashurst B., Williams L., Moffat K., A Critical Reflection on the 28th International Biology Olympiad. *Exchanges: The Interdisciplinary Research Journal*, 2017, 5 (1), pp. 127 – 136.

[④] Kim K. J., Kee C., Gifted Students' Academic Performance in Medical School: A Study of Olympiad Winners. *Teaching and Learning in Medicine*, 2012, 24 (2), pp. 128 – 132.

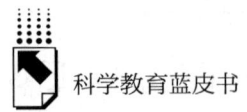

究者通过访谈的方式了解学生在参赛前后的心理变化,指出有些学生渴望接受竞赛活动带来的挑战性和竞争性,但有些学生则并不适应这种压力;也有的学生通过竞赛找到了可以围绕学科内容做深入交流的同伴,从而感受到归属感。① 从教师教育和教育资源的视角切入,有研究者提倡一线教师参与学科竞赛之中,以帮助他们更好地理解科学探究并开展教学;也有研究者认为学科竞赛试题应该作为可持续利用的科学课堂教学资源。②

我国从20世纪80年代逐渐开始组织举办各学科竞赛活动,并通过竞赛选拔出学科素质表现优异的学生组队代表国家参加国际学科奥赛。国内媒体对于学科竞赛活动的关注和报道较多,内容多围绕相关管理政策和规则、竞赛结果公示和国际学科奥赛获奖情况等。相关话题也常常引发公众的讨论,比如从家长的角度去讨论是否建议孩子参加学科竞赛活动等。检索学科竞赛活动相关中文文献可以发现,一类文献关注于各学科奥赛试题的介绍和分析,另一类文献则主要分享指导学生备赛的具体经验。而我国香港有研究者则利用学科竞赛活动作为评价学生科学探究理解情况的方式,指出香港地区在科学探究理解方面的教学有待提升。

尽管相较之下,国外围绕学科竞赛活动开展研究的角度更丰富,文献数量也更多,但是综合来看,国内外的相关研究仍不够体系化和深入,特别是几乎没有把未获奖的参赛学生作为教育对象纳入研究样本之中。

结合已有文献和实际情况,本研究认为学科竞赛活动作为一类发展多年且具有一定影响力的非正规科学教育活动,有必要对其展开进一步的研究。作为教育活动,学科竞赛所引发指导的教学过程并不局限于学生集中参加各种形式测试的短暂时间,还涵盖着学生从决定报名参赛起就展开备

---

① Petr J., Papáček M., Stuchlíková I., *The Biology Olympiad as a Resource and Inspiration for Inquiry - Based Science Teaching*, Professional Development for Inquiry - Based Science Teaching and Learning. Springer, Cham, 2018, pp. 205 - 222.
② Petr J., Stuchlíková I., Papáček M., Biology Olympiad as A Model for Inquiry - based Approaches. *Strand 10 Science Curriculum and Educational Policy*, pp. 50 - 56.

赛的全部时间。又因为竞赛活动包含各种形式的测试，使其本身也具备评价的功能，但是其评价指向的是学生在学科的知识与技能方面。这说明学科竞赛活动在一定程度上可以自证其在学生知识和技能方面的育人效果。但是从科学教育目标的维度来看，情感态度价值观也是不可或缺的一项教育目标，这方面的效果有待证实。此外，以往研究多以竞赛获奖学生为研究对象，忽视了那些参与竞赛活动但未获得奖励的学生。因此，本研究拟展开工作回答以下三个问题：①如何描述我国当前学科竞赛活动的开展现状？②学科奥赛活动对于学生在情感态度价值观方面的提升效果如何？③学科竞赛活动的相关因素与其在情感态度价值观方面的提升效果之间是否存在关联？

二 研究方法

研究主要通过文献研究法和调查法展开。在文献研究工作中，主要收集国内外对于学科竞赛活动已有的研究成果，从而为后续调查工作提供理论基础和框架依据。在调查工作部分，一方面通过网络检索学科竞赛活动的相关信息，另一方面通过问卷调查的方式直接以参加学科竞赛活动的学生为对象获取相关信息。

为了有效开展问卷调查工作，首先需要编订相应的研究工具。根据本研究的实际需求，以参与学科竞赛活动的高中学生为对象设计了调查问卷。问卷分为基本信息询问和李克特五段量表两个部分。前者主要关注学生的性别、年级、参与时间、参与学科、获奖情况、备赛方式等基本信息；后者则关注学生的参赛动机和参与学科竞赛活动之后得到的提升效果。针对量表部分，本研究进一步进行了信效度的检验。

在信度方面，本研究利用克隆巴赫信度系数进行判断。针对问卷中对于竞赛提升效果和参赛动机题目内容，利用统计软件 SPSS.25 计算各部分的 α 系数，结果如表 1 所示。

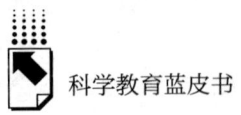

表1 调查问卷信度检验结果

单位：个

题目内容	题目数	信度系数(α)
整体效果	33	0.945
兴趣提升	7	0.908
价值认同	8	0.829
自我效能	10	0.882
就职意向	8	0.819
参赛动机	10	0.678

从检验结果可知，竞赛提升效果内容的题目信度较好，整体信度达到0.945，各维度信度在0.819~0.908，均高于0.7，说明其可信度高。而参赛动机部分的题目信度为0.678，略低于0.7，可以认为其信度可以接受。

在效度方面，本研究采用的是结构效度。首先，根据国外文献中对于学科竞赛效果和学生参赛动机的阐述以及TIMSS等大型测试的框架和题目，确定了问卷的整体结构和具体条目内容。然后，邀请了三位以科学教育为研究方向的专家（均为高级职称）对问卷结构框架的合理性和内容与框架的对应性进行了审阅并提出修改建议。最后，根据专家的反馈意见对问卷进行修改调整。参与审阅的专家对最终版本的问卷效度表示认同。

根据我国《科学教育统计年鉴》中对于东、中、西部的划分定义，选择三个区域组织参与学科竞赛活动的部分学校，面向参与五项学科竞赛活动的学生发放调查问卷。最终共收获有效问卷644份。其中男性学生479人，女性学生165人；高一年级学生360人，高二年级学生168人，高三年级学生111人，复读或延期毕业学生5人；东部学生228人，中部学生279人，西部学生137人。从具体各学科竞赛的参与人数来看，调查对象中参与信息学竞赛的人数最少，为56人；参与数学竞赛的人数最多，为314人。考虑到学科竞赛本身是一项非正规教育活动，参加学科竞赛的学生在自然学生群体中并非随机分布这一情况，综合上述信息判断，可以认为此次调查的样本量具有一定的代表性，能够用于展开分析。

三 结果与讨论

（一）学科奥赛活动基本架构和实施现状

如背景介绍，全国五项学科竞赛活动包括数学、物理学、化学、生物学和信息学竞赛，在我国开展历史最久、影响力最大。表2整理了五项学科竞赛活动的相关信息。

表2 学科竞赛活动相关信息

赛事学科	物理学竞赛	化学竞赛	生物学竞赛	信息学竞赛	数学竞赛
系列赛事名称	全国中学生物理竞赛（预赛、复赛、决赛）	全国高中学生化学竞赛（省级赛区） 全国高中学生化学竞赛	全国中学生生物学联赛（简称联赛） 全国中学生生物学竞赛	全国青少年信息学奥林匹克联赛 全国青少年信息学奥林匹克竞赛	全国高中数学联赛 中国数学奥林匹克
主办单位	中学生物理竞赛委员会（中国物理学会设立）	全国高中学生化学竞赛委员会（中国化学会设立）	全国中学生生物学竞赛委员会（中国植物学会、中国动物学会联合设立）	中国计算机学会	中国数学会
起始年份	1984年	1984年	2000年（中学生生物学联赛） 1992年（中学生生物学竞赛）	1995年（全国青少年信息学奥林匹克联赛） 1984年（全国青少年信息学奥林匹克竞赛）	1986年
举办次数	35届	32届	联赛19届 竞赛27届	联赛24届 竞赛35届	竞赛34届

续表

赛事学科	物理学竞赛	化学竞赛	生物学竞赛	信息学竞赛	数学竞赛
举办时间	根据实际情况而定	初赛每年9月举行;"全国高中学生化学竞赛"决赛于来年春节前的冬令营期间举行	联赛每年五月第二周的星期日上午10:00~12:00举行 竞赛于每年8月举行 具体日期均由当年提前发出通知	联赛初赛每年10月的第三个周六下午2:30~4:30举行,复赛每年11月的第三个周六举行	联赛于每年10月中旬的第一个星期日上午举行
组织形式	预赛和复赛由各省平行组织,决赛由主办单位集中组织	初赛由各省组织,决赛由承办单位经委员会同意集中组织	联赛由各省平行组织 竞赛由大赛委员会集中组织	联赛由各省平行组织 竞赛由承办单位集中组织	联赛由各省级赛区组织 竞赛集中举办
参赛条件	在校高中生	普通高中学生,以高三学生为主,已毕业学生除外	原则上只限普通中学高二年级学生	联赛为初、高中阶段的学生和同等年龄段中等专业学校的在校生	在校中学生
命题人	全国中学生物理竞赛命题组命制预赛题、复赛理论题和决赛理论及实验题,地方竞赛委员会命制复赛实验题	初赛由全国高中学生化学竞赛委员会核心组组织命题,决赛由承办单位组织命题,全国高中学生化学竞赛委员会核心组组织审定	由中国植物学会和中国动物学会轮流召集专家命题	中国计算机学会下设科学委员会命题	主办单位或承办单位(受主办单位委托)组织

续表

赛事学科	物理学竞赛	化学竞赛	生物学竞赛	信息学竞赛	数学竞赛
考试形式	预赛为笔试题，复赛和决赛为理论和实验试题	初赛均为笔试题目，决赛为由理论竞赛和实验竞赛组成，满分比3∶2	联赛试题均为选择题 竞赛试题包括理论试题和实验试题	联赛初赛为笔试（选择题、问题求解题、程序阅读理解题、程序完善题），复赛为程序设计 竞赛笔试100分，竞赛题6题各100分	联赛分为第一试和第二试，第一试包括六道选择题、六道填空题和三道解答题，第二试共有三道题。决赛共6题
对应的国际赛事	亚洲物理学奥林匹克竞赛（APhO） 国际物理学奥林匹克竞赛（IPhO）	国际化学奥林匹克竞赛（IChO）	国际生物学奥林匹克竞赛（IBO）	国际信息学奥林匹克竞赛（IOI）	国际数学奥林匹克（IMO）
选拔国际赛事参赛队员的办法	以全国竞赛为一选，一等奖获得者全部入选，由负责带队参加IPhO的高校进行二选，共选出5人参赛，在此过程中亦选出8人参加APhO	从当届全国高中学生化学竞赛决赛获奖学生中选拔产生。参选人数一般为16~20名。选拔赛在参考当届国际化学竞赛预备题基础上进行	竞赛成绩前50名的学生入选次年年初举办的冬令营集训，集训考试前4名学生入选国家队	从获竞赛前20名选手中，经过10天的集中培训选拔赛，获得前4名的优胜者，代表中国参赛	决赛分数最高的30名左右选手入选集训队，经选拔参赛

除表中列举信息之外，研究也发现每项学科竞赛网站均能比较明确地阐述活动以科普为目标，同时肩负为国际学科竞赛选拔的任务，对于竞赛考察

内容范围、参考用书等方面也做了清晰限定。部分学科竞赛在官方网站上公布竞赛题目和标准答案。从上述信息可以看出，各项学科竞赛活动的出发点清晰正确、基本构架清楚合理、具体内容比较齐备。

为了考察各项学科竞赛活动吸引高中学生参与的具体情况，检验活动的科普目标达成情况，研究调查相关数据并计算了竞赛活动参与学生数和评定奖励在高中在校学生的占比情况。具体结果如表3所示。

表3　2017~2018年各学科竞赛活动的学生参与情况

单位：人，%

类别	高中学生每年级平均数*	竞赛活动覆盖人数		覆盖人数与学生数占比		竞赛活动评定奖励人数***	评定奖励人数占联赛参赛人数比	评定奖励人数占学生数比
		省内资格赛**	省级联赛**	省内资格赛	省级联赛			
物理学竞赛	7915000	880179	45000	11.12	0.57	33703	74.90	0.43
化学竞赛	7915000	500000	170000	6.32	2.15	一等奖1495人，其余奖项不详	—	—
生物学竞赛	7915000	890000	86664	11.24	1.09	15673	18.08	0.20
信息学竞赛（提高组）	7915000	—	92418	—	1.17	决赛获奖262人，其余奖项不详	—	—
数学竞赛	7915000	1000000	60000	12.63	0.76	一等奖1751人，其余奖项不详	—	—

注：*根据《中国教育统计年鉴》的数据，2015~2017年普通高中学生数依次为2374.60万人、2366.65万人和2374.55万人①，可以认为近三年学生总数基本稳定，反映出每个年级的学生数也相对稳定，因此以2017年高中学生总数估计每个年级学生人数。

**部分数据为测算约数，未精确到个位。生物学竞赛共覆盖29个省级行政区划，其余学科竞赛均覆盖31个省级行政区划。

***因部分赛事入围决赛即意味着拿到一定等级的奖项，且获得联赛奖项是入围决赛的条件，故以联赛评定的奖励人数计算。

① 刘昌亚、李建聪：《中国教育统计年鉴2017》，中国统计出版社，2018，第20页。

从调查结果可以发现，在省内资格赛阶段，有三项学科竞赛活动已经达到10%以上的学生覆盖率，而进入下一阶段（即省级联赛）时，覆盖率缩减至0.5%~2%，最终在联赛获奖学生比例则低于学生总数的0.5%。从这一结果可以看出，学科竞赛活动利用"三级跳"的方式有效实现了从科普到选拔两项任务的完成。学科竞赛活动一方面尽可能吸引了学生参与和体验各学科课程之外的内容，另一方面也努力以"百里挑一"的方式去发现在各学科表现出突出素质的学生。

但是，研究也发现学科竞赛活动自开办以来学生的参与数、获奖人数等数据存在着缺失现象，尤其以近年来为重。早期的信息统计较为完整，近年来个别年份的信息则偶尔在官方网站以新闻通稿的方式刊登。官方网站上的相应信息更新也不完整。从上表中部分信息的缺失就可见一斑。这种现象既不利于了解每年度竞赛活动的实际开展情况，更不利于基于年份推移的视角对其发展趋势进行分析和管理。

为了判断我国学科竞赛活动最终选拔的学生在学科素质方面达到何种水平，本研究统计了我国学生在国际学科奥赛获得的成绩。经过实际调查发现，我国派出的参赛学生获奖比例很高，因此最终决定展示学生获得金牌的数量以体现学科竞赛的选拔质量，具体结果如表4所示。

表4 我国学生在国际学科奥赛中的金牌获取数*

单位：块，%

年份	物理学竞赛	化学竞赛	生物学竞赛	信息学竞赛	数学竞赛
1985	– **	–	–	–	0
1986	0	–	–	–	3
1987	0	1	–	–	2
1988	1	2	–	–	2
1989	0	3	–	0	4
1990	2	4	–	1	5
1991	5	3	–	2	4
1992	5	3	–	3	6

续表

年份	物理学竞赛	化学竞赛	生物学竞赛	信息学竞赛	数学竞赛
1993	2	2	1	1	6
1994	4	2	1	3	3
1995	5	4	2	3	4
1996	5	3	1	4	4
1997	3	0	3	1	6
1998	5	1	3	3	–
1999	2	2	3	2	4
2000	5	3	2	2	6
2001	4	3	3	1	6
2002	4	4	3	3	6
2003	–	4	3	1	5
2004	5	4	2	4	6
2005	5	0	4	4	5
2006	5	4	4	4	6
2007	4	4	4	4	4
2008	5	4	2	3	5
2009	5	3	4	3	6
2010	5	4	3	2	6
2011	5	4	3	3	6
2012	5	2	3	4	5
2013	5	3	1	4	5
2014	5	2	3	4	5
2015	5	4	4	3	5
2016	5	4	4	3	4
2017	5	3	3	2	5
2018	5	4	4	4	4
总计	126	93	73	81	152
夺金比例	80	75	71	68	78

注：＊在国际数学竞赛中，我国派出的参赛队成员通常为 6 名，国际物理学竞赛中，参赛队成员数通常为 5 名，国际化学竞赛和国际生物学竞赛中，参赛队成员数为 4 名，国际信息学竞赛中，参赛队成员数通常为 4 名。

＊＊标"－"处代表该年度没有参赛或该赛事当年还未开办。

从统计结果可以看出，各学科竞赛选拔推举的学生在国际奥赛中夺金率达到 68% 以上，这说明各学科确实有效完成了人才选拔这一任务。

综合来看，目前我国五项学科竞赛活动在自身建构和具体实施层面都比较令人满意，切实有效地完成了科普的教育目标和选拔的实际任务，但在活动相关信息的管理方面尚有不完善之处，有待补足改进。

（二）学生参赛动机情况分析

学科奥赛活动吸引了大批高中学生参与，这就自然引发一个疑问：他们怀着怎样的动机前来参赛？为了解学生参与竞赛活动的动机来源，研究在问卷中设问，请学生判断各类动机来源于自身情况的符合程度。具体设问围绕内部因素和外部因素两个方面展开：内部因素包括学生对学科的兴趣、证明自身实力的渴望、获取更多知识的渴望以及准备将来从事相关职业，外部因素包括教师的鼓励、学校的规定、周围同学参赛的带动效果、学校相关课程的促进、家长的要求以及高校招生青睐。学生相应的作答结果整理分析后分别如图 1 和图 2 所示。

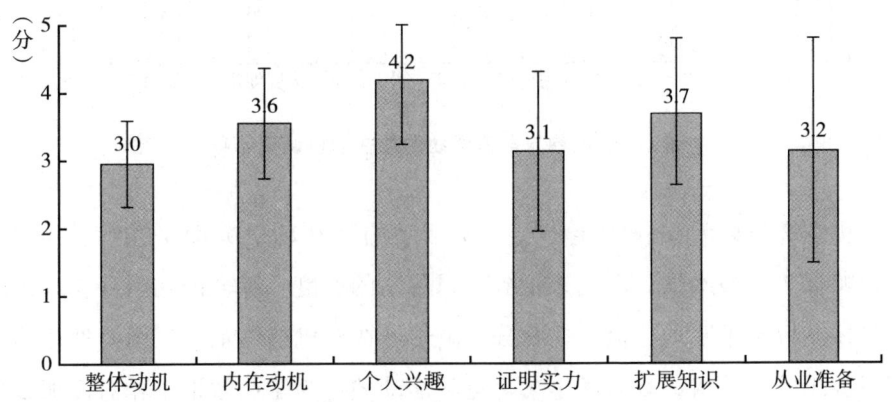

图 1　学生参与学科竞赛的内在动机调查结果

由图 1 可以看出，学生参与竞赛活动的内在动机方面平均分值为 3.6 分，虽然高于一般水平（即 3 分），但也达不到较强烈的水平。而综合内在与外在动机后的整体动机水平平均分值为 3.0 分，低于内在动机整体水平，说明内在动机强于外在动机，其对学生参与竞赛活动的行为驱使效果会更为强烈。具体分析学生内在动机的各项内容，可以发现分值最高的一项为个人兴趣，分值为 4.2 分；其次是扩展知识，分值为 3.7 分；再次是从业准备，分值为 3.2 分；最后是证明自身实力，分值为 3.1 分。比较而言，满足个人兴趣和扩展知识面的需求对于学生内在驱使更为明显。从标准差来看，学生在单个项目评分的集中性均不强，呈现相对分散状态，说明学生在各项内在动机构成方面存在个性化差异。但最终汇聚成内在动机乃至整体动机时，分散性则有所减弱。

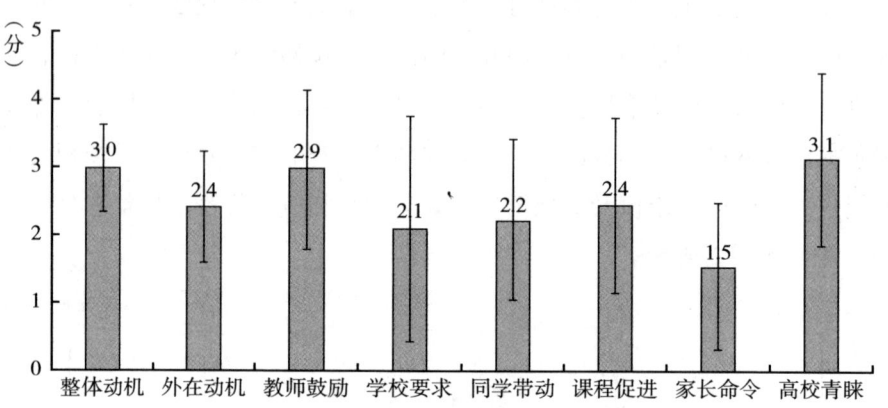

图 2　学生参与竞赛活动的外在动机调查结果

由图 2 可以看出，学生参与竞赛活动的外在动机方面平均分值为 2.4 分，略低于一般水平，但尚未低到可以忽略的程度。综合内在与外在动机后的整体动机水平平均分值为 3.0 分，高于外在动机整体水平，说明外在动机相对弱于内在动机，其对学生参与竞赛活动的行为驱使效果也相对没那么强烈。具体分析学生外在动机的各项内容，可以发现分值最高的一项为高校青睐，分值为 3.1 分；其次是教师鼓励，分值为 2.9 分；再次是竞赛课程促进效果，分值为 2.4 分；接着是周围同学带动效果，分值为 2.2 分；其后是学校统一要求，分值为 2.1 分；最后是家长的命令，分值为 1.5 分。可以认为上述调查结果反映出一些现状：第一，高校招生的青睐作为一种正向的激励效果是不容忽视的，这种效果与完成试题、获得奖项本身所带来的成就感与被肯定感带来的激励效果并不相同，也无法相互取代。第二，教师的鼓励和相关课程的开设对于学生具有一定的激励效果。第三，学生受到其他同学行为带动的效果相对较弱，反映出学生参与竞赛多为自身明确意志，而少有盲目跟风之举。第四，学校要求方面的低分值和高标准差说明了尽管这种"一帮哄"现象比较少见，但确实在一定程度上存在。第五，家长命令方面的低分值和对应的标准差表明家长强迫学生参与竞赛的行为是较少见的。

（三）学生备赛期间的学习方式

所谓"冰冻三尺非一日之寒"，学生要在竞赛互动中取得好成绩，就要在备赛期间努力提升自身素质。从这个角度来说，了解学生在备赛期间采用哪些学习方式及其对应效果如何，是非常有必要的。研究在问卷中设问，请学生判断各类学习方式对于备赛阶段的贡献程度。具体围绕着学校教师讲解、学校专门竞赛课程开设、校外专业人士（如大学教师、一线科研人员、竞赛教练等）讲解、亲人或朋友提供辅导、自学几种方式设题。学生相应的作答结果整理分析后如图3所示。

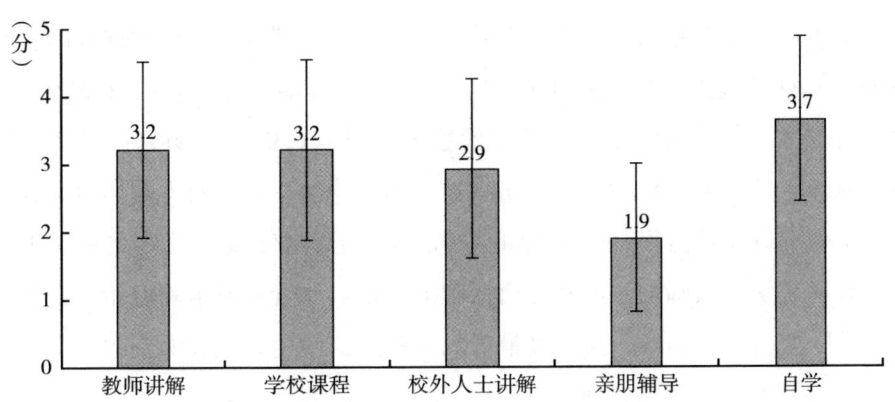

图3　各类学习方式对于学生备赛的贡献程度

从图3中可以看出，学生在自学方式的贡献度方面打分最高，为平均3.7分；在亲朋辅导方式的贡献度方面打分最低，为平均1.9分。在教师讲解和学校课程两种方式的评分都达到平均3.2分，校外专业人士讲解的得分则为平均 2.9 分。图中每组方式得分的误差棒范围也表明学生的评分相对分散，反映出不同的学生在学习风格方面会有个性化的差异。从数值上来看，得分较高的四种方式平均得分比较接近，为了进一步比较五类学习方式贡献程度是否存在显著性差异，进行了相关检验。对五类学习方式的贡献度评分进行了分布检验，检验结果表明五组数据的显著性 P 值均小于 0.05，不服从正态分布。故进一步采用非参数检验两两比较差异性。通过 Wilconxon 秩检验的结果如表 5 所示。

表 5　各类学习方式对于学生备赛贡献程度差异性检验结果

学习方式	教师讲解	学校课程	校外专业人士	亲朋辅导	自学
教师讲解		0.810	0.000	0.000	0.000
学校课程	0.810		0.000	0.000	0.000
校外专业人士	0.000	0.000		0.000	0.000
亲朋辅导	0.000	0.000	0.000		0.000
自学	0.000	0.000	0.000	0.000	

从表 5 中可以看出，学生对于教师讲解和专门课程的贡献度评分的差异显著性检验 P 值为 $0.810>0.05$，故二者不存在显著性差异。而其余的学习方式贡献度评分之间的差异显著性检验 P 值均 <0.01，表明它们之间均存在极显著意义上的差异性。结合每组数据的平均值，可以对不同学习方式在帮助学生准备竞赛方面的贡献程度进行排序：贡献度最高的方式是学生自学，其次是学校教师的讲解和专门课程的开设，二者的贡献程度相当，再次是校外专业人士的辅导，贡献度最低的则是来自学生亲人或朋友的帮助。

（四）学科竞赛活动对于学生在情感态度价值观方面的提升效果

奥赛活动多以纸笔测试、实际操作等形式开展，这使得其本身就具有从知识和技能方面对学生评价的功能。而作为非正规科学教育，情感态度价值观方面的提升也是教育目标中不可分割的一个维度。因此本研究通过问卷调查了学科竞赛活动在该方面的提升效果。

1. 学科竞赛活动整体的提升效果

研究从四个方面调查学生在参加竞赛活动得到的提升效果，分别是对科学的兴趣、对科学价值的认同、学习科学的自我效能和未来从事科技相关职业的意愿，并基于以上调查结果描述学科竞赛活动对学生在情感态度价值观方面的提升效果。图4展示了学科竞赛活动对学生提升的总体效果和各方面效果。

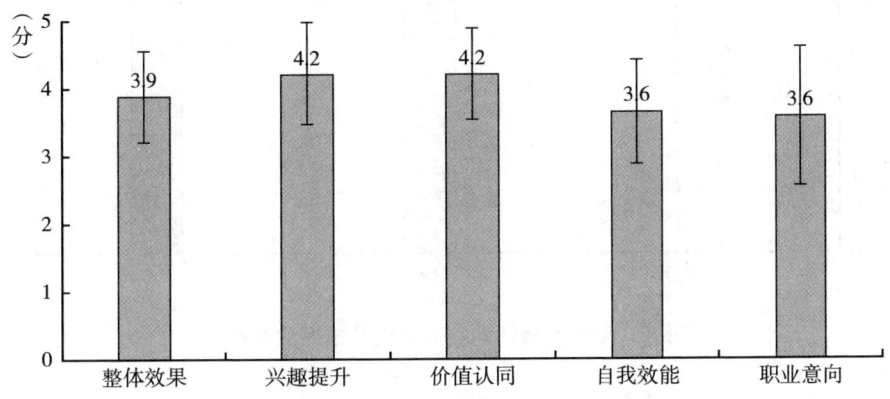

图4 学科竞赛活动对学生情感态度价值观的整体提升效果

从图4可以看出，在情感态度价值观视角下，学科竞赛活动在整体上对于学生有一定的积极提升效果，分值为3.9分。在该视角的四个维度下的具体情况分别为：兴趣提升方面的平均分值为4.2分，标准差为0.74；价值认同方面的平均分值为4.2分，标准差为0.69；自我效能方面的平均分值为3.6分，标准差为0.78；职业意向方面的平均分值为3.6分，标准差为1.05。结果反映出学科竞赛在提升学生的科学兴趣和价值观认同方面的效果较为明显，即学生越发对参赛学科感兴趣，也越发认同其学科价值。学生的评分较为集中，说明其效果比较稳定。在提升学生自我效能方面也有一定积极效果，即学生更有信心学好参赛学科，也找到了更有效的学习方式。较小的标准差也反映出学生的评分相对集中，说明其效果比较稳定。在学生未来从事学科相关职业的意愿方面，竞赛活动同样起到了一定的积极促进作用。

但是较大的标准差反映出学生的意见比较分散，这意味着部分学生的从业意向有明显加强，而也有部分学生的从业意向没有明显变化甚至有所减弱。

研究进一步在每个维度下对竞赛活动的作用效果展开分析。图5展示了在兴趣提升维度下学科竞赛活动的效果。

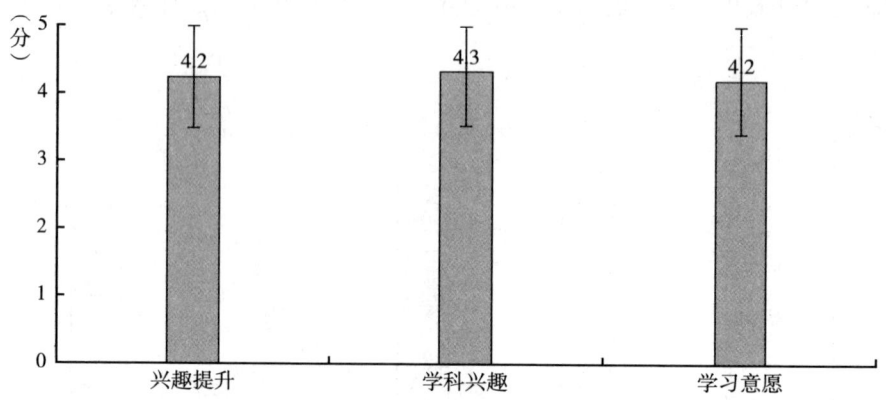

图5　学科竞赛活动在兴趣提升维度的效果

从图5中可以看出，学生在学科兴趣和学习意愿方面都得到了较高的提升效果，整体分值依次达到4.3分和4.2分。其对应的标准差分别为0.81和0.77，说明了学生的意见分布较为集中，反映出该提升效果比较稳定。结合问卷内容分析，学生在学科兴趣方面的提升具体表现为他们对于学科整体有了更强的偏好，并在发现更多学科现象、概念、理论等具体内容之后体验到学科内容本身的趣味性。学生在学习意愿方面的提升具体表现为他们享受学习该学科内容的过程，有更强烈的意愿和花费更多时间主动参与学习过程，同时也通过各种方式围绕学科内容展开交流。相较而言，学生在学科兴趣和学习意愿方面得到提升的程度基本一致。

图6展示了学科竞赛活动对学生科学价值观认同方面的提升效果。可以看出，具体在宏观层面和个体层面，提升效果的分值都达到了4.2分，意味着学科竞赛活动带来了较好的提升效果。宏观层面和个体层面的标准差分别为0.73和0.83，说明这两个层面的整体认识提升效果较为稳定。结合问卷

内容分析可知,在宏观层面上,学生更加认同科学对于社会进步的推动作用、科学在认识世界方面的功能和解决实际问题方面的功能;在个体层面上,学生则更加有意识地发现生活情境与学科内容的关联性,强化用学科知识去解释现象或解决实际问题的习惯。

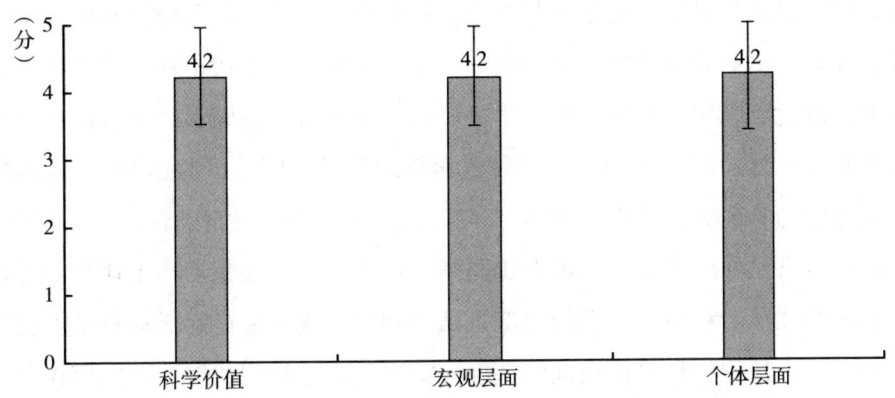

图6　学科竞赛活动在价值认同维度的效果

进一步观察每个题目的作答结果时,研究发现学生在其中一题的认识表现与其他题目的趋势有较大差别。该题目描述的内容落点是"科学发展对于人类而言的利弊关系";整体平均分值为3.9分,即学生整体体现出"科学发展对人类利大于弊"的趋向;但是标准差达到了1.41,反映出学生个体的观点分布是较为分散的。这意味着仍有一部分学生对于此处的价值观判断摇摆不定或持反向观点。该题目内容涉及对科学与社会之间关系的探讨,且需要利用思辨的方式从正反两方面去认识,对于正在形成世界观阶段的高中学生而言确实不易把握。研究原本假设参加竞赛活动会使学生有机会接触更多科学史和科学的实际应用内容,从而促进学生更好地考虑这个问题。然而从结果来看,原本的假设并不完全成立,具体原因仍待进一步深入研究。

图7展示了学科竞赛活动对学生自我效能方面的提升效果。从结果来看,学生整体在学习能力方面得到了一定的提升,平均分值3.8分,标准差为0.67,反映出这种提升效果比较稳定;在同伴相对优势方面也得到了一定的提升,平均分值为3.8分,而标准差为1.03,说明这种提升效果在整

体而言还并不稳定，对于部分学生来说效果不够明显；而在科学家相似性认同方面则不甚明显，平均分值为3.1分，且标准差为1.31，说明学生在该方面的判断结果比较分散。学生的学习能力提升主要体现在他们对学习方法的掌握方面，他们可能找到了对于单一学科或多学科通用的高效率学习方法，同时也注意处理竞赛学科与其他必修学科的关系以避免偏科倾向。学生在同伴相对优势方面表现为学习效率、学业成就、交流讨论和学科认识几方面的表现优于其他未参加竞赛的学生。该方面下有一道题目的作答结果异于同组其他题目，即"认为自己对参赛学科的认识比同学更为透彻"。该题的平均分值为3.8分，而标准差为1.42。较大的标准差说明仍有一部分学生不能断言自己在学科整体认识上比同学更优秀，这可能暗示学生在参加竞赛后也未必能从学科整体认识的角度去做出判别，或者是竞赛活动对学生的提升效果尚未达到学科整体把握的高度。学生与科学家相似性主要体现在他们能够像科学家一样进行实践操作、认识学科以及展开交流。该方面题目对应了科学教育中让学生"像科学家一样"这一目标，或者说期许学生能够认识到"我像科学家一样去认识、思考、工作，我未来可以成为科学家"。而该方面题目的作答结果相对不理想，平均分值为3.1分，标准差则为1.71。这说明竞赛活动在这方面对于学生的影响还不明显，这可能与学生在备赛和参赛过程中与科学家的积极互动还不够充分有关。

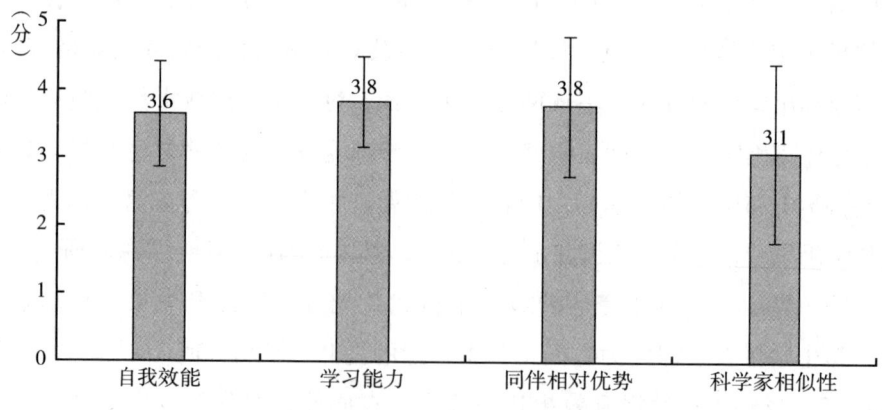

图7　学科竞赛活动在自我效能维度的效果

图 8 展示了学科竞赛活动对学生未来从事相关工作意向方面的提升效果。该部分题目从学生从事本学科（即参赛学科）科研意向和学科相关职业的意向方面展开调查。结果表明，学生从事参赛学科科研工作的意向有轻微提升，整体平均分值为 3.4 分，标准差 1.17。学生从事学科相关职业的意向也有一定提升，整体平均分值为 3.7 分，标准差 1.03。相较而言，竞赛活动对于后者的促进效果略好于前者。这反映出竞赛活动本身可能仅作为学生未来选择职业的参考基础，但其重要性未必达到一定的高度。学生可能更倾向于从事"能用到参赛学科内容"的工作，而未必是学科对应的科研工作。结合调查内容分析，学生在从事科研意向方面提升的表现为：学生更想要从事本学科科研工作，认为其最适合于自己且能体现自己的价值，关注从事本学科科研需要做好何种准备。相应地，学生在从事学科相关职业意向方面提升的表现为：想要在未来职业中发挥自己在本学科的特长，认为自己适合于学科相关工作且能体现自身价值，关注有哪些学科相关工作及从事条件。

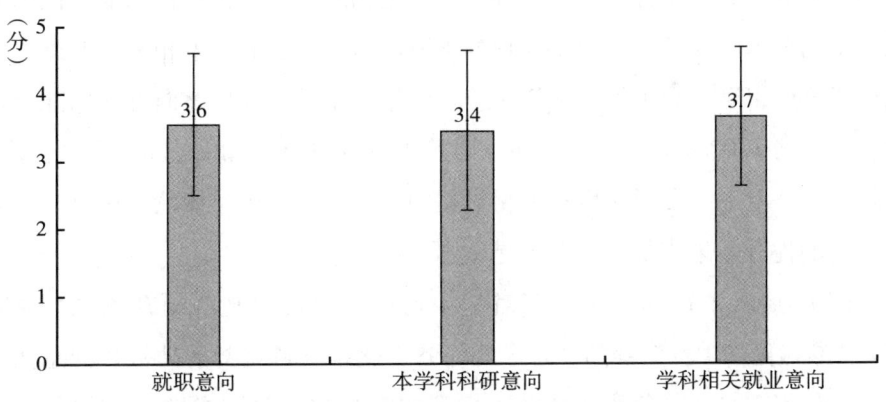

图 8　学科竞赛活动在求职意向维度的效果

2. 各学科竞赛活动的提升效果

本研究也分别针对各学科竞赛活动对学生情感态度价值观的提升效果进行统计分析，仍然从整体效果和四个具体维度方面加以考察。在本次调查中，有 227 名学生参与了物理学科竞赛活动，其作答结果整理如图 9 所示。

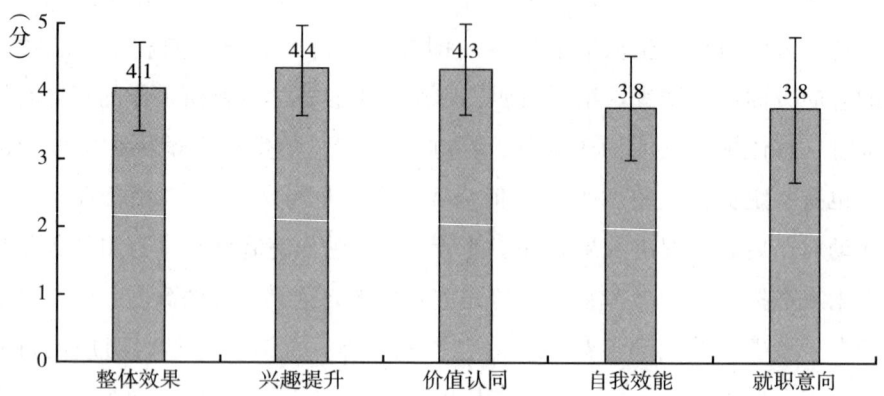

图9 物理学学科竞赛活动对学生情感态度价值观的提升效果（N=227）

从图9中可以看出，物理学学科竞赛活动带来的总体提升效果较好，平均分值为4.1分，标准差为0.67，说明参赛学生的状态比较集中，活动产生的效果比较稳定。具体在各维度方面，对物理学学科的兴趣维度提升效果是相对最高的，平均分值为4.4分，其次是物理学学科价值认同度的提升效果，平均分值4.3分，而对于物理学学科的自我效能和从事相关职业意向方面的提升效果则均为平均分值3.8分。各维度中唯有就职意向方面标准差相对较大，为1.07，体现出学生在这方面的看法比较分散；其他维度的标准差均在0.7上下，说明学生意见相对集中。与竞赛活动整体效果比较，物理学学科的提升效果在状态分布上是基本一致的。

图10展示了化学学科竞赛对学生情感态度价值观的提升效果，共有175名参与化学学科竞赛的学生参与作答。化学学科竞赛活动带来的总体提升效果较好，平均分值为4.0分，标准差为0.66，说明参赛学生的状态比较集中，活动产生的效果比较稳定。具体在各维度方面，对化学学科的兴趣维度与对化学学科价值认同度的提升效果相当，平均分值都为4.3分；而对于化学学科的自我效能和从事相关职业意向方面的提升效果的平均分值都为3.7分。各维度中就职意向方面标准差相对较大，为1.04，体现出学生在这方面的看法比较分散；其他维度的标准差均在0.7上下，说明学生意见相对

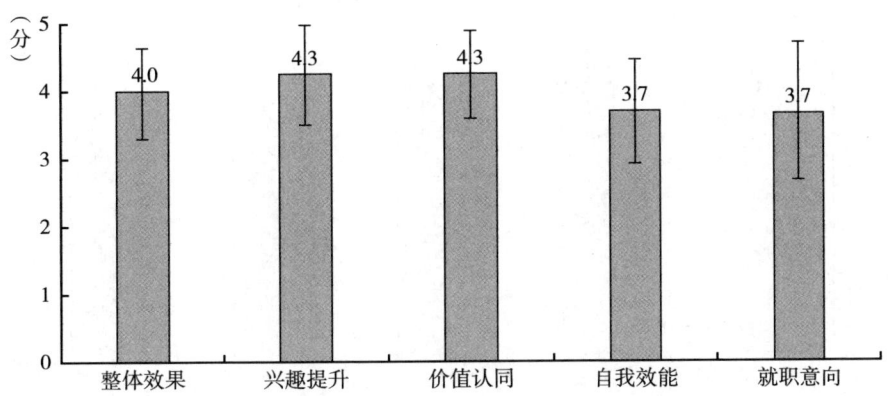

图10　化学学科竞赛活动对学生情感态度价值观的提升效果

集中。与竞赛活动整体效果比较,化学学科的提升效果在分布趋势上也是基本一致的。

图11展示了生物学学科竞赛对学生情感态度价值观的提升效果,共有132名参与生物学学科竞赛的学生参与作答。生物学学科竞赛活动有一定的整体提升效果,平均分值为3.8分,标准差为0.70,说明参赛学生的状态比较集中,活动产生的效果比较稳定。具体在各维度方面,对生物学学科的兴趣维度与对化学学科价值认同度的提升效果相当,平均分值都为4.1分;而对于生物学学科的自我效能和从事相关职业意向方面的提升效果的平均分值都为3.5分。就职意向方面标准差相对较大,为1.04,体现出学生在这方面的看法比较分散;其他维度的标准差均在0.7~0.8,说明学生意见相对集中。与竞赛活动整体效果比较,生物学学科的提升效果在分布趋势上基本一致。但是与物理和化学学科在整体和各维度的平均分值相比较,生物学学科的分值要略低。

图12展示了信息学学科竞赛对学生情感态度价值观的提升效果,共有56名参与信息学竞赛的学生参与作答。信息学学科竞赛活动带来的总体提升效果较好,平均分值为4.0分,标准差为0.61,说明参赛学生的状态比较集中,活动产生的效果比较稳定。具体在各维度方面,对信息学学科的兴

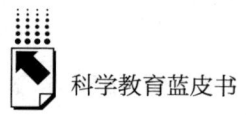

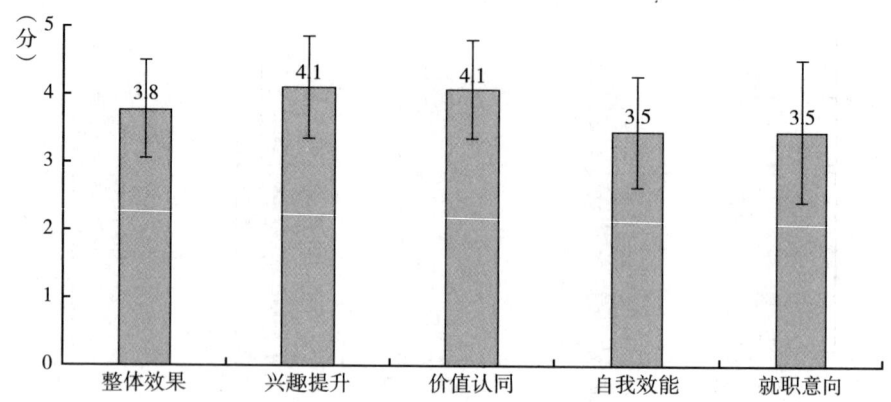

图 11　生物学学科竞赛活动对学生情感态度价值观的提升效果

趣维度与对化学学科价值认同度的提升效果相当，平均分值都为4.3分；而对于信息学学科的自我效能和从事相关职业意向方面的提升效果的平均分值都为3.7分。各维度中自我效能和就职意向方面标准差相对较大，为0.93和0.97，体现出学生在这方面的看法比较分散；兴趣提升和价值认同两个维度标准差为0.69和0.58，说明学生意见相对集中。与竞赛活动整体效果比较，信息学学科的提升效果在分布趋势上也是基本一致的。

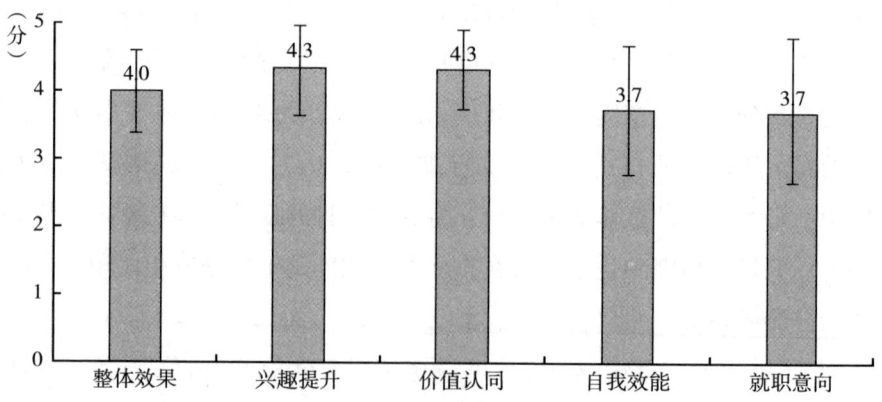

图 12　信息学学科竞赛活动对学生情感态度价值观的提升效果

图 13 展示了数学学科竞赛对学生情感态度价值观的提升效果，共有 314 名参与数学竞赛的学生参与作答。数学学科竞赛活动在整体上有一定的积极提升效果，平均分值为 3.8 分，标准差为 0.68，说明参赛学生的状态比较集中，活动产生的效果比较稳定。具体在各维度方面，对数学学科的兴趣维度方面的提升效果最高，平均分值为 4.2 分；对数学学科价值认同度的提升效果次之，平均分值为 4.1 分；再次是对于数学学科的自我效能提升效果，平均分值为 3.6 分；最后对于数学学科相关求职意向的提升效果平均分值为 3.4 分。各维度中就职意向方面标准差相对较大，为 1.03，体现出学生在这方面的看法比较分散；其余维度的标准差分别为 0.74~0.77，说明学生意见相对集中。与竞赛活动整体效果比较，数学学科的提升效果在分布趋势上大部分一致。而与其他学科相比，数学学科竞赛活动在整体提升效果方面相对较低，而其就职意向维度的提升效果则是几个学科中最低的。

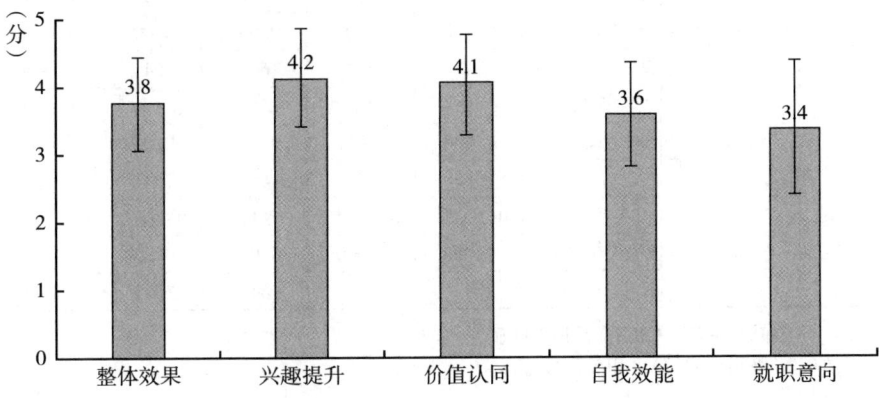

图 13　数学学科竞赛活动对学生情感态度价值观的提升效果

（五）学科竞赛相关因素与其提升效果的相关性

随着学科竞赛未来继续发展，人们自然会期待它在情感态度价值观方面为学生带来更强的提升效果。因此本研究选择了部分与学科竞赛活动相关的因素，在问卷中设置问题并获取了信息，从而对它们与学科竞赛的提升效果之间的相关性进行了检验，以便提出相应的建议。

研究对学生备赛方式与竞赛活动提升效果之间的相关性进行了检验，以根据结果从学习方式的角度尝试提出建议。基于前文可知参与检验的变量不服从正态分布，故采用了斯皮尔曼的相关性检验方法展开检验。检验结果如表6所示。

表6　学生备赛方式与竞赛活动提升效果的相关性检验结果

	类别		整体提升	兴趣提升	价值认同	自我效能	求职意向
斯皮尔曼Rho	教师讲解	相关系数	0.178**	0.140**	0.144**	0.106**	0.171**
		Sig.（双尾）	0.000	0.000	0.000	0.007	0.000
		N	644	644	644	644	644
	学校课程	相关系数	0.213**	0.192**	0.187**	0.165**	0.162**
		Sig.（双尾）	0.000	0.000	0.000	0.000	0.000
		N	643	643	643	643	643
	专业人士讲解	相关系数	0.279**	0.224**	0.221**	0.262**	0.237**
		Sig.（双尾）	0.000	0.000	0.000	0.000	0.000
		N	644	644	644	644	644
	亲朋辅导	相关系数	0.148**	0.101*	0.080*	0.099*	0.179**
		Sig.（双尾）	0.000	0.011	0.043	0.012	0.000
		N	641	641	641	641	641
	自学	相关系数	0.300**	0.272**	0.247**	0.266**	0.246**
		Sig.（双尾）	0.000	0.000	0.000	0.000	0.000
		N	642	642	642	642	642

注：** 在0.01级别（双尾），相关性显著。
*在0.05级别（双尾），相关性显著。

根据结果可以看出，从显著性的角度来看，每种学习方式与竞赛活动的整体和分维度的提升效果都呈现出了显著相关性。但从相关系数来看，其值分布于0.080~0.300。这说明尽管检验结果表明各种学习方式都与竞赛活动的提升效果存在着关联性，但是又都不够强，暗示着在哪种单一方式花更多功夫未必就意味着会有更明显的提升效果。具体比较相关系数值可以发现，自学的相关性在几种学习方式中相对最高，而亲朋辅导的相关性则相对最低。此外，尽管学生在贡献度方面认为教师和课程对于备赛的贡献度略高于校外专业人士的讲解，但是后者在与竞赛活动提升的相关性方面则要略高于前两者。

为了发现学生参赛动机与竞赛活动提升效果之间的相关性，本研究对二者之间的相关性进行了检验。基于检验变量不服从正态分布的情况，利用斯皮尔曼公式进行相关性检验。首先对学生参赛的内部动机各方面进行检验，得到的结果如表7所示。

表7 学生参赛内部动机与竞赛活动提升效果的相关性检验结果

	类别		整体提升	兴趣提升	价值认同	自我效能	求职意向
斯皮尔曼Rho	内部整体	相关系数	0.654**	0.570**	0.437**	0.511**	0.635**
		Sig.（双尾）	0.000	0.000	0.000	0.000	0.000
		N	644	644	644	644	644
	个人兴趣	相关系数	0.533**	0.532**	0.411**	0.403**	0.457**
		Sig.（双尾）	0.000	0.000	0.000	0.000	0.000
		N	644	644	644	644	644
	证明实力	相关系数	0.263**	0.218**	0.143**	0.310**	0.224**
		Sig.（双尾）	0.000	0.000	0.000	0.000	0.000
		N	643	643	643	643	643
	扩展知识	相关系数	0.530**	0.506**	0.396**	0.427**	0.450**
		Sig.（双尾）	0.000	0.000	0.000	0.000	0.000
		N	642	642	642	642	642
	从业准备	相关系数	0.547**	0.404**	0.317**	0.349**	0.653**
		Sig.（双尾）	0.000	0.000	0.000	0.000	0.000
		N	641	641	641	641	641

注：** 在0.01级别（双尾），相关性显著。
 * 在0.05级别（双尾），相关性显著。

结果表明，不仅学生参赛的整体内部动机水平与其参赛获得的整体提升效果存在着极显著的相关性，且学生内部动机的子项目与提升效果的各维度之间也存在极显著的相关性。从相关系数值来看，学生整体的内部动机水平与其整体提升效果的相关系数为0.654，可以认为相关性较强，这意味着自身积极参赛的学生有较大可能在参与竞赛活动的过程中得到提升。

比较内部动机的子项目,则发现个人兴趣、扩展知识、从业准备三个项目与学生整体提升效果的相关系数均高于0.5,体现出较强的相关性;它们与兴趣提升、价值认同、自我效能和求职意向几个维度的相关系数也都高于0.3,体现出至少中等强度的相关性。相较而言,证明实力这一项与学生整体提升效果的相关系数为0.263,仅为弱相关;它与几个具体维度的相关系数也基本低于0.3,体现出弱相关性。这意味着对于那些希望通过参与竞赛证明自身学习实力的学生,竞赛活动为之带来的积极影响还不够理想。值得注意的是,个人兴趣这一项动机与学科兴趣提升这一维度的效果之间的相关系数为0.533,与之类似,准备从事学科专业这一项动机与未来从业意向提升这一维度的效果之间的相关系数为0.653,均达到了较高的相关性,反映了竞赛活动对于原本就在这两方面具有积极状态的学生可能产生更强的提升效果。

另外,观察求职意向这一维度的提升效果可以发现,它与学生整体动机水平的相关性系数值高于其他几个维度,达到了0.635。这反映出竞赛活动对于内部动机较强的学生而言,可能产生更好的职业导向效果。而在前文的分析中,学生在求职意向维度下的提升水平在几个维度中幅度较低。将二者综合分析,可以认为竞赛活动在求职意向提升方面确有其效,但是提升幅度有限。

研究继续对学生参赛的外部动机各方面进行检验,得到的结果如表8所示。

表8 学生参赛外部动机与竞赛活动提升效果的相关性检验结果

	类别		整体提升	兴趣提升	价值认同	自我效能	求职意向
斯皮尔曼 Rho	外部整体	相关系数	0.025	-0.044	-0.053	0.071	0.064
		Sig.(双尾)	0.530	0.269	0.175	0.073	0.105
		N	644	644	644	644	644
	教师鼓励	相关系数	0.292**	0.236**	0.155**	0.282**	0.288**
		Sig.(双尾)	0.000	0.000	0.000	0.000	0.000
		N	640	640	640	640	640

续表

	类别		整体提升	兴趣提升	价值认同	自我效能	求职意向
斯皮尔曼 Rho	学校要求	相关系数	-0.027	-0.092*	-0.109**	0.004	0.056
		Sig.（双尾）	0.489	0.019	0.006	0.914	0.157
		N	643	643	643	643	643
	同学带动	相关系数	-0.136**	-0.185**	-0.170**	-0.066	-0.082*
		Sig.（双尾）	0.001	0.000	0.000	0.094	0.037
		N	641	641	641	641	641
	课程促进	相关系数	0.084*	0.024	0.007	0.089*	0.106**
		Sig.（双尾）	0.034	0.552	0.850	0.024	0.007
		N	643	643	643	643	643
	家长要求	相关系数	-0.107**	-0.131**	-0.150**	-0.059	-0.056
		Sig.（双尾）	0.007	0.001	0.000	0.133	0.157
		N	640	640	640	640	640
	高校青睐	相关系数	0.049	0.016	0.059	0.065	0.026
		Sig.（双尾）	0.212	0.684	0.138	0.098	0.520
		N	639	639	639	639	639

注：** 在 0.01 级别（双尾），相关性显著。
  * 在 0.05 级别（双尾），相关性显著。

如分析结果所示，学生的外部动机整体水平与其受到竞赛活动的提升效果之间没有相关性，而动机整体水平与其提升效果各维度之间同样不具相关性。具体针对各项外部动机进行分析，则会发现其相关性情况各异。首先，教师鼓励与竞赛活动提升效果之间存在极显著水平上的弱相关，对于整体提升效果和各维度效果皆如此。课程促进则与整体提升效果、自我效能提升和求职意向提升方面存在显著或极显著水平上的弱相关。这说明受到教师鼓励或是学校课程激励的学生可能会在参与竞赛活动的过程中获得更为积极的效果。其次，家长要求与整体提升效果和学科兴趣、科学价值认同两个维度方面都存在极显著的弱负相关。与之类似，学校要求与学科兴趣和科学价值认同两个维度方面也分别存在显著和极显著的弱负相关。这反映出那些迫于家长或学校的压力参与竞赛的学生在学科兴趣和科学价值认同方面的发展可能会适得其反。另一项呈现负相关关系的动机来源则是同学带动，该项目与整体提升效果、学科兴趣和科学价值维度方面都呈现极显著的弱负相关，且在求职意向方面呈现显著的弱负相关。这说明这种同学之间参加竞赛活动的带动作用未必意味着正面效果的产生，实际上跟风参加竞赛的学生可能反而在某些方面受到负面影响。最后，检验结果表明获取高校招生青睐这一项动机来源与竞赛活动的提升效果方面并没有相关性。这在一定程度上回应了围绕竞赛活动一直以来的部分质疑与讨论，即学生是否抱着功利的态度去参加竞赛，这样一来是否会使竞赛活动背离其科普和选拔的初衷。而根据本次研究来看，参加竞赛的学生在获得招生青睐方面的意向有高有低，比较分散（均值3.1，标准差1.26）。虽然部分学生确实持有较高的意向，但是相关性检验的结果表明这与最终学生们在情感态度价值观方面受到竞赛活动的影响效果并无关联。也就是说，获得招生青睐意愿强烈的学生未必就没有得到兴趣、价值观、自我认同和求职意向方面的提升；反之，对于招生青睐没有意愿的学生也未必就一定在上述方面得到更强的提升效果。

以往研究多以参加竞赛活动的获奖选手为对象，因此无法说明竞赛活动的积极效果是否同样发生在未获奖学生之中。为了对这方面进一步分析，本研究调查了学生的获奖情况，并检验了其获奖情况与竞赛活动提升效果的相关性，检验结果如表9所示。

表9 学生获奖情况与竞赛活动提升效果的相关性检验结果

	类别		整体提升	兴趣提升	价值认同	自我效能	求职意向
斯皮尔曼 Rho	得奖情况	相关系数	0.072	0.065	0.092 *	0.129 **	0.008
		Sig.（双尾）	0.067	0.101	0.020	0.001	0.834
		N	644	644	644	644	644

注：** 在0.01级别（双尾），相关性显著。
　　* 在0.05级别（双尾），相关性显著。

从表9中结果可以看出，学生的获奖情况对于竞赛活动整体提升效果以及兴趣提升和求职意向两个维度方面没有相关性。这意味着学生是否获奖未必就代表其参与过程获得的提升效果如何。即使没有获奖，学生对科学的兴趣或者求职的意向仍有可能有较好提升；反之，即便学生获到较高奖项，也不意味着他对科学的兴趣就一定有大幅提升，或是必定想从事相关职业。另外，结果也显示学生获奖情况与其对科学价值认同的提升有显著水平上的弱相关，与其自我效能的提升有极显著水平上的弱相关。获奖反映出学生在学科知识、方法和技能等方面更为优秀的表现，因此这种相关性可能反映出获奖本身对于学生而言就是一种肯定，使其信心、信念增强；也可能反映出学生在对学科的认识更深更广的同时也强化了自身的信心和信念。

此外，本研究也对学生参与竞赛活动的时长与活动带来的提升效果之间进行了相关性检验，其结果如表10所示。

表10 学生参与竞赛活动时间与竞赛活动提升效果的相关性检验结果

类别			整体提升	兴趣提升	价值认同	自我效能	求职意向
斯皮尔曼 Rho	参与时间	相关系数	0.126**	0.110**	0.140**	0.150**	0.057
		Sig.（双尾）	0.001	0.005	0.000	0.000	0.148
		N	641	641	641	641	641

注：** 在0.01级别（双尾），相关性显著。
* 在0.05级别（双尾），相关性显著。

从检验结果可以看出，学生参与竞赛活动的时长与活动的整体提升效果和在学科兴趣、价值认同、自我效能三个维度的提升效果都有极显著意义下的弱相关性。而对于活动在未来相关学科的求职意向方面的提升效果则无相关性。这说明了学生参与到学科竞赛活动中越久，其受到的提升效果可能越好。但是考虑到学科竞赛作为非正规科学教育的形式之一，长期参与竞赛活动可能意味着学生要兼顾正规科学教育，即科学课堂上的学习任务。因此在此方面提出建议时应该结合实际情况具体分析。

在调查中发现，有192名学生参加了不止一个学科的竞赛活动，占到此次参与调查人数的30%。因此，本研究也对学生参与竞赛科目数量与学科竞赛提升效果之间的相关性进行了检验，具体结果如表11所示。

表11 学生参与竞赛科目数量与竞赛活动提升效果的相关性检验结果

类别			整体提升	兴趣提升	价值认同	自我效能	求职意向
斯皮尔曼 Rho	参与学科数	相关系数	0.003	0.010	-0.013	-0.008	0.018
		Sig.（双尾）	0.947	0.799	0.749	0.849	0.644
		N	644	644	644	644	644

注：** 在0.01级别（双尾），相关性显著。
* 在0.05级别（双尾），相关性显著。

从结果可以看出，学生参与竞赛科目数量与竞赛活动提升效果之间没有相关性。这意味着在为学生提供建议时，无须将学生参与的科目数量与其受到影响的效果建立联系，即不需要担心学生选择学科多会适得其反没有收获，也不必盲目相信学生参与更多学科就会有更好的效果。

四 研究结论

结合研究问题并归纳概括相应调查结果，可以得出以下结论。

第一，我国学科竞赛活动较好完成了学科科普的首要教育目标，同时有效肩负起学科人才选拔的任务。学科竞赛活动作为一类非正规科学教育活动，有明确的教育目标和精准的定位，在此基础上建立的活动框架完整、内容清晰。通过省内资格赛、省级联赛和全国决赛逐级递进的方式，一方面保障了吸引尽可能多的高中生参与其中，另一方面也保障了对学生素质有效地分层筛选。历年来我国学生在国际学科奥赛中的夺金率也反映出学科竞赛活动选拔推举的学生确实素质优秀。

第二，学生个人参与学科竞赛活动的体验丰富多样，呈现个性化。根据调查结果，促使学生参与学科竞赛活动的动机来源多样且程度不一。总体来看，内部动机的趋势相较外部动机更为强烈。具体比较各项动机来源，内部动机方面基于个人兴趣和知识扩展需求两项动机相对较高，外部动机中教师鼓励和高校招生青睐两项动机相对较高。此外，在备赛过程中，学生往往结合多种方式展开学习。从学生整体意见来看，自学对于备赛的过程贡献度最高,其次是教师的讲解或学校对应课程的开设。在参与竞赛的学科数目方面,学生的具体情况也有差别。

第三,我国学科竞赛活动在学生情感态度价值观方面有较好的提升效果。根据调查结果,学生在参加学科竞赛活动后不但情感态度价值观得到整体提升,在对个人兴趣、学科价值观认同、自我效能以及未来从事相关职业意愿几个维度方面均有提升效果。相较而言,活动对学生学科兴趣和价值观认同两个方面的提升效果更为明显。基于进一步的具体分析可以发现,尽管学生在参与学科竞赛后会在一定程度上认同自己相较于同伴表现更优秀,但是他们仍觉得自己与科学家这一角色有距离。此外,学生对于参赛学科相关工作岗位的意向变得更为强烈,对于学科科研工作岗位的意向的变化程度则不太大。对各学科竞赛活动提升效果的单独分析结果也表明其提升效果均能令人比较满意。

第四,基于相关性检验的结果发现了部分与学科竞赛活动提升效果相关的因素。从学生备赛学习方式的角度来看,多种方式都呈现与活动提升效果的弱相关性。从学生参赛动机来看,学生的内在动机与其得到的提升效果有强相关性,其中学生兴趣满足、知识扩展需求和从业意向三方面也均具有强相关性。而在外部动机方面,教师的鼓励呈现与学生得到提升效果的弱相关,学校的强制要求与家长的命令则与其提升效果呈现弱负相关。而对于人们关注的学生参赛时抱有获得高校招生青睐的这一想法,检验结果则显示其与学生的提升效果没有相关性。另外还发现,学生的获奖情况对于其学科价值认同和自我效能两方面的提升效果存在弱相关,学生参加活动的时长与其得到的提升效果也存在弱相关。

五 建议

作为一类非正规科学教育活动,学科竞赛活动应该总结经验并在此基础上继续发展,以期带来更好的教育效果。根据本次研究中发现的规律和暴露的问题,提出以下几方面的建议,为学科竞赛活动未来发展提供参考。

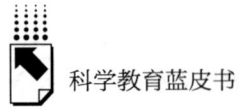

第一,加强学科竞赛活动的管理工作。在本次调研工作中,发现了学科竞赛活动存在信息缺失的情况。这使得管理者和研究者无法从时间推移的视角对活动发展情况进行更深入的分析了解,也就不利于管理策略的优化调整。学科竞赛活动已经达到了较广的覆盖面,参与学生人数众多、背景复杂,如何有针对性地令参赛学生都尽可能得到更好的提升效果是未来需要考虑的问题,而对于参赛学生基本情况的了解则是解决该问题的基础。因此,各学科竞赛活动应该采取切实有效的办法使工作开展更清晰、信息收集更全面。

第二,加强学科竞赛对科技教育的整体带动作用。学科竞赛以学科科普为目的,目前已经取得了一定的成效,而现有的效果更多来自吸引大量学生参与体验这一单一途径。在这样的途径下,学科竞赛活动只负责"考",规定"考"的内容,并不指向赛前备赛部分的学习过程,呈现脱节状态。因此建议学科竞赛活动找到有效途径与备赛阶段的学习过程做出更紧密的结合,从而实现对于科技教育更明显的反馈与带动作用。在实际操作中,不妨参考借鉴国外在开展学科竞赛方面的经验,例如对参赛学生的成绩进行分析并形成报告,指出在不同学科内容、难度下学生的表现分布,从而对学生备赛期间的学习过程给出指向性调整建议;或者将竞赛题目作为学习资源提供给学科教师,使得这些真实情境下的内容转化为课堂教学的素材,得到更广泛的利用。

第三,重视教师在学科竞赛活动中的参与和作用。教师与参赛学生直接接触,因此教师对于参赛学生的干预在一定程度上会对竞赛活动的效果产生影响。从直接影响角度来看,本研究发现教师对于学生的鼓励是促使其参加竞赛活动的重要外部动机来源,这与国外的相关研究结果是一致的。而从间接影响的角度来看,教师可以根据相关规律加强对学生的管理和辅导,从而使学生在参赛过程中获得更好的提升效果。例如,本研究发现学生的内部动机与其参赛收获有强相关性,而学生内部动机的强弱往往在日常教学中有较多体现。教师最容易观察得到,因此教师更容易利用这一规律去鼓励更多内部动机较强的学生参与比赛。又如,学科竞赛有其不可避免的竞争性和挑战性，根据以往研究可知，有些学生并不喜欢这种性质带来的压力，也有些学生抱着证明自己的目的去接受这种压力，但是容易受到比赛结果的影响。教师应把握学生的情绪和心理状态进行疏导，从而使其获得更好的提升效果。另外也有研究指出，教师在参与学科竞赛过程中也有利于自身的专业发展，例如加深对科学探究的认识等。所以说重视教师在学科竞赛活动中的参与能够从多方面带来良性效果。

第四，开展更全面深入的研究。受限于研究团队规模和时间等诸多因素，本研究仅仅向前迈出了一步，从整体层面对学科竞赛活动的现状、效果和相关因素进行了描述与分析。从研究内部反思，样本的选取、样本量的大小都在一定程度上形成制约；从研究外部反思，还有更多的因素没能纳入研究去展开调查和分析，例如学校、家庭乃至社会等方面的相关因素。学科竞赛活动已经开展多年、颇具规模，但无论是在国外还是在国内，对其深入的研究工作开展得还不够。从科技教育的角度去审视，不应只看到部分佼佼者最终站上领奖台，而是应该关注数十万参与其中的高中生究竟获得了怎样的体验和提升，而这些答案有待于更全面和深入的研究工作去发现。也只有这样，学科竞赛活动才能在新时代的动态变化中保持其特有的生命力而不断发展下去。

B.9
新媒体对青少年科学学习影响的调查研究

郑旭东　张二奇　吴秀圆*

摘　要： 新兴技术的发展使得新媒体成为影响青少年科学学习的重要因素。对此，笔者以新媒体对青少年科学学习影响为核心进行了调查。研究发现，目前新媒体在青少年科学学习应用中的问题主要有三个：一是"快时代"下新型"传统媒体"遭冷落，二是专业化科普网站影响力未得到充分发挥，三是城乡青少年新媒体科学学习差异较大。对此，笔者进一步提出了相应的改进策略：一是适应青少年发展特点，新媒体科教形式再创新；二是政府扶持为主，增强网络科普平台的影响力；三是缩减城乡科教差距，弥补"数字鸿沟"。

关键词： 青少年　新媒体　科学素养　科学学习

一　研究背景

（一）新媒体概念的发展现状

媒体是实现全民科学教育和科学普及的重要手段与途径。科学知识与

---

* 郑旭东，华中师范大学教授，博士，博士生导师，研究方向为教育技术学基础理论；张二奇，华中师范大学在读硕士，研究方向为科学教育与科学传播；吴秀圆，山东师范大学讲师，博士，研究方向为数字化学习理论与实践。

科学概念作为一种具有抽象特性的信息，需要以符号为载体才能成为一种可以表达、交流的具体内容，这种载体即为科学传播的媒介。以报纸、广播和电视为代表的传统媒体形态在过去的几个世纪承载着科学传播的重任。随着人类社会的发展，网络、手机、数字电视等新媒体形态逐渐在科学教育与科学普及中扮演重要角色。国务院办公厅在 2016 年 2 月颁布的《全民科学素质行动计划纲要实施方案（2016—2020 年）》中指出："自 2006 年国务院颁布实施《科学素质纲要》以来，科技教育、传播与普及工作广泛深入开展，科普资源不断丰富，大众传媒特别是新媒体科技传播能力明显增强。"①

新媒体（New Media）一词最早出现在 1967 年美国哥伦比亚广播公司技术研究所所长的戈尔德马克（Gold Mark）的一份商品开发计划中，随后开始在美国广播界流行并逐渐扩展到全球。② 但是关于新媒体的定义，目前尚无统一定论。在国外，联合国教科文组织最早将新媒体定义为"网络媒体"。此后，也有学者新媒体定义为：以数字技术为基础，以网络为载体进行信息传播的媒介。③ 美国 Online 杂志则将其称为"所有人对所有人的传播"。国内最早对新媒体的定义做出梳理与分析的学者是中国人民大学匡文波教授，他（2012）将新媒体定义为"借助计算机（或具有计算机本质特征的数字设备）传播信息的载体"④，并基于此定义集中探讨了新媒体的具体外延形态，为多数学者认可。此外，清华大学熊澄宇教授也对这一概念进行了阐述，认为新媒体是在计算机信息处理技术基础之上出现和影响的媒体形态。⑤

在主流的传播学专业研究中，针对新媒体外延的相关界定也存在诸多

---

① 《国务院办公厅关于印发全民科学素质行动计划纲要实施方案（2016—2020 年）的通知》，http://www.gov.cn/zhengce/content/2016-03/14/content_5053247.htm，2016 年 3 月 14 日。
② 蒋宏、徐剑：《新媒体导论》，上海交通大学出版社，2006，第 12 页。
③ 匡文波：《网络传播学概论》，高等教育出版社，2009，第 10 页。
④ 匡文波：《到底什么是新媒体?》，《新闻与写作》2012 年第 7 期。
⑤ 熊澄宇、廖毅文：《新媒体——伊拉克战争中的达摩克利斯之剑》，《中国记者》2003 年第 5 期。

论述。徐剑（2006）在《新媒体导论》中认定的新媒体外延包括了光纤电缆通信网、有线电视网、图文电视、电子计算机通信网、大型计算机数据库通信系统、卫星直播电视系统、互联网、手机短信、多媒体信息的互动平台、多媒体技术广播网等。[①] 宫承波（2007）认为，新媒体的外延包括门户网站、搜索引擎、虚拟社区、电子邮件、网络文学、电子网络游戏等。[②] 匡文波（2008）梳理了国内诸多学者关于新媒体内涵和外延的界定后，总结出新媒体的外延分为网络类媒体、数字广播电视类媒体和移动类手机媒体三类，并对每一类给出了具体媒体形态，如图 1 所示。[③] 国外关于新媒体外延的研究，多以应用 Web 2.0 技术的媒体为代表。Web 2.0 技术可以被定义为一种基于网络服务或应用产品的统称，通过此类服务和应用产品，人们可以互享资源、彼此沟通与协作，共同构建知识。[④] 根据此定义，Web 2.0 技术可归纳为社交网站、图像和视频分享网站、博客、维基、虚拟仿真世界等。

综合国内外现有研究，新媒体主要体现出三个方面的特性：①新媒体是基于数字技术和网络技术发展起来的；②新媒体信息的传播方式不再局限于媒体到受众的传播形式，还发展出受众之间、受众与媒体之间等多向传播交互形式；③新媒体的"新"是一个相对概念，它随着数字技术和网络技术的发展而发展，并在不断拓展其内涵和外延。新媒体的出现在一定程度上模糊了媒体信息的发送者和接收者之间的界限[⑤]，无形中营造了一种融合的社会文化，这种社会文化中存在着旧媒体形式和新媒体形式的交叉，夹杂着媒体信息生产者和消费者的互动，共同促成集体智慧的形成[⑥]。正是这种社会

[①] 蒋宏、徐剑：《新媒体导论》，上海交通大学出版社，2006，第 14 页。
[②] 宫承波：《新媒体概论》，中国广播电视出版社，2007，第 1 页。
[③] 匡文波：《"新媒体"概念辨析》，《国际新闻界》2008 年第 6 期。
[④] T. S. Koh, K. C. D. Tan, *Web 2.0 Technologies and Science Education*. Handbook of Research on New Media Literacy at the K–12 level: Issues and Challenges, 2009, pp. 310–325.
[⑤] Oberhelman, Coming to terms with Web 2.0. *Reference Reviews*, 2007, 21 (7), pp. 5–6.
[⑥] Henry Jenkins, *Convergence Culture: Where Old and New Media Collide*. New York: New York University Press, 2006.

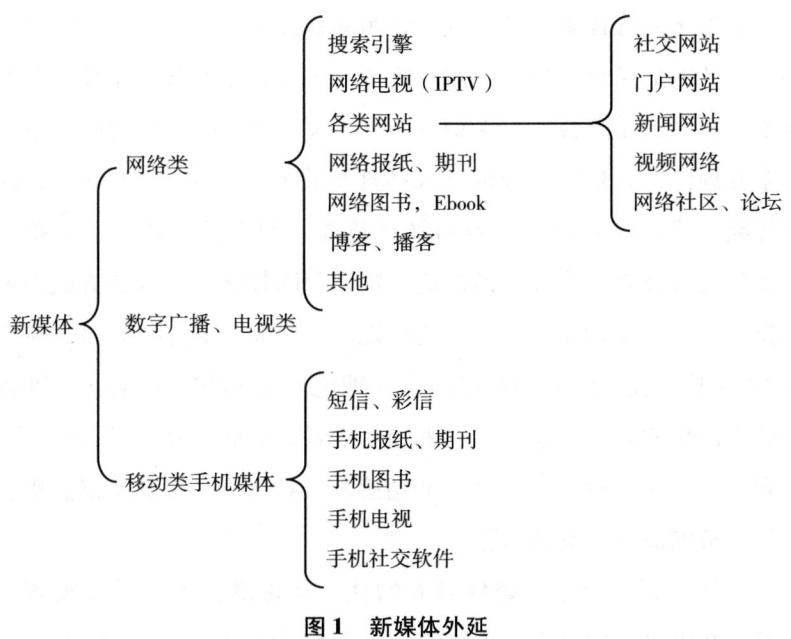

图 1 新媒体外延

文化的出现，新媒体在悄然变革着青少年认知和获取信息的方式与渠道，影响着"数字原住民"的社会文化境脉。

（二）新媒体素养概念模型研究现状

数字媒体技术和网络技术的发展为青少年营造了数字化的生活环境，提供了接触和使用新型媒体设备的机会。但是，拥有和使用先进的技术设备并不能保证他们可以获取最真实有效的科学知识和科普信息，也不能促使其积极参与到新媒体科普信息的制作与产出这一高层次要求的活动中来。在数字化信息时代，Eshet（2012）将数字文化素养从技术、认知、动态、社会文化和情感等多维度进行概念化，并指出，新媒体时代的青少年除了在掌握数字素养要求的几项基本技能之外，还应在新媒体环境下学会诸如同伴协作、沟通交流等技能，形成青少年新媒体素养新的内涵。[①]

[①] Y. Eshet, Thinking in the Digital Era: A Revised Model for Digital Literacy. *Issues in Informing Science & Information Technology*, 2012, 9, pp. 267 – 276.

多数致力于新媒体素养的研究者认为新媒体素养是信息技能、传统读写技能和社交技能的结合,这种观点忽视了新媒体技术和社会文化特征对构成新媒体素养内涵的重要性。Jenkins(2006)等人在2006年创造性地提出了新媒体素养理论,并根据当今的新媒体环境将其概括为12项基本技能:动手操作技能、模拟仿真技能、身份转换技能、创作迁移技能、分布认知技能、多任务处理技能、集体智慧技能、辨别判断技能、跨媒体导航技能、网络交际技能、互动交融技能和可视化技能。① 不同于先前已有的媒体素养模型,由12项基本技能组成的新媒体素养理论框架强调把积极参与到新媒体环境中的人设想为媒体信息的生产者和传播者。因此,在Jenkins的观点中,新媒体素养是"带有社会文化属性和情感体验特征②"的多项技能集合,而非新媒体设备的简单拥有和操作。

Chen(2011)等基于新媒体素养的社会文化属性提出了新媒体素养的概念框架,在水平方向和垂直方向上对新媒体素养做出新的定义③,具体如图2所示。水平方向上把新媒体素养定义为从消费媒体素养到产制媒体素养。其中,消费媒体素养指获取和使用媒体信息的能力和水平,产制媒体素养则指利用获取的媒体信息产出新的媒体内容的能力。垂直方向上,把新媒体素养定义为功能性媒体素养到批判性媒体素养。其中,功能性媒体素养指操作和使用媒体设备制作媒体信息的能力,批判性媒体素养则指分析、评估和判断媒体信息的能力。

Chen(2011)等人的新媒体素养概念框架虽包含了新媒体技术和社会文化的双重特征,但仍存在两方面的局限:一是对新媒体素养的四个组成概

---

① Henry Jenkins, Ravi Purushotma, Margaret Weigel, et al, *Confronting the Challenges of Participatory Culture: Media Education for the 21st Century*. Cambridge: The MIT Press, 2006, pp. 35 – 104.

② Henry Jenkins, Ravi Purushotma, Margaret Weigel, et al, *Confronting the Challenges of Participatory Culture: Media Education for the 21st Century*. Cambridge: The MIT Press, 2006, pp. 35 – 104.

③ D. T. Chen, J. Wu, Y. M. Wang, Unpacking New Media Literacy. *Journal of Systemic Cybernetics & Informatics*, 2011, 9 (2).

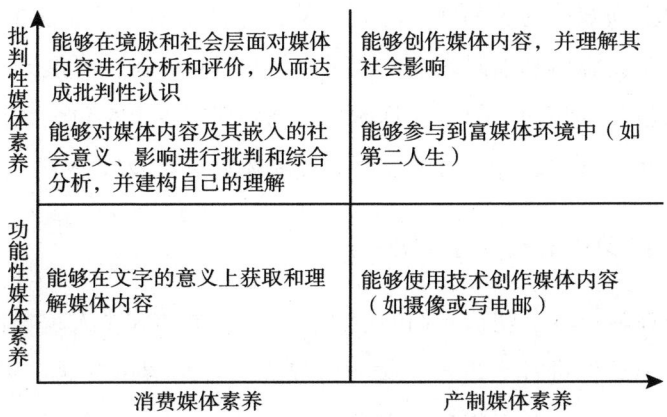

图 2　新媒体素养概念框架

念描述相对粗略,二是在一定程度上不能区分一般媒体和新媒体,没有突出新媒体创造的文化环境。① 因此,Lee(2015)等人在新媒体素养概念框架的基础上对其重新定义,划分出了如图3所示的新媒体素养新框架。②

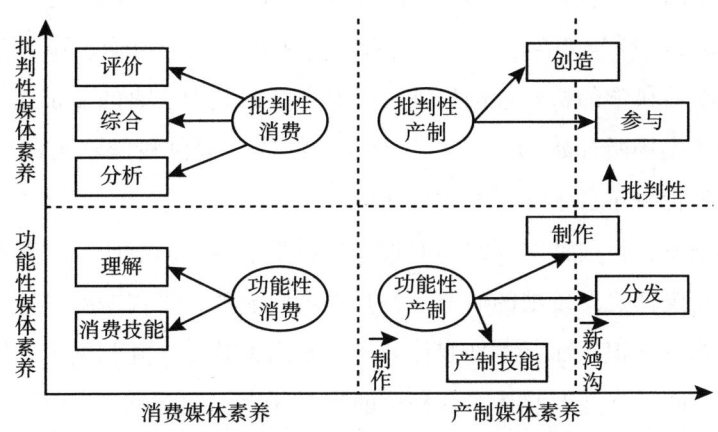

图 3　新媒体素养的概念框架(修改版)

---

① T. B. Lin, J. Y. Li, F. Deng, et al, Understanding New Media Literacy: An Explorative Theoretical Framework. *Journal of Educational Technology & Society*, 2013, 16 (4), pp. 160 – 170.

② Ling Lee, D. T. Chen, J. Y. Li, et al, Understanding New Media Literacy: The Development of a Measuring Instrument. *Computers & Education*, 2015, 85, pp. 84 – 93.

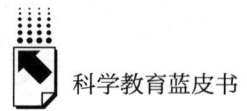

基于以上新媒体内涵和外延的研究及新媒体素养理论概念的构建历程，可以发现关于新媒体和新媒体素养的研究与测量正在国内外展开，其研究的思路和方向虽不尽相同，但是在具体实质的特征表现上都包含了其媒体技术和社会文化两个基本属性，且能够与一般媒体进行有效区分。

（三）青少年的科学学习现状

科学正在从根本上塑造人们的生活。国家、群体和个人越来越寻求加强科学能力，力求促进社会世界、物质世界和人性世界的完善。因此，20世纪下半叶，国际科学教育提出"科学为大众"（Science for All）的教育理念，指出科学是大众教育而非精英教育，提升民众科学素养是科学教育的最终目标。[①] 总体来说，加强科学能力，提升科学素养的努力，通常把目标指向学校教育。2001年全国第八次基础教育课程改革中就指出，要把培养学生科学素养作为各分科和综合科学课程的最高目标，并结合各个学科领域的特点提出了培养学生科学素养的内容目标，拉开了我国全民大众正式环境（校园环境）下科学教育的序幕。随着社会文化环境的改变，作为非学生的社会大众学习科学的机会逐渐发展。以科学场馆类为代表的非正式学习机构和公共服务类场所开始为千千万万的民众创造并提供科学学习的条件和机会，也成为青少年科学学习的重要场所。

总体来看，目前针对新媒体对青少年科学学习的影响研究，其基本态势是：针对新媒体概念发展的研究已经基本走向成熟，不仅对新媒体内涵的解释达成了普遍共识，而且在新媒体外延上做出了总结，并归纳了具体详细的类别。与此同时，在新媒体素养理论的研究中，经过诸多学者的共同努力，已经构建了较为成熟的理论结构。在青少年的科学学习中，新媒体不仅走进了他们的生活，更走进了他们的学习，影响着他们在正式与非正式环境中的学习方式与学习体验。但是，专门针对新媒体在科学领域学习的相关研究仍

---

① 罗晖、王康友：《中国科学教育发展报告（2015）》，社会科学文献出版社，2015，第12页。

然比较少，尤其是在国内，对新媒体教育价值的探讨主要集中在宏观层面上的道德发展以及社会发展方面，对新媒体之于校内、校外科学学习的影响，均未得到充分的关注。

二 新媒体在青少年科学学习中的应用状况

科学学习包括所有能够促进人的科学素质提升的学习，涵盖面向青少年的校内外与科学有关的所有学习活动。伴随着新媒体在各行各业的发展与渗透，教育行业与科普行业也应时而上。中国互联网络信息中心（CNNIC）发布的《2015年中国青少年上网行为调查报告》显示，截至2016年12月，中国青少年网民规模达到2.87亿，占中国青少年总人口的85.3%，青少年互联网普及率相比往年同期高出35个百分点。[①] 正式环境下的科学教育与媒体技术结合，可以为青少年的校园科学学习构建良性的学习体验环境，促进科学认知；非正式环境下的科学教育与网络、智能手机、网络电视等新媒体设备结合，能够为青少年的校外科学学习提供丰富的信息和资源。因此，新媒体在青少年的科学学习中扮演着越来越重要的角色。青少年的新媒体素养发展水平成为影响青少年在不同情境下使用新媒体开展科学学习活动的重要因素。为了更好地了解这一状况，在前期青少年新媒体素养发展水平与影响因素分析的基础上，依据新媒体素养的基本框架及其在教育和学习中的应用编制调查问卷，对我国青少年在科学学习过程中应用新媒体的状况进行调查。

（一）调查问卷的编制

新媒体在青少年科学学习中应用状况的调查重点关注正规学校教育和非正式教育两个场景下应用新媒体的具体类型、应用方式、基于新媒体的学习方式和方法，揭示不同年龄阶段和不同科学教育场景下青少年应用新媒体表

---

① 中国互联网络信息中心：《2015年中国青少年上网行为调查报告》，http://www.cnnic.net.cn/hlwfzyj/hlwxzbg/qsnbg/201608/P020160812393489128332.pdf，2016年8月。

现出来的阶段性和情境性特征,并分析其中存在的问题。根据以上研究目的和需求,通过查阅相关文献,编制了《新媒体在青少年科学学习中应用状况的调查问卷》。问卷涵盖人口学统计信息、新媒体和科学学习情境三大主题,共五个部分。

第一部分是对青少年个人基本信息的统计调查,仅作为区分受调查者的身份特征。为分析不同年龄青少年使用新媒体学习科学的具体情况,题目具体设置性别、年龄、就读年级等问题,并增设户口类型和父母职业两个问题进行不同生活背景和家庭背景青少年的差异分析。

第二部分是对新媒体类型和使用度的统计调查,主要了解青少年在不同学习情境下应用的新媒体的具体类型、具体方式、基于新媒体的学习方式和方法等相关内容。结合研究团队的前期研究成果,影响我国青少年新媒体素养发展的主要因素有六项,分别为动手操作技能、网络交际技能、模拟仿真技能、集体智慧技能、辨别判断技能和跨媒体导航技能[1],对青少年在非正式环境下和正式环境下的科学学习中使用新媒体的学习体验设置李克特五级量表题目,如表1所示。其中非正式环境选取家庭(日常生活)和科普类场馆,正式环境下的科学学习即为青少年在学校环境中科学课程的学习。

表1 李克特五级量表题与新媒体素养影响因素

情境		题目	新媒体素养影响因素
非正式环境下的科学学习	家庭(日常生活)学习	在家看《动物世界》时,遇到没见过的物种,我通常会通过手机、电脑等搜集相关信息	跨媒体导航技能 动手操作技能
		当我对航天飞行知识感兴趣时,我会通过论坛、贴吧等在线社区同和我有共同爱好的人交流	网络交际技能 跨媒体导航技能
		在电视节目《流言终结者》上看到一些传言被证明是假的、毫无科学依据后,我会及时分享给家人或朋友	网络交际技能 辨别判断技能

[1] 张二奇:《新媒体对青少年科学学习的影响及对策研究》,华中师范大学硕士学位论文,2019。

续表

情境		题目	新媒体素养影响因素
非正式环境下的科学学习	家庭（日常生活）学习	对于我感兴趣的自然知识，我会选择订阅相关的微信公众号或关注相关的微博账号获取最新信息	网络交际技能 跨媒体导航技能
		我能通过手机、电脑等搜索如火山、地震、海啸等科学现象的相关知识，判断检索信息的真实性和有用性	跨媒体导航技能 辨别判断技能
	场馆学习	博物馆现有的交互性电子屏幕能让我对展品有更充分的认识	模拟仿真技能 动手操作技能
		用手机 AR 扫描植物获得植物简介的方式是参观植物园一种非常棒的体验	模拟仿真技能 动手操作技能
		在科技馆中，我喜欢有模拟仿真体验的展区	跨媒体导航技能 模拟仿真技能
		通过在线访问探索馆的虚拟社区，使我有身临其境的感觉	跨媒体导航技能 模拟仿真技能
		在参观科技馆时，我通常使用手机、平板电脑等移动设备自主定制学习内容，设计参观路线	跨媒体导航技能 动手操作技能
正式环境下的科学学习	校内科学类课程学习	老师上课使用数字投影仪或数字电视呈现授课内容、模拟科学试验时，我能积极地参与到课堂活动中	跨媒体导航技能 动手操作技能
		我和其他几个同学对科学课上老师讲的某一内容感兴趣时，我们会课下组建在线讨论群共同探讨	网络交际技能 跨媒体导航技能
		我经常在线参与小组任务的讨论，并通过讨论群分享小组合作完成的作品	网络交际技能 集体智慧技能
		对于科学课上老师讲授的一些内容，我能发现其中的错误并通过搜索引擎或视频网站找到相应的科学观点来验证	跨媒体导航技能 辨别判断技能
		我通常会在课前通过网络查找新课程的相关资料，并在课上为大家解释新课中某一科学现象的具体成因	跨媒体导航技能 动手操作技能

第三部分是对新媒体在家庭（日常生活）科学学习情境中的应用调查。针对新媒体类型对应的网络类、移动手机类和数字广播电视类，分别选取知

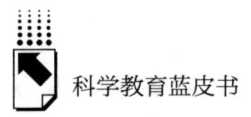

名科普网站、社交科普手机 App 和科教电视节目,对青少年在家庭生活情境中学习科学的情况进行调查,具体包括对这些新媒体的熟悉情况和使用频率。

第四部分是对新媒体在场馆类科学学习情境中的应用调查。场馆学习是非正式学习环境的代表,也是青少年课外获取科普知识的主要方式。新媒体与场馆学习的融合,除了能构建内容更加丰富的科教内容和展陈服务,更能改变青少年的参观体验和游览方式。这也是该部分调查的主要内容。

第五部分是对新媒体在科学类课程学习情境中应用情况的调查,即了解新媒体在正式学习环境下的使用情况。为方便青少年作答,根据调查对象的特征和学习的阶段性差异,明确科学类课程是指中小学的科学课和高中阶段的物理、化学、生物、地理等课程。

此外,鉴于问卷内容较多,考虑到问卷作答形式的统一性,特在作答前对该问卷的调查目的、作答保密性和作答说明做了详细介绍,并对新媒体这一概念做出通俗解释,以便作答者理解并根据自己的真实学习经历作答,进而保证问卷数据的准确性。

(二)调查问卷的修订与试测

问卷编制完成后,为保证问卷的整体质量,邀请从事新媒体研究与科学教育工作领域的多位知名专家对问卷的整体结构和内容设置进行审议。审议的具体内容包括:①相关领域的调查内容是否存在知识性错误;②问卷的维度划分是否合理,是否能达到调查目的;③题干描述与作答选项是否一致;④题目设置是否考虑到所有问卷作答者的实际情况。根据专家审议的结果和点评建议,初步对问卷做出两处修订:①对部分描述有歧义的题干做出修订,如"Q5. 您父母的职业是"修改为"Q5. 您父/母的职业是(任选一方即可)";②结合不同地区青少年新媒体素养发展水平的不同和城乡之间青少年新媒体素养发展水平的差异性,在量表题的选项中增设"无此学习体验"选项,以区分"非常不符合"这一选项。综合专家审议意见完成问卷初步修订后,选取部分调查对象进行试测,并根据试测结果对问卷做进一步修订。

1. 试测

试测对象是随机选取华中师范大学附属中学初中部和高中部的部分学生。其中初中部选取 120 人，高中部选取 30 人，总计 150 人，共发放问卷 150 份。经回收统计，共收回问卷 140 份，回收率为 93.33%，其中有效问卷 133 份，占回收问卷的 95%，具体样本分布见表 2。问卷试测的形式是现场发放纸质问卷，统一组织并指导学生作答，问卷作答时间为 20 分钟左右。问卷回收后对其进行筛选，剔除作答有明显规律性和漏选超过 5 题的问卷，并将最终的问卷录入计算机做后续分析。

表 2 《新媒体在青少年科学学习中应用状况的调查问卷》试测样本分布

单位：人，%

名称	选项	频数	百分比
Q1. 您的年龄	12 岁	50	37.6
	13 岁	50	37.6
	14 岁	9	6.8
	15 岁	7	5.3
	16 岁	11	8.3
	17 岁	6	4.5
Q2. 您的性别	男	70	52.6
	女	63	47.4
Q3. 您当前就读于	初中一年级	55	41.4
	初中二年级	55	41.4
	高中二年级	22	16.5
	高中三年级	1	0.8
Q4. 您来自于	城镇	128	96.2
	农村	5	3.8
Q5. 您父/母的职业是（任选一方即可）	教师	32	24.1
	农民	1	0.8
	医生	8	6.0
	个体工作者	26	19.5
	企业管理人员	28	21.1
	政府机关工作人员	17	12.8
	一线工人、服务员等	3	2.3
	其他	18	13.5
合计		133	100

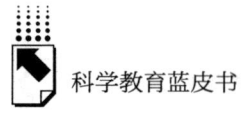

2. 修订

根据对试测问卷后期整理与统计情况,对问卷做出如下修订:①第一部分中有关年龄的调查,题型由填空题改为选择题,便于后期的数据整理与分析。②第三部分中有关知名科普网站、社交科普手机 App 和科教电视节目的熟悉情况和使用频率的调查,题目呈现形式由文字描述改为图片展示:一方面使问卷的问题描述更直观,便于青少年作答;另一方面增添问卷的趣味性,引起青少年学生的作答兴趣。③删掉多选题中"其他"这一选项,方便后续数据统计。④各部分量表题的题干表述进一步修订,结合影响新媒体素养发展的六个因素重新调整题目顺序。

3. 信度、效度分析

本研究的调查问卷题型以多选题为主,调查类型属现状类调查,因此只需对问卷中的量表题采用克隆巴赫 Alpha 系数进行同质性信度检验。表 3 为问卷各个部分量表题内部信度检验结果,其克隆巴赫 Alpha 系数均大于 0.7,可认为题目具有较高的内部信度。

表 3 问卷各部分内部信度检验

项目	克隆巴赫 Alpha	基于标准化项的克隆巴赫 Alpha	项数
第三部分 Q13	0.810	0.811	5
第四部分 Q15	0.868	0.869	5
第三部分 Q17	0.805	0.805	5

本研究的问卷设计基于国内外相关研究文献和前期的研究成果,具有较强的理论支撑依据。多数专家对问卷整体质量满意,基本能满足本研究需求。在内容和问卷结构上,由相关领域专家审议并给出指导建议后修订,保证了问卷的内容和结构严谨。因此该问卷的内容效度和结构效度良好,能满足本研究的实际需求。

(三)问卷调查的实施

为了保证调查结果的准确性,结合《青少年新媒体素养调研问卷》调查实施的经验，本次调查实施的对象与方法基本不变，即选取相同地区相同学校的不同学生，在有条件的地区发放网络问卷，统一组织被调查者通过电脑、平板等网络终端作答；在条件较差的地区发放纸质问卷并统一组织作答，然后通过邮寄的方式进行回收。经过为期两周的调查工作，总计回收问卷1955份，其中网络问卷1615份，纸质问卷340份，覆盖天津、山东、安徽、湖北、浙江、四川、海南等地区。经过后期筛选，总计有效问卷1930份。使用SPSS 24.0统计分析，样本的基本信息分布如表4所示。

表4 样本基本信息分布

单位：人，%

名称	选项	频数	百分比
Q1. 您的性别	男	1017	52.7
	女	913	47.3
Q2. 您的年龄	12岁及以下	236	12.2
	13~15岁	1089	56.4
	16~18岁	593	30.7
	19岁及以上	12	0.6
Q3. 您当前就读于	初中一年级	661	34.2
	初中二年级	321	16.6
	高中二年级	127	6.6
	高中三年级	389	20.2
Q4. 您来自于	城镇	968	50.2
	农村	962	49.8
Q5. 您父/母的职业是（任选一方即可）	教师	203	10.5
	农民	365	18.9
	医生	51	2.6
	个体工作者	495	25.6
	企业管理人员	351	18.2
	政府机关工作人员	123	6.4
	一线工人、服务员等	121	6.3
	其他	221	11.5
合计		1930	100

(四)数据处理与结果分析

1. 青少年新媒体的认知水平与使用频率

青少年在科学学习中对新媒体的认知水平和使用频率极大地影响其学习效果。因此,对青少年在正式与非正式环境下使用新媒体科学学习的调查开始之前,测量其对新媒体的认知水平和使用频率可以初步了解他们使用新媒体进行科学学习的基本状况。结果显示:在接受调查的青少年中,89.5%的人拥有属于自己的电子产品,仅有10.5%的青少年没有电子产品。可见当前绝大多数青少年都有机会接触电子产品,这其中智能手机的拥有率达93.78%,其他依次为电脑、数字电视、平板电脑、电子阅读器,具体如图4所示。可见,青少年对网络类和移动类手机媒体这两种新媒体形态熟知的比例最高,对数字广播电视类新媒体熟知度较低。产生这一现象的原因很大程度上是我国青少年智能手机和电脑拥有率高。中国互联网信息中心《2015年中国青少年上网行为研究报告》中也指出,自2013年起国内青少年互联网普及率一直保持较高增速,这在很大程度上受益于以智能手机、平板电脑为代表的互联网移动终端的迅速普及①,与这一结果相一致。

网络类新媒体中,知道并使用搜索引擎的人数最多,占调查人数的92.23%,知道并使用新浪、网易等门户网站的人数次之,为62.71%。而阅读网络期刊和网络报纸的人数占比最小,分别为32.87%和37.91%。在移动类手机媒体中,社交平台和手机短信、彩信等新媒体形态最受青少年欢迎。在受调查的青少年中,有85.7%的人对手机社交软件最为熟知。同网络类新媒体一样,基于手机端的手机期刊和手机报纸是最不受青少年欢迎的手机类新媒体形态。这说明与网络电子出版物相比,青少年更倾向使用信息编辑灵活、呈现形式多样、信息容量更大的新媒体形态。在数字广播电视类新媒体中,知道数字电视的人数较多,占95.73%,知道数字广播的人数相

---

① 中国互联网络信息中心:《2015年中国青少年上网行为调查报告》,http://www.cnnic.net.cn/hlwfzyj/hlwxzbg/qsnbg/201608/P020160812393489128332.pdf,2016年8月。

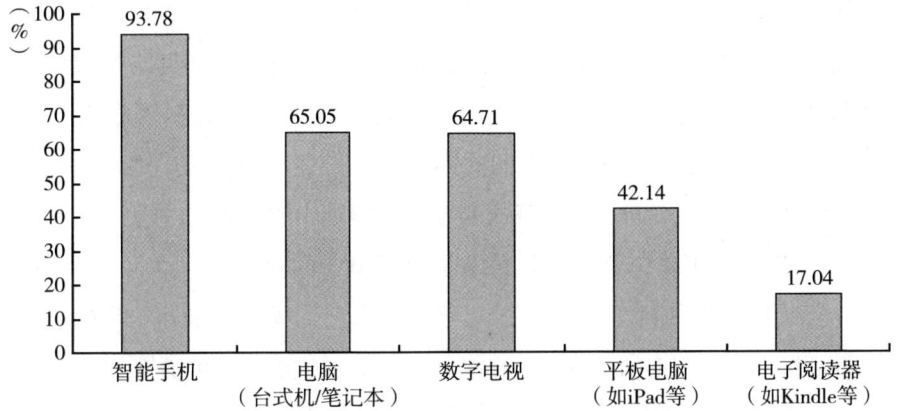

图4 青少年电子产品拥有情况分布

对较少,仅占 36.42%。在对上述新媒体形态的使用具体情况调查中,移动手机媒体是青少年最常使用的新媒体形态,其中经常及以上使用的人数占比为 51.95%。根据问卷调查对象的特征,处于中学阶段的青少年多数时间在学校,相比其他两类新媒体形态,移动类手机媒体是青少年接触最多的新媒体形态,与上述调查结果吻合。

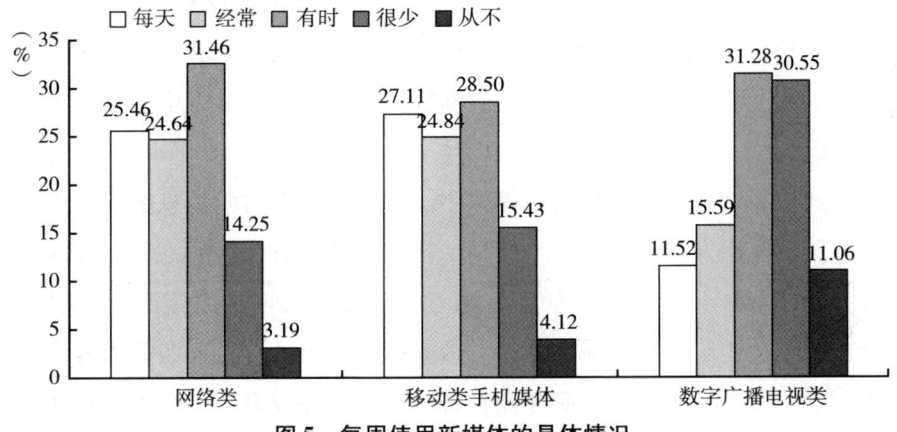

图5 每周使用新媒体的具体情况

综合以上结果分析,对受调查者新媒体认知水平和使用情况(见图5)的调查可得到以下结论:①我国青少年普遍拥有智能手机和电脑,即大多数青少年有接触和使用网络电子产品终端的机会;②相比数字电视广播类新媒体,以手机社交平台和搜索引擎为代表的移动类手机媒体和网络类媒体的熟知度和使用率较高;③网络化和电子化的传统媒体形态最不受作为"数字原住民"的新一代青少年学习者的欢迎。

2. 新媒体在青少年非正式和正式科学学习情境中的应用

(1) 新媒体在青少年非正式科学学习情境中的应用

非正式环境下的科学学习是指学习者在非正式场合,未经约定的、无意识的科学学习。① 在本研究中,选择家庭学习、社会学习和场馆学习三个情境,分别对新媒体在这三个非正式科学学习情境下的应用状况开展调查,其中家庭学习和社会学习情境的调查为问卷第三部分,场馆学习情境的调查为第四部分。

日常科学学习在人们的生活中无处不在,它包括一系列可以持续一生的经验,比如家庭或同伴讨论与活动、个人爱好、大众媒体参与和技术应用。② 随着新媒体渗透到青少年的日常生活,家庭科学学习的渠道也发生了很大变化。结果显示,在获取日常家庭及生活中的科学知识渠道中,选择新媒体渠道的青少年人数最多,网络类媒体、手机移动媒体和数字广播/电视三类的占比依次为 68.76%、71.66%、65.85%,具体如图 6 所示。可见,在日常家庭生活中,多数青少年通过新媒体获取诸如饮食卫生、用电安全等科学知识。

在列举的六项具体网络类新媒体中,青少年获取科学信息的网站主要是百度百科,使用人数比例为 97.72%,其他专业科普类网站使用人数极少,人数占比在 10% 左右,具体如图 7 所示。该数据表明:以使用搜索引擎为主的青少年在使用网络类新媒体时,搜索引擎自带的百科词条等内容成为青少年主要的科学学习材料,而专业科普科教网站并没有真正被青少年访问和

---

① 菲利普·贝尔:《非正式环境下的科学学习:人、场所与活动》,科学普及出版社,2015,第 9~22 页。
② 菲利普·贝尔:《非正式环境下的科学学习:人、场所与活动》,科学普及出版社,2015,第 44 页。

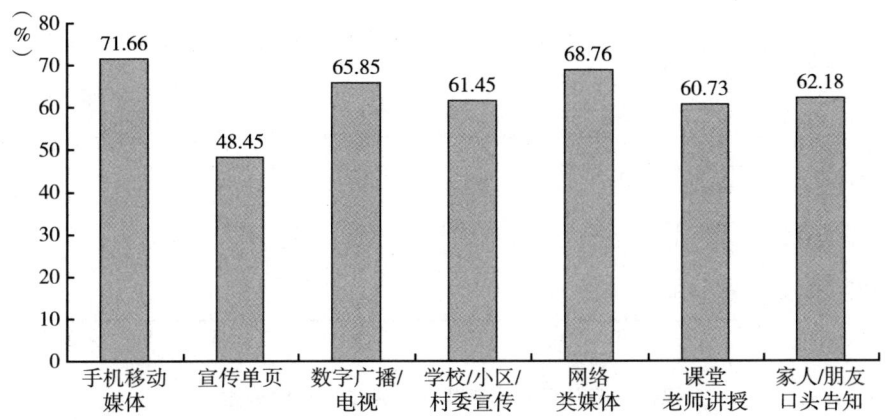

图6 家庭（日常生活）渠道获取科学知识渠道比例分布

使用。在具体使用情况方面，选择"有时"使用的青少年最多，占比42.75%。已有的相关研究中，蒋纪平等（2014）指出，我国当前的科普网站从数量和质量方面均无法达到大众需求的标准[①]，而针对青少年的科普学习网站更是凤毛麟角。王向云（2017）也提到，当前我国的多数科普网站的内容、模式和风格在一定程度上有重复，而且更新速度过慢[②]，不能引起青少年通过访问网站开展科学学习活动。这些都与本研究的结果相一致。

在移动手机类新媒体中，使用QQ、微信、微博等社交类新媒体平台获取科学信息的青少年最多，依次为85.65%、69.64%和41.14%，而专业科普科教移动平台果壳的使用人数最少，仅为5.91%，具体如图8所示。在具体使用情况方面，选择"经常"使用的青少年最多，比例为34.51%。刘陈希（2016）通过对青少年社交媒体应用的情况和行为进行调查，同样认为新媒体社交软件是青少年与同伴通信交往的重要手段，其中QQ和微信的使用率最高，也与本次调查的结果相一致。就其使用行为分析来看，多数青

[①] 蒋纪平、张培、张露：《新媒体在科普推广中存在的问题研究》，《软件导刊（教育技术）》2014年第5期。

[②] 王向云：《我国科普网站在科学传播中的作用研究》，南京理工大学硕士学位论文，2017。

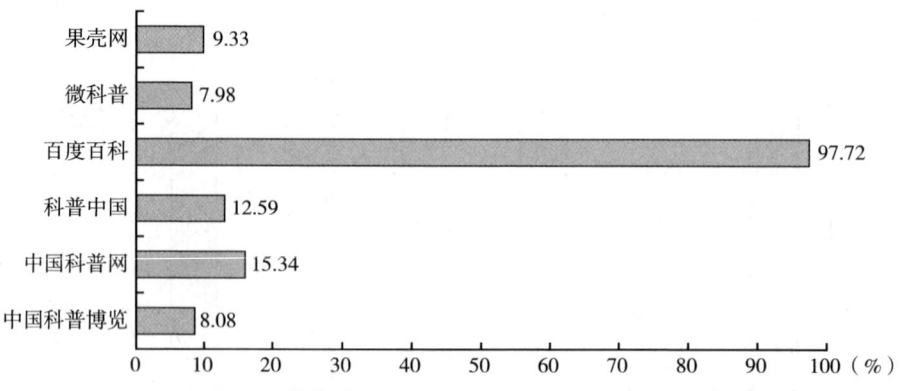

图 7 具体网络类新媒体使用情况比例分布

少年以分享娱乐信息、聊天交流为主[①]，而真正使用社交新媒体学习科学的相对较少。

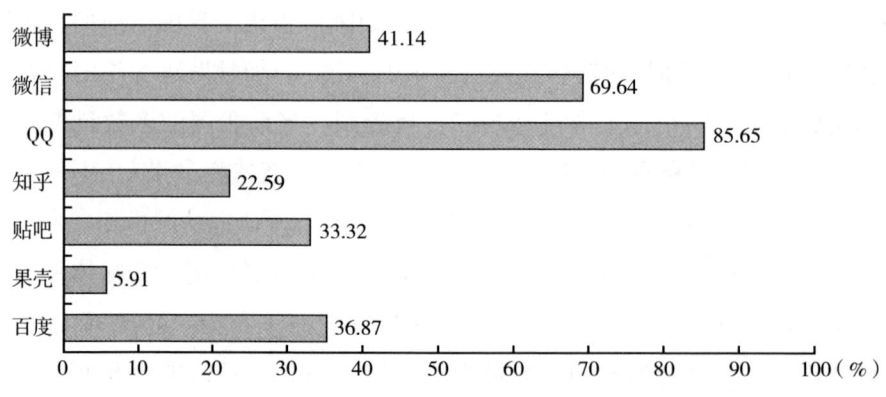

图 8 具体移动手机类新媒体使用情况比例分布

在数字电视/广播类新媒体中，每个科教节目的青少年观看人数均在50%以上。其中，青少年观看比例最高的电视科教节目是《动物世界》，为77.25%。这一数据说明电视仍是青少年乃至我国人民主要的科普渠道，也是最有效的渠道。优秀的科教电视节目能帮助青少年在家庭学习环境中更好

---

① 刘陈希：《新媒体背景下浅析青少年社交媒体应用情况及行为分析》，《新媒体研究》2016年第11期。

地进行科学学习。在具体使用情况方面,选择"经常"观看的青少年最多,比例为38.76%,具体如图9所示。

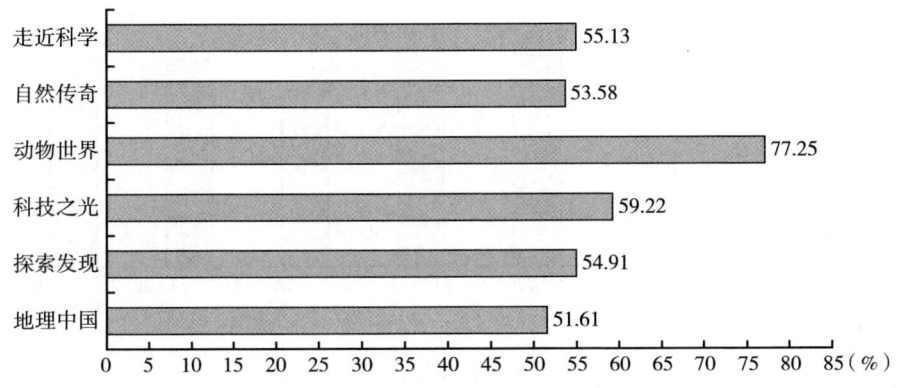

图9 科教电视节目观看情况比例分布

在科普场馆参观情况的调查中,有75.34%的青少年有过参观科普场馆的经历,只有24.66%的青少年没有参观过任何科普场馆,这其中来自农村的青少年占75.21%。数据统计显示:各个场馆的选择人数均在50%以上,选择动物园的青少年人数占比最多,为88.1%,具体如图10所示。以上数据表明:多数青少年都有参观一个或多个科普场馆的经历,但来自农村的多数青少年缺乏参观科普场馆的经历,无场馆学习的学习体验。在参观科普场馆的具体情况方面,选择"偶尔"参观的人数最多,占比为36.59%。

综合以上结果分析,对新媒体在青少年非正式科学学习情境中的应用的调查可得到以下结论:①在日常家庭生活中,多数青少年通过新媒体获取诸如饮食卫生、用电安全等科学知识。②以使用搜索引擎为主的青少年在使用网络类新媒体时,搜索引擎自带的百科词条等内容成为青少年主要的科学学习材料,而专业科普科教网站并没有真正被青少年访问和使用。③我国青少年的网络社交技能水平较高,其中QQ和微信是青少年使用最多的移动类手机新媒体,对于真正富含科学知识的手机平台使用人数却相对较少。④电视仍是青少年乃至我国人民主要的科普渠道,也是最有效的渠道,优秀的科教电视节目能帮助青少年家庭学习环境中更好地进行科学学习。⑤多数青少年

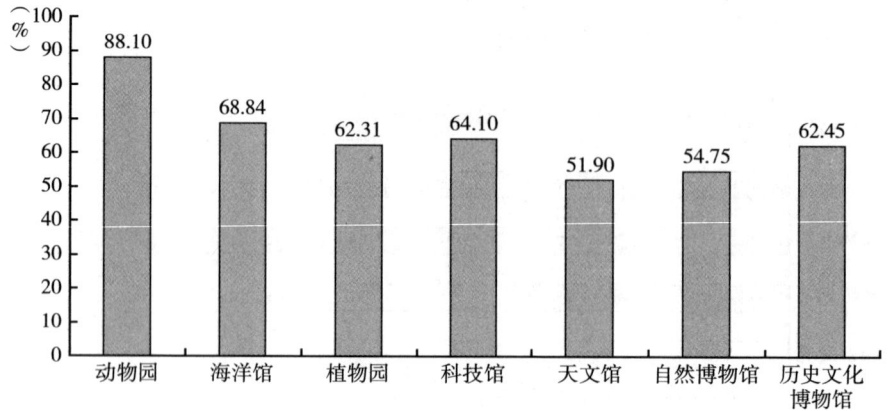

图10 科普场馆参观情况比例分布

都有参观一个或多个科普场馆的经历,但来自农村的多数青少年缺乏参观科普场馆的经历,无场馆学习的学习体验。

(2)新媒体在青少年正式科学学习情境中的应用

正式环境下的科学学习是指青少年在校内参与正规科学类课程的学习。其中初中阶段为科学课程,高中阶段为物理、化学、生物、地理等课程。新媒体在正式环境下的科学学习中主要以学习辅助工具的形式出现,例如多媒体投影仪、交互式电子白板、数字广播、平板电脑等,其主要功能是协助青少年在科学学习中形成自主学习、自主探究的学习习惯。

在新媒体参与科学课堂情况的调查中,电脑、电子白板和数字投影仪三种媒体设备几乎成为现代课堂教学的标配,占比依次为79.41%、72.46%和60.24%,数字电视、数字广播和平板电脑相对较少,占比依次为25.48%、25.10%和8.80%。但是,在农村学校,数字投影仪的占有量为55.32%,远高于城镇学校数字投影仪的占有量,其余媒体设备的占有量城镇学校均高于农村学校,具体如图11所示。以上数据表明:农村学校基础设施相对陈旧,青少年缺乏新媒体环境下科学学习的学习体验;城镇学校硬件设施相对齐全,课堂教学环境较好,青少年能在新媒体环境下自主开展科学学习活动。

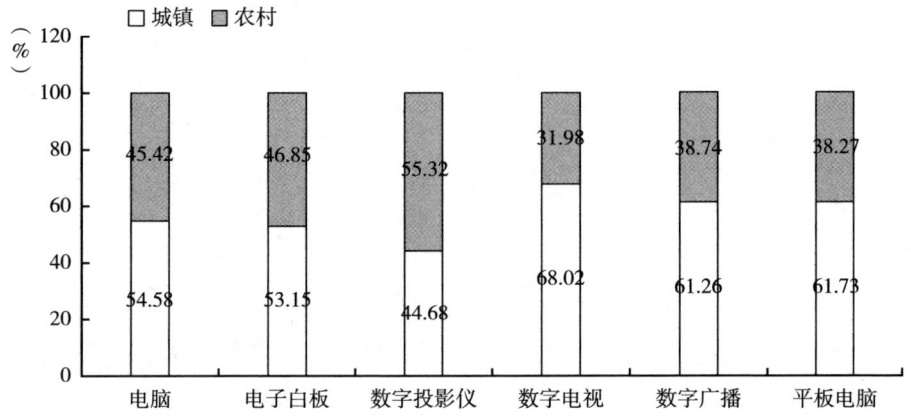

图11 城乡学校课堂媒体设备差异比例分布

综合以上结果分析,对新媒体在青少年正式科学学习情境中的应用主要体现在电脑、电子白板和投影仪,数字电视、数字电脑和平板电脑相对较少。在城乡对比中,农村学校基础设施陈旧,青少年缺乏新媒体环境下科学学习的学习体验;城镇学校硬件设施齐全,课堂教学环境较好,青少年能在新媒体环境下自主开展科学学习活动。

3. 青少年在不同情境下使用新媒体科学学习体验的差异性分析

为分析不同年龄阶段和不同户口类型的青少年在不同情境下学习体验的差异性,使用 SPSS 24.0 对问卷进行分析。选取"Q2. 您的年龄"为因子,Q13、Q15 和 Q17 为变量做单因素方差分析,结果如表5所示。根据 ANOVA 分析结果,P 值均小于 0.05,即不同年龄阶段在不同学习情境下的学习体验得分存在显著差异。进一步比较分析发现:19 岁及以上年龄段的青少年在家庭(日常生活)学习情境中和正式学习课堂情境中的新媒体学习体验得分显著低于其他三个年龄段。出现这种差异现象的原因可能是 18 岁以下的青少年作为未成年人,在家庭和学校两个学习情境中多受家长和老师的有意引导,其使用新媒体科学学习的体验较多,因此出现上述差异现象。

表5 不同年龄阶段单因素方差分析结果

单位：人，分

题目	组别	个案数	平均值	标准差	F值	P值
Q13 家庭（日常生活）学习体验	12岁及以下	236	4.0517	1.10236	4.301	0.005
	13~15岁	1089	3.9730	1.03868		
	16~18岁	593	3.9406	1.12897		
	19岁及以上	12	2.9333	1.34390		
Q15 场馆学习体验	12岁及以下	236	4.1186	1.23474	9.192	0
	13~15岁	1089	3.8233	1.40642		
	16~18岁	593	4.1120	1.24184		
	19岁及以上	12	3.0500	1.52345		
Q17 正式环境学习体验	12岁及以下	236	4.2771	1.12230	7.010	0.000
	13~15岁	1089	4.1787	0.99184		
	16~18岁	593	4.1245	1.05547		
	19岁及以上	12	2.9333	1.37598		

在不同户口类型差异方面，选取"Q4.您来自于"为分组变量，依次选取Q13、Q15和Q17为检验变量，设置信区间百分比为95%做独立样本t检验，三个检验变量的P值均小于0.05。结果表明：城镇青少年和农村青少年在三种学习情境中使用新媒体的科学学习体验存在显著差异，且在三种学习情境中城镇青少年的学习体验得分均显著高于农村青少年（见表6）。这也印证了应用情况分析中的结论，即农村科普设施及新媒体设备落后，来自农村的多数青少年缺乏参观科普场馆的经历和场馆学习的学习体验以及新媒体环境下科学学习的学习体验。

综合以上结果分析，青少年在不同情境下使用新媒体的科学学习体验存在以下差异性：①19岁及以上年龄段的青少年在家庭（日常生活）学习情境和正式学习课堂情境中的新媒体学习体验得分显著低于其他三个年龄段。②城镇青少年和农村青少年在三种学习情境中使用新媒体科学学习体验存在显著差异，且在三种学习情境中城镇青少年的新媒体学习体验均显著优于农村青少年。

表6 不同户口类型差异独立样本 t 检验结果

单位：人，分

题目	组别	个案数	平均值	标准差	t 值	P 值
Q13 家庭（日常生活）学习体验	城镇	968	4.0326	1.14479	2.717	0.007
	农村	962	3.8994	1.00617		
Q15 场馆学习体验	城镇	968	4.2957	1.20323	11.941	0.000
	农村	962	3.5888	1.39015		
Q17 正式环境学习体验	城镇	968	4.3064	1.03839	6.015	0
	农村	962	4.0254	1.01404		

三 新媒体在青少年科学学习应用中存在的问题与改进对策

（一）新媒体在青少年科学学习应用中存在的问题

新媒体在科学教育与科学传播领域的应用与普及，不仅开拓了科学传播的范围和视野，而且也在很大程度上改变了科学教育的模式和方法。面对青少年这一科学教育的主要群体和科学普及的重点对象，新媒体为其创造了新型学习环境，改变了他们的学习方式与方法。同时通过对新媒体在青少年科学学习应用状况的调查，也发现一些亟待解决的现实问题。

1. "快时代"下新型"传统媒体"遭冷落

以报纸、广播和电视为代表的传统媒体形态在过去的几个世纪承载着科学传播的重任。受到网络和信息技术的冲击，传统媒体披上数字化和网络化的"外衣"，摇身变成网络报纸、数字广播和数字电视。当今的青少年作为数字原住民，紧跟信息时代的"快节奏"，加之学习时间紧张，学业压力较大，在科学学习过程中自然优先选择耗时少、信息容量大、易于分享的新媒体。而新型"传统媒体"虽有着技术化的"外衣"，但是限于其过于规范严格的信息呈现形式和信息查找耗时费力等特点，并未引起青少年用于学习与

交流的兴趣。

出现这一现象的原因主要在于对新媒体属性的认识相对不足，导致传统形态媒体数字化过程中未能达到较好的效果。目前来看，传统媒体形态的数字化和网络化仅仅是将其转移到网站或将其转变为电子内容分发到最终运营商的终端上。在这种情况下，这些信息具备了新媒体作品的介质形态，形成了形式多样的新媒体产品，但是其内容组织、呈现形式、消费模式等缺乏针对性①，且无法适应青少年新媒体应用习惯，因而导致实际应用中出现新型"传统媒体"遭冷落的境遇。

2. 专业化科普网站影响力未得到充分发挥

网络科普交流平台是以青少年为主要受众群体而建立起来的新型科普园地，可以有效地激发人们的科学兴趣，从整体上提升公民公共科学素养②，是全民科普工作中非常重要的手段。尤其在信息技术迅速发展并得到广泛应用的今天，基于互联网的各类科普教育平台更应该成为公众获取科学知识、提高科学精神的重要渠道，也自然应该成为科普教育工作的重要部分。但是根据调查发现，青少年对诸多专业化的科普网站并不熟知，针对青少年的网络科普交流平台并没有起到预想的效果。

调查中列举了果壳网（一个开放、多元的泛科技兴趣社区）、微科普（专注于科普知识传播的高层次公益性科普网站）、科普中国（中国科协主办的具有个性化定制于推送服务的平台）、中国科普网（由中华人民共和国科学技术部政策法规与监督司主办，是我国成立最早的国家级科普平台）、中国科普博览（中国科学院网络科普联盟网站，以宣传科学知识，提高全民科学素质为目的）五个专业性较强、权威性和认可度较高的科普平台和日常搜索最常用的百度百科（百度旗下的电子百科全书式网络知识平台）。结果发现，以搜索引擎自带的百科词条等网络工具是青少年主要的科学学习材料来源，而专业科普科教网站却极少被他们访问和使用。究其原因，国内

---

① 赵立新、钟琦：《馆校结合·科学教育与新媒体》，科学普及出版社，2015，第360页。
② 梅红：《关于构建网络科普的思考》，《新西部》（理论版）2013年第22期。

科普网站在青少年群体中的认知程度相对较低,且内容表现形式单一、更新缓慢[1]等现象普遍存在,进而造成其新媒体技术优势未充分发挥。而搜索引擎"所搜即所得"的"快餐型"科学学习材料符合青少年真正的学习需求,更加符合"数字原住民"的学习风格。

3. 城乡青少年新媒体科学学习体验差异较大

本研究的调查中,来自城镇和农村的青少年在家庭(日常生活)学习、场馆学习和课堂学习中使用新媒体的学习体验存在显著差异,且城镇青少年的科学学习体验均显著优于农村青少年。与城镇青少年相比,农村青少年接触各类新媒体的机会相对较少,新媒体素养的发展水平也相对较低。此外,受限于家庭原因和农村地区发展的现实状况,农村青少年除了在学校学习科学课程外,极少有条件和机会参与其他科普科教活动。

有研究表明,在新媒体的使用中,我国的城乡居民存在着年龄差异、城乡差异、收入差异及受教育程度差异[2],这一结论与本研究中的相关调查一致。造成这种现象的合理解释是城乡教育、经济、科普场馆基础设施建设等存在较大差距。因而城乡青少年使用新媒体的科学学习体验存在较大差异的因素可以归结为父母的受教育程度、家庭收入状况及相关科普场馆基础设施建设薄弱等原因。

(二)改进新媒体在青少年科学学习中应用水平的对策建议

1. 适应青少年发展特点,新媒体科教形式再创新

信息时代的青少接触网络和各种新媒体的机会相对较多,这也在很大程度上拓展了他们在科学学习中获取信息的渠道。总体来说,面对信息量巨大的网络世界,形式新颖、内容凝练、易于获取的信息更容易受青少年的欢迎。因此,网络期刊、报纸等科普类电子出版物应利用自身信息内容大、质

---

[1] 田原:《浅析我国科普网站发展的问题与策略——以中国科学院科学普及网站为例》,《中国科学院院刊》2014年第6期。

[2] 黄俊华:《城乡居民的媒体使用及其影响因素研究——基于CGSS 2013数据的分析》,《新闻界》2016年第22期。

量高的优势，结合网络科普平台动态性、报道信息的时效性、超链接功能、多样的媒体表现形式和与青少年较强的互动性等特点，推陈出新，转变文字图片排列组合的形式，实现科学信息的动态呈现，创作出符合信息时代青少年发展特点的新媒体科学学习材料。对数字广播/电视类新媒体来说，可以通过开辟专业化较强、权威性较高的青少年科普网络电视频道和青少年科普数字广播频道，加强数字广播电视在青少年科学学习中的影响力。同时，现有电视媒体也可利用受众广的优势，创作适合青少年学习的优质的科教电视节目，使其成为青少年家庭情境中科学学习的主要资源。移动类手机媒体在科普创新方面，一要继续加大自身科教平台的影响力，迎合青少年手机拥有率高的特点，加大力度推出适合手机端的科教平台；二要结合青少年QQ和微信使用率较高的特征，推出科教微信公众平台、微信小程序、QQ公众号等，打造青少年科学学习的移动学习环境，使移动手机成为青少年最便捷的科学学习工具。

2. 政府扶持为主，增强网络科普平台的影响力

在新兴技术尤其是网络技术得到迅速发展的今天，人们的生活方式、学习方式和工作方式都在发生变化，信息获取和交流的渠道逐渐过渡到网络上。这一点在伴随各类新兴技术成长起来的青少年一代体现得尤为明显。针对青少年手机和电脑拥有率较高的现实情况，网络科普平台无疑是青少年科学学习中最好的新媒体选择。因此，作为由政府扶持的公益事业，新时期科普工作的推广需要在政府的支持下进一步加强网络科普环境的建设，通过政策引导、资金支持与社会推广等建立一系列具有较大影响力的网络科普教育平台，促进网络科普教育的快速发展。同时，网络科普平台自身也应探寻发展契机，加大与知名科教单位的合作，积极宣传，打造自身的亮点与优势。诸如科普中国、中国科普网、中国科普博览等权威性较高的科普网站在优化适用于青少年科学学习的栏目的同时，也应加大与政府、学校及其他民办科普网站的合作与协同，形成技术支持、政策扶持和协同发展的良性局面，加快我国优质科普网络平台的建设进程，扩大优质网络科普平台在青少年群体中的影响力。

3. 缩减城乡科教差距，弥补"数字鸿沟"

基于新媒体在青少年科学学习的使用中带来的"数字鸿沟"主要分为两种：一是城乡之间青少年在科学学习中使用新媒体的情况不同；二是城乡青少年新媒体素养的发展水平上存在差异。当前我国青少年科教工作取得长足发展，但以城乡差距为主的发展不均衡、不充分的矛盾依然存在。对此，应通过政府、社会科普工作单位、学校等多方面的努力，以新媒体为助推器，缩减城乡科教差距，进而弥补"数字鸿沟"。首先，加强"科技大篷车""移动科技馆""科普下乡"等活动在农村地区的开展，并使用新媒体手段呈现科学信息，让农村青少年有机会参与和体验非正式环境下的科学学习。其次，政府要加大教育扶贫力度，更新农村学校的媒体设施建设，为农村青少年科学课程的学习创建新媒体环境。同时加大对农村地区科普文化场馆建设的投入，与大型科普场馆建立合作关系，对农村地区青少年实施便捷、优惠的参观政策，给他们创造更多参观大型科普场馆的机会。最后，不断提升教师的新媒体应用水平，创设青少年正式情境下科学学习所需的新媒体环境。

B.10
校外科学教育培训行业发展报告[*]

黄瑄 李志祥[**]

摘 要: 随着科技创新不断加快时代发展进程,科学教育对于人才培养的重要价值与意义得到世界各国的广泛认同与关注,近些年我国对于科学教育的发展也愈加重视。校外科学教育是对学校科学教育的有益补充,在倡导素质教育的当下,随着科技的发展、资本的大量投入,我国校外科学教育培训行业已开始蓬勃发展。本报告基于国家及地方的相关政策文件及社会公开数据,从市场业态的主要类别、行业的国内发展环境、发展中存在的问题、对策及建议等方面,对我国校外科学教育培训行业的发展情况进行了梳理与分析。针对行业发展中存在的缺乏行业标准及研究基础、课程体系建设有待加强、师资力量较为薄弱、行业发展不均衡等问题与困境,基于分析提出了规范行业标准与监管、切实保障课程与师资、运用先进教育技术、合理拓宽市场以实现行业快速均衡发展等相应的对策建议。

关键词: 校外科学教育 教育培训行业 人工智能教育 STEM 教育

---

[*] 感谢北京睿艺创联李志祥老师及团队为本报告提供政策梳理、行业数据收集等相关内容,特此致谢!
[**] 黄瑄,中国科普研究所在站博士后,研究方向为科学教育;李志祥,北京睿艺创联教育科技有限公司记者。

校外科学教育是指学校科学课程之外，以素质教育为宗旨，对学生施行的多种有目的、有计划、有组织的教育活动，并以此促进学生的科学素质提升及全面发展。[①] 本报告的研究主体是校外科学教育培训行业，主要指 K-12 阶段国家机构以外的、非国家财政经费支持的民办教育培训行业。本报告主要采用案头调研（Desk Research）的方法，详细梳理了国家及地方的相关政策文件，并大量收集校外科学教育培训行业相关的社会公开数据。通过对上述内容的梳理与整理分析，尝试从不同层面展现我国校外科学教育培训行业的发展现状。基于现状分析指出目前行业发展中所存在的问题与困境，并针对性地提出相应的对策及建议，以期促进我国校外科学教育培训行业快速、良性、长期的发展。

一 校外科学教育培训行业的主要类别

在中国知网以"校外科学教育""培训行业""校外科学教育培训行业"为关键词，未搜索到任何相关文献；以"科学教育培训行业"为关键词，仅搜索到2篇针对校外培训机构的个案研究。上述结果说明我国对于校外科学教育培训行业的研究较为空白，也从侧面反映了我国校外科学教育培训行业的发展仍处于起步阶段。在理论研究相对缺乏的前提下，本报告尝试按照目前科学教育培训市场的业态，将科学教育培训行业划分为人工智能教育、STEM 教育和传统科学教育三大类别，以下将从内涵、目标、具体分类等方面分别详述。

（一）人工智能教育

人工智能是计算机科学的分支之一，研究领域包括机器人、语言识别、图像识别、自然语言处理和专家系统等。人工智能近20年来的巨大进展，

[①] 蔡志凌：《我国校外科学教育的问题与发展愿景》，《河北师范大学学报》（教育科学版）2016年第1期。

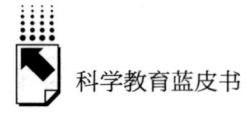

深刻改变着人类社会生活、改变着世界,为社会发展带来了人脸识别等诸多超乎想象的技术与应用,也因此引发了人工智能教育的新热潮。2017年国务院印发的《新一代人工智能发展规划》[1],明确提出实施全民智能教育项目,在中小学阶段设置人工智能相关课程,逐步推广编程教育。该规划进一步有力推进了校外人工智能教育的起步与发展。

根据目前人工智能教育市场的现状,人工智能教育主要分为机器人教育和编程教育两大类别,两者相互融合又略有不同。机器人教育注重动手能力的培养,强调"学中玩,玩中学"的教学理念,以培养学生的动手能力、协作能力、创新能力以及综合能力,是塑造创造力和想象力的有效工具。[2]编程教育注重理论方面的学习,同时在实践过程中需要不断发现问题、分析问题以及解决问题,有利于锻炼学生的计算思维、逻辑能力、问题解决能力以及自我调适等多种能力。

在素质教育的大背景下,面向基础教育的机器人教育主要通过学生对机器人进行编程和再设计,了解相关结构和运动知识,锻炼学生的思考、创新、问题解决等能力。[3] 机器人教育的内容包括设计、组装、编程、运行机器人等不同方面,而校外教育培训通常关注于各类机器人竞赛的参赛培训。校外青少年编程教育市场的教学形态主要分为软件编程教学和硬件编程教学两种类型。其中,软件编程教学包括图形化编程、文本语言编程等;硬件编程教学则包括机器人编程、开源硬件编程等。此类编程教育通常针对3~18岁的青少年,通过Scratch、Blockly、Python、C++等编程语言的学习,在建立基础编程知识框架的同时,可在电脑、开源硬件平台等端口编写各种有趣的游戏及编程程序等。目前越来越多的机构将机器人教育与编程教育有机结合,开创智能化的机器人课程。

---

[1] 《新一代人工智能发展规划》,人民出版社,2017。
[2] 王学男、林众、朱慧:《基于科学素养的机器人教育与人才培养》,《中国电化教育》2019年第6期。
[3] 祝智庭、单俊豪、闫寒冰:《面向人工智能创客教育的国际考察和发展策略》,《开放教育研究》2019年第1期。

（二）STEM 教育

STEM 是科学（Science）、技术（Technology）、工程学（Engineering）和数学（Mathematics）的英文首字母缩写，是跨学科综合的教育理念。STEM 最早由美国提出，1986 年美国国家科学委员会（National Science Board，NSB）发布的报告中，首次明确将"科学、数学、工程学、技术"整合教育的建议。[①] 其初衷是培养充足的 STEM 领域人力资源，以使美国保持世界领先地位。随着美国将 STEM 提升到国家战略的地位，STEM 得到了世界各国的广泛关注与重视，逐渐成为国际科学教育领域研究与实践的新焦点。我国的 STEM 教育起步较晚但发展迅速，越来越多的学者开始关注 STEM 教育。以"STEM 教育"为关键词在中国知网进行文献检索，文献数量随年份的变化如图 1 所示。

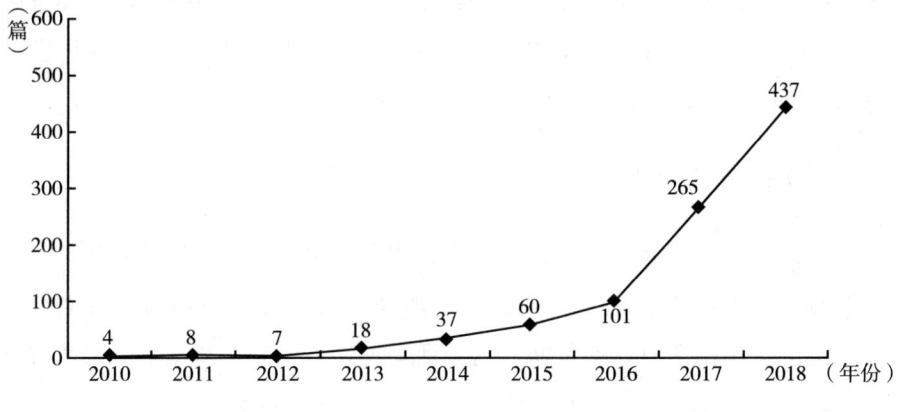

图 1 STEM 教育相关文献的数量变化

近几年，随着我国对 STEM 教育的关注度逐步提高，STEM 教育在校外科学教育培训行业迅速升温。STEM 教育强调以学生为中心，转变传统的讲授式教学，鼓励学生通过小组合作、基于项目或问题、基于工程设计、科学

---

① 朱学彦、孔寒冰：《科技人力资源开发探究——美国 STEM 学科集成战略解读》，《高等工程教育研究》2008 年第 2 期。

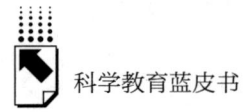

探究实验等方式学习。STEM 教育有助于提高学生对科学、技术、工程学和数学领域的兴趣,为培养学生的"21 世纪技能"提供了时间和机会,而且对培养公民在社会生活中做出正确决策有着重要作用。① STEM 教育旨在为 STEM 领域甚至整个就业领域输送优秀的劳动力,维持国家源源不断的创新能力。②

目前我国的 STEM 教育多数集中在通用技术及计算机信息技术教育领域,例如上文提及的机器人教育、编程教育等,诸多校外科学教育培训机构将其归为 STEM 教育的范畴,并未明确区分。此外还有 3D 打印、木工、无人机等具体的教学分类。与人工智能教育相似,现有的 STEM 教育培训中,很大比例的实践是基于诸如全国青少年科技创新大赛、机器人大赛等竞赛项目的青少年科技辅导培训。但越来越多的科学教育培训机构已逐渐开拓教育领域,着眼于 STEM 教育科学、技术、工程和数学整合一体的培训项目,促进 STEM 学科之间的关联与凝聚③,提供凸显 STEM 本质与特色的、基于项目或问题(Project/Problem Based Learning,PBL)及基于工程设计(Engineering Design Based,EDB)的 STEM 教育。

(三)传统科学教育

科学教育是指能够促进人的科学素养提升的教育④,在校外开展的面向青少年的,基于物理、化学、生物学、地理、技术等学科内容的课程与活动,均属于校外科学教育的范畴。这类活动通常以学科为中心,关注科学技

---

① Bybee R. W, Advancing STEM Education: A 2020 Vision. *Technology and Engineering Teacher*, 2010, 70 (1), pp. 30 – 35.
② Honey Margaret, Greg Pearson, Heidi Schweingruber, eds, *STEM Integration in K – 12 Education: Status, Prospects, and an Agenda for Research*. Washington D. C.: National Academies Press, 2014, p. vii.
③ National Research Council, Committee on Highly Successful Schools or Programs for K – 12 STEM Education, *Successful K – 12 STEM Education: Identifying Effective Approaches in Science, Technology, Engineering, and Mathematics*. Washington D. C.: National Academies Press, 2011.
④ 罗晖、王康友:《中国科学教育发展报告(2015)》,社会科学文献出版社,2015。

术兴趣的培养、理化生地等学科知识的教学，重视科学方法与技能的传递等，在本报告中将此类校外培训归为以学科为中心的传统科学教育培训。

传统科学教育培训的目标，通常以培养学生的科学学习兴趣为主，进而寓教于乐地提升学生的科学素质。尤其是针对低龄儿童的培训，主要通过创设新颖有趣的科学教育环境，以体验式、互动式的学习方式，让儿童感受科学的神奇与魅力，达到科学启蒙的作用。对于中高龄的学生，传统科学教育培训的另一个重要目标是提升学生科学学科的学业成绩。以应试为目的的科学教育培训更关注于学生科学知识的理解与记忆、解题思路的训练，以及大量评测试题训练。

根据教育目标的不同，传统科学教育培训大致可分为两类，一是科学素质提升类，二是学科辅导培训类。从教育培训市场的现状来看，科学素质提升类的传统科学教育培训主要以科学实验、户外观察、创客培养、科学研学旅行等形式为主；以学科为中心的教辅培训类是基于国家和地方课程的学科辅导培训，主要是针对中小学生的升学考试辅导、学科奥林匹克竞赛、各类学科特长班等，培训形式多是线下为主、线上为辅、线上线下相结合的方式。

二 校外科学教育培训行业的发展环境

校外科学教育培训行业是对学校科学教育的有益补充，有利于满足社会、经济和科技发展对人才培养的多样化新需求。在倡导素质教育的当下，随着国家及地方相关政策文件的颁布、社会各方面对科学教育的新需求以及资本的大量投入，我国校外科学教育培训行业开始进入新的发展阶段。以下即分别从政策梳理、市场需求、资本关注度三个方面，对校外科学教育培训行业的发展环境进行分析。

（一）国家及地方：出台多项利好政策，推动行业发展

国家政策层面，随着我国对科学教育重视程度的不断提升，自2015年

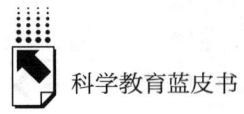

起我国先后颁布了诸多与"科学教育""创客教育""STEM 教育""校外培训"等相关的政策文件。其中近两年国务院、教育部、工信部等部门相继出台的十余项政策,都明确了对科学教育、人工智能教育、STEM 教育等发展的支持。

2015 年,教育部办公厅印发的《关于"十三五"期间全面深入推进教育信息化工作的指导意见(征求意见稿)》,首次提及 STEAM、创客教育等科学教育名词,并要求各省区市教育部门要对其进行探索。①

2017 年,国务院办公厅印发的《新一代人工智能发展规划》明确提出,"在中小学阶段设置人工智能相关课程,逐步推广编程教育,鼓励社会力量参与寓教于乐的编程教学软件、游戏的开发和推广"。② 同年,教育部印发的《义务教育小学科学课程标准》,将小学科学课程起始年级调整为 1 年级,并新增"技术与工程领域"的内容要求。③

2018 年,教育部办公厅印发的《教育信息化 2.0 行动计划》明确提出"推动落实各级各类学校的信息技术课程,并将信息技术纳入初、高中学业水平考试"。④ 同年,国务院办公厅印发了《关于规范校外培训机构发展的意见》,在提出"规范校外培训机构,促进校外培训机构规范有序发展"的同时,明确提出"鼓励发展以培养中小学生兴趣爱好、创新精神和实践能力为目标的培训"。⑤

2019 年 3 月,教育部办公厅印发的《2019 年教育信息化和网络安全工作要点》中,明确了"推进信息技术在教学中的深入普遍应用"和"培养提升教师和学生的信息素养"的任务,并要求"推动在中小学阶段设置人工智能相关课程,逐步推广编程教育"。⑥ 同年 6 月,国务院所印发的《关

---

① 中华人民共和国教育部:《关于"十三五"期间全面深入推进教育信息化工作的指导意见(征求意见稿)》,2015。
② 《新一代人工智能发展规划》,人民出版社,2017。
③ 中华人民共和国教育部:《义务教育小学科学课程标准》,北京师范大学出版社,2017。
④ 中华人民共和国教育部:《教育信息化 2.0 行动计划》,2018。
⑤ 国务院:《关于规范校外培训机构发展的意见》,2018。
⑥ 中华人民共和国教育部:《2019 年教育信息化和网络安全工作要点》,2019。

于深化教育教学改革全面提高义务教育质量的意见》中，明确提出要"加强科学教育和实验教学"。[①]

在国家政策的引领下，全国各地相关部门也高度重视，先后颁布具体的实施细则，探索校内外科学教育发展路径。例如，2017年，浙江省开始全面实施《浙江省深化高校考试招生制度综合改革试点方案》，将信息技术纳入高考科目，其中编程是信息技术科目的重要内容。[②] 2018年2月，山西省教育厅印发《山西省基础教育信息化"十三五"推进意见》通知，明确提出："将培养学生的创新精神与实践能力作为重点，积极推进创客教育、STEAM教育和机器人教育"。2018年4月，河南省电化教育馆印发《2018年河南省中小学创客教育工作要点的通知》，建议开设Scratch、Python等程序设计课程，培养编程思维，普及编程教育；同时，将开源电子、机器人、三维创意设计作为课程建设重点内容。2018年9月，重庆市教育委员会下发《关于加强中小学编程教育的通知》，明确要求在中小学开设编程教育课程。

除上述政策文件外，2019年教育部办公厅公示的中小学全国性竞赛名单，也体现了国家教育部门对于科学教育的重视。在本次公示的名单中，共有29项竞赛活动，其中科技创新类赛事共有12项，约占41%；科学类赛事共有19项，约占65.5%。

（二）市场需求：教育观念全面升级，科学教育蓬勃发展

随着中国人口结构变化和国内市场的消费升级，教育消费在中国家庭消费支出的比重越来越大，K-12校外教育培训市场保持着良好的发展态势。同时，现阶段我国的家庭教育观念也正在发生转变，家长越来越重视校外素质教育。其中，在艺术、体育、科创等方面尤为明显。如图2所示，参与调查的家庭中，有60%的家庭素质教育年消费超过10000元。

[①] 中共中央、国务院：《关于深化教育教学改革全面提高义务教育质量的意见》，人民出版社，2019。

[②] 浙江省人民政府：《浙江省深化高校考试招生制度综合改革试点方案》，2014。

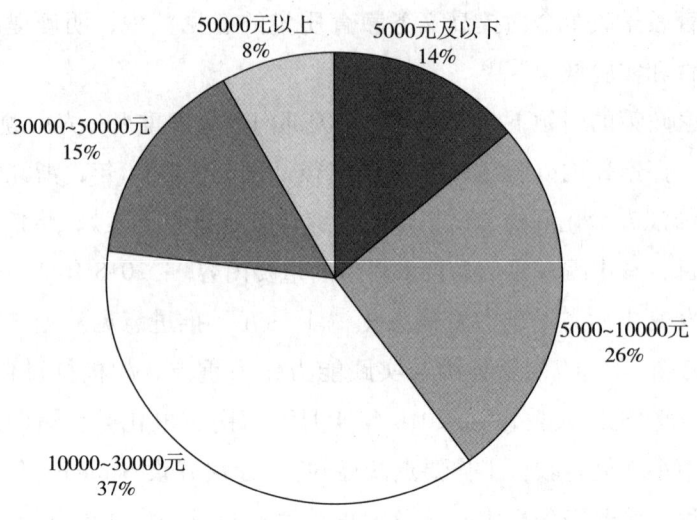

图 2　家庭素质教育年消费（2017）

资料来源：睿艺和家长帮联合发布的《2017中国家庭素质教育消费报告》。

发生这种变化的一个重要原因是，"80后""90后"家长已逐渐成为教育培训消费群体的主力，其为孩子选报校外培训机构时，更多关注于科学思维能力、逻辑能力、表达能力等核心素养能力。睿艺发布的《2018年素质教育行业分析报告》显示，在参加调研的家长群体中，为孩子选报科学教育（睿艺报告中描述为"科创教育"，即本报告中所指的"科学教育"，下同）的比例为39%，家长对于科学教育培训已有较高的关注程度。家长对于科学教育类培训的选择倾向如图3所示，选择机器人教育、传统科学教育、少儿编程的比例分别为30.59%、28.35%、21.32%，远多于其他科学类培训项目。

结合本研究开展的一线访谈发现，目前我国校外科学教育的付费家长群体，多数仍集中在一二线城市及沿海较发达城市。虽然现阶段无论是在政策层面，还是舆论引导层面，都提倡加强学生综合素质的培养，但在现有人才选拔机制下，三四线城市和一二线城市的教育环境、家长育儿观念以及家庭收入等方面都存在较大差距，所以不同城市的家长对校外科学教育有着不同的态度。其中，一二线城市的家长对校外科学教育理念普遍认同，对线上、

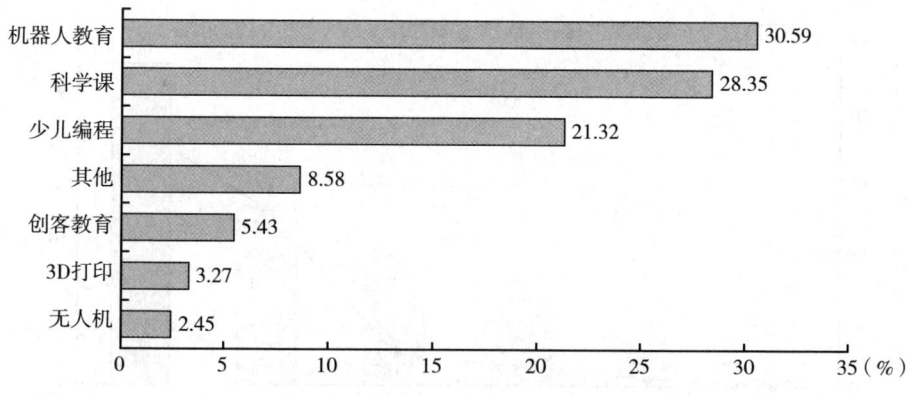

图 3　家长科学教育类培训的选择倾向（2017）

资料来源：睿艺和家长帮联合发布的《2017 中国家庭素质教育消费报告》。

线下不同的教学模式接受程度较高。而三四线城市的家长在面对校外科学教育时，态度较为谨慎，在选报时更倾向于当地有线下校区的品牌机构。

除家庭需求外，目前幼儿园、中小学对于校外科学教育也有强烈的需求。由于近年国家及地方的政策文件和课程文件的要求，各学段的学校要根据教育教学改革、教育信息化等工作的推进计划及方案，开设人工智能课程、编程课程等信息类课程及多样化的校本选修课程，因而面临诸如师资严重短缺、资金与设备不足、缺乏系统化的课程方案等多种问题与挑战，许多学校需借助校外科学教育培训行业的力量完成上述工作的推进。

（三）资本关注度：教培行业新风向，投融资力度不断增加

在国家政策的影响下，新技术的应用、教育内容的升级等，都为教育培训行业带来了相应的投资机会，校外科学教育成为教培行业的新风向。校外科学教育行业中包含机器人及编程教育在内的人工智能教育、STEM 教育、传统科学教育培训机构，以及硬件厂商等，在 2018 年获得了资本的频繁加注。2013～2018 年校外科学教育培训的投融资情况如图 4 所示，无论是投融资案例数量及金额，还是行业整体态势，都较以往几年实现了跨越式发展。

通过对 58 家校外科学教育机构的社会公开数据进行收集与统计分

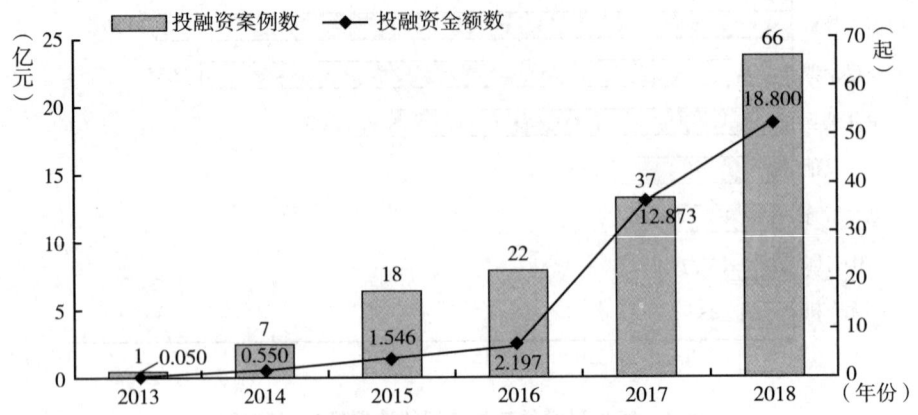

图 4 科学教育 2013~2018 年投融资情况

资料来源：睿艺发布的《2018 年素质教育行业分析报告》。

析，已上市或所属上市公司的机构有 4 家，融资轮次处于 A 轮的有 41 家，处于 B 轮的有 7 家，被并购企业有 3 家，处于 C 轮及以上的有 3 家。其中，好未来和新东方对于科学教育尤为重视，截至 2019 年 4 月，好未来通过投资、并购等手段在科学教育领域已与鲨鱼公园、科学队长、德拉学院、傲梦编程、熊猫博士、计蒜客 6 家校外科学教育培训机构达成合作；而新东方也投资了科学队长、极客教育、极客晨星 3 家校外科学教育培训机构。

睿艺发布的《2018 年素质教育行业分析报告》显示，2018 年，科学教育是教育培训领域发生融资案例最多的类别，共有 66 例，全年融资总金额达 18.8 亿元（见图 5），是 2018 年度最热门的素质教育领域。

在上述 2018 年科学教育行业融资中（见图 6），编程教育以融资 34 例、融资金额 9.5 亿元排在首位；机器人教育融资 3 例，融资金额 1.6 亿元；其他 STEM 教育融资 20 例，融资金额 5.5 亿元；传统科学教育融资 9 例，融资金额 2.2 亿元。

综上，我国已将科学教育提升至国家战略高度，国家及地方出台的诸多利好政策，有力地推动了校外科学教育培训行业的蓬勃发展；倡导素质教育

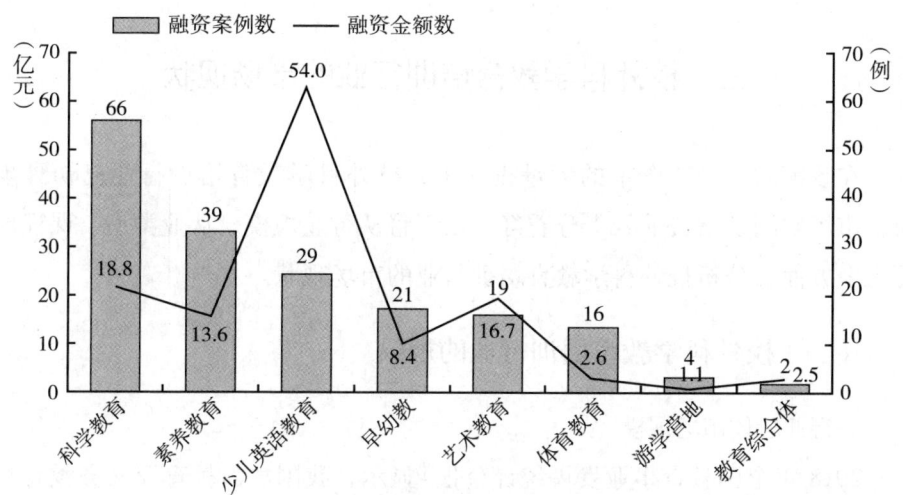

图5 2018年素质教育培训行业融资情况

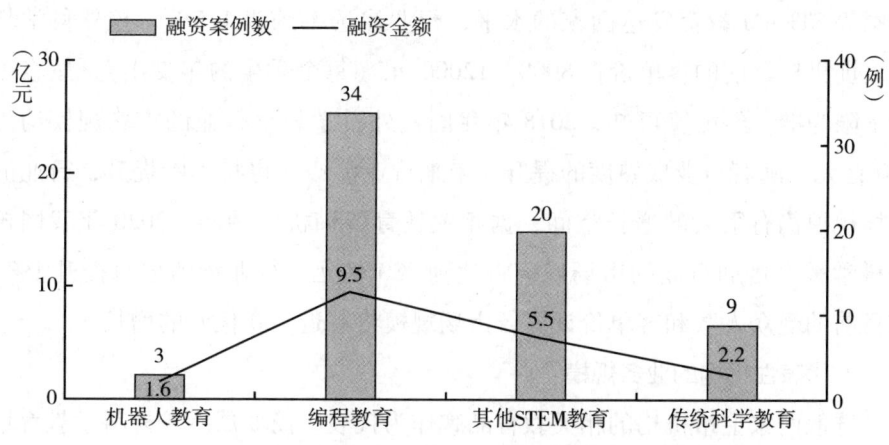

图6 2018年校外科学教育行业融资情况

的大背景下,家长的教育观念全面升级,家庭及学校对于校外科学教育培训有强烈的市场需求;校外科学教育领域成为教培行业的新风向,本领域投融资力度持续加码,备受资本关注。因此从国家及地方政策、市场需求、资本关注度来看,校外科学教育培训行业的发展环境良好,且未来仍有较大的繁荣空间。

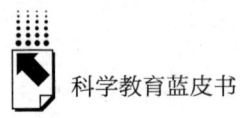

三 校外科学教育培训行业的市场现状

在政策的倡导和资本的大量投入下,校外科学教育培训行业已初具规模,市场空间及增长前景十分看好。以下将从行业规模、从业类型、课程情况三个方面,分析校外科学教育培训行业的市场现状。

(一)校外科学教育培训行业的规模

1. 行业总体市场规模

2018年全国教育事业发展统计公报①显示,我国学前教育及义务教育在校学生总人数约为19656.42万人,即K-12适龄学生总数约为2亿人。参考鲸准数据和芥末堆的数据,我国校外科学教育培训行业的渗透率尚未达到韩国等STEAM教育发达国家的水平,行业渗透率约为1.5%。校外科学教育培训机构目前的客单价在8000~12000元(每个学生的年支出),按客单价下限为准,经测算可知,2018年我国校外科学教育行业的市场规模约为240亿元。随着行业成熟度的提升,未来行业渗透率也将不断提升,行业的市场规模仍有很大的增长空间,据相关教育咨询机构预测,2020年我国校外科学教育培训行业的市场规模将达到280亿元。行业渗透率每提升1%,以目前的受众人数和客单价计算,市场规模将有近160亿元的增长。

2. 代表性机构的业务规模

选取两家上市机构的相关教育品牌作为代表,简要展示校外科学教育培训行业机构的业务规模。

达内科技(NASDAQ:TEDU)在2019年3月12日发布的《2018年四季报和全年未经审计的财务业绩》显示,2018年达内教育旗下的少儿教育品牌"童程童美"的招生人数为44368人,比2017年增加363.1%,全年的现金收入为4.6亿元,同比增长超过400%,全年净收入为1.8亿元。截

---

① 中华人民共和国教育部:《2018年全国教育事业发展统计公报》,2019。

至2018年12月31日,"童程童美"已扩大到覆盖53个城市的148家儿童学习中心。①

盛通股份(SZ：002599)在2019年4月10日发布的《2018年年度报告》② 显示,其旗下教育品牌"乐博乐博"在2018年实现现金收入2.49亿元,同比增长36.43%,净利润为0.52亿元,同比增长78.44%。截至2018年12月31日,"乐博乐博"在全国25个省、自治区、直辖市拥有106家直营店和238家加盟店,基本覆盖全国一线、二线城市以及大部分省会城市。

(二)从业类型划分

按照企业提供的产品类型不同,大致可将校外科学教育培训机构分为两大类,一类是以提供教育培训服务为主要产品的,包括机器人教育、编程教育、STEM教育及传统科学教育等,例如乐博乐博、寓乐湾、童程童美、编程猫、学而思等;另一类是以提供硬件产品为主的,例如优必选、Makeblock等。针对国内火热的校外科学教育培训市场,提供硬件产品的厂商近年来陆续推出了多款包含教学内容的硬件产品,例如Makeblock在2016年,针对C端用户则发布了模块化可编程飞行器Airblock和3合1游侠机器人套件mBot Range两款产品;2018年初优必选联合腾讯叮当助手联合打造、编程猫提供编程内容的教育机器人Alpha Ebot,主要针对C端家庭中的6~12岁孩子。

按照产业链中服务对象的不同,校外科学教育培训机构又分为To C和To B两种发展路径。例如上段内容提到Airblock、mBot Range、Alpha Ebot等产品,以及市面上大多教育培训服务,都是针对C端客户的。而就目前校外科学教育培训市场仅1.5%的渗透率而言,B端市场是未来校外科学教育培训行业市场增长的有力空间。目前校外科学教育培训市场中以培生、Makeblock、寓乐湾、编程猫等为代表的科学教育企业,都在着重布局B端

---

① 达内时代科技集团：《2018年四季报和全年未经审计的财务业绩》,2019。
② 北京盛通印刷股份有限公司：《2018年年度报告》,2019。

市场。其中，Makeblock 于 2014～2015 年即针对 B 端市场，先后推出了基于 Scratch 2.0 开发、与硬件结合的图形化编程软件 mblock3，以及可编程的 DIY 机器人套件 mBot；截至 2019 年 6 月，寓乐湾已服务超过 6000 所公立学校，提供课程、教材、教学具、师资、创客空间建设等一系列教育及产品服务；截至 2019 年 6 月，编程猫已经与超过 7000 所中小学达成了合作，通过自主研发的课程、工具、教管系统，助力 K-12 全学段的科创人才培养。

（三）课程情况

1. 人工智能教育

目前校外科学教育培训市场中的人工智能教育主要分为机器人教育与编程教育两大板块。机器人教育课程大部分都是基于乐高 WeDo、EV3、PicoBoard、Arduino、ROBOROBO 等开源硬件平台进行开发设计的。机器人教育又分为实体机器人和虚拟机器人：实体机器人主要采用"拼装+编程"（搭建机器人主体结构，根据具体问题情境和功能进行模块化编程，例如乐高 Ev3 套件）、"完全封装+编程"（仅需通过编程操控机器人，例如 Poppy3D 打印机器人）；虚拟机器人主要有体验和虚拟现实模拟两种操作模式[1]。具体的课程体系现可分为构建系列、机器人系列、编程系列以及创客系列等。

编程教育目前主要采用 Scratch、Python、JavaScript、C/C++等语言，其中 Scratch 作为编程教育的入门学习工具，操作简单、偏游戏化，不涉及代码，只需要通过鼠标拖拽不同功能的程序模块，即可完成所需要的目标行为[2]，例如编写简单的游戏。因此与成人编程培训的代码编写不同，少儿编程多基于 Scratch 等积木式图形化模块编程语言。针对低龄儿童的教学以培训编程思维为主，能够增加孩子的娱乐体验和学习意愿。例如，编程猫将增

---

[1] 祝智庭、单俊豪、闫寒冰：《面向人工智能创客教育的国际考察和发展策略》，《开放教育研究》2019 年第 1 期。

[2] 孙立会、周丹华：《国际儿童编程教育研究现状与行动路径》，《开放教育研究》2019 年第 2 期。

强现实技术与少儿趣味编程教育相结合，提供图形化模块的在线编程教育课程。同时也有针对青少年的商用编程语言培训，例如达内童程并不使用模块编辑体系，而是为青少年提供针对 Java、基于 Android 和 IOS 的移动 App 编程、3D 编程和微信编程的课程内容；乐博教育引入韩国的 ROBOROBO 课程，适合学生利用机器人来学习编程①。主要的课程教学形式有线上直播课（1 对 1、小班课）、线上录播课、线下面授课。

2. STEM 教育

国内校外科学教育培训行业的 STEM 课程，大多是参照美国《下一代科学教育标准》（*The Next Generation Science Standard*，NGSS）的框架，以及 2017 年我国教育部印发的《义务教育小学科学课程标准》开发设计的。由于 STEM 教育强调的是学科的整合或者综合项目，使用较为广泛的 STEM 教育教学方式主要有基于项目或问题的学习（Project/Problem Based Learning，PBL）、基于工程设计（Engineering Design Based，EDB）、科学探究（Scientific Inquiry）等，其中 PBL 项目式学习是目前校外 STEM 教育中使用最多的方式。

在课程设计方面，校外科学教育培训机构主要是基于科学、技术、工程和数学四门学科进行知识整合，让学生在项目或任务中应用科学、技术、工程、数学的学科知识来解决实际问题，使学生的创新能力、问题解决能力等综合能力得到锻炼与提升。例如培生集团面向中小学的 STEM 项目，以项目式主题探究活动为基础，以科学探究方法与工程设计方法为主线，使学生有机会运用跨学科知识来解决生活中的实际问题。

校外科学教育培训机构的 STEM 课程中，针对年龄较小的学生（3~8岁），主要是以培养学生的学习兴趣、鼓励学生动手完成相关设计制作为主。例如课程会为学生创设合理有趣的探索条件，引导学生探索人体、动物、植物、空间等方面的问题，继而让学生通过自己动手操作寻找答案并完成相关的小制作，已完成对 STEM 的启蒙与探索。而针对年龄稍长的学

---

① 陈一：《中国儿童编程教育产业发展研究》，《科技和产业》2018 年第 8 期。

生（8~18岁），培训机构的课程会逐渐增加内容与难度，根据学段设置不同的PBL项目或工程设计任务，有些课程也融入编程与机器人的相关内容。例如指导学生安装简易机械零件，学习与机械结构相关的内容，体会不同工程模型的特点，并根据结构特点创造作品。另外，在STEM课程中，会有大篇幅偏向数理逻辑方面的学习内容，帮助学生建立科学理性的逻辑思维。

3. 基于学科的传统科学教育

2017年，教育部办公厅印发的《义务教育小学科学课程标准》指出，将从小学1年级开始设置科学课程，课程包括物质科学、生命科学、地球与宇宙科学、技术与工程四部分内容。全国大部分省市地区的初、高中科学课程采用分科教学的方式，分为物理、化学、生物学、地理、技术等学科，浙江省初中阶段实施"科学"综合课程。校外科学教育培训机构基于学科的传统科学教育课程，主要是以学科为中心、基于教育部印发的各个学段及学科的课程标准进行设计的。其中针对低学段学生的课程大多关注于科学兴趣的培养、科学思维的启蒙，针对高学段学生的课程大多关注于科学知识的教学，是以应试应赛为目的的校外辅导课程。

目前校外科学教育培训机构的传统科学教育课程体系根据学段大致分为学前、启蒙、初级、中级、高级5个教学层级，内容涵盖科学、物理、化学、生物学、技术等多个细分学科体系，学前、启蒙及初级课程多属于科学素质提升类；中级、高级课程多属于学科辅导培训类，例如新东方、学而思、高思等教育培训机构所开设的科学学科课程。基于学科的传统科学教育的教学形式大多采用"线上+线下"的方式，例如高思教育将课程类型分为面授课、在线课、双师课等。此类课程还会进一步划分为一对一、一对多等教学组织形式，根据学生已有学习基础分为巩固、提升、拔高等不同教学层次，学生和家长依据需求进行个性化选择。此外还有针对学科奥林匹克竞赛、科技类竞赛的辅导培训课程，例如昂立教育设置有基于乐高FLL比赛、VEX机器人比赛、头脑奥林匹克大赛、青少年科技创新大赛等竞赛的定制课程。

四 校外科学教育培训行业发展中存在的问题

人工智能和 STEM 教育在我国起步较晚但近年来发展迅速，伴随技术创新和资本涌入对教育培训行业的影响，基于学科的传统科学教育培训也焕发了新的成长活力。在短时内急速发展的背景下，行业的发展不可避免地面临着诸多困难与挑战，例如行业标准的缺乏、课程研发力度不够、师资力量薄弱、市场成熟度不足等。以下即对我国校外科学教育培训行业在目前发展中所存在的几点较为显著的问题进行梳理与探讨。

（一）缺乏行业标准及研究基础

我国校外科学教育培训尚未形成系统、成熟的行业体系，学术研究领域对其关注度仍处于较低水平。行业中既有新东方、学而思、达内、昂立等行业经验丰富的老牌教育上市企业，也有科学队长、VIPCODE 等专业度高且针对性强的行业新鲜血液，还有众多复合型或专业型的校外科学教育培训机构。但是不同类型、不同规模的机构往往采用各自的标准与方案，在对待课程、教材、教学以及教师的审核与评估方面，并没有科学、统一的行业标准。因此在整个校外科学教育培训行业中，机构的课程及教学质量参差不齐，师资力量差距较大，培训效果也相距甚远。许多校外科学教育培训机构在对外宣传时，其教育理念、课程研发体系、师资力量、硬件设施、教学效果等都较为先进、系统、科学、到位，但实际情况与之符合的程度却不尽如人意。究其根本，很大程度上是由于行业标准的缺乏，导致培训机构的准入门槛较低，对课程体系及教研人员的水平要求不高，对教学与服务质量的评价缺失等。

针对本报告所研究的校外科学教育培训行业，相关领域的理论研究与实践研究都相对匮乏。如前文所述，在中国知网以"校外科学教育""培训行业""校外科学教育培训行业"为关键词，均未搜索到任何相关文献；以"科学教育培训行业"为关键词，仅搜索到 2 篇针对校外培训机构的个案研

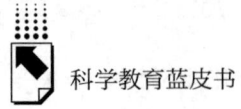

究。具体到校外科学教育培训的具体细分类型，例如机器人教育、少儿编程培训等，仅能检索到少量相关研究文献，STEM 教育领域的相关文献相对多一些，但符合本研究对"校外 STEM 教育培训"界定的研究少之又少。整体而言，目前我国对于校外科学教育培训行业的理论与实践研究较为空白，学界对于该领域的研究关注与行业的高速发展不相匹配，行业发展缺乏相应的研究基础。

（二）课程体系建设有待加强

课程是落实教育理念、达成教育目标、实施教学过程的有效载体，对于校外科学教育培训机构而言，课程质量是机构发展的重要生命线。行业领先的大型培训机构以自身研发团队及合作团队为依托，构建了较为科学合理的课程体系，而中小型的培训机构在课程体系建设方面仍有许多环节有待加强，例如课程本土化程度不够、自主研发力度不足、缺乏配套教材及评价、同类型课程过于同质化等。

我国校外科学教育培训行业的起步晚于美国、英国、韩国等国际科学教育领先国家，因此在前期课程体系建设过程中，不少培训机构耗费财力从国外引进已有的成套课程体系，但在课程本土化的投入与成果方面仍存在不足。例如某些引进的课程主题具有明显的异国文化背景或地域特色，并不符合我国的本土实际，在进行课程实施时难以取得预期的教学效果。国内自主研发方面，机构自身缺乏可借鉴的经验与资源，人力资源配置难以达到课程研发的高要求，与相关教科研团队的合作不够紧密。目前市场上的课程普遍缺乏科学严谨的配套教材，培训机构开发或使用的教材更像产品说明书或学生操作手册，对于课程、教材、教学的评价也不够科学规范，有些机构甚至没有设置任何评估环节，教学效果无法得到保障。目前校外科学教育培训课程还存在的一个显著问题就是课程同质化现象严重，从课程主题到活动设计、教具资源，再到软硬件工具等，都存在严重的雷同，大多数机构普遍缺乏的自身特色与亮点。例如国内少儿编程教育机构在软件编程教学方面的课程，大多是基于 Scratch、Blockly、Python、C＋＋、JavaScript 等编程语言进行开发，在硬件编程方面的课程，大多是基于乐高 EV3、Arduino、mBot 金属套件等进行开发，仅有极少数机构采用自研编程工具。整体而言，目前校外科学教育培训行业的课程及评价体系建设仍有待加强。

（三）师资力量较为薄弱

教师是立教之本、兴教之源，强大的师资团队是校外科学教育培训机构在市场立足的关键。无论是线上、线下的教学，师资都是学生及家长选择培训机构时最关注的因素之一。作为教培行业的新兴力量，校外科学教育培训行业的发展时间较短，能够借鉴的成熟经验较少，在师资力量储备方面的结构性短缺也是较为明显的。即使在正规的学校科学教育领域，专业科学教师的短缺亦是科学教育发展中亟须解决的瓶颈问题。① 与学校科学教育不同，目前校外科学教育培训行业尚无规范的教师资格认定、专业水平认证、师资培养培训等制度。对于人工智能教育、编程教育、机器人教育等教育培训领域，高师院校尚未设置专门的教育人才培养专业，使得行业中机器人教师、编程教师的匮乏尤为明显。

通过对相关招聘网站的信息检索发现，校外科学教育培训机构对于机器人教师、STEM 教师及课程研发、编程教师等职位的需求量较大，最低学历要求一般为大专或本科。校外科学教育培训机构招聘教师时，具备专业背景的教师往往缺乏教育相关的学习或工作经历，而师范类具备教育学背景的教师在编程、跨学科整合等方面又存在不足。例如，在招聘面对幼儿的少儿编程教师时，更多是要求具备丰富的幼教经验，后续会对其进行难度稍低的图形化编程教学培训；而对于 Python、C + + 等难度较高的课程教学，培训机构大多优先选择具有计算机、信息科学技术等方向的专业人才。因此，校外科学教育培训行业整体的师资力量较为薄弱，培训机构招聘到的教师仍需经过较长周期的系统化培训才能胜任本领域的教学工作。

---

① 朱家华、崔鸿：《小学科学教师专业化发展现状调查研究》，《中国考试》2018 年第 8 期；林静：《中小学科学教育发展现状》，载罗晖、王康友主编《中国科学教育发展报告（2015）》，社会科学文献出版社，2015，第 32~67 页。

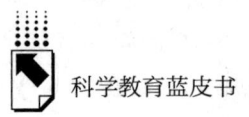
科学教育蓝皮书

（四）行业发展不均衡，市场尚未成熟

校外科学教育培训行业的分布具有明显的地域性，行业发展不均衡。目前本行业的主要市场局限于一二线城市，尤其是一线城市的市场布局、行业细分、个性化教育服务方案，明显优于其他城市，人工智能教育、STEM 教育、传统科学教育等发展态势良好。而在三四线城市及小城镇，校外科学教育培训行业以科学学科的课后教辅培训为主，包括辅导学生预习、复习学科知识，辅导完成课后家庭作业等，培训的目的依旧落脚于应试，在人工智能教育、STEM 教育的市场发展与推进上存在一定的弱化和滞后。

校外科学教育培训行业的市场仍未成熟，行业的市场规模有很大的增加空间，教育服务产品尚未达到高度细分，市场预计仍将持续高速发展。学生家长与教育培训机构的功利化色彩，一定程度上也是市场仍未成熟的具体体现。家长方面，由于学生对于校外科学教育培训的选择权主要掌握在家长手中，选报培训课程的类型并不完全根据学生的兴趣与意愿决定，而是由家长综合多方考虑后所决定的。因此，选择校外科学教育培训的家长中，许多是针对 NOIP 竞赛、乐高 FLL 比赛、VEX 机器人比赛等较为小众的赛事的课程，以帮助学生顺利升学。家长对校外科学教育的重视程度及认可度有待提升，例如对武汉市东湖高新区小学阶段校外教育情况的调查数据显示，为学生选择科学类培训课程的家长较少，而大多集中在钢琴、舞蹈、绘画等艺术课程。[①] 教育培训机构方面，作为校外科学教育培训机构大多属于民办营利性机构，兼具育人与营利的双重目标。具有敏锐市场嗅觉的资本大量进驻时，易使教育培训机构的育人目标被弱化而营利目标被强化，从而加速市场的优胜劣汰，增加市场的盲目性与不稳定性。

---

① 刘嘉琪：《小学阶段校外科学教育开展情况调查研究》，华中师范大学硕士学位论文，2017。

五 对策及建议

校外科学教育培训行业是学校科学教育的拓展与补充,有助于学生科学兴趣的提高、科学思维的养成、科学方法的掌握等,对于学生科学素质的提升和个人的全面自主发展有着积极的促进作用。近年来,校外科学教育培训行业已呈现出社会需求旺盛、行业增速较快、发展潜力巨大的整体态势。为应对和改善上文所述行业发展中存在的问题与困境,除政策的引导与扶持外,本研究提出以下几点对策及建议,以期有助于校外科学教育培训行业的稳定向上发展。

(一)规范行业标准与监管,构建完善的教研体系

以市场需求为导向制定科学规范的行业标准,对于新兴的校外科学教育培训行业而言,有利于保护参培学生及家长的合法权益,有利于促进产业结构优化和行业健康发展。建立行业协会、规范行业标准、引导行业自律,是有助于校外科学教育培训行业未来良性发展的重要举措。此外,应加强对校外科学教育培训行业的监管,提升行业准入门槛,明确行业监管范围,完善教育督导机制,杜绝"虚假宣传""过度包装教师"等扰乱行业秩序的现象发生。例如可以借鉴新加坡的成功经验,利用现代化技术手段建立专门的校外科学教育培训网站,通过培训机构和学员在网站的注册,实现课程、收费、投诉等功能,同时有利于政府对行业的监管。[①] 相关行政部门可支持行业自主开展教师专业水平认证,以切实满足行业对师资的需求;鼓励行业开展教育培训服务质量认证,对从业机构进行督促与监管。[②]

校外科学教育培训机构应构建完善的教研体系,把更多的精力、人力、

[①] 代蕊华、仰丙灿:《国外校外培训机构治理:现状、经验、问题及其启示》,《教师教育研究》2017年第5期。

[②] 李曼、刘熙:《民办教育培训机构的治理困境与政策应对》,《中国教育学刊》2018年第7期。

财力投入到教育产品的研发之中,以优质的教学产品和教育服务赢得用户市场。在教研体系构建方面表现优异的机构,可以踊跃参与行业标准、市场标准的制定,对于机构在行业的发展而言也是难得的机遇。对于校外科学教育培训机构自身、行业协会与联合会,以及教育研究者,都应提高对该领域的关注,广泛开展基于校外科学教育培训行业的调查及实证研究,从而引起社会的关注、政府的支持,为相关政策及行业教育标准的制定、教研体系的构建、评价工具开发与应用等提供依据与指导。

(二)积极开展合作,切实保障课程与师资

积极寻求与行业相关高校、科研院所开展深入的交流合作,对于培训机构优化课程及教学品质,不断提升教育培训服务质量有重要的帮助作用,可从本质层面提升校外科学教育培训机构的行业竞争力。目前国内许多校外科学教育培训机构均已同国内外众多高校及科研院所构建了良好的合作关系,合作内容主要涉及课程研发、教学教研、人才培养、师资培训等多个环节。校外科学教育培训机构借助高校和科研院所的强大理论研究基础和教研水平,提升自身的教学科研能力;同时校外科学教育培训行业的办学理念、授课方式、教学经验等,也为高校和研究院所的教学科研工作提供新思路、新方法。

校外科学教育培训行业目前仍处于发展初期,多数机构尚未形成具有核心竞争力的产品和较为完整的生态布局,因此要继续深耕产品,在课程方面应加大课程研发力度,继续挖掘自主版权的专业化内容,逐步建立技术壁垒、提升不可替代性。[1] 例如,国内自主研发的编程工具(如编程猫自主研发创建的图形化编程工具 Kitten 语言)及相应课程设计,更契合国内学生的需求,也避免了部分英文水平不足的学生在使用过程中可能存在的障碍。开发科技研学、科技小镇建设等多样化的产品模式,例如针对贵州平塘天文科

---

[1] 张成巍:《少儿编程教育企业的营销策略分析》,《中小企业管理与科技(上旬刊)》2019年第6期。

普小镇（FAST 天眼所在地）的研学旅游产品。课程及教材的研发，以及课程和教学的评估，要充分参考基于实证的研究、遵循教育规律，着眼于学生的科学素质提升和全面发展。在师资方面，应严把教师队伍入口关，完善人才引进机制和教师培养机制，吸引优秀的高校毕业生进入校外科学教育培训领域。例如，可与高校合作开设教育见习实践基地，共同培养相关科学教育人才，搭建教师专业发展平台，切实保障校外科学教育培训行业的师资力量。

（三）运用先进教育技术，破解多重发展困境

教育信息化的发展带来了教育形式的转变，全面创新了教育、教学和学习方式，促进了教育改革的不断深化。对校外科学教育培训行业而言，先进教育技术在行业中的应用，拓展了新的教学形式，搭建了新的教育平台，很大程度上利于解决校外科学教育培训发展不均衡、师资力量薄弱等诸多问题。

目前校外科学教育培训机构，除设置传统面授课程外，还设置了在线授课、直播授课、双师授课等多种教学形式。在线及直播课程不受场地限制，可以最大限度地整合优质师资和教学资源，在视讯交流平台中实现师生的多层次互动，并基于大数据的教学服务系统，保留师生教学互动的全过程，分析学生的课堂、作业、测试数据，更好地为师生提供个性化教学服务。硬件设施及软件产品开始在教育培训行业的格局中占据新的重要地位，成为机构竞争的核心之一。得益于先进的教育技术，校外科学教育培训机构可以选择差异化的目标市场，以避免产品大同小异、受众缺乏差异性、行业竞争过于激烈等现象。例如，在线及直播课程的教学形式，可使教育欠发达地区的学生有机会获取优质的校外科学教育培训资源，因此也为一二线城市的市场竞争中处于劣势的机构提供了差异化的目标市场，助力校外科学教育培训机构的规模化发展。

（四）合理拓宽市场，实现行业快速均衡发展

校外科学教育培训对青少年在思维的培养、对世界看法的形成方面的价

值，比技能学习本身更为重要。① 我国各级教育主管部门也为此出台了相应政策制度，改进了以往学科竞赛、科技比赛的加分及保送政策，减少比赛的功利色彩，以期让青少年在真正自由的环境下学习，以兴趣为导向选择学习领域。② 无论对于家长还是市场，树立正确的价值理念和目标定位都是最为重要的。

校外科学教育培训行业的分布具有明显的地域性，在不同教育水平、不同经济发展条件的地域间存在显著的发展不均衡。借助政策驱动、资本投入，以及在线直播等先进的教育技术手段的日趋成熟，行业未来可着力开拓从广大三四线城市的市场，并助力提高城乡教育一体化发展的达成度。例如建立从幼儿园到高中的校外科学教育远程培训体系，利用直播技术、双师课程模式等方式扩大优质校外科学教育的覆盖面，实现机构自身发展的同时，惠及更多教育经济欠发达地区的学生。行业从业机构可选择适合自身定位的细分市场发力，对于B端市场的拓展也是较为理想的选择，在人工智能、STEM教育被日趋重视的背景下，公立学校、私立学校、培训机构都成为优质科学教育整体课程方案和相应师资培训的需求方。因此要引导市场和家长树立良好的校外科学教育培训价值观念，校准目标定位，并在此基础上进一步合理拓宽行业市场，实现行业快速均衡的发展。

综上，我国校外科学教育培训产业正处于蓬勃发展的上升期，针对行业发展过程中存在的一些问题，本研究提出了几点对策及建议。期待未来有更多行业机构能够具备准确的市场定位、强大的课程开发与教研能力、优质的师资力量、良好的管理体系，共同促进行业进一步的繁荣发展。"良心的行业不能变成逐利的产业"，在校外科学教育培训产业稳定、向上发展的同时，希望从业机构能不忘人才培养的教育初心，为建设教育强国、科技强国贡献力量。

---

① 王荣良：《儿童编程教育价值与实施途径分析》，《中国信息技术教育》2017年第21期。
② 马奕卿：《在线少儿编程教育商业模式创新研究》，闽江学院硕士学位论文，2018。

附表 1　国家层面的相关政策文件

编号	颁布年份	颁布机构	文件名称
1	2015	教育部	关于"十三五"期间全面深入推进教育信息化工作的指导意见(征求意见稿)
2	2016	教育部	教育信息化"十三五"规划
3	2016	教育部	关于新形势下进一步做好普通中小学装备工作的意见
4	2016	教育部、国家发改委等	关于推进中小学生研学旅行的意见
5	2017	教育部	教育部教育装备研究与发展中心 2017 年工作要点
6	2017	教育部、北师大	中国 STEAM 教育发展报告
7	2017	国务院	新一代人工智能发展规划
8	2017	教育部	中小学综合实践活动课程指导纲要
9	2017	国务院	国家教育事业发展"十三五"规划
10	2017	教育部	义务教育小学科学课程标准
11	2017	教育部	推荐新工科研究与实践项目
12	2017	工业和信息化部	促进新一代人工智能产业发展三年行动计划(2018—2020 年)
13	2018	教育部	教育信息化 2.0 行动规划
14	2018	教育部	普通高中课程方案和语文等学科课程标准的有关情况
15	2018	教育部	2018 年教育信息化和网络安全工作要点
16	2018	教育部	高等学校人工智能创新行动计划
17	2018	教育部	关于开展人工智能助推教师队伍建设行动试点工作的通知
18	2018	教育部	教育部教育装备研究与发展中心 2018 年工作要点
19	2018	教育部	2019 年教育信息化和网络安全工作要点
20	2018	教育部	关于面向中小学生的全国性竞赛活动管理办法(试行)
21	2018	国务院	关于规范校外培训机构发展的意见
22	2018	教育部	关于健全校外培训机构专项治理整改若干工作机制的通知

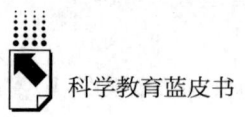

附表2　2019年度面向中小学生的全国性竞赛活动名单

序号	竞赛名称	主办单位	竞赛面向群体
科技创新类			
1	全国青少年科技创新大赛*	中国科协青少年科技中心	小学、初中、高中学生
2	中国青少年机器人竞赛*	中国科协青少年科技中心	小学、初中、高中学生
3	全国青少年创意编程与智能设计大赛*	中国科协青少年科技中心	小学、初中、高中学生
4	"童创未来"全国青少年人工智能创新挑战赛*	中国少年儿童发展服务中心	初中、高中学生
5	全国青少年电子信息智能创新大赛*	中国电子学会	小学、初中、高中学生
6	全国中小学信息技术创新与实践大赛	城乡统筹发展研究中心	小学(三年级以上)、初中、高中学生
7	全国中小学生创·造大赛*	科技日报社、中国发明协会	小学、初中、高中学生
8	青少年科学调查体验竞赛	中国科协青少年科技中心	小学、初中学生
9	"明天小小科学家"竞赛*	中国科协青少年科技中心	高中学生
10	全国青年科普创新实验暨作品大赛*	中国科学技术协会	初中、高中学生
11	全国中学生天文知识竞赛	中国天文学会	初中、高中学生
12	全国防震减灾知识大赛*	中国地震灾害防御中心	初中、高中学生
学科类			
13	全国中学生数学奥林匹克竞赛	中国数学会	高中学生
学科类			
14	全国中学生物理奥林匹克竞赛*	中国物理学会	高中学生
15	全国中学生化学奥林匹克竞赛*	中国化学会	高中学生

续表

序号	竞赛名称	主办单位	竞赛面向群体
16	全国中学生生物学奥林匹克竞赛*	中国植物学会、中国动物学会	高中学生
17	全国中学生信息学奥林匹克竞赛*	中国计算机学会	高中学生
18	世界华人学生作文大赛	中华全国归国华侨联合会	高中学生
19	全国中学生科普科幻作文大赛*	中国科普作家协会	高中学生
20	叶圣陶杯全国中学生新作文大赛	中国当代文学研究会	高中学生
21	高中生创新能力大赛	中国老教授协会	高一、高二学生
22	"外研社杯"全国中学生外语素养大赛	北京外国语大学	高中学生
23	中国日报社"21世纪杯"全国英语演讲比赛	中国日报社	高中学生
24	"希望杯"全国数学邀请赛	中国国际文化交流中心《数理天地》杂志社	高中学生
25	"地球小博士"和"环保之星"全国地理科普知识大赛*	中国地理学会	高中学生
艺术体育类			
26	全国中小学生绘画书法作品比赛	中国儿童中心	小学、初中、高中学生
27	中日青少年书画友好交流大赛	人民中国杂志社	小学、初中、高中学生
28	全国青少年科学影像大赛*	中国科协青少年科技中心	小学、初中、高中学生
29	丝路国家青少年国际摄影竞赛	中国艺术摄影学会	小学、初中、高中学生

注：*标注为科学类赛事。

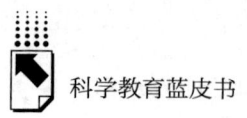

附表3 校外科学教育培训机构不完全统计

公司名称	成立时间	业务品类	业务模式	最新融资披露时间	最新融资金额	最新融资轮次	投资方
编程猫	2015年	编程教育	线上	2019年1月	未披露	战略融资	光大控股旗下光控众盈资本、展博创投
				2018年5月	3亿元	B+轮	招商国际、新京报、山水创投、寻找中国创客导师基金、松禾资本
童程童美	2015年	编程教育	线下+线上	2016年3月	未披露	战略融资	未披露
小码王	2016年	编程教育	线下+线上	2019年2月	亿元级	B+轮	未披露
				2018年5月	1.3亿元	B+轮	钟鼎创投、微光创投、涌铧投资
核桃编程	2017年	编程教育	线上	2019年2月	1.2亿元	A+轮	高瓴资本领投，XVC基金、源码资本跟投
				2018年7月	数千万元	A轮	源码资本领投，XVC基金跟投
傲梦编程	2014年	编程教育	线上	2018年9月	1.2亿元	B轮	好未来与IDG资本联合领投，前海母基金跟投
				2017年12月	数千万元	A轮	青松基金领投，东方富海、原子创投、著名投资人王刚跟投
极客晨星	2016年	编程教育	线下	2018年1月	2000万元	A轮	新东方
				2017年6月	未披露	Pre-A轮	北京协同创新京福投资基金
VIPCODE	2017年	编程教育	线上	2018年6月	8500万元	A轮	创新工场领投，软银中国资本、蓝湖资本、真格基金跟投
编玩边学	2014年	编程教育	线上	2018年8月	数千万元	Pre-B轮	科大讯飞、君联资本
				2018年4月	数千万元	A轮	科大讯飞、君联资本

续表

公司名称	成立时间	业务品类	业务模式	最新融资披露时间	最新融资金额	最新融资轮次	投资方
妙小程	2017年	编程教育	线上	2018年9月	近千万美元	A轮	创世伙伴资本领投,三七互娱创投基金跟投
				2018年4月	1600万元	Pre-A轮	易成实业投资领投,正念资本跟投
西瓜创客	2013年	编程教育	线上	2018年3月	5000万元	A轮	红杉资本中国领投,经纬中国跟投
橙旭园	2011年	编程教育	线上	2018年9月	超千万元	Pre-A轮	华盖资本
斑码编程	2017年	编程教育	线上	2018年9月	数千万元	Pre-A轮	兴旺投资领投,华创资本、梅花创投跟投
寓乐湾	2013年	STEAM教育解决方案提供商+在线教学平台	线下+线上	2018年7月	数千万元	C轮	沨华资本领投,华和、御润资本跟投
				2017年5月	数千万元	B轮	华和资本
昂立STEM	2015年	STEAM教育	/	无	无	无	无
Makeblock	2013年	STEAM教育解决方案提供商	线下	2018年8月	3亿元	C轮	中金甲子领投,越秀产业基金、光信资本、朗玛峰创投跟投
				2017年3月	2亿元	B轮	深创投、朗玛峰创投
上海STEM云中心	2014年	STEM教育解决方案提供商	线下	2018年3月	数千万元	A轮	火山石资本、经纬中国、创新工厂跟投
火星人俱乐部	2014年	STEAM教育+课程提供商	线下	2018年6月	数千万元	A+轮	高思教育
				2017年11月	数百万元	战略融资	英诺天使基金、火橙资本
				2017年1月	2000万元	A轮	顺为资本领投和才盈资本跟投
青橙创客	2014年	STEM教育解决方案提供商	线下	2018年4月	2400万元	A轮	天明集团
				2016年11月	1000万元	Pre-A轮	立思辰

续表

公司名称	成立时间	业务品类	业务模式	最新融资披露时间	最新融资金额	最新融资轮次	投资方
鲨鱼公园	2014年	STEAM教育	线下+线上	2016年3月	数千万元	A+轮	清科创投领投,好未来、凯旋创投跟投
				2014年11月	1000万元	A轮	好未来、凯旋创投
X SCHOOL	2015年	双语STEAM教育	线下	2018年7月	数千万元	Pre-A轮	藤门国际教育翱翎资本龙湖资本
圣陶教育	2016年	STEAM教育综合服务提供商	/	2018年10月	5000万元	A轮	祖源资本领投,个人投资者
乐智机器人	2013年	STEAM教育综合服务提供商	/	2018年9月	1500万元	战略融资	安徽德众置业投资
				2017年8月	1000万元	Pre-A轮	拼图资本领投,国是经纬(834333)跟投
魔块智能	2017年	STEAM教育综合服务提供商		2018年12月	千万元级	Pre-A轮	吉大校友基金、梅花创投
小牛顿	2010年	STEAM教育综合服务提供商	线上	2017年3月	6000万元	Pre-A轮	领汇投资领投
科学队长	2016年	科学教育	线上	2018年5月	3000万元	A轮	寻找中国创客导师基金领投,西科天使基金、衡庐资产场景基金、从容传媒信益资本、保利资本跟投
Mad Science 神奇科学家	2013年	科学教育	线下+线上	2018年6月	累计融资近亿元	Pre-A轮	钟鼎创投领投,涌铧投资、国金投资跟投
德拉学院	2014年	科学教育	线下+线上	2018年1月	1500万元	A轮	好未来
玩创Lab	2015年	科学教育	线上	2018年3月	1500万元	Pre-A轮	Happiness Capital
费米科学	2015年	科学教育	线下	2018年3月	数千万元	Pre-A轮	中以智教领投,AC加速器、众造未来跟投
贝尔科教	2011年	机器人教育	线下	2018年3月	数亿元	B轮	国中创投领投,高通创投、创创壹号、淳信长赢投资、星河集团跟投

续表

公司名称	成立时间	业务品类	业务模式	最新融资披露时间	最新融资金额	最新融资轮次	投资方
码高机器人	2015年	机器人教育	线下	2019年1月	未披露	A轮	京北投资
				2018年4月	数千万元	Pre-A轮	高榕资本
乐博乐博机器人	2008年引入	机器人教育	线下	2016年4月	被盛通股份收购	无	无
乐高教育（乐高集团直属两大部门之一）	2013年	机器人教学解决方案提供商	线下	无	无	无	无
瓦力工厂	2014年	机器人编程教育	线下+线上	2018年2月	数千万元	A轮	龙腾资本、共青城龙益投资基金
搭搭乐乐	2012年	机器人教育	线下	2015年6月	未透露	A轮	港粤资本
乐创教育	2010年	机器人教育	线下	2016年3月	/	新三板上市	无
摩比	2010年	编程教育	线下	2014年4月	好未来并购	无	无
好小子机器人	2009年	机器人教育		2018年3月	达内并购	无	无
乐智机器人	2013年	机器人教育	线上	2018年9月	1500万元	战略融资	安徽德众置业投资
				2017年8月	1000万	Pre-A轮	拼图资本领投，国是经纬（834333）跟投
优必选	2012年	机器人教育	/	2019年3月	未披露	C+轮	两江资本
				2018年5月	8.2亿美元	C轮	腾讯产业共赢基金领投
墨齐科技	2014年	编程教育	线上	2017年3月	数百万美元	A轮	未披露
MatataLab	2017年	编程教育	线下	2018年4月	未披露	Pre-A轮	明势资本
大圣编程	2004年	编程教育	线下	2017年7月	数千万元	A轮	荣正投资、港粤资本
码力玩加	2015年	编程教育	线下+线上	2018年4月	未披露	A轮	箭征投资、连力创投
少年创学院	2014年	创客教育	线下	2014年9月	未披露	Pre-A轮	好未来
创想童年	2009年	STEAM教育	线下	2018年8月	数千万元	A轮	中青国融
智勇教育	2014年	STEAM教育	线下+线上	2019年2月	数千万元	A轮	德晖资本

续表

公司名称	成立时间	业务品类	业务模式	最新融资披露时间	最新融资金额	最新融资轮次	投资方
友高教育	2004年	STEAM教育	/	2017年10月	未披露	A轮	赛特春天
科乐机器人教育	2014年	机器人教育	/	2015年5月	数千万元	A轮	硅谷天堂、挚盈资本
易方机器人	2007年	机器人教育	线下	2016年12月	数千万元	Pre-A轮	用友幸福投资
唯科乐	2015年	STEAM教育供应商	线下	2019年1月	未披露	Pre-A轮	蓝海众力资本领投,朗科投资跟投
计蒜客	2014年	STEAM教育	线上	2018年6月	未披露	A轮	好未来
				2014年10月	1533万元	Pre-A轮	紫辉创投
RoboSpace机器空间	2015年	创客教育机器人研发商	/	2018年5月	500万元	Pre-A轮	蓝帽互动
力翰科学	2016年	科学教育	线下	2018年8月	数千万元	A轮	中以智教
上海元趣	2013年	儿童早教机器人研发商	线下	2018年1月	未披露	C轮	宜春市矿业有限责任公司
				2017年11月	数千万元	B轮	奥银湖杉、上海雄兵投资管理基金、盛山资产、蚂蚁雄兵投资
飞猪侠	2016年	儿童智能机器人提供商	线下	2018年7月	未披露	A轮	飞马旅
keeko	2015年	儿童智能机器人研发	线下	2017年9月	3150万元	B轮	国科新禾
				2016年10月	3000万元	A+轮	卢智资本领投,赛富投资基金跟投

资料来源:根据公开资料整理。

权威报告·一手数据·特色资源

皮书数据库
ANNUAL REPORT(YEARBOOK) DATABASE

当代中国经济与社会发展高端智库平台

所获荣誉

- 2016年，入选"'十三五'国家重点电子出版物出版规划骨干工程"
- 2015年，荣获"搜索中国正能量 点赞2015""创新中国科技创新奖"
- 2013年，荣获"中国出版政府奖·网络出版物奖"提名奖
- 连续多年荣获中国数字出版博览会"数字出版·优秀品牌"奖

成为会员

通过网址www.pishu.com.cn访问皮书数据库网站或下载皮书数据库APP，进行手机号码验证或邮箱验证即可成为皮书数据库会员。

会员福利

- 已注册用户购书后可免费获赠100元皮书数据库充值卡。刮开充值卡涂层获取充值密码，登录并进入"会员中心"—"在线充值"—"充值卡充值"，充值成功即可购买和查看数据库内容。
- 会员福利最终解释权归社会科学文献出版社所有。

数据库服务热线：400-008-6695
数据库服务QQ：2475522410
数据库服务邮箱：database@ssap.cn
图书销售热线：010-59367070/7028
图书服务QQ：1265056568
图书服务邮箱：duzhe@ssap.cn

卡号：137942657198
密码：

S 基本子库
SUB DATABASE

中国社会发展数据库（下设 12 个子库）

全面整合国内外中国社会发展研究成果，汇聚独家统计数据、深度分析报告，涉及社会、人口、政治、教育、法律等 12 个领域，为了解中国社会发展动态、跟踪社会核心热点、分析社会发展趋势提供一站式资源搜索和数据分析与挖掘服务。

中国经济发展数据库（下设 12 个子库）

基于"皮书系列"中涉及中国经济发展的研究资料构建，内容涵盖宏观经济、农业经济、工业经济、产业经济等 12 个重点经济领域，为实时掌控经济运行态势、把握经济发展规律、洞察经济形势、进行经济决策提供参考和依据。

中国行业发展数据库（下设 17 个子库）

以中国国民经济行业分类为依据，覆盖金融业、旅游、医疗卫生、交通运输、能源矿产等 100 多个行业，跟踪分析国民经济相关行业市场运行状况和政策导向，汇集行业发展前沿资讯，为投资、从业及各种经济决策提供理论基础和实践指导。

中国区域发展数据库（下设 6 个子库）

对中国特定区域内的经济、社会、文化等领域现状与发展情况进行深度分析和预测，研究层级至县及县以下行政区，涉及地区、区域经济体、城市、农村等不同维度。为地方经济社会宏观态势研究、发展经验研究、案例分析提供数据服务。

中国文化传媒数据库（下设 18 个子库）

汇聚文化传媒领域专家观点、热点资讯，梳理国内外中国文化发展相关学术研究成果、一手统计数据，涵盖文化产业、新闻传播、电影娱乐、文学艺术、群众文化等 18 个重点研究领域。为文化传媒研究提供相关数据、研究报告和综合分析服务。

世界经济与国际关系数据库（下设 6 个子库）

立足"皮书系列"世界经济、国际关系相关学术资源，整合世界经济、国际政治、世界文化与科技、全球性问题、国际组织与国际法、区域研究 6 大领域研究成果，为世界经济与国际关系研究提供全方位数据分析，为决策和形势研判提供参考。

法律声明

"皮书系列"(含蓝皮书、绿皮书、黄皮书)之品牌由社会科学文献出版社最早使用并持续至今,现已被中国图书市场所熟知。"皮书系列"的相关商标已在中华人民共和国国家工商行政管理总局商标局注册,如LOGO( )、皮书、Pishu、经济蓝皮书、社会蓝皮书等。"皮书系列"图书的注册商标专用权及封面设计、版式设计的著作权均为社会科学文献出版社所有。未经社会科学文献出版社书面授权许可,任何使用与"皮书系列"图书注册商标、封面设计、版式设计相同或者近似的文字、图形或其组合的行为均系侵权行为。

经作者授权,本书的专有出版权及信息网络传播权等为社会科学文献出版社享有。未经社会科学文献出版社书面授权许可,任何就本书内容的复制、发行或以数字形式进行网络传播的行为均系侵权行为。

社会科学文献出版社将通过法律途径追究上述侵权行为的法律责任,维护自身合法权益。

欢迎社会各界人士对侵犯社会科学文献出版社上述权利的侵权行为进行举报。电话:010-59367121,电子邮箱:fawubu@ssap.cn。

社会科学文献出版社

皮书系列

2018年

智库成果出版与传播平台

社会科学文献出版社
SOCIAL SCIENCES ACADEMIC PRESS (CHINA)

社长致辞

蓦然回首，皮书的专业化历程已经走过了二十年。20年来从一个出版社的学术产品名称到媒体热词再到智库成果研创及传播平台，皮书以专业化为主线，进行了系列化、市场化、品牌化、数字化、国际化、平台化的运作，实现了跨越式的发展。特别是在党的十八大以后，以习近平总书记为核心的党中央高度重视新型智库建设，皮书也迎来了长足的发展，总品种达到600余种，经过专业评审机制、淘汰机制遴选，目前，每年稳定出版近400个品种。"皮书"已经成为中国新型智库建设的抓手，成为国际国内社会各界快速、便捷地了解真实中国的最佳窗口。

20年孜孜以求，"皮书"始终将自己的研究视野与经济社会发展中的前沿热点问题紧密相连。600个研究领域，3万多位分布于800余个研究机构的专家学者参与了研创写作。皮书数据库中共收录了15万篇专业报告，50余万张数据图表，合计30亿字，每年报告下载量近80万次。皮书为中国学术与社会发展实践的结合提供了一个激荡智力、传播思想的入口，皮书作者们用学术的话语、客观翔实的数据谱写出了中国故事壮丽的篇章。

20年跬步千里，"皮书"始终将自己的发展与时代赋予的使命与责任紧紧相连。每年百余场新闻发布会，10万余次中外媒体报道，中、英、俄、日、韩等12个语种共同出版。皮书所具有的凝聚力正在形成一种无形的力量，吸引着社会各界关注中国的发展，参与中国的发展，它是我们向世界传递中国声音、总结中国经验、争取中国国际话语权最主要的平台。

皮书这一系列成就的取得，得益于中国改革开放的伟大时代，离不开来自中国社会科学院、新闻出版广电总局、全国哲学社会科学规划办公室等主管部门的大力支持和帮助，也离不开皮书研创者和出版者的共同努力。他们与皮书的故事创造了皮书的历史，他们对皮书的拳拳之心将继续谱写皮书的未来！

现在，"皮书"品牌已经进入了快速成长的青壮年时期。全方位进行规范化管理，树立中国的学术出版标准；不断提升皮书的内容质量和影响力，搭建起中国智库产品和智库建设的交流服务平台和国际传播平台；发布各类皮书指数，并使之成为中国指数，让中国智库的声音响彻世界舞台，为人类的发展做出中国的贡献——这是皮书未来发展的图景。作为"皮书"这个概念的提出者，"皮书"从一般图书到系列图书和品牌图书，最终成为智库研究和社会科学应用对策研究的知识服务和成果推广平台这整个过程的操盘者，我相信，这也是每一位皮书人执着追求的目标。

"当代中国正经历着我国历史上最为广泛而深刻的社会变革，也正在进行着人类历史上最为宏大而独特的实践创新。这种前无古人的伟大实践，必将给理论创造、学术繁荣提供强大动力和广阔空间。"

在这个需要思想而且一定能够产生思想的时代，皮书的研创出版一定能创造出新的更大的辉煌！

社会科学文献出版社社长
中国社会学会秘书长
2017年11月

社会科学文献出版社简介

社会科学文献出版社（以下简称"社科文献出版社"）成立于1985年，是直属于中国社会科学院的人文社会科学学术出版机构。成立至今，社科文献出版社始终依托中国社会科学院和国内外人文社会科学界丰厚的学术出版和专家学者资源，坚持"创社科经典，出传世文献"的出版理念、"权威、前沿、原创"的产品定位以及学术成果和智库成果出版的专业化、数字化、国际化、市场化的经营道路。

社科文献出版社是中国新闻出版业转型与文化体制改革的先行者。积极探索文化体制改革的先进方向和现代企业经营决策机制，社科文献出版社先后荣获"全国文化体制改革工作先进单位"、中国出版政府奖·先进出版单位奖，中国社会科学院先进集体、全国科普工作先进集体等荣誉称号。多人次荣获"第十届韬奋出版奖""全国新闻出版行业领军人才""数字出版先进人物""北京市新闻出版广电行业领军人才"等称号。

社科文献出版社是中国人文社会科学学术出版的大社名社，也是以皮书为代表的智库成果出版的专业强社。年出版图书2000余种，其中皮书400余种，出版新书字数5.5亿字，承印与发行中国社院院属期刊72种，先后创立了皮书系列、列国志、中国史话、社科文献学术译库、社科文献学术文库、甲骨文书系等一大批既有学术影响又有市场价值的品牌，确立了在社会学、近代史、苏东问题研究等专业学科及领域出版的领先地位。图书多次荣获中国出版政府奖、"三个一百"原创图书出版工程、"五个'一'工程奖"、"大众喜爱的50种图书"等奖项，在中央国家机关"强素质·做表率"读书活动中，入选图书品种数位居各大出版社之首。

社科文献出版社是中国学术出版规范与标准的倡议者与制定者，代表全国50多家出版社发起实施学术著作出版规范的倡议，承担学术著作规范国家标准的起草工作，率先编撰完成《皮书手册》对皮书品牌进行规范化管理，并在此基础上推出中国版芝加哥手册 ——《社科文献出版社学术出版手册》。

社科文献出版社是中国数字出版的引领者，拥有皮书数据库、列国志数据库、"一带一路"数据库、减贫数据库、集刊数据库等4大产品线11个数据库产品，机构用户达1300余家，海外用户百余家，荣获"数字出版转型示范单位""新闻出版标准化先进单位""专业数字内容资源知识服务模式试点企业标准化示范单位"等称号。

社科文献出版社是中国学术出版走出去的践行者。社科文献出版社海外图书出版与学术合作业务遍及全球40余个国家和地区，并于2016年成立俄罗斯分社，累计输出图书500余种，涉及近20个语种，累计获得国家社科基金中华学术外译项目资助76种、"丝路书香工程"项目资助60种、中国图书对外推广计划项目资助71种以及经典中国国际出版工程资助28种，被五部委联合认定为"2015-2016年度国家文化出口重点企业"。

如今，社科文献出版社完全靠自身积累拥有固定资产3.6亿元，年收入3亿元，设置了七大出版分社、六大专业部门，成立了皮书研究院和博士后科研工作站，培养了一支近400人的高素质与高效率的编辑、出版、营销和国际推广队伍，为未来成为学术出版的大社、名社、强社，成为文化体制改革与文化企业转型发展的排头兵奠定了坚实的基础。

 宏观经济类 | 皮书系列 重点推荐

宏观经济类

经济蓝皮书
2018年中国经济形势分析与预测

李平 / 主编　2017年12月出版　定价：89.00元

◆ 本书为总理基金项目，由著名经济学家李扬领衔，联合中国社会科学院等数十家科研机构、国家部委和高等院校的专家共同撰写，系统分析了2017年的中国经济形势并预测2018年中国经济运行情况。

城市蓝皮书
中国城市发展报告No.11

潘家华　单菁菁 / 主编　2018年9月出版　估价：99.00元

◆ 本书是由中国社会科学院城市发展与环境研究中心编著的，多角度、全方位地立体展示了中国城市的发展状况，并对中国城市的未来发展提出了许多建议。该书有强烈的时代感，对中国城市发展实践有重要的参考价值。

人口与劳动绿皮书
中国人口与劳动问题报告No.19

张车伟 / 主编　2018年10月出版　估价：99.00元

◆ 本书为中国社会科学院人口与劳动经济研究所主编的年度报告，对当前中国人口与劳动形势做了比较全面和系统的深入讨论，为研究中国人口与劳动问题提供了一个专业性的视角。

宏观经济类·区域经济类

中国省域竞争力蓝皮书
中国省域经济综合竞争力发展报告（2017～2018）

李建平　李闽榕　高燕京 / 主编　2018年5月出版　估价：198.00元

◆ 本书融多学科的理论为一体，深入追踪研究了省域经济发展与中国国家竞争力的内在关系，为提升中国省域经济综合竞争力提供有价值的决策依据。

金融蓝皮书
中国金融发展报告（2018）

王国刚 / 主编　2018年6月出版　估价：99.00元

◆ 本书由中国社会科学院金融研究所组织编写，概括和分析了2017年中国金融发展和运行中的各方面情况，研讨和评论了2017年发生的主要金融事件，有利于读者了解掌握2017年中国的金融状况，把握2018年中国金融的走势。

区域经济类

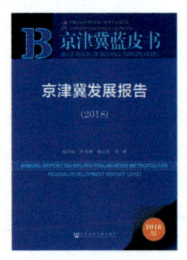

京津冀蓝皮书
京津冀发展报告（2018）

祝合良　叶堂林　张贵祥 / 等著　2018年6月出版　估价：99.00元

◆ 本书遵循问题导向与目标导向相结合、统计数据分析与大数据分析相结合、纵向分析和长期监测与结构分析和综合监测相结合等原则，对京津冀协同发展新形势与新进展进行测度与评价。

 社会政法类 | 皮书系列 重点推荐

社会政法类

社会蓝皮书
2018年中国社会形势分析与预测
李培林　陈光金　张翼/主编　2017年12月出版　定价：89.00元

◆ 本书由中国社会科学院社会学研究所组织研究机构专家、高校学者和政府研究人员撰写，聚焦当下社会热点，对2017年中国社会发展的各个方面内容进行了权威解读，同时对2018年社会形势发展趋势进行了预测。

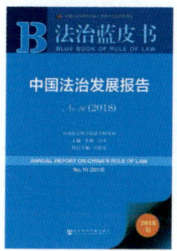

法治蓝皮书
中国法治发展报告No.16（2018）
李林　田禾/主编　2018年3月出版　定价：128.00元

◆ 本年度法治蓝皮书回顾总结了2017年度中国法治发展取得的成就和存在的不足，对中国政府、司法、检务透明度进行了跟踪调研，并对2018年中国法治发展形势进行了预测和展望。

教育蓝皮书
中国教育发展报告（2018）
杨东平/主编　2018年3月出版　定价：89.00元

◆ 本书重点关注了2017年教育领域的热点，资料翔实，分析有据，既有专题研究，又有实践案例，从多角度对2017年教育改革和实践进行了分析和研究。

皮书系列 重点推荐 　　社会政法类

社会体制蓝皮书
中国社会体制改革报告 No.6（2018）

龚维斌 / 主编　2018 年 3 月出版　定价：98.00 元

◆ 本书由国家行政学院社会治理研究中心和北京师范大学中国社会管理研究院共同组织编写，主要对 2017 年社会体制改革情况进行回顾和总结，对 2018 年的改革走向进行分析，提出相关政策建议。

社会心态蓝皮书
中国社会心态研究报告（2018）

王俊秀　杨宜音 / 主编　2018 年 12 月出版　估价：99.00 元

◆ 本书是中国社会科学院社会学研究所社会心理研究中心"社会心态蓝皮书课题组"的年度研究成果，运用社会心理学、社会学、经济学、传播学等多种学科的方法进行了调查和研究，对于目前中国社会心态状况有较广泛和深入的揭示。

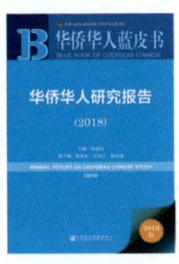

华侨华人蓝皮书
华侨华人研究报告（2018）

贾益民 / 主编　2017 年 12 月出版　估价：139.00 元

◆ 本书关注华侨华人生产与生活的方方面面。华侨华人是中国建设 21 世纪海上丝绸之路的重要中介者、推动者和参与者。本书旨在全面调研华侨华人，提供最新涉侨动态、理论研究成果和政策建议。

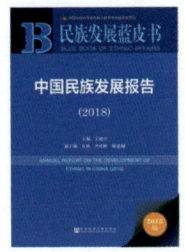

民族发展蓝皮书
中国民族发展报告（2018）

王延中 / 主编　2018 年 10 月出版　估价：188.00 元

◆ 本书从民族学人类学视角，研究近年来少数民族和民族地区的发展情况，展示民族地区经济、政治、文化、社会和生态文明"五位一体"建设取得的辉煌成就和面临的困难挑战，为深刻理解中央民族工作会议精神、加快民族地区全面建成小康社会进程提供了实证材料。

产业经济类·行业及其他类　皮书系列 重点推荐

产业经济类

房地产蓝皮书
中国房地产发展报告 No.15（2018）

李春华　王业强 / 主编　2018 年 5 月出版　估价：99.00 元

◆ 2018 年《房地产蓝皮书》持续追踪中国房地产市场最新动态，深度剖析市场热点，展望 2018 年发展趋势，积极谋划应对策略。对 2017 年房地产市场的发展态势进行全面、综合的分析。

新能源汽车蓝皮书
中国新能源汽车产业发展报告（2018）

中国汽车技术研究中心　日产（中国）投资有限公司　东风汽车有限公司 / 编著　2018 年 8 月出版　估价：99.00 元

◆ 本书对中国 2017 年新能源汽车产业发展进行了全面系统的分析，并介绍了国外的发展经验。有助于相关机构、行业和社会公众等了解中国新能源汽车产业发展的最新动态，为政府部门出台新能源汽车产业相关政策法规、企业制定相关战略规划，提供必要的借鉴和参考。

行业及其他类

旅游绿皮书
2017～2018 年中国旅游发展分析与预测

中国社会科学院旅游研究中心 / 编　2018 年 1 月出版　定价：99.00 元

◆ 本书从政策、产业、市场、社会等多个角度勾画出 2017 年中国旅游发展全貌，剖析了其中的热点和核心问题，并就未来发展作出预测。

皮书系列重点推荐

行业及其他类

民营医院蓝皮书

中国民营医院发展报告（2018）

薛晓林 / 主编　2018 年 11 月出版　估价：99.00 元

◆ 本书在梳理国家对社会办医的各种利好政策的前提下，对我国民营医疗发展现状、我国民营医院竞争力进行了分析，并结合我国医疗体制改革对民营医院的发展趋势、发展策略、战略规划等方面进行了预估。

会展蓝皮书

中外会展业动态评估研究报告（2018）

张敏 / 主编　2018 年 12 月出版　估价：99.00 元

◆ 本书回顾了 2017 年的会展业发展动态，结合"供给侧改革"、"互联网+"、"绿色经济"的新形势分析了我国展会的行业现状，并介绍了国外的发展经验，有助于行业和社会了解最新的展会业动态。

中国上市公司蓝皮书

中国上市公司发展报告（2018）

张平　王宏淼 / 主编　2018 年 9 月出版　估价：99.00 元

◆ 本书由中国社会科学院上市公司研究中心组织编写的，着力于全面、真实、客观反映当前中国上市公司财务状况和价值评估的综合性年度报告。本书详尽分析了 2017 年中国上市公司情况，特别是现实中暴露出的制度性、基础性问题，并对资本市场改革进行了探讨。

工业和信息化蓝皮书

人工智能发展报告（2017~2018）

尹丽波 / 主编　2018 年 6 月出版　估价：99.00 元

◆ 本书国家工业信息安全发展研究中心在对 2017 年全球人工智能技术和产业进行全面跟踪研究基础上形成的研究报告。该报告内容翔实、视角独特，具有较强的产业发展前瞻性和预测性，可为相关主管部门、行业协会、企业等全面了解人工智能发展形势以及进行科学决策提供参考。

 国际问题与全球治理类   皮书系列
重点推荐

国际问题与全球治理类

世界经济黄皮书
2018年世界经济形势分析与预测

张宇燕/主编　2018年1月出版　定价：99.00元

◆ 本书由中国社会科学院世界经济与政治研究所的研究团队撰写，分总论、国别与地区、专题、热点、世界经济统计与预测等五个部分，对2018年世界经济形势进行了分析。

国际城市蓝皮书
国际城市发展报告（2018）

屠启宇/主编　2018年2月出版　定价：89.00元

◆ 本书作者以上海社会科学院从事国际城市研究的学者团队为核心，汇集同济大学、华东师范大学、复旦大学、上海交通大学、南京大学、浙江大学相关城市研究专业学者。立足动态跟踪介绍国际城市发展时间中，最新出现的重大战略、重大理念、重大项目、重大报告和最佳案例。

非洲黄皮书
非洲发展报告No.20（2017～2018）

张宏明/主编　2018年7月出版　估价：99.00元

◆ 本书是由中国社会科学院西亚非洲研究所组织编撰的非洲形势年度报告，比较全面、系统地分析了2017年非洲政治形势和热点问题，探讨了非洲经济形势和市场走向，剖析了大国对非洲关系的新动向；此外，还介绍了国内非洲研究的新成果。

国别类

美国蓝皮书
美国研究报告（2018）

郑秉文　黄平 / 主编　2018 年 5 月出版　估价：99.00 元

◆ 本书是由中国社会科学院美国研究所主持完成的研究成果，它回顾了美国 2017 年的经济、政治形势与外交战略，对美国内政外交发生的重大事件及重要政策进行了较为全面的回顾和梳理。

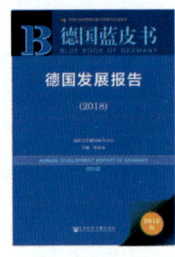

德国蓝皮书
德国发展报告（2018）

郑春荣 / 主编　2018 年 6 月出版　估价：99.00 元

◆ 本报告由同济大学德国研究所组织编撰，由该领域的专家学者对德国的政治、经济、社会文化、外交等方面的形势发展情况，进行全面的阐述与分析。

俄罗斯黄皮书
俄罗斯发展报告（2018）

李永全 / 编著　2018 年 6 月出版　估价：99.00 元

◆ 本书系统介绍了 2017 年俄罗斯经济政治情况，并对 2016 年该地区发生的焦点、热点问题进行了分析与回顾；在此基础上，对该地区 2018 年的发展前景进行了预测。

 文化传媒类 | 皮书系列 重点推荐

文 化 传 媒 类

新媒体蓝皮书
中国新媒体发展报告 No.9（2018）

唐绪军／主编　2018年6月出版　估价：99.00元

◆ 本书是由中国社会科学院新闻与传播研究所组织编写的关于新媒体发展的最新年度报告，旨在全面分析中国新媒体的发展现状，解读新媒体的发展趋势，探析新媒体的深刻影响。

移动互联网蓝皮书
中国移动互联网发展报告（2018）

余清楚／主编　　2018年6月出版　估价：99.00元

◆ 本书着眼于对2017年度中国移动互联网的发展情况做深入解析，对未来发展趋势进行预测，力求从不同视角、不同层面全面剖析中国移动互联网发展的现状、年度突破及热点趋势等。

文化蓝皮书
中国文化消费需求景气评价报告（2018）

王亚南／主编　2018年3月出版　定价：99.00元

◆ 本书首创全国文化发展量化检测评价体系，也是至今全国唯一的文化民生量化检测评价体系，对于检验全国及各地"以人民为中心"的文化发展具有首创意义。

皮书系列
重点推荐   地方发展类

地方发展类

北京蓝皮书

北京经济发展报告（2017～2018）

杨松/主编　2018年6月出版　估价：99.00元

◆ 本书对2017年北京市经济发展的整体形势进行了系统性的分析与回顾，并对2018年经济形势走势进行了预测与研判，聚焦北京市经济社会发展中的全局性、战略性和关键领域的重点问题，运用定量和定性分析相结合的方法，对北京市经济社会发展的现状、问题、成因进行了深入分析，提出了可操作性的对策建议。

温州蓝皮书

2018年温州经济社会形势分析与预测

蒋儒标　王春光　金浩/主编　2018年6月出版　估价：99.00元

◆ 本书是中共温州市委党校和中国社会科学院社会学研究所合作推出的第十一本温州蓝皮书，由来自党校、政府部门、科研机构、高校的专家、学者共同撰写的2017年温州区域发展形势的最新研究成果。

黑龙江蓝皮书

黑龙江社会发展报告（2018）

王爱丽/主编　2018年1月出版　定价：89.00元

◆ 本书以千份随机抽样问卷调查和专题研究为依据，运用社会学理论框架和分析方法，从专家和学者的独特视角，对2017年黑龙江省关系民生的问题进行广泛的调研与分析，并对2017年黑龙江省诸多社会热点和焦点问题进行了有益的探索。这些研究不仅可以为政府部门更加全面深入了解省情、科学制定决策提供智力支持，同时也可以为广大读者认识、了解、关注黑龙江社会发展提供理性思考。

宏观经济类

城市蓝皮书
中国城市发展报告（No.11）
著(编)者：潘家华 单菁菁
2018年9月出版 / 估价：99.00元
PSN B-2007-091-1/1

城乡一体化蓝皮书
中国城乡一体化发展报告（2018）
著(编)者：付崇兰
2018年9月出版 / 估价：99.00元
PSN B-2011-226-1/2

城镇化蓝皮书
中国新型城镇化健康发展报告（2018）
著(编)者：张占斌
2018年8月出版 / 估价：99.00元
PSN B-2014-396-1/1

创新蓝皮书
创新型国家建设报告（2018~2019）
著(编)者：詹正茂
2018年12月出版 / 估价：99.00元
PSN B-2009-140-1/1

低碳发展蓝皮书
中国低碳发展报告（2018）
著(编)者：张希良 齐晔
2018年6月出版 / 估价：99.00元
PSN B-2011-223-1/1

低碳经济蓝皮书
中国低碳经济发展报告（2018）
著(编)者：薛进军 赵忠秀
2018年11月出版 / 估价：99.00元
PSN B-2011-194-1/1

发展和改革蓝皮书
中国经济发展和体制改革报告No.9
著(编)者：邹东涛 王再文
2018年1月出版 / 估价：99.00元
PSN B-2008-122-1/1

国家创新蓝皮书
中国创新发展报告（2017）
著(编)者：陈劲
2018年5月出版 / 估价：99.00元
PSN B-2014-370-1/1

金融蓝皮书
中国金融发展报告（2018）
著(编)者：王国刚
2018年6月出版 / 估价：99.00元
PSN B-2004-031-1/7

经济蓝皮书
2018年中国经济形势分析与预测
著(编)者：李平 2017年12月出版 / 定价：89.00元
PSN B-1996-001-1/1

经济蓝皮书春季号
2018年中国经济前景分析
著(编)者：李扬 2018年5月出版 / 估价：99.00元
PSN B-1999-008-1/1

经济蓝皮书夏季号
中国经济增长报告（2017~2018）
著(编)者：李扬 2018年9月出版 / 估价：99.00元
PSN B-2010-176-1/1

农村绿皮书
中国农村经济形势分析与预测（2017~2018）
著(编)者：魏后凯 黄秉信
2018年4月出版 / 估价：99.00元
PSN G-1998-003-1/1

人口与劳动绿皮书
中国人口与劳动问题报告No.19
著(编)者：张车伟 2018年11月出版 / 估价：99.00元
PSN G-2000-012-1/1

新型城镇化蓝皮书
新型城镇化发展报告（2017）
著(编)者：李伟 宋敏
2018年3月出版 / 定价：98.00元
PSN B-2005-038-1/1

中国省域竞争力蓝皮书
中国省域经济综合竞争力发展报告（2016~2017）
著(编)者：李建平 李闽榕
2018年2月出版 / 定价：198.00元
PSN B-2007-088-1/1

中小城市绿皮书
中国中小城市发展报告（2018）
著(编)者：中国城市经济学会中小城市经济发展委员会
中国城镇化促进会中小城市发展委员会
《中国中小城市发展报告》编纂委员会
中小城市发展战略研究院
2018年11月出版 / 估价：128.00元
PSN G-2010-161-1/1

区域经济类

东北蓝皮书
中国东北地区发展报告（2018）
著（编）者：姜晓秋　2018年11月出版　估价：99.00元
PSN B-2006-067-1/1

金融蓝皮书
中国金融中心发展报告（2017~2018）
著（编）者：王力 黄育华　2018年11月出版　估价：99.00元
PSN B-2011-186-6/7

京津冀蓝皮书
京津冀发展报告（2018）
著（编）者：祝合良 叶堂林 张贵祥
2018年6月出版　估价：99.00元
PSN B-2012-262-1/1

西北蓝皮书
中国西北发展报告（2018）
著（编）者：王福生 马廷旭 董秋生
2018年1月出版　定价：99.00元
PSN B-2012-261-1/1

西部蓝皮书
中国西部发展报告（2018）
著（编）者：璋勇 任保平　2018年8月出版　估价：99.00元
PSN B-2005-039-1/1

长江经济带产业蓝皮书
长江经济带产业发展报告（2018）
著（编）者：吴传清　2018年11月出版　估价：128.00元
PSN B-2017-666-1/1

长江经济带蓝皮书
长江经济带发展报告（2017~2018）
著（编）者：王振　2018年11月出版　估价：99.00元
PSN B-2016-575-1/1

长江中游城市群蓝皮书
长江中游城市群新型城镇化与产业协同发展报告（2018）
著（编）者：杨刚强　2018年11月出版　估价：99.00元
PSN B-2016-578-1/1

长三角蓝皮书
2017年创新融合发展的长三角
著（编）者：刘飞跃　2018年5月出版　估价：99.00元
PSN B-2005-038-1/1

长株潭城市群蓝皮书
长株潭城市群发展报告（2017）
著（编）者：张萍 朱有志　2018年6月出版　估价：99.00元
PSN B-2008-109-1/1

特色小镇蓝皮书
特色小镇智慧运营报告（2018）：顶层设计与智慧架构标准
著（编）者：陈劲　2018年1月出版　定价：79.00元
PSN B-2018-692-1/1

中部竞争力蓝皮书
中国中部经济社会竞争力报告（2018）
著（编）者：教育部人文社会科学重点研究基地南昌大学中国中部经济社会发展研究中心
2018年12月出版　估价：99.00元
PSN B-2012-276-1/1

中部蓝皮书
中国中部地区发展报告（2018）
著（编）者：宋亚平　2018年12月出版　估价：99.00元
PSN B-2007-089-1/1

区域蓝皮书
中国区域经济发展报告（2017~2018）
著（编）者：赵弘　2018年5月出版　估价：99.00元
PSN B-2004-034-1/1

中三角蓝皮书
长江中游城市群发展报告（2018）
著（编）者：秦尊文　2018年9月出版　估价：99.00元
PSN B-2014-417-1/1

中原蓝皮书
中原经济区发展报告（2018）
著（编）者：李英杰　2018年6月出版　估价：99.00元
PSN B-2011-192-1/1

珠三角流通蓝皮书
珠三角商圈发展研究报告（2018）
著（编）者：王先庆 林至颖　2018年7月出版　估价：99.00元
PSN B-2012-292-1/1

社会政法类

北京蓝皮书
中国社区发展报告（2017~2018）
著（编）者：于燕燕　2018年9月出版　估价：99.00元
PSN B-2007-083-5/8

殡葬绿皮书
中国殡葬事业发展报告（2017~2018）
著（编）者：李伯森　2018年6月出版　估价：158.00元
PSN G-2010-180-1/1

城市管理蓝皮书
中国城市管理报告（2017-2018）
著（编）者：刘林 刘承水　2018年5月出版　估价：158.00元
PSN B-2013-336-1/1

城市生活质量蓝皮书
中国城市生活质量报告（2017）
著（编）者：张连城 张平 杨春学 郎丽华
2017年12月出版　定价：89.00元
PSN B-2013-326-1/1

社会政法类 — 皮书系列 2018全品种

城市政府能力蓝皮书
中国城市政府公共服务能力评估报告（2018）
著(编)者：何艳玲　2018年5月出版 / 估价：99.00元
PSN B-2013-338-1/1

创业蓝皮书
中国创业发展研究报告（2017~2018）
著(编)者：黄群慧　赵卫星　钟宏武
2018年11月出版 / 估价：99.00元
PSN B-2016-577-1/1

慈善蓝皮书
中国慈善发展报告（2018）
著(编)者：杨团　2018年6月出版 / 估价：99.00元
PSN B-2009-142-1/1

党建蓝皮书
党的建设研究报告No.2（2018）
著(编)者：崔建民　陈东平　2018年6月出版 / 估价：99.00元
PSN B-2016-523-1/1

地方法治蓝皮书
中国地方法治发展报告No.3（2018）
著(编)者：李林　田禾　2018年6月出版 / 估价：118.00元
PSN B-2015-442-1/1

电子政务蓝皮书
中国电子政务发展报告（2018）
著(编)者：李季　2018年8月出版 / 估价：99.00元
PSN B-2003-022-1/1

儿童蓝皮书
中国儿童参与状况报告（2017）
著(编)者：苑立新　2017年12月出版 / 定价：89.00元
PSN B-2017-682-1/1

法治蓝皮书
中国法治发展报告No.16（2018）
著(编)者：李林　田禾　2018年3月出版 / 估价：128.00元
PSN B-2004-027-1/3

法治蓝皮书
中国法院信息化发展报告No.2（2018）
著(编)者：李林　田禾　2018年2月出版 / 估价：118.00元
PSN B-2017-604-3/3

法治政府蓝皮书
中国法治政府发展报告（2017）
著(编)者：中国政法大学法治政府研究院
2018年3月出版 / 估价：158.00元
PSN B-2015-502-1/2

法治政府蓝皮书
中国法治政府评估报告（2018）
著(编)者：中国政法大学法治政府研究院
2018年9月出版 / 估价：168.00元
PSN B-2016-576-2/2

反腐倡廉蓝皮书
中国反腐倡廉建设报告No.8
著(编)者：张英伟　2018年12月出版 / 估价：99.00元
PSN B-2012-259-1/1

扶贫蓝皮书
中国扶贫开发报告（2018）
著(编)者：李培林　魏后凯　2018年12月出版 / 估价：128.00元
PSN B-2016-599-1/1

妇女发展蓝皮书
中国妇女发展报告No.6
著(编)者：王金玲　2018年9月出版 / 估价：158.00元
PSN B-2006-069-1/1

妇女教育蓝皮书
中国妇女教育发展报告No.3
著(编)者：张李玺　2018年10月出版 / 估价：99.00元
PSN B-2008-121-1/1

妇女绿皮书
2018年：中国性别平等与妇女发展报告
著(编)者：谭琳　2018年12月出版 / 估价：99.00元
PSN G-2006-073-1/1

公共安全蓝皮书
中国城市公共安全发展报告（2017~2018）
著(编)者：黄育华　杨文明　赵建辉
2018年6月出版 / 估价：99.00元
PSN B-2017-628-1/1

公共服务蓝皮书
中国城市基本公共服务力评价（2018）
著(编)者：钟君　刘志昌　吴正杲
2018年12月出版 / 估价：99.00元
PSN B-2011-214-1/1

公民科学素质蓝皮书
中国公民科学素质报告（2017~2018）
著(编)者：李群　陈雄　马宗文
2017年12月出版 / 定价：89.00元
PSN B-2014-379-1/1

公益蓝皮书
中国公益慈善发展报告（2016）
著(编)者：朱健刚　胡小军　2018年6月出版 / 估价：99.00元
PSN B-2012-283-1/1

国际人才蓝皮书
中国国际移民报告（2018）
著(编)者：王辉耀　2018年6月出版 / 估价：99.00元
PSN B-2012-304-3/4

国际人才蓝皮书
中国留学发展报告（2018）No.7
著(编)者：王辉耀　苗绿　2018年12月出版 / 估价：99.00元
PSN B-2012-244-2/4

海洋社会蓝皮书
中国海洋社会发展报告（2017）
著(编)者：崔凤　宋宁而　2018年3月出版 / 定价：99.00元
PSN B-2015-478-1/1

行政改革蓝皮书
中国行政体制改革报告No.7（2018）
著(编)者：魏礼群　2018年6月出版 / 估价：99.00元
PSN B-2011-231-1/1

皮书系列 2018全品种 — 社会政法类

华侨华人蓝皮书
华侨华人研究报告（2017）
著（编）者：张禹东 庄国土　2017年12月出版／定价：148.00元
PSN B-2011-204-1/1

互联网与国家治理蓝皮书
互联网与国家治理发展报告（2017）
著（编）者：张志安　2018年1月出版／定价：98.00元
PSN B-2017-671-1/1

环境管理蓝皮书
中国环境管理发展报告（2017）
著（编）者：李金惠　2017年12月出版／定价：98.00元
PSN B-2017-678-1/1

环境竞争力绿皮书
中国省域环境竞争力发展报告（2018）
著（编）者：李建平　李闽榕　王金南
2018年11月出版／估价：198.00元
PSN G-2010-165-1/1

环境绿皮书
中国环境发展报告（2017～2018）
著（编）者：李波　2018年6月出版／估价：99.00元
PSN G-2006-048-1/1

家庭蓝皮书
中国"创建幸福家庭活动"评估报告（2018）
著（编）者：国务院发展研究中心"创建幸福家庭评估"课题组
2018年12月出版／估价：99.00元
PSN B-2015-508-1/1

健康城市蓝皮书
中国健康城市建设研究报告（2018）
著（编）者：王鸿春　盛继洪　2018年12月出版／估价：99.00元
PSN B-2016-564-2/2

健康中国蓝皮书
社区首诊与健康中国分析报告（2018）
著（编）者：高和荣　杨叔禹　姜杰
2018年6月出版／估价：99.00元
PSN B-2017-611-1/1

教师蓝皮书
中国中小学教师发展报告（2017）
著（编）者：曾晓东　鱼霞
2018年6月出版／估价：99.00元
PSN B-2012-289-1/1

教育扶贫蓝皮书
中国教育扶贫报告（2018）
著（编）者：司树杰　王文静　李兴洲
2018年12月出版／估价：99.00元
PSN B-2016-590-1/1

教育蓝皮书
中国教育发展报告（2018）
著（编）者：杨东平　2018年3月出版／定价：89.00元
PSN B-2006-047-1/1

金融法治建设蓝皮书
中国金融法治建设年度报告（2015～2016）
著（编）者：朱小黄　2018年6月出版／估价：99.00元
PSN B-2017-633-1/1

京津冀教育蓝皮书
京津冀教育发展研究报告（2017～2018）
著（编）者：方中雄　2018年6月出版／估价：99.00元
PSN B-2017-608-1/1

就业蓝皮书
2018年中国本科生就业报告
著（编）者：麦可思研究院　2018年6月出版／估价：99.00元
PSN B-2009-146-1/2

就业蓝皮书
2018年中国高职高专生就业报告
著（编）者：麦可思研究院　2018年6月出版／估价：99.00元
PSN B-2015-472-2/2

科学教育蓝皮书
中国科学教育发展报告（2018）
著（编）者：王康友　2018年10月出版／估价：99.00元
PSN B-2015-487-1/1

劳动保障蓝皮书
中国劳动保障发展报告（2018）
著（编）者：刘燕斌　2018年9月出版／估价：158.00元
PSN B-2014-415-1/1

老龄蓝皮书
中国老年宜居环境发展报告（2017）
著（编）者：党俊武　周燕珉　2018年6月出版／估价：99.00元
PSN B-2013-320-1/1

连片特困区蓝皮书
中国连片特困区发展报告（2017～2018）
著（编）者：游俊　冷志明　丁建军
2018年6月出版／估价：99.00元
PSN B-2013-321-1/1

流动儿童蓝皮书
中国流动儿童教育发展报告（2017）
著（编）者：杨东平　2018年6月出版／估价：99.00元
PSN B-2017-600-1/1

民调蓝皮书
中国民生调查报告（2018）
著（编）者：谢耘耕　2018年12月出版／估价：99.00元
PSN B-2014-398-1/1

民族发展蓝皮书
中国民族发展报告（2018）
著（编）者：王延中　2018年10月出版／估价：188.00元
PSN B-2006-070-1/1

女性生活蓝皮书
中国女性生活状况报告No.12（2018）
著（编）者：高博燕　2018年7月出版／估价：99.00元
PSN B-2006-071-1/1

皮书系列 2018全品种 — 社会政法类

汽车社会蓝皮书
中国汽车社会发展报告（2017~2018）
著（编）者：王俊秀　2018年6月出版／估价：99.00元
PSN B-2011-224-1/1

青年蓝皮书
中国青年发展报告（2018）No.3
著（编）者：廉思　2018年6月出版／估价：99.00元
PSN B-2013-333-1/1

青少年蓝皮书
中国未成年人互联网运用报告（2017~2018）
著（编）者：季为民　李文革　沈杰
2018年11月出版／估价：99.00元
PSN B-2010-156-1/1

人权蓝皮书
中国人权事业发展报告No.8（2018）
著（编）者：李君如　2018年9月出版／估价：99.00元
PSN B-2011-215-1/1

社会保障绿皮书
中国社会保障发展报告No.9（2018）
著（编）者：王延中　2018年6月出版／估价：99.00元
PSN G-2001-014-1/1

社会风险评估蓝皮书
风险评估与危机预警报告（2017~2018）
著（编）者：唐钧　2018年8月出版／估价：99.00元
PSN B-2012-293-1/1

社会工作蓝皮书
中国社会工作发展报告（2016~2017）
著（编）者：民政部社会工作研究中心
2018年8月出版／估价：99.00元
PSN B-2009-141-1/1

社会管理蓝皮书
中国社会管理创新报告No.6
著（编）者：连玉明　2018年11月出版／估价：99.00元
PSN B-2012-300-1/1

社会蓝皮书
2018年中国社会形势分析与预测
著（编）者：李培林　陈光金　张翼
2017年12月出版／定价：89.00元
PSN B-1998-002-1/1

社会体制蓝皮书
中国社会体制改革报告No.6（2018）
著（编）者：龚维斌　2018年3月出版／定价：98.00元
PSN B-2013-330-1/1

社会心态蓝皮书
中国社会心态研究报告（2018）
著（编）者：王俊秀　2018年12月出版／估价：99.00元
PSN B-2011-199-1/1

社会组织蓝皮书
中国社会组织报告（2017-2018）
著（编）者：黄晓勇　2018年6月出版／估价：99.00元
PSN B-2008-118-1/2

社会组织蓝皮书
中国社会组织评估发展报告（2018）
著（编）者：徐家良　2018年12月出版／估价：99.00元
PSN B-2013-366-2/2

生态城市绿皮书
中国生态城市建设发展报告（2018）
著（编）者：刘举科　孙伟平　胡文臻
2018年9月出版／估价：158.00元
PSN G-2012-269-1/1

生态文明绿皮书
中国省域生态文明建设评价报告（ECI 2018）
著（编）者：严耕　2018年12月出版／估价：99.00元
PSN G-2010-170-1/1

退休生活蓝皮书
中国城市居民退休生活质量指数报告（2017）
著（编）者：杨一帆　2018年6月出版／估价：99.00元
PSN B-2017-618-1/1

危机管理蓝皮书
中国危机管理报告（2018）
著（编）者：文学国　范正青
2018年8月出版／估价：99.00元
PSN B-2010-171-1/1

学会蓝皮书
2018年中国学会发展报告
著（编）者：麦可思研究院　2018年12月出版／估价：99.00元
PSN B-2016-597-1/1

医改蓝皮书
中国医药卫生体制改革报告（2017~2018）
著（编）者：文学国　房志武
2018年11月出版／估价：99.00元
PSN B-2014-432-1/1

应急管理蓝皮书
中国应急管理报告（2018）
著（编）者：宋英华　2018年9月出版／估价：99.00元
PSN B-2016-562-1/1

政府绩效评估蓝皮书
中国地方政府绩效评估报告 No.2
著（编）者：贠杰　2018年12月出版／估价：99.00元
PSN B-2017-672-1/1

政治参与蓝皮书
中国政治参与报告（2018）
著（编）者：房宁　2018年8月出版／估价：128.00元
PSN B-2011-200-1/1

政治文化蓝皮书
中国政治文化报告（2018）
著（编）者：邢元敏　魏大鹏　龚克
2018年8月出版／估价：128.00元
PSN B-2017-615-1/1

中国传统村落蓝皮书
中国传统村落保护现状报告（2018）
著（编）者：胡彬彬　李向军　王晓波
2018年12月出版／估价：99.00元
PSN B-2017-663-1/1

皮书系列 2018全品种 — 社会政法类·产业经济类

中国农村妇女发展蓝皮书
农村流动女性城市生活发展报告（2018）
著(编)者：谢丽华　2018年12月出版 / 估价：99.00元
PSN B-2014-434-1/1

宗教蓝皮书
中国宗教报告（2017）
著(编)者：邱永辉　2018年8月出版 / 估价：99.00元
PSN B-2008-117-1/1

产业经济类

保健蓝皮书
中国保健服务产业发展报告 No.2
著(编)者：中国保健协会　中共中央党校
2018年7月出版 / 估价：198.00元
PSN B-2012-272-3/3

保健蓝皮书
中国保健食品产业发展报告 No.2
著(编)者：中国保健协会
　　　　　中国社会科学院食品药品产业发展与监管研究中心
2018年8月出版 / 估价：198.00元
PSN B-2012-271-2/3

保健蓝皮书
中国保健用品产业发展报告 No.2
著(编)者：中国保健协会
　　　　　国务院国有资产监督管理委员会研究中心
2018年6月出版 / 估价：198.00元
PSN B-2012-270-1/3

保险蓝皮书
中国保险业竞争力报告（2018）
著(编)者：保监会　2018年12月出版 / 估价：99.00元
PSN B-2013-311-1/1

冰雪蓝皮书
中国冰上运动产业发展报告（2018）
著(编)者：孙承华　杨占武　刘戈　张鸿俊
2018年9月出版 / 估价：99.00元
PSN B-2017-648-3/3

冰雪蓝皮书
中国滑雪产业发展报告（2018）
著(编)者：孙承华　伍斌　魏庆华　张鸿俊
2018年9月出版 / 估价：99.00元
PSN B-2016-559-1/3

餐饮产业蓝皮书
中国餐饮产业发展报告（2018）
著(编)者：邢颖
2018年6月出版 / 估价：99.00元
PSN B-2009-151-1/1

茶业蓝皮书
中国茶产业发展报告（2018）
著(编)者：杨江帆　李闽榕
2018年10月出版 / 估价：99.00元
PSN B-2010-164-1/1

产业安全蓝皮书
中国文化产业安全报告（2018）
著(编)者：北京印刷学院文化产业安全研究院
2018年12月出版 / 估价：99.00元
PSN B-2014-378-12/14

产业安全蓝皮书
中国新媒体产业安全报告（2016~2017）
著(编)者：肖丽　2018年6月出版 / 估价：99.00元
PSN B-2015-500-14/14

产业安全蓝皮书
中国出版传媒产业安全报告（2017~2018）
著(编)者：北京印刷学院文化产业安全研究院
2018年6月出版 / 估价：99.00元
PSN B-2014-384-13/14

产业蓝皮书
中国产业竞争力报告（2018）No.8
著(编)者：张其仔　2018年12月出版 / 估价：168.00元
PSN B-2010-175-1/1

动力电池蓝皮书
中国新能源汽车动力电池产业发展报告（2018）
著(编)者：中国汽车技术研究中心
2018年8月出版 / 估价：99.00元
PSN B-2017-639-1/1

杜仲产业绿皮书
中国杜仲橡胶资源与产业发展报告（2017~2018）
著(编)者：杜红岩　胡文臻　俞锐
2018年6月出版 / 估价：99.00元
PSN G-2013-350-1/1

房地产蓝皮书
中国房地产发展报告No.15（2018）
著(编)者：李春华　王业强
2018年5月出版 / 估价：99.00元
PSN B-2004-028-1/1

服务外包蓝皮书
中国服务外包产业发展报告（2017~2018）
著(编)者：王晓红　刘德军
2018年6月出版 / 估价：99.00元
PSN B-2013-331-2/2

服务外包蓝皮书
中国服务外包竞争力报告（2017~2018）
著(编)者：刘春生　王力　黄育华
2018年12月出版 / 估价：99.00元
PSN B-2011-216-1/2

皮书系列 2018全品种

产业经济类

工业和信息化蓝皮书
世界信息技术产业发展报告（2017~2018）
著（编）者：尹丽波　2018年6月出版 / 估价：99.00元
PSN B-2015-449-2/6

工业和信息化蓝皮书
战略性新兴产业发展报告（2017~2018）
著（编）者：尹丽波　2018年6月出版 / 估价：99.00元
PSN B-2015-450-3/6

海洋经济蓝皮书
中国海洋经济发展报告（2015~2018）
著（编）者：殷克东　高金田　方胜民
2018年3月出版 / 定价：128.00元
PSN B-2018-697-1/1

康养蓝皮书
中国康养产业发展报告（2017）
著（编）者：何莽　2017年12月出版 / 定价：88.00元
PSN B-2017-685-1/1

客车蓝皮书
中国客车产业发展报告（2017~2018）
著（编）者：姚蔚　2018年10月出版 / 估价：99.00元
PSN B-2013-361-1/1

流通蓝皮书
中国商业发展报告（2018~2019）
著（编）者：王雪峰　林诗慧
2018年7月出版 / 估价：99.00元
PSN B-2009-152-1/2

能源蓝皮书
中国能源发展报告（2018）
著（编）者：崔民选　王军生　陈义和
2018年12月出版 / 估价：99.00元
PSN B-2006-049-1/1

农产品流通蓝皮书
中国农产品流通产业发展报告（2017）
著（编）者：贾敬敦　张东科　张玉玺　张鹏毅　周伟
2018年6月出版 / 估价：99.00元
PSN B-2012-288-1/1

汽车工业蓝皮书
中国汽车工业发展年度报告（2018）
著（编）者：中国汽车工业协会
　　　　　　中国汽车技术研究中心
　　　　　　丰田汽车公司
2018年5月出版 / 估价：168.00元
PSN B-2015-463-1/2

汽车工业蓝皮书
中国汽车零部件产业发展报告（2017~2018）
著（编）者：中国汽车工业协会
　　　　　　中国汽车工程研究院深圳市沃特玛电池有限公司
2018年9月出版 / 估价：99.00元
PSN B-2016-515-2/2

汽车蓝皮书
中国汽车产业发展报告（2018）
著（编）者：中国汽车工程学会
　　　　　　大众汽车集团（中国）
2018年11月出版 / 估价：99.00元
PSN B-2008-124-1/1

世界茶业蓝皮书
世界茶业发展报告（2018）
著（编）者：李闽榕　冯廷佺
2018年5月出版 / 估价：168.00元
PSN B-2017-619-1/1

世界能源蓝皮书
世界能源发展报告（2018）
著（编）者：黄晓勇　2018年6月出版 / 估价：168.00元
PSN B-2013-349-1/1

石油蓝皮书
中国石油产业发展报告（2018）
著（编）者：中国石油化工集团公司经济技术研究院
　　　　　　中国国际石油化工联合有限责任公司
　　　　　　中国社会科学院数量经济与技术经济研究所
2018年2月出版 / 定价：98.00元
PSN B-2018-690-1/1

体育蓝皮书
国家体育产业基地发展报告（2016~2017）
著（编）者：李颖川　2018年6月出版 / 估价：168.00元
PSN B-2017-609-5/5

体育蓝皮书
中国体育产业发展报告（2018）
著（编）者：阮伟　钟秉枢
2018年12月出版 / 估价：99.00元
PSN B-2010-179-1/5

文化金融蓝皮书
中国文化金融发展报告（2018）
著（编）者：杨涛　金巍
2018年6月出版 / 估价：99.00元
PSN B-2017-610-1/1

新能源汽车蓝皮书
中国新能源汽车产业发展报告（2018）
著（编）者：中国汽车技术研究中心
　　　　　　日产（中国）投资有限公司
　　　　　　东风汽车有限公司
2018年8月出版 / 估价：99.00元
PSN B-2013-347-1/1

薏仁米产业蓝皮书
中国薏仁米产业发展报告No.2（2018）
著（编）者：李发耀　石明　秦礼康
2018年8月出版 / 估价：99.00元
PSN B-2017-645-1/1

邮轮绿皮书
中国邮轮产业发展报告（2018）
著（编）者：汪泓　2018年10月出版 / 估价：99.00元
PSN G-2014-419-1/1

智能养老蓝皮书
中国智能养老产业发展报告（2018）
著（编）者：朱勇　2018年10月出版 / 估价：99.00元
PSN B-2015-488-1/1

中国节能汽车蓝皮书
中国节能汽车发展报告（2017~2018）
著（编）者：中国汽车工程研究院股份有限公司
2018年9月出版 / 估价：99.00元
PSN B-2016-565-1/1

皮书系列 2018全品种

产业经济类·行业及其他类

中国陶瓷产业蓝皮书
中国陶瓷产业发展报告（2018）
著(编)者：左和平 黄速建
2018年10月出版 / 估价：99.00元
PSN B-2016-573-1/1

装备制造业蓝皮书
中国装备制造业发展报告（2018）
著(编)者：徐东华
2018年12月出版 / 估价：118.00元
PSN B-2015-505-1/1

行业及其他类

"三农"互联网金融蓝皮书
中国"三农"互联网金融发展报告（2018）
著(编)者：李勇坚 王弢
2018年8月出版 / 估价：99.00元
PSN B-2016-560-1/1

SUV蓝皮书
中国SUV市场发展报告（2017~2018）
著(编)者：靳军 2018年9月出版 / 估价：99.00元
PSN B-2016-571-1/1

冰雪蓝皮书
中国冬季奥运会发展报告（2018）
著(编)者：孙承华 伍斌 魏庆华 张鸿俊
2018年9月出版 / 估价：99.00元
PSN B-2017-647-2/3

彩票蓝皮书
中国彩票发展报告（2018）
著(编)者：益彩基金 2018年6月出版 / 估价：99.00元
PSN B-2015-462-1/1

测绘地理信息蓝皮书
测绘地理信息供给侧结构性改革研究报告（2018）
著(编)者：库热西·买合苏提
2018年12月出版 / 估价：168.00元
PSN B-2009-145-1/1

产权市场蓝皮书
中国产权市场发展报告（2017）
著(编)者：曹和平
2018年5月出版 / 估价：99.00元
PSN B-2009-147-1/1

城投蓝皮书
中国城投行业发展报告（2018）
著(编)者：华景斌
2018年11月出版 / 估价：300.00元
PSN B-2016-514-1/1

城市轨道交通蓝皮书
中国城市轨道交通运营发展报告（2017~2018）
著(编)者：崔学忠 贾文峥
2018年3月出版 / 定价：89.00元
PSN B-2018-694-1/1

大数据蓝皮书
中国大数据发展报告（No.2）
著(编)者：连玉明 2018年5月出版 / 估价：99.00元
PSN B-2017-620-1/1

大数据应用蓝皮书
中国大数据应用发展报告No.2（2018）
著(编)者：陈军君 2018年8月出版 / 估价：99.00元
PSN B-2017-644-1/1

对外投资与风险蓝皮书
中国对外直接投资与国家风险报告（2018）
著(编)者：中债资信评估有限责任公司
　　　　　中国社会科学院世界经济与政治研究所
2018年6月出版 / 估价：189.00元
PSN B-2017-606-1/1

工业和信息化蓝皮书
人工智能发展报告（2017~2018）
著(编)者：尹丽波 2018年6月出版 / 估价：99.00元
PSN B-2015-448-1/6

工业和信息化蓝皮书
世界智慧城市发展报告（2017~2018）
著(编)者：尹丽波 2018年6月出版 / 估价：99.00元
PSN B-2017-624-6/6

工业和信息化蓝皮书
世界网络安全发展报告（2017~2018）
著(编)者：尹丽波 2018年6月出版 / 估价：99.00元
PSN B-2015-452-5/6

工业和信息化蓝皮书
世界信息化发展报告（2017~2018）
著(编)者：尹丽波 2018年6月出版 / 估价：99.00元
PSN B-2015-451-4/6

工业设计蓝皮书
中国工业设计发展报告（2018）
著(编)者：王晓红 于炜 张立群 2018年9月出版 / 估价：168.00元
PSN B-2014-420-1/1

公共关系蓝皮书
中国公共关系发展报告（2017）
著(编)者：柳斌杰 2018年1月出版 / 定价：89.00元
PSN B-2016-579-1/1

行业及其他类 — 皮书系列 2018全品种

公共关系蓝皮书
中国公共关系发展报告（2018）
著（编）者：柳斌杰　2018年11月出版 / 估价：99.00元
PSN B-2016-579-1/1

管理蓝皮书
中国管理发展报告（2018）
著（编）者：张晓东　2018年10月出版 / 估价：99.00元
PSN B-2014-416-1/1

轨道交通蓝皮书
中国轨道交通行业发展报告（2017）
著（编）者：仲建华　李闽榕
2017年12月出版 / 定价：98.00元
PSN B-2017-674-1/1

海关发展蓝皮书
中国海关发展前沿报告（2018）
著（编）者：干春晖　2018年6月出版 / 估价：99.00元
PSN B-2017-616-1/1

互联网医疗蓝皮书
中国互联网健康医疗发展报告（2018）
著（编）者：芮晓武　2018年6月出版 / 估价：99.00元
PSN B-2016-567-1/1

黄金市场蓝皮书
中国商业银行黄金业务发展报告（2017~2018）
著（编）者：平安银行　2018年6月出版 / 估价：99.00元
PSN B-2016-524-1/1

会展蓝皮书
中外会展业动态评估研究报告（2018）
著（编）者：张敏　任中峰　聂鑫焱　牛盼强
2018年12月出版 / 估价：99.00元
PSN B-2013-327-1/1

基金会蓝皮书
中国基金会发展报告（2017~2018）
著（编）者：中国基金会发展报告课题组
2018年6月出版 / 估价：99.00元
PSN B-2013-368-1/1

基金会绿皮书
中国基金会发展独立研究报告（2018）
著（编）者：基金会中心网　中央民族大学基金会研究中心
2018年6月出版 / 估价：99.00元
PSN G-2011-213-1/1

基金会透明度蓝皮书
中国基金会透明度发展研究报告（2018）
著（编）者：基金会中心网
　　　　　　清华大学廉政与治理研究中心
2018年9月出版 / 估价：99.00元
PSN B-2013-339-1/1

建筑装饰蓝皮书
中国建筑装饰行业发展报告（2018）
著（编）者：葛道顺　刘晓一
2018年10月出版 / 估价：198.00元
PSN B-2016-553-1/1

金融监管蓝皮书
中国金融监管报告（2018）
著（编）者：胡滨　2018年3月出版 / 定价：98.00元
PSN B-2012-281-1/1

金融蓝皮书
中国互联网金融行业分析与评估（2018~2019）
著（编）者：黄国平　伍旭川　2018年12月出版 / 估价：99.00元
PSN B-2016-585-7/7

金融科技蓝皮书
中国金融科技发展报告（2018）
著（编）者：李扬　孙国峰　2018年10月出版 / 估价：99.00元
PSN B-2014-374-1/1

金融信息服务蓝皮书
中国金融信息服务发展报告（2018）
著（编）者：李平　2018年5月出版 / 估价：99.00元
PSN B-2017-621-1/1

金蜜蜂企业社会责任蓝皮书
金蜜蜂中国企业社会责任报告研究（2017）
著（编）者：殷格非　于志宏　管竹笋
2018年1月出版 / 定价：99.00元
PSN B-2018-693-1/1

京津冀金融蓝皮书
京津冀金融发展报告（2018）
著（编）者：王爱俭　王璟怡　2018年10月出版 / 估价：99.00元
PSN B-2016-527-1/1

科普蓝皮书
国家科普能力发展报告（2018）
著（编）者：王康友　2018年5月出版 / 估价：138.00元
PSN B-2017-632-4/4

科普蓝皮书
中国基层科普发展报告（2017~2018）
著（编）者：赵立新　陈玲　2018年9月出版 / 估价：99.00元
PSN B-2016-568-3/4

科普蓝皮书
中国科普基础设施发展报告（2017~2018）
著（编）者：任福君　2018年6月出版 / 估价：99.00元
PSN B-2010-174-1/3

科普蓝皮书
中国科普人才发展报告（2017~2018）
著（编）者：郑念　任嵘嵘　2018年7月出版 / 估价：99.00元
PSN B-2016-512-2/4

科普能力蓝皮书
中国科普能力评价报告（2018~2019）
著（编）者：李富强　李群　2018年8月出版 / 估价：99.00元
PSN B-2016-555-1/1

临空经济蓝皮书
中国临空经济发展报告（2018）
著（编）者：连玉明　2018年9月出版 / 估价：99.00元
PSN B-2014-421-1/1

皮书系列 2018全品种 — 行业及其他类

旅游安全蓝皮书
中国旅游安全报告（2018）
著(编)者：郑向敏 谢朝武　2018年5月出版／估价：158.00元
PSN B-2012-280-1/1

旅游绿皮书
2017~2018年中国旅游发展分析与预测
著(编)者：宋瑞　2018年1月出版／定价：99.00元
PSN G-2002-018-1/1

煤炭蓝皮书
中国煤炭工业发展报告（2018）
著(编)者：岳福斌　2018年12月出版／估价：99.00元
PSN B-2008-123-1/1

民营企业社会责任蓝皮书
中国民营企业社会责任报告（2018）
著(编)者：中华全国工商业联合会
2018年12月出版／估价：99.00元
PSN B-2015-510-1/1

民营医院蓝皮书
中国民营医院发展报告（2017）
著(编)者：薛晓林　2017年12月出版／定价：89.00元
PSN B-2012-299-1/1

闽商蓝皮书
闽商发展报告（2018）
著(编)者：李闽榕 王日根 林琛
2018年12月出版／估价：99.00元
PSN B-2012-298-1/1

农业应对气候变化蓝皮书
中国农业气象灾害及其灾损评估报告（No.3）
著(编)者：矫梅燕　2018年6月出版／估价：118.00元
PSN B-2014-413-1/1

品牌蓝皮书
中国品牌战略发展报告（2018）
著(编)者：汪同三　2018年10月出版／估价：99.00元
PSN B-2016-580-1/1

企业扶贫蓝皮书
中国企业扶贫研究报告（2018）
著(编)者：钟宏武　2018年12月出版／估价：99.00元
PSN B-2016-593-1/1

企业公益蓝皮书
中国企业公益研究报告（2018）
著(编)者：钟宏武 汪杰 黄晓娟
2018年12月出版／估价：99.00元
PSN B-2015-501-1/1

企业国际化蓝皮书
中国企业全球化报告（2018）
著(编)者：王辉耀 苗绿　2018年11月出版／估价：99.00元
PSN B-2014-427-1/1

企业蓝皮书
中国企业绿色发展报告No.2（2018）
著(编)者：李红玉 朱光辉
2018年8月出版／估价：99.00元
PSN B-2015-481-2/2

企业社会责任蓝皮书
中资企业海外社会责任研究报告（2017~2018）
著(编)者：钟宏武 叶柳红 张蒽
2018年6月出版／估价：99.00元
PSN B-2017-603-2/2

企业社会责任蓝皮书
中国企业社会责任研究报告（2018）
著(编)者：黄群慧 钟宏武 张蒽 汪杰
2018年11月出版／估价：99.00元
PSN B-2009-149-1/2

汽车安全蓝皮书
中国汽车安全发展报告（2018）
著(编)者：中国汽车技术研究中心
2018年8月出版／估价：99.00元
PSN B-2014-385-1/1

汽车电子商务蓝皮书
中国汽车电子商务发展报告（2018）
著(编)者：中华全国工商业联合会汽车经销商商会
　　　　　北方工业大学
　　　　　北京易观智库网络科技有限公司
2018年10月出版／估价：158.00元
PSN B-2015-485-1/1

汽车知识产权蓝皮书
中国汽车产业知识产权发展报告（2018）
著(编)者：中国汽车工程研究院股份有限公司
　　　　　中国汽车工程学会
　　　　　重庆长安汽车股份有限公司
2018年12月出版／估价：99.00元
PSN B-2016-594-1/1

青少年体育蓝皮书
中国青少年体育发展报告（2017）
著(编)者：刘扶民 杨桦　2018年6月出版／估价：99.00元
PSN B-2015-482-1/1

区块链蓝皮书
中国区块链发展报告（2018）
著(编)者：李伟　2018年9月出版／估价：99.00元
PSN B-2017-649-1/1

群众体育蓝皮书
中国群众体育发展报告（2017）
著(编)者：刘国永 戴健　2018年5月出版／估价：99.00元
PSN B-2014-411-1/3

群众体育蓝皮书
中国社会体育指导员发展报告（2018）
著(编)者：刘国永 王欢　2018年6月出版／估价：99.00元
PSN B-2016-520-3/3

人力资源蓝皮书
中国人力资源发展报告（2018）
著(编)者：余兴安　2018年11月出版／估价：99.00元
PSN B-2012-287-1/1

融资租赁蓝皮书
中国融资租赁业发展报告（2017~2018）
著(编)者：李czcz 王力　2018年8月出版／估价：99.00元
PSN B-2015-443-1/1

行业及其他类

皮书系列 2018全品种

商会蓝皮书
中国商会发展报告No.5（2017）
著(编)者：王钦敏　2018年7月出版／估价：99.00元
PSN B-2008-125-1/1

商务中心区蓝皮书
中国商务中心区发展报告No.4（2017~2018）
著(编)者：李国红　单菁菁　2018年9月出版／估价：99.00元
PSN B-2015-444-1/1

设计产业蓝皮书
中国创新设计发展报告（2018）
著(编)者：王晓红　张立群　于炜
2018年11月出版／估价：99.00元
PSN B-2016-581-2/2

社会责任管理蓝皮书
中国上市公司社会责任能力成熟度报告No.4（2018）
著(编)者：肖红军　王晓光　李伟阳
2018年12月出版／估价：99.00元
PSN B-2015-507-2/2

社会责任管理蓝皮书
中国企业公众透明度报告No.4（2017~2018）
著(编)者：黄速建　熊梦　王晓光　肖红军
2018年6月出版／估价：99.00元
PSN B-2015-440-1/2

食品药品蓝皮书
食品药品安全与监管政策研究报告（2016~2017）
著(编)者：唐民皓　2018年6月出版／估价：99.00元
PSN B-2009-129-1/1

输血服务蓝皮书
中国输血行业发展报告（2018）
著(编)者：孙俊　2018年12月出版／估价：99.00元
PSN B-2016-582-1/1

水利风景区蓝皮书
中国水利风景区发展报告（2018）
著(编)者：董建文　兰思仁
2018年10月出版／估价：99.00元
PSN B-2015-480-1/1

数字经济蓝皮书
全球数字经济竞争力发展报告（2017）
著(编)者：王振　2017年12月出版／定价：79.00元
PSN B-2017-673-1/1

私募市场蓝皮书
中国私募股权市场发展报告（2017~2018）
著(编)者：曹和平　2018年12月出版／估价：99.00元
PSN B-2010-162-1/1

碳排放权交易蓝皮书
中国碳排放权交易报告（2018）
著(编)者：孙永平　2018年11月出版／估价：99.00元
PSN B-2017-652-1/1

碳市场蓝皮书
中国碳市场报告（2018）
著(编)者：定金彪　2018年11月出版／估价：99.00元
PSN B-2014-430-1/1

体育蓝皮书
中国公共体育服务发展报告（2018）
著(编)者：戴健　2018年12月出版／估价：99.00元
PSN B-2013-367-2/5

土地市场蓝皮书
中国农村土地市场发展报告（2017~2018）
著(编)者：李光荣　2018年6月出版／估价：99.00元
PSN B-2016-526-1/1

土地整治蓝皮书
中国土地整治发展研究报告（No.5）
著(编)者：国土资源部土地整治中心
2018年7月出版／估价：99.00元
PSN B-2014-401-1/1

土地政策蓝皮书
中国土地政策研究报告（2018）
著(编)者：高延利　张建平　吴次芳
2018年1月出版／定价：98.00元
PSN B-2015-506-1/1

网络空间安全蓝皮书
中国网络空间安全发展报告（2018）
著(编)者：惠志斌　覃庆玲
2018年11月出版／估价：99.00元
PSN B-2015-466-1/1

文化志愿服务蓝皮书
中国文化志愿服务发展报告（2018）
著(编)者：张永新　良警宇　2018年11月出版／估价：128.00元
PSN B-2016-596-1/1

西部金融蓝皮书
中国西部金融发展报告（2017~2018）
著(编)者：李忠民　2018年8月出版／估价：99.00元
PSN B-2010-160-1/1

协会商会蓝皮书
中国行业协会商会发展报告（2017）
著(编)者：景朝阳　李勇　2018年6月出版／估价：99.00元
PSN B-2015-461-1/1

新三板蓝皮书
中国新三板市场发展报告（2018）
著(编)者：王力　2018年8月出版／估价：99.00元
PSN B-2016-533-1/1

信托市场蓝皮书
中国信托业市场报告（2017~2018）
著(编)者：用益金融信托研究院
2018年6月出版／估价：198.00元
PSN B-2014-371-1/1

信息化蓝皮书
中国信息化形势分析与预测（2017~2018）
著(编)者：周宏仁　2018年8月出版／估价：99.00元
PSN B-2010-168-1/1

信用蓝皮书
中国信用发展报告（2017~2018）
著(编)者：章政　田侃　2018年6月出版／估价：99.00元
PSN B-2013-328-1/1

休闲绿皮书
2017~2018年中国休闲发展报告
著(编)者：宋瑞　　2018年7月出版／估价：99.00元
PSN G-2010-158-1/1

休闲体育蓝皮书
中国休闲体育发展报告（2017~2018）
著(编)者：李相如　钟秉枢
2018年10月出版／估价：99.00元
PSN B-2016-516-1/1

养老金融蓝皮书
中国养老金融发展报告（2018）
著(编)者：董克用　姚余栋
2018年9月出版／估价：99.00元
PSN B-2016-583-1/1

遥感监测绿皮书
中国可持续发展遥感监测报告（2017）
著(编)者：顾行发　汪克强　潘教峰　李闽榕　徐东华　王琦安
2018年6月出版／估价：298.00元
PSN B-2017-629-1/1

药品流通蓝皮书
中国药品流通行业发展报告（2018）
著(编)者：佘鲁林　温再兴
2018年7月出版／估价：198.00元
PSN B-2014-429-1/1

医疗器械蓝皮书
中国医疗器械行业发展报告（2018）
著(编)者：王宝亭　耿鸿武
2018年10月出版／估价：99.00元
PSN B-2017-661-1/1

医院蓝皮书
中国医院竞争力报告（2017~2018）
著(编)者：庄一强　　2018年3月出版／定价：108.00元
PSN B-2016-528-1/1

瑜伽蓝皮书
中国瑜伽业发展报告（2017~2018）
著(编)者：张永建　徐华锋　朱泰余
2018年6月出版／估价：198.00元
PSN B-2017-625-1/1

债券市场蓝皮书
中国债券市场发展报告（2017~2018）
著(编)者：杨农　　2018年10月出版／估价：99.00元
PSN B-2016-572-1/1

志愿服务蓝皮书
中国志愿服务发展报告（2018）
著(编)者：中国志愿服务联合会
2018年11月出版／估价：99.00元
PSN B-2017-664-1/1

中国上市公司蓝皮书
中国上市公司发展报告（2018）
著(编)者：张鹏　张平　黄胤英
2018年9月出版／估价：99.00元
PSN B-2014-414-1/1

中国新三板蓝皮书
中国新三板创新与发展报告（2018）
著(编)者：刘平安　闻召林
2018年8月出版／估价：158.00元
PSN B-2017-638-1/1

中国汽车品牌蓝皮书
中国乘用车品牌发展报告（2017）
著(编)者：《中国汽车报》社有限公司
　　　　　博世（中国）投资有限公司
　　　　　中国汽车技术研究中心数据资源中心
2018年1月出版／定价：89.00元
PSN B-2017-679-1/1

中医文化蓝皮书
北京中医药文化传播发展报告（2018）
著(编)者：毛嘉陵　　2018年6月出版／估价：99.00元
PSN B-2015-468-1/2

中医文化蓝皮书
中国中医药文化传播发展报告（2018）
著(编)者：毛嘉陵　　2018年7月出版／估价：99.00元
PSN B-2016-584-2/2

中医药蓝皮书
北京中医药知识产权发展报告No.2
著(编)者：汪洪　屠志涛　2018年6月出版／估价：168.00元
PSN B-2017-602-1/1

资本市场蓝皮书
中国场外交易市场发展报告（2016~2017）
著(编)者：高峦　　2018年6月出版／估价：99.00元
PSN B-2009-153-1/1

资产管理蓝皮书
中国资产管理行业发展报告（2018）
著(编)者：郑智　　2018年7月出版／估价：99.00元
PSN B-2014-407-2/2

资产证券化蓝皮书
中国资产证券化发展报告（2018）
著(编)者：沈炳熙　曹彤　李哲平
2018年4月出版／定价：98.00元
PSN B-2017-660-1/1

自贸区蓝皮书
中国自贸区发展报告（2018）
著(编)者：王力　黄育华
2018年6月出版／估价：99.00元
PSN B-2016-558-1/1

国际问题与全球治理类

"一带一路"跨境通道蓝皮书
"一带一路"跨境通道建设研究报(2017~2018)
著(编)者：余鑫 张秋生　2018年1月出版／定价：89.00元
PSN B-2016-557-1/1

"一带一路"蓝皮书
"一带一路"建设发展报告(2018)
著(编)者：李永全　2018年3月出版／定价：98.00元
PSN B-2016-552-1/1

"一带一路"投资安全蓝皮书
中国"一带一路"投资与安全研究报告(2018)
著(编)者：邹统钎 梁昊光　2018年4月出版／定价：98.00元
PSN B-2017-612-1/1

"一带一路"文化交流蓝皮书
中阿文化交流发展报告(2017)
著(编)者：王辉　2017年12月出版／定价：89.00元
PSN B-2017-655-1/1

G20国家创新竞争力黄皮书
二十国集团(G20)国家创新竞争力发展报告(2017~2018)
著(编)者：李建平 李闽榕 赵新力 周天勇
2018年7月出版／定价：168.00元
PSN Y-2011-229-1/1

阿拉伯黄皮书
阿拉伯发展报告(2016~2017)
著(编)者：罗林　2018年6月出版／估价：99.00元
PSN Y-2014-381-1/1

北部湾蓝皮书
泛北部湾合作发展报告(2017~2018)
著(编)者：吕余生　2018年12月出版／估价：99.00元
PSN B-2008-114-1/1

北极蓝皮书
北极地区发展报告(2017)
著(编)者：刘惠荣　2018年7月出版／估价：99.00元
PSN B-2017-634-1/1

大洋洲蓝皮书
大洋洲发展报告(2017~2018)
著(编)者：喻常森　2018年10月出版／估价：99.00元
PSN B-2013-341-1/1

东北亚区域合作蓝皮书
2017年"一带一路"倡议与东北亚区域合作
著(编)者：刘亚政 金美花
2018年5月出版／定价：99.00元
PSN B-2017-631-1/1

东盟黄皮书
东盟发展报告(2017)
著(编)者：杨静林 庄国土　2018年6月出版／估价：99.00元
PSN Y-2012-303-1/1

东南亚蓝皮书
东南亚地区发展报告(2017~2018)
著(编)者：王勤　2018年12月出版／估价：99.00元
PSN B-2012-240-1/1

非洲黄皮书
非洲发展报告No.20(2017~2018)
著(编)者：张宏明　2018年7月出版／估价：99.00元
PSN Y-2012-239-1/1

非传统安全蓝皮书
中国非传统安全研究报告(2017~2018)
著(编)者：潇枫 罗中枢　2018年8月出版／估价：99.00元
PSN B-2012-273-1/1

国际安全蓝皮书
中国国际安全研究报告(2018)
著(编)者：刘慧　2018年7月出版／估价：99.00元
PSN B-2016-521-1/1

国际城市蓝皮书
国际城市发展报告(2018)
著(编)者：屠启宇　2018年2月出版／定价：89.00元
PSN B-2012-260-1/1

国际形势黄皮书
全球政治与安全报告(2018)
著(编)者：张宇燕　2018年1月出版／定价：99.00元
PSN Y-2001-016-1/1

公共外交蓝皮书
中国公共外交发展报告(2018)
著(编)者：赵启正 雷蔚真　2018年6月出版／估价：99.00元
PSN B-2015-457-1/1

海丝蓝皮书
21世纪海上丝绸之路研究报告(2017)
著(编)者：华侨大学海上丝绸之路研究院
2017年12月出版／定价：89.00元
PSN B-2017-684-1/1

金砖国家黄皮书
金砖国家综合创新竞争力发展报告(2018)
著(编)者：赵新力 李闽榕 黄茂兴
2018年8月出版／估价：128.00元
PSN Y-2017-643-1/1

拉美黄皮书
拉丁美洲和加勒比发展报告(2017~2018)
著(编)者：袁东振　2018年6月出版／估价：99.00元
PSN Y-1999-007-1/1

澜湄合作蓝皮书
澜沧江-湄公河合作发展报告(2018)
著(编)者：刘稚　2018年9月出版／估价：99.00元
PSN B-2011-196-1/1

皮书系列 2018全品种

国际问题与全球治理类

欧洲蓝皮书
欧洲发展报告（2017~2018）
著（编）者：黄平 周弘 程卫东
2018年6月出版 / 估价：99.00元
PSN B-1999-009-1/1

葡语国家蓝皮书
葡语国家发展报告（2016~2017）
著（编）者：王成安 张敏 刘金兰
2018年6月出版 / 估价：99.00元
PSN B-2015-503-1/2

葡语国家蓝皮书
中国与葡语国家关系发展报告·巴西（2016）
著（编）者：张曙光
2018年8月出版 / 估价：99.00元
PSN B-2016-563-2/2

气候变化绿皮书
应对气候变化报告（2018）
著（编）者：王伟光 郑国光
2018年11月出版 / 估价：99.00元
PSN G-2009-144-1/1

全球环境竞争力绿皮书
全球环境竞争力报告（2018）
著（编）者：李建平 李闽榕 王金南
2018年12月出版 / 估价：198.00元
PSN G-2013-363-1/1

全球信息社会蓝皮书
全球信息社会发展报告（2018）
著（编）者：丁波涛 唐涛 2018年10月出版 / 估价：99.00元
PSN B-2017-665-1/1

日本经济蓝皮书
日本经济与中日经贸关系研究报告（2018）
著（编）者：张季风 2018年6月出版 / 估价：99.00元
PSN B-2008-102-1/1

上海合作组织黄皮书
上海合作组织发展报告（2018）
著（编）者：李进峰 2018年6月出版 / 估价：99.00元
PSN Y-2009-130-1/1

世界创新竞争力黄皮书
世界创新竞争力发展报告（2017）
著（编）者：李建平 李闽榕 赵新力
2018年6月出版 / 估价：168.00元
PSN Y-2013-318-1/1

世界经济黄皮书
2018年世界经济形势分析与预测
著（编）者：张宇燕 2018年1月出版 / 定价：99.00元
PSN Y-1999-006-1/1

世界能源互联互通蓝皮书
世界能源清洁发展与互联互通评估报告（2017）：欧洲篇
著（编）者：国网能源研究院
2018年1月出版 / 定价：128.00元
PSN B-2018-695-1/1

丝绸之路蓝皮书
丝绸之路经济带发展报告（2018）
著（编）者：任宗哲 白宽犁 谷孟宾
2018年1月出版 / 定价：89.00元
PSN B-2014-410-1/1

新兴经济体蓝皮书
金砖国家发展报告（2018）
著（编）者：林跃勤 周文
2018年8月出版 / 估价：99.00元
PSN B-2011-195-1/1

亚太蓝皮书
亚太地区发展报告（2018）
著（编）者：李向阳 2018年5月出版 / 估价：99.00元
PSN B-2001-015-1/1

印度洋地区蓝皮书
印度洋地区发展报告（2018）
著（编）者：汪戎 2018年6月出版 / 估价：99.00元
PSN B-2013-334-1/1

印度尼西亚经济蓝皮书
印度尼西亚经济发展报告（2017）：增长与机会
著（编）者：左志刚 2017年11月出版 / 定价：89.00元
PSN B-2017-675-1/1

渝新欧蓝皮书
渝新欧沿线国家发展报告（2018）
著（编）者：杨柏 黄森
2018年6月出版 / 估价：99.00元
PSN B-2017-626-1/1

中阿蓝皮书
中国·阿拉伯国家经贸发展报告（2018）
著（编）者：张廉 段庆林 王林聪 杨巧红
2018年12月出版 / 估价：99.00元
PSN B-2016-598-1/1

中东黄皮书
中东发展报告No.20（2017~2018）
著（编）者：杨光 2018年10月出版 / 估价：99.00元
PSN Y-1998-004-1/1

中亚黄皮书
中亚国家发展报告（2018）
著（编）者：孙力
2018年3月出版 / 定价：98.00元
PSN Y-2012-238-1/1

国别类

澳大利亚蓝皮书
澳大利亚发展报告（2017-2018）
著（编）者：孙有中 韩锋　2018年12月出版 / 估价：99.00元
PSN B-2016-587-1/1

巴西黄皮书
巴西发展报告（2017）
著（编）者：刘国枝　2018年5月出版 / 估价：99.00元
PSN Y-2017-614-1/1

德国蓝皮书
德国发展报告（2018）
著（编）者：郑春荣　2018年6月出版 / 估价：99.00元
PSN B-2012-278-1/1

俄罗斯黄皮书
俄罗斯发展报告（2018）
著（编）者：李永全　2018年6月出版 / 估价：99.00元
PSN Y-2006-061-1/1

韩国蓝皮书
韩国发展报告（2017）
著（编）者：牛林杰 刘宝全　2018年6月出版 / 估价：99.00元
PSN B-2010-155-1/1

加拿大蓝皮书
加拿大发展报告（2018）
著（编）者：唐小松　2018年9月出版 / 估价：99.00元
PSN B-2014-389-1/1

美国蓝皮书
美国研究报告（2018）
著（编）者：郑秉文 黄平　2018年5月出版 / 估价：99.00元
PSN B-2011-210-1/1

缅甸蓝皮书
缅甸国情报告（2017）
著（编）者：祝湘辉
2017年11月出版 / 定价：98.00元
PSN B-2013-343-1/1

日本蓝皮书
日本研究报告（2018）
著（编）者：杨伯江　2018年4月出版 / 定价：99.00元
PSN B-2002-020-1/1

土耳其蓝皮书
土耳其发展报告（2018）
著（编）者：郭长刚 刘义　2018年9月出版 / 估价：99.00元
PSN B-2014-412-1/1

伊朗蓝皮书
伊朗发展报告（2017~2018）
著（编）者：冀开运　2018年10月 / 估价：99.00元
PSN B-2016-574-1/1

以色列蓝皮书
以色列发展报告（2018）
著（编）者：张倩红　2018年8月出版 / 估价：99.00元
PSN B-2015-483-1/1

印度蓝皮书
印度国情报告（2017）
著（编）者：吕昭义　2018年6月出版 / 估价：99.00元
PSN B-2012-241-1/1

英国蓝皮书
英国发展报告（2017~2018）
著（编）者：王展鹏　2018年12月出版 / 估价：99.00元
PSN B-2015-486-1/1

越南蓝皮书
越南国情报告（2018）
著（编）者：谢林城　2018年11月出版 / 估价：99.00元
PSN B-2006-056-1/1

泰国蓝皮书
泰国研究报告（2018）
著（编）者：庄国土 张禹东 刘文正
2018年10月出版 / 估价：99.00元
PSN B-2016-556-1/1

文化传媒类

"三农"舆情蓝皮书
中国"三农"网络舆情报告（2017~2018）
著（编）者：农业部信息中心
2018年6月出版 / 估价：99.00元
PSN B-2017-640-1/1

传媒竞争力蓝皮书
中国传媒国际竞争力研究报告（2018）
著（编）者：李本乾 刘强 王大可
2018年8月出版 / 估价：99.00元
PSN B-2013-356-1/1

传媒蓝皮书
中国传媒产业发展报告（2018）
著（编）者：崔保国　2018年5月出版 / 估价：99.00元
PSN B-2005-035-1/1

传媒投资蓝皮书
中国传媒投资发展报告（2018）
著（编）者：张向东 谭云明
2018年6月出版 / 估价：148.00元
PSN B-2015-474-1/1

皮书系列 2018全品种 — 文化传媒类

非物质文化遗产蓝皮书
中国非物质文化遗产发展报告（2018）
著（编）者：陈平　2018年6月出版　估价：128.00元
PSN B-2015-469-1/2

非物质文化遗产蓝皮书
中国非物质文化遗产保护发展报告（2018）
著（编）者：宋俊华　2018年10月出版　估价：128.00元
PSN B-2016-586-2/2

广电蓝皮书
中国广播电影电视发展报告（2018）
著（编）者：国家新闻出版广电总局发展研究中心
2018年7月出版　估价：99.00元
PSN B-2006-072-1/1

广告主蓝皮书
中国广告主营销传播趋势报告No.9
著（编）者：黄升民　杜国清　邵华冬　等
2018年10月出版　估价：158.00元
PSN B-2005-041-1/1

国际传播蓝皮书
中国国际传播发展报告（2018）
著（编）者：胡正荣　李继东　姬德强
2018年12月出版　估价：99.00元
PSN B-2014-408-1/1

国家形象蓝皮书
中国国家形象传播报告（2017）
著（编）者：张昆　2018年6月出版　估价：128.00元
PSN B-2017-605-1/1

互联网治理蓝皮书
中国网络社会治理研究报告（2018）
著（编）者：罗昕　支庭荣
2018年9月出版　估价：118.00元
PSN B-2017-653-1/1

纪录片蓝皮书
中国纪录片发展报告（2018）
著（编）者：何苏六　2018年10月出版　估价：99.00元
PSN B-2011-222-1/1

科学传播蓝皮书
中国科学传播报告（2016~2017）
著（编）者：詹正茂　2018年6月出版　估价：99.00元
PSN B-2008-120-1/1

两岸创意经济蓝皮书
两岸创意经济研究报告（2018）
著（编）者：罗昌智　董泽平
2018年10月出版　估价：99.00元
PSN B-2014-437-1/1

媒介与女性蓝皮书
中国媒介与女性发展报告（2017~2018）
著（编）者：刘利群　2018年5月出版　估价：99.00元
PSN B-2013-345-1/1

媒体融合蓝皮书
中国媒体融合发展报告（2017~2018）
著（编）者：梅宁华　支庭荣
2017年12月出版　定价：98.00元
PSN B-2015-479-1/1

全球传媒蓝皮书
全球传媒发展报告（2017~2018）
著（编）者：胡正荣　李继东　2018年6月出版　估价：99.00元
PSN B-2012-237-1/1

少数民族非遗蓝皮书
中国少数民族非物质文化遗产发展报告（2018）
著（编）者：肖远平（彝）　柴立（满）
2018年10月出版　估价：118.00元
PSN B-2015-467-1/1

视听新媒体蓝皮书
中国视听新媒体发展报告（2018）
著（编）者：国家新闻出版广电总局发展研究中心
2018年7月出版　估价：118.00元
PSN B-2011-184-1/1

数字娱乐产业蓝皮书
中国动画产业发展报告（2018）
著（编）者：孙立军　孙平　牛兴侦
2018年10月出版　估价：99.00元
PSN B-2011-198-1/2

数字娱乐产业蓝皮书
中国游戏产业发展报告（2018）
著（编）者：孙立军　刘跃军　2018年10月出版　估价：99.00元
PSN B-2017-662-2/2

网络视听蓝皮书
中国互联网视听行业发展报告（2018）
著（编）者：陈鹏　2018年2月出版　定价：148.00元
PSN B-2018-688-1/1

文化创新蓝皮书
中国文化创新报告（2017·No.8）
著（编）者：傅才武　2018年6月出版　估价：99.00元
PSN B-2009-143-1/1

文化建设蓝皮书
中国文化发展报告（2018）
著（编）者：江畅　孙伟平　戴茂堂
2018年5月出版　估价：99.00元
PSN B-2014-392-1/1

文化科技蓝皮书
文化科技创新发展报告（2018）
著（编）者：于平　李凤亮　2018年10月出版　估价：99.00元
PSN B-2013-342-1/1

文化蓝皮书
中国公共文化服务发展报告（2017~2018）
著（编）者：刘新成　张永新　张旭
2018年12月出版　估价：99.00元
PSN B-2007-093-2/10

文化蓝皮书
中国少数民族文化发展报告（2017~2018）
著（编）者：武翠英　张晓明　任乌晶
2018年9月出版　估价：99.00元
PSN B-2013-369-9/10

文化蓝皮书
中国文化产业供需协调检测报告（2018）
著（编）者：王亚南　2018年3月出版　定价：99.00元
PSN B-2013-323-8/10

 文化传媒类·地方发展类-经济

皮书系列
2018全品种

文化蓝皮书
中国文化消费需求景气评价报告（2018）
著（编）者：王亚南　　2018年3月出版　／定价：99.00元
PSN B-2011-236-4/10

文化蓝皮书
中国公共文化投入增长测评报告（2018）
著（编）者：王亚南　　2018年3月出版　／定价：99.00元
PSN B-2014-435-10/10

文化品牌蓝皮书
中国文化品牌发展报告（2018）
著（编）者：欧阳友权　　2018年5月出版　／估价：99.00元
PSN B-2012-277-1/1

文化遗产蓝皮书
中国文化遗产事业发展报告（2017~2018）
著（编）者：苏杨　张颖岚　卓杰　白海峰　陈晨　陈叙图
2018年8月出版　／估价：99.00元
PSN B-2008-119-1/1

文学蓝皮书
中国文情报告（2017~2018）
著（编）者：白烨　　2018年5月出版　／估价：99.00元
PSN B-2011-221-1/1

新媒体蓝皮书
中国新媒体发展报告No.9（2018）
著（编）者：唐绪军　　2018年7月出版　／估价：99.00元
PSN B-2010-169-1/1

新媒体社会责任蓝皮书
中国新媒体社会责任研究报告（2018）
著（编）者：钟瑛　　2018年12月出版　／估价：99.00元
PSN B-2014-423-1/1

移动互联网蓝皮书
中国移动互联网发展报告（2018）
著（编）者：余清楚　　2018年6月出版　／估价：99.00元
PSN B-2014-282-1/1

影视蓝皮书
中国影视产业发展报告（2018）
著（编）者：司若　陈鹏　陈锐
2018年6月出版　／估价：99.00元
PSN B-2016-529-1/1

舆情蓝皮书
中国社会舆情与危机管理报告（2018）
著（编）者：谢耘耕
2018年9月出版　／估价：138.00元
PSN B-2011-235-1/1

中国大运河蓝皮书
中国大运河发展报告（2018）
著（编）者：吴欣　　2018年2月出版　／估价：128.00元
PSN B-2018-691-1/1

地方发展类-经济

澳门蓝皮书
澳门经济社会发展报告（2017~2018）
著（编）者：吴志良　郝雨凡
2018年7月出版　／估价：99.00元
PSN B-2009-138-1/1

澳门绿皮书
澳门旅游休闲发展报告（2017~2018）
著（编）者：郝雨凡　林广志
2018年5月出版　／估价：99.00元
PSN G-2017-617-1/1

北京蓝皮书
北京经济发展报告（2017~2018）
著（编）者：杨松　　2018年6月出版　／估价：99.00元
PSN B-2006-054-2/8

北京旅游绿皮书
北京旅游发展报告（2018）
著（编）者：北京旅游学会
2018年7月出版　／估价：99.00元
PSN G-2012-301-1/1

北京体育蓝皮书
北京体育产业发展报告（2017~2018）
著（编）者：钟秉枢　陈杰　杨铁黎
2018年9月出版　／估价：99.00元
PSN B-2015-475-1/1

滨海金融蓝皮书
滨海新区金融发展报告（2017）
著（编）者：王爱俭　李向前　2018年4月出版　／估价：99.00元
PSN B-2014-424-1/1

城乡一体化蓝皮书
北京城乡一体化发展报告（2017~2018）
著（编）者：吴宝新　张宝秀　黄序
2018年5月出版　／估价：99.00元
PSN B-2012-258-2/2

非公有制企业社会责任蓝皮书
北京非公有制企业社会责任报告（2018）
著（编）者：宋贵伦　冯培
2018年6月出版　／估价：99.00元
PSN B-2017-613-1/1

皮书系列 2018全品种 — 地方发展类–经济

福建旅游蓝皮书
福建省旅游产业发展现状研究（2017~2018）
著（编）者：陈敏华 黄远水　2018年12月出版 / 估价：128.00元
PSN B-2016-591-1/1

福建自贸区蓝皮书
中国（福建）自由贸易试验区发展报告（2017~2018）
著（编）者：黄茂兴　2018年6月出版 / 估价：118.00元
PSN B-2016-531-1/1

甘肃蓝皮书
甘肃经济发展分析与预测（2018）
著（编）者：安文华 罗哲　2018年1月出版 / 定价：99.00元
PSN B-2013-312-1/6

甘肃蓝皮书
甘肃商贸流通发展报告（2018）
著（编）者：张应华 王福生 王晓芳
2018年1月出版 / 定价：99.00元
PSN B-2016-522-6/6

甘肃蓝皮书
甘肃县域和农村发展报告（2018）
著（编）者：包东红 朱智文 王建兵
2018年1月出版 / 定价：99.00元
PSN B-2013-316-5/6

甘肃农业科技绿皮书
甘肃农业科技发展研究报告（2018）
著（编）者：魏胜文 乔德华 张东伟
2018年12月出版 / 估价：198.00元
PSN B-2016-592-1/1

甘肃气象保障蓝皮书
甘肃农业对气候变化的适应与风险评估报告（No.1）
著（编）者：鲍文中 周广胜
2017年12月出版 / 定价：108.00元
PSN B-2017-677-1/1

巩义蓝皮书
巩义经济社会发展报告（2018）
著（编）者：丁同民 朱军　2018年6月出版 / 估价：99.00元
PSN B-2016-532-1/1

广东外经贸蓝皮书
广东对外经济贸易发展研究报告（2017~2018）
著（编）者：陈万灵　2018年6月出版 / 估价：99.00元
PSN B-2012-286-1/1

广西北部湾经济区蓝皮书
广西北部湾经济区开放开发报告（2017~2018）
著（编）者：广西壮族自治区北部湾经济区和东盟开放合作办公室
　　　　　广西社会科学院
　　　　　广西北部湾发展研究院
2018年5月出版 / 估价：99.00元
PSN B-2010-181-1/1

广州蓝皮书
广州城市国际化发展报告（2018）
著（编）者：张跃国　2018年8月出版 / 估价：99.00元
PSN B-2012-246-11/14

广州蓝皮书
中国广州城市建设与管理发展报告（2018）
著（编）者：张其学 陈小钢 王宏伟　2018年8月出版 / 估价：99.00元
PSN B-2007-087-4/14

广州蓝皮书
广州创新型城市发展报告（2018）
著（编）者：尹涛　2018年6月出版 / 估价：99.00元
PSN B-2012-247-12/14

广州蓝皮书
广州经济发展报告（2018）
著（编）者：张跃国 尹涛　2018年7月出版 / 估价：99.00元
PSN B-2005-040-1/14

广州蓝皮书
2018年中国广州经济形势分析与预测
著（编）者：魏明海 谢博能 李华
2018年6月出版 / 估价：99.00元
PSN B-2011-185-9/14

广州蓝皮书
中国广州科技创新发展报告（2018）
著（编）者：于欣伟 陈爽 邓佑满　2018年8月出版 / 估价：99.00元
PSN B-2006-065-2/14

广州蓝皮书
广州农村发展报告（2018）
著（编）者：朱名宏　2018年7月出版 / 估价：99.00元
PSN B-2010-167-8/14

广州蓝皮书
广州汽车产业发展报告（2018）
著（编）者：杨再高 冯兴亚　2018年7月出版 / 估价：99.00元
PSN B-2006-066-3/14

广州蓝皮书
广州商业发展报告（2018）
著（编）者：张跃国 陈杰 荀振英
2018年7月出版 / 估价：99.00元
PSN B-2012-245-10/14

贵阳蓝皮书
贵阳城市创新发展报告No.3（白云篇）
著（编）者：连玉明　2018年5月出版 / 估价：99.00元
PSN B-2015-491-3/10

贵阳蓝皮书
贵阳城市创新发展报告No.3（观山湖篇）
著（编）者：连玉明　2018年5月出版 / 估价：99.00元
PSN B-2015-497-9/10

贵阳蓝皮书
贵阳城市创新发展报告No.3（花溪篇）
著（编）者：连玉明　2018年5月出版 / 估价：99.00元
PSN B-2015-490-2/10

贵阳蓝皮书
贵阳城市创新发展报告No.3（开阳篇）
著（编）者：连玉明　2018年5月出版 / 估价：99.00元
PSN B-2015-492-4/10

贵阳蓝皮书
贵阳城市创新发展报告No.3（南明篇）
著（编）者：连玉明　2018年5月出版 / 估价：99.00元
PSN B-2015-496-8/10

贵阳蓝皮书
贵阳城市创新发展报告No.3（清镇篇）
著（编）者：连玉明　2018年5月出版 / 估价：99.00元
PSN B-2015-489-1/10

地方发展类-经济 | 皮书系列 2018全品种

贵阳蓝皮书
贵阳城市创新发展报告No.3（乌当篇）
著(编)者：连玉明　　2018年5月出版　/　估价：99.00元
PSN B-2015-495-7/10

贵阳蓝皮书
贵阳城市创新发展报告No.3（息烽篇）
著(编)者：连玉明　　2018年5月出版　/　估价：99.00元
PSN B-2015-493-5/10

贵阳蓝皮书
贵阳城市创新发展报告No.3（修文篇）
著(编)者：连玉明　　2018年5月出版　/　估价：99.00元
PSN B-2015-494-6/10

贵阳蓝皮书
贵阳城市创新发展报告No.3（云岩篇）
著(编)者：连玉明　　2018年5月出版　/　估价：99.00元
PSN B-2015-498-10/10

贵州房地产蓝皮书
贵州房地产发展报告No.5（2018）
著(编)者：武廷方　　2018年7月出版　/　估价：99.00元
PSN B-2014-426-1/1

贵州蓝皮书
贵州册亨经济社会发展报告（2018）
著(编)者：黄德林　　2018年6月出版　/　估价：99.00元
PSN B-2016-525-8/9

贵州蓝皮书
贵州地理标志产业发展报告（2018）
著(编)者：李发耀　黄其松　　2018年8月出版　/　估价：99.00元
PSN B-2017-646-10/10

贵州蓝皮书
贵安新区发展报告（2017~2018）
著(编)者：马长青　吴大华　　2018年6月出版　/　估价：99.00元
PSN B-2015-459-4/10

贵州蓝皮书
贵州国家级开放创新平台发展报告（2017~2018）
著(编)者：申晓庆　吴大华　季泓
2018年11月出版　/　估价：99.00元
PSN B-2016-518-7/10

贵州蓝皮书
贵州国有企业社会责任发展报告（2017~2018）
著(编)者：郭丽　　2018年12月出版　/　估价：99.00元
PSN B-2015-511-6/10

贵州蓝皮书
贵州民航业发展报告（2017）
著(编)者：申振东　吴大华　　2018年6月出版　/　估价：99.00元
PSN B-2015-471-5/10

贵州蓝皮书
贵州民营经济发展报告（2017）
著(编)者：杨静　吴大华　　2018年6月出版　/　估价：99.00元
PSN B-2015-530-9/9

杭州都市圈蓝皮书
杭州都市圈发展报告（2018）
著(编)者：洪庆华　沈翔　　2018年4月出版　/　定价：98.00元
PSN B-2012-302-1/1

河北经济蓝皮书
河北省经济发展报告（2018）
著(编)者：马树强　金浩　张贵　　2018年6月出版　/　估价：99.00元
PSN B-2014-380-1/1

河北蓝皮书
河北经济社会发展报告（2018）
著(编)者：康振海　　2018年1月出版　/　定价：99.00元
PSN B-2014-372-1/3

河北蓝皮书
京津冀协同发展报告（2018）
著(编)者：陈璐　　2017年12月出版　/　定价：79.00元
PSN B-2017-601-2/3

河南经济蓝皮书
2018年河南经济形势分析与预测
著(编)者：王世炎　　2018年3月出版　/　定价：89.00元
PSN B-2007-086-1/1

河南蓝皮书
河南城市发展报告（2018）
著(编)者：张占仓　王建国　　2018年5月出版　/　估价：99.00元
PSN B-2009-131-3/9

河南蓝皮书
河南工业发展报告（2018）
著(编)者：张占仓　　2018年5月出版　/　估价：99.00元
PSN B-2013-317-5/9

河南蓝皮书
河南金融发展报告（2018）
著(编)者：喻新安　谷建全
2018年6月出版　/　估价：99.00元
PSN B-2014-390-7/9

河南蓝皮书
河南经济发展报告（2018）
著(编)者：张占仓　完世伟
2018年6月出版　/　估价：99.00元
PSN B-2010-157-4/9

河南蓝皮书
河南能源发展报告（2018）
著(编)者：国网河南省电力公司经济技术研究院
　　　　河南省社会科学院
2018年6月出版　/　估价：99.00元
PSN B-2017-607-9/9

河南商务蓝皮书
河南商务发展报告（2018）
著(编)者：焦锦淼　穆荣国　　2018年5月出版　/　估价：99.00元
PSN B-2014-399-1/1

河南双创蓝皮书
河南创新创业发展报告（2018）
著(编)者：喻新安　杨雪梅
2018年8月出版　/　估价：99.00元
PSN B-2017-641-1/1

黑龙江蓝皮书
黑龙江经济发展报告（2018）
著(编)者：朱宇　　2018年1月出版　/　定价：89.00元
PSN B-2011-190-2/2

地方发展类-经济

湖南城市蓝皮书
区域城市群整合
著(编)者：童中贤 韩未名　　2018年12月出版 / 估价：99.00元
PSN B-2006-064-1/1

湖南蓝皮书
湖南城乡一体化发展报告（2018）
著(编)者：陈文胜 王文强 陆福兴
2018年8月出版 / 估价：99.00元
PSN B-2015-477-8/8

湖南蓝皮书
2018年湖南电子政务发展报告
著(编)者：梁志峰　　2018年5月出版 / 估价：128.00元
PSN B-2014-394-6/8

湖南蓝皮书
2018年湖南经济发展报告
著(编)者：卞鹰　　2018年5月出版 / 估价：128.00元
PSN B-2011-207-2/8

湖南蓝皮书
2016年湖南经济展望
著(编)者：梁志峰　　2018年5月出版 / 估价：128.00元
PSN B-2011-206-1/8

湖南蓝皮书
2018年湖南县域经济社会发展报告
著(编)者：梁志峰　　2018年5月出版 / 估价：128.00元
PSN B-2014-395-7/8

湖南县域绿皮书
湖南县域发展报告（No.5）
著(编)者：袁准 周小毛 黎仁寅
2018年6月出版 / 估价：99.00元
PSN G-2012-274-1/1

沪港蓝皮书
沪港发展报告（2018）
著(编)者：尤安山　　2018年9月出版 / 估价：99.00元
PSN B-2013-362-1/1

吉林蓝皮书
2018年吉林经济社会形势分析与预测
著(编)者：邵汉明　　2017年12月出版 / 定价：89.00元
PSN B-2013-319-1/1

吉林省城市竞争力蓝皮书
吉林省城市竞争力报告（2017~2018）
著(编)者：崔岳春 张磊
2018年3月出版 / 定价：89.00元
PSN B-2016-513-1/1

济源蓝皮书
济源经济社会发展报告（2018）
著(编)者：喻新安　　2018年6月出版 / 估价：99.00元
PSN B-2014-387-1/1

江苏蓝皮书
2018年江苏经济发展分析与展望
著(编)者：王庆五 吴先满
2018年7月出版 / 估价：128.00元
PSN B-2017-635-1/3

江西蓝皮书
江西经济社会发展报告（2018）
著(编)者：陈石俊 龚建文　　2018年10月出版 / 估价：128.00元
PSN B-2015-484-1/2

江西蓝皮书
江西设区市发展报告（2018）
著(编)者：姜玮 梁勇
2018年10月出版 / 估价：99.00元
PSN B-2016-517-2/2

经济特区蓝皮书
中国经济特区发展报告（2017）
著(编)者：陶一桃　　2018年1月出版 / 估价：99.00元
PSN B-2009-139-1/1

辽宁蓝皮书
2018年辽宁经济社会形势分析与预测
著(编)者：梁启东 魏红江　　2018年6月出版 / 估价：99.00元
PSN B-2006-053-1/1

民族经济蓝皮书
中国民族地区经济发展报告（2018）
著(编)者：李曦辉　　2018年7月出版 / 估价：99.00元
PSN B-2017-630-1/1

南宁蓝皮书
南宁经济发展报告（2018）
著(编)者：胡建华　　2018年9月出版 / 估价：99.00元
PSN B-2016-569-2/3

内蒙古蓝皮书
内蒙古精准扶贫研究报告（2018）
著(编)者：张志华　　2018年1月出版 / 定价：89.00元
PSN B-2017-681-2/2

浦东新区蓝皮书
上海浦东经济发展报告（2018）
著(编)者：周小平 徐美芳
2018年1月出版 / 定价：89.00元
PSN B-2011-225-1/1

青海蓝皮书
2018年青海经济社会形势分析与预测
著(编)者：陈玮　　2018年1月出版 / 定价：98.00元
PSN B-2012-275-1/2

青海科技绿皮书
青海科技发展报告（2017）
著(编)者：青海省科学技术信息研究所
2018年3月出版 / 定价：98.00元
PSN G-2018-701-1/1

山东蓝皮书
山东经济形势分析与预测（2018）
著(编)者：李广杰　　2018年7月出版 / 估价：99.00元
PSN B-2014-404-1/5

山东蓝皮书
山东省普惠金融发展报告（2018）
著(编)者：齐鲁财富网
2018年9月出版 / 估价：99.00元
PSN B2017-676-5/5

地方发展类-经济

皮书系列
2018全品种

山西蓝皮书
山西资源型经济转型发展报告（2018）
著（编）者：李志强　2018年7月出版 / 估价：99.00元
PSN B-2011-197-1/1

陕西蓝皮书
陕西经济发展报告（2018）
著（编）者：任宗哲　白宽犁　裴成荣
2018年1月出版 / 定价：89.00元
PSN B-2009-135-1/6

陕西蓝皮书
陕西精准脱贫研究报告（2018）
著（编）者：任宗哲　白宽犁　王建康
2018年4月出版 / 定价：89.00元
PSN B-2017-623-6/6

上海蓝皮书
上海经济发展报告（2018）
著（编）者：沈开艳　2018年2月出版 / 定价：89.00元
PSN B-2006-057-1/7

上海蓝皮书
上海资源环境发展报告（2018）
著（编）者：周冯琦　胡静　2018年2月出版 / 定价：89.00元
PSN B-2006-060-4/7

上海蓝皮书
上海奉贤经济发展分析与研判（2017~2018）
著（编）者：张兆安　朱平芳　2018年3月出版 / 定价：99.00元
PSN B-2018-698-8/8

上饶蓝皮书
上饶发展报告（2016~2017）
著（编）者：廖其志　2018年6月出版 / 估价：128.00元
PSN B-2014-377-1/1

深圳蓝皮书
深圳经济发展报告（2018）
著（编）者：张骁儒　2018年6月出版 / 估价：99.00元
PSN B-2008-112-3/7

四川蓝皮书
四川城镇化发展报告（2018）
著（编）者：侯水平　陈炜　2018年6月出版 / 估价：99.00元
PSN B-2015-456-7/7

四川蓝皮书
2018年四川经济形势分析与预测
著（编）者：杨钢　2018年1月出版 / 定价：158.00元
PSN B-2007-098-2/7

四川蓝皮书
四川企业社会责任研究报告（2017~2018）
著（编）者：侯水平　盛毅　2018年5月出版 / 估价：99.00元
PSN B-2014-386-4/7

四川蓝皮书
四川生态建设报告（2018）
著（编）者：李晟之　2018年5月出版 / 估价：99.00元
PSN B-2014-455-6/7

四川蓝皮书
四川特色小镇发展报告（2017）
著（编）者：吴志强　2017年11月出版 / 定价：89.00元
PSN B-2017-670-8/8

体育蓝皮书
上海体育产业发展报告（2017~2018）
著（编）者：张林　黄海燕
2018年10月出版 / 估价：99.00元
PSN B-2015-454-4/5

体育蓝皮书
长三角地区体育产业发展报（2017~2018）
著（编）者：张林　2018年6月出版 / 估价：99.00元
PSN B-2015-453-3/5

天津金融蓝皮书
天津金融发展报告（2018）
著（编）者：王爱俭　孔德昌
2018年5月出版 / 估价：99.00元
PSN B-2014-418-1/1

图们江区域合作蓝皮书
图们江区域合作发展报告（2018）
著（编）者：李铁　2018年6月出版 / 估价：99.00元
PSN B-2015-464-1/1

温州蓝皮书
2018年温州经济社会形势分析与预测
著（编）者：蒋儒标　王春光　金浩
2018年6月出版 / 估价：99.00元
PSN B-2008-105-1/1

西咸新区蓝皮书
西咸新区发展报告（2018）
著（编）者：李扬　王军
2018年6月出版 / 估价：99.00元
PSN B-2016-534-1/1

修武蓝皮书
修武经济社会发展报告（2018）
著（编）者：张占仓　袁凯声
2018年10月出版 / 估价：99.00元
PSN B-2017-651-1/1

偃师蓝皮书
偃师经济社会发展报告（2018）
著（编）者：张占仓　袁凯声　何武周
2018年7月出版 / 估价：99.00元
PSN B-2017-627-1/1

扬州蓝皮书
扬州经济社会发展报告（2018）
著（编）者：陈扬
2018年12月出版 / 估价：108.00元
PSN B-2011-191-1/1

长垣蓝皮书
长垣经济社会发展报告（2018）
著（编）者：张占仓　袁凯声　秦保建
2018年10月出版 / 估价：99.00元
PSN B-2017-654-1/1

遵义蓝皮书
遵义发展报告（2018）
著（编）者：邓彦　曾征　龚永育
2018年9月出版 / 估价：99.00元
PSN B-2014-433-1/1

地方发展类-社会

安徽蓝皮书
安徽社会发展报告（2018）
著(编)者：程桦　　2018年6月出版 / 估价：99.00元
PSN B-2013-325-1/1

安徽社会建设蓝皮书
安徽社会建设分析报告（2017～2018）
著(编)者：黄家海　蔡宪
2018年11月出版 / 估价：99.00元
PSN B-2013-322-1/1

北京蓝皮书
北京公共服务发展报告（2017～2018）
著(编)者：施昌奎　　2018年6月出版 / 估价：99.00元
PSN B-2008-103-7/8

北京蓝皮书
北京社会发展报告（2017～2018）
著(编)者：李伟东
2018年7月出版 / 估价：99.00元
PSN B-2006-055-3/8

北京蓝皮书
北京社会治理发展报告（2017～2018）
著(编)者：殷星辰　　2018年7月出版 / 估价：99.00元
PSN B-2014-391-8/8

北京律师蓝皮书
北京律师发展报告 No.4（2018）
著(编)者：王隽　　2018年12月出版 / 估价：99.00元
PSN B-2011-217-1/1

北京人才蓝皮书
北京人才发展报告（2018）
著(编)者：敏华　　2018年12月出版 / 估价：128.00元
PSN B-2011-201-1/1

北京社会心态蓝皮书
北京社会心态分析报告（2017～2018）
北京市社会心理服务促进中心
2018年10月出版 / 估价：99.00元
PSN B-2014-422-1/1

北京社会组织管理蓝皮书
北京社会组织发展与管理（2018）
著(编)者：黄江松
2018年6月出版 / 估价：99.00元
PSN B-2015-446-1/1

北京养老产业蓝皮书
北京居家养老发展报告（2018）
著(编)者：陆杰华　周明明
2018年8月出版 / 估价：99.00元
PSN B-2015-465-1/1

法治蓝皮书
四川依法治省年度报告 No.4（2018）
著(编)者：李林　杨天宗　田禾
2018年3月出版 / 定价：118.00元
PSN B-2015-447-2/3

福建妇女发展蓝皮书
福建省妇女发展报告（2018）
著(编)者：刘群英　　2018年11月出版 / 估价：99.00元
PSN B-2011-220-1/1

甘肃蓝皮书
甘肃社会发展分析与预测（2018）
著(编)者：安文华　谢增虎　包晓霞
2018年1月出版 / 定价：99.00元
PSN B-2013-313-2/6

广东蓝皮书
广东全面深化改革研究报告（2018）
著(编)者：周林生　涂成林
2018年12月出版 / 估价：99.00元
PSN B-2015-504-3/3

广东蓝皮书
广东社会工作发展报告（2018）
著(编)者：罗观翠　　2018年6月出版 / 估价：99.00元
PSN B-2014-402-2/3

广州蓝皮书
广州青年发展报告（2018）
著(编)者：徐柳　张强
2018年8月出版 / 估价：99.00元
PSN B-2013-352-13/14

广州蓝皮书
广州社会保障发展报告（2018）
著(编)者：张跃国　　2018年8月出版 / 估价：99.00元
PSN B-2014-425-14/14

广州蓝皮书
2018年中国广州社会形势分析与预测
著(编)者：张强　郭志勇　何镜清
2018年6月出版 / 估价：99.00元
PSN B-2008-110-5/14

贵州蓝皮书
贵州法治发展报告（2018）
著(编)者：吴大华　　2018年5月出版 / 估价：99.00元
PSN B-2012-254-2/10

贵州蓝皮书
贵州人才发展报告（2017）
著(编)者：于杰　吴大华
2018年9月出版 / 估价：99.00元
PSN B-2014-382-3/10

贵州蓝皮书
贵州社会发展报告（2018）
著(编)者：王兴骥　　2018年6月出版 / 估价：99.00元
PSN B-2010-166-1/10

杭州蓝皮书
杭州妇女发展报告（2018）
著(编)者：魏颖
2018年10月出版 / 估价：99.00元
PSN B-2014-403-1/1

地方发展类–社会

皮书系列
2018全品种

河北蓝皮书
河北法治发展报告（2018）
著（编）者：康振海　2018年6月出版／估价：99.00元
PSN B-2017-622-3/3

河北食品药品安全蓝皮书
河北食品药品安全研究报告（2018）
著（编）者：丁锦霞
2018年10月出版／估价：99.00元
PSN B-2015-473-1/1

河南蓝皮书
河南法治发展报告（2018）
著（编）者：张林海　2018年7月出版／估价：99.00元
PSN B-2014-376-6/9

河南蓝皮书
2018年河南社会形势分析与预测
著（编）者：牛苏林　2018年5月出版／估价：99.00元
PSN B-2005-043-1/9

河南民办教育蓝皮书
河南民办教育发展报告（2018）
著（编）者：胡大白　2018年9月出版／估价：99.00元
PSN B-2017-642-1/1

黑龙江蓝皮书
黑龙江社会发展报告（2018）
著（编）者：王爱丽　2018年1月出版／定价：89.00元
PSN B-2011-189-1/2

湖南蓝皮书
2018年湖南两型社会与生态文明建设报告
著（编）者：卞鹰　2018年5月出版／定价：128.00元
PSN B-2011-208-3/8

湖南蓝皮书
2018年湖南社会发展报告
著（编）者：卞鹰　2018年5月出版／定价：128.00元
PSN B-2014-393-5/8

健康城市蓝皮书
北京健康城市建设研究报告（2018）
著（编）者：王鸿春　盛继洪
2018年9月出版／估价：99.00元
PSN B-2015-460-1/2

江苏法治蓝皮书
江苏法治发展报告No.6（2017）
著（编）者：蔡道通　龚廷泰
2018年8月出版／估价：99.00元
PSN B-2012-290-1/1

江苏蓝皮书
2018年江苏社会发展分析与展望
著（编）者：王庆五　刘旺洪
2018年8月出版／估价：128.00元
PSN B-2017-636-2/3

民族教育蓝皮书
中国民族教育发展报告（2017·内蒙古卷）
著（编）者：陈中永
2017年12月出版／定价：198.00元
PSN B-2017-669-1/1

南宁蓝皮书
南宁法治发展报告（2018）
著（编）者：杨维超　2018年12月出版／估价：99.00元
PSN B-2015-509-1/3

南宁蓝皮书
南宁社会发展报告（2018）
著（编）者：胡建华　2018年10月出版／估价：99.00元
PSN B-2016-570-3/3

内蒙古蓝皮书
内蒙古反腐倡廉建设报告 No.2
著（编）者：张志华　2018年6月出版／估价：99.00元
PSN B-2013-365-1/1

青海蓝皮书
2018年青海人才发展报告
著（编）者：王宇燕　2018年9月出版／估价：99.00元
PSN B-2017-650-2/2

青海生态文明建设蓝皮书
青海生态文明建设报告（2018）
著（编）者：张西明　高华　2018年12月出版／估价：99.00元
PSN B-2016-595-1/1

人口与健康蓝皮书
深圳人口与健康发展报告（2018）
著（编）者：陆杰华　傅崇辉
2018年11月出版／估价：99.00元
PSN B-2011-228-1/1

山东蓝皮书
山东社会形势分析与预测（2018）
著（编）者：李善峰　2018年6月出版／估价：99.00元
PSN B-2014-405-2/5

陕西蓝皮书
陕西社会发展报告（2018）
著（编）者：任宗哲　白宽犁　牛昉
2018年1月出版／定价：89.00元
PSN B-2009-136-2/6

上海蓝皮书
上海法治发展报告（2018）
著（编）者：叶必丰　2018年9月出版／估价：99.00元
PSN B-2012-296-6/7

上海蓝皮书
上海社会发展报告（2018）
著（编）者：杨雄　周海旺
2018年2月出版／定价：89.00元
PSN B-2006-058-2/7

皮书系列 2018全品种 — 地方发展类-社会 · 地方发展类-文化

社会建设蓝皮书
2018年北京社会建设分析报告
著(编)者：宋贵伦 冯虹 　2018年9月出版 / 估价：99.00元
PSN B-2010-173-1/1

深圳蓝皮书
深圳法治发展报告（2018）
著(编)者：张骁儒 　2018年6月出版 / 估价：99.00元
PSN B-2015-470-6/7

深圳蓝皮书
深圳劳动关系发展报告（2018）
著(编)者：汤庭芬 　2018年8月出版 / 估价：99.00元
PSN B-2007-097-2/7

深圳蓝皮书
深圳社会治理与发展报告（2018）
著(编)者：张骁儒 　2018年6月出版 / 估价：99.00元
PSN B-2008-113-4/7

生态安全绿皮书
甘肃国家生态安全屏障建设发展报告（2018）
著(编)者：刘举科 喜文华
2018年10月出版 / 估价：99.00元
PSN G-2017-659-1/1

顺义社会建设蓝皮书
北京市顺义区社会建设发展报告（2018）
著(编)者：王学武 　2018年9月出版 / 估价：99.00元
PSN B-2017-658-1/1

四川蓝皮书
四川法治发展报告（2018）
著(编)者：郑泰安 　2018年6月出版 / 估价：99.00元
PSN B-2015-441-5/7

四川蓝皮书
四川社会发展报告（2018）
著(编)者：李羚 　2018年6月出版 / 估价：99.00元
PSN B-2008-127-3/7

四川社会工作与管理蓝皮书
四川省社会工作人力资源发展报告（2017）
著(编)者：边慧敏 　2017年12月出版 / 定价：89.00元
PSN B-2017-683-1/1

云南社会治理蓝皮书
云南社会治理年度报告（2017）
著(编)者：晏雄 韩全芳
2018年5月出版 / 估价：99.00元
PSN B-2017-667-1/1

地方发展类-文化

北京传媒蓝皮书
北京新闻出版广电发展报告（2017~2018）
著(编)者：王志 　2018年11月出版 / 估价：99.00元
PSN B-2016-588-1/1

北京蓝皮书
北京文化发展报告（2017~2018）
著(编)者：李建盛 　2018年5月出版 / 估价：99.00元
PSN B-2007-082-4/8

创意城市蓝皮书
北京文化创意产业发展报告（2018）
著(编)者：郭万超 张京成 　2018年12月出版 / 估价：99.00元
PSN B-2012-263-1/7

创意城市蓝皮书
天津文化创意产业发展报告（2017~2018）
著(编)者：谢思全 　2018年6月出版 / 估价：99.00元
PSN B-2016-536-7/7

创意城市蓝皮书
武汉文化创意产业发展报告（2018）
著(编)者：黄永林 陈汉桥 　2018年12月出版 / 估价：99.00元
PSN B-2013-354-4/7

创意上海蓝皮书
上海文化创意产业发展报告（2017~2018）
著(编)者：王慧敏 王兴全 　2018年8月出版 / 估价：99.00元
PSN B-2016-561-1/1

非物质文化遗产蓝皮书
广州市非物质文化遗产保护发展报告（2018）
著(编)者：宋俊华 　2018年12月出版 / 估价：99.00元
PSN B-2016-589-1/1

甘肃蓝皮书
甘肃文化发展分析与预测（2018）
著(编)者：马廷旭 戚晓萍 　2018年1月出版 / 定价：99.00元
PSN B-2013-314-3/6

甘肃蓝皮书
甘肃舆情分析与预测（2018）
著(编)者：王俊莲 张谦元 　2018年1月出版 / 定价：99.00元
PSN B-2013-315-4/6

广州蓝皮书
中国广州文化发展报告（2018）
著(编)者：屈哨兵 陆志强 　2018年6月出版 / 估价：99.00元
PSN B-2009-134-7/14

广州蓝皮书
广州文化创意产业发展报告（2018）
著(编)者：徐咏虹 　2018年7月出版 / 估价：99.00元
PSN B-2008-111-6/14

海淀蓝皮书
海淀区文化和科技融合发展报告（2018）
著(编)者：陈名杰 孟景伟 　2018年5月出版 / 估价：99.00元
PSN B-2013-329-1/1

地方发展类-文化

皮书系列
2018全品种

河南蓝皮书
河南文化发展报告（2018）
著(编)者：卫绍生　2018年7月出版　估价：99.00元
PSN B-2008-106-2/9

湖北文化产业蓝皮书
湖北省文化产业发展报告（2018）
著(编)者：黄晓华　2018年9月出版　估价：99.00元
PSN B-2017-656-1/1

湖北文化蓝皮书
湖北文化发展报告（2017~2018）
著(编)者：湖北大学高等人文研究院
　　　　　中华文化发展湖北省协同创新中心
2018年10月出版　估价：99.00元
PSN B-2016-566-1/1

江苏蓝皮书
2018年江苏文化发展分析与展望
著(编)者：王庆五　樊和平　2018年9月出版　估价：128.00元
PSN B-2017-637-3/3

江西文化蓝皮书
江西非物质文化遗产发展报告（2018）
著(编)者：张圣才　傅安平　2018年12月出版　估价：128.00元
PSN B-2015-499-1/1

洛阳蓝皮书
洛阳文化发展报告（2018）
著(编)者：刘福兴　陈启雨　2018年7月出版　估价：99.00元
PSN B-2015-476-1/1

南京蓝皮书
南京文化发展报告（2018）
著(编)者：中共南京市委宣传部
2018年12月出版　估价：99.00元
PSN B-2014-439-1/1

宁波文化蓝皮书
宁波"一人一艺"全民艺术普及发展报告（2017）
著(编)者：张爱琴　2018年11月出版　估价：128.00元
PSN B-2017-668-1/1

山东蓝皮书
山东文化发展报告（2018）
著(编)者：涂可国　2018年5月出版　估价：99.00元
PSN B-2014-406-3/5

陕西蓝皮书
陕西文化发展报告（2018）
著(编)者：任宗哲　白宽犁　王长寿
2018年1月出版　定价：89.00元
PSN B-2009-137-3/6

上海蓝皮书
上海传媒发展报告（2018）
著(编)者：强荧　焦雨虹　2018年2月出版　定价：89.00元
PSN B-2012-295-5/7

上海蓝皮书
上海文学发展报告（2018）
著(编)者：陈圣来　2018年6月出版　估价：99.00元
PSN B-2012-297-7/7

上海蓝皮书
上海文化发展报告（2018）
著(编)者：荣跃明　2018年6月出版　估价：99.00元
PSN B-2006-059-3/7

深圳蓝皮书
深圳文化发展报告（2018）
著(编)者：张骁儒　2018年7月出版　估价：99.00元
PSN B-2016-554-7/7

四川蓝皮书
四川文化产业发展报告（2018）
著(编)者：向宝云　张立伟　2018年6月出版　估价：99.00元
PSN B-2006-074-1/7

郑州蓝皮书
2018年郑州文化发展报告
著(编)者：王哲　2018年9月出版　估价：99.00元
PSN B-2008-107-1/1

社会科学文献出版社　　　　　　　　　　　**皮书系列**

✤ 皮书起源 ✤

"皮书"起源于十七、十八世纪的英国，主要指官方或社会组织正式发表的重要文件或报告，多以"白皮书"命名。在中国，"皮书"这一概念被社会广泛接受，并被成功运作、发展成为一种全新的出版形态，则源于中国社会科学院社会科学文献出版社。

✤ 皮书定义 ✤

皮书是对中国与世界发展状况和热点问题进行年度监测，以专业的角度、专家的视野和实证研究方法，针对某一领域或区域现状与发展态势展开分析和预测，具备原创性、实证性、专业性、连续性、前沿性、时效性等特点的公开出版物，由一系列权威研究报告组成。

✤ 皮书作者 ✤

皮书系列的作者以中国社会科学院、著名高校、地方社会科学院的研究人员为主，多为国内一流研究机构的权威专家学者，他们的看法和观点代表了学界对中国与世界的现实和未来最高水平的解读与分析。

✤ 皮书荣誉 ✤

皮书系列已成为社会科学文献出版社的著名图书品牌和中国社会科学院的知名学术品牌。2016年，皮书系列正式列入"十三五"国家重点出版规划项目；2013~2018年，重点皮书列入中国社会科学院承担的国家哲学社会科学创新工程项目；2018年，59种院外皮书使用"中国社会科学院创新工程学术出版项目"标识。

中国皮书网

（网址：www.pishu.cn）

发布皮书研创资讯，传播皮书精彩内容
引领皮书出版潮流，打造皮书服务平台

栏目设置

关于皮书：何谓皮书、皮书分类、皮书大事记、皮书荣誉、皮书出版第一人、皮书编辑部

最新资讯：通知公告、新闻动态、媒体聚焦、网站专题、视频直播、下载专区

皮书研创：皮书规范、皮书选题、皮书出版、皮书研究、研创团队

皮书评奖评价：指标体系、皮书评价、皮书评奖

互动专区：皮书说、社科数托邦、皮书微博、留言板

所获荣誉

2008年、2011年，中国皮书网均在全国新闻出版业网站荣誉评选中获得"最具商业价值网站"称号；

2012年，获得"出版业网站百强"称号。

网库合一

2014年，中国皮书网与皮书数据库端口合一，实现资源共享。

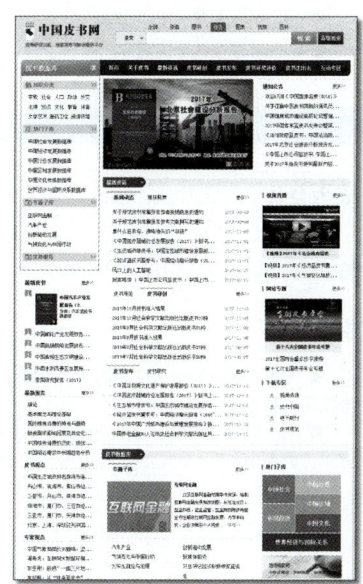

权威报告·一手数据·特色资源

皮书数据库
ANNUAL REPORT(YEARBOOK) DATABASE

当代中国经济与社会发展高端智库平台

所获荣誉

- 2016年，入选"'十三五'国家重点电子出版物出版规划骨干工程"
- 2015年，荣获"搜索中国正能量 点赞2015""创新中国科技创新奖"
- 2013年，荣获"中国出版政府奖·网络出版物奖"提名奖
- 连续多年荣获中国数字出版博览会"数字出版·优秀品牌"奖

成为会员

通过网址www.pishu.com.cn或使用手机扫描二维码进入皮书数据库网站，进行手机号码验证或邮箱验证即可成为皮书数据库会员（建议通过手机号码快速验证注册）。

会员福利

- 使用手机号码首次注册的会员，账号自动充值100元体验金，可直接购买和查看数据库内容（仅限使用手机号码快速注册）。
- 已注册用户购书后可免费获赠100元皮书数据库充值卡。刮开充值卡涂层获取充值密码，登录并进入"会员中心"—"在线充值"—"充值卡充值"，充值成功后即可购买和查看数据库内容。

数据库服务热线：400-008-6695　　　图书销售热线：010-59367070/7028
数据库服务QQ：2475522410　　　　　图书服务QQ：1265056568
数据库服务邮箱：database@ssap.cn　　图书服务邮箱：duzhe@ssap.cn

更多信息请登录

皮书数据库
http: //www.pishu.com.cn

中国皮书网
http: //www.pishu.cn

皮书微博
http: //weibo.com/pishu

皮书微信"皮书说"

请到当当、亚马逊、京东或各地书店购买，也可办理邮购

咨询／邮购电话：010-59367028 59367070

邮　　箱：duzhe@ssap.cn

邮购地址：北京市西城区北三环中路甲29号院3号楼
　　　　　华龙大厦13层读者服务中心

邮　编：100029

银行户名：社会科学文献出版社

开户银行：中国工商银行北京北太平庄支行

账　　号：0200010019200365434